日本語学習者のための
日本古典入門

❋ 菊地 真 ❋

学術研究出版

まえがき

　この書は、日本語を外国語として学ぶ人が、効率的に最低限の日本古典文法を習得し、古典読解に必要な知識を楽しく学べ、古典本文学習を通じて日本語の表現力を伸ばせるよう、企画、執筆、編集した教科書です。

　従来、日本国内外の日本語学習者が日本古典を学ぶ時、日本の高校教科書か、その一部または全部を現地語訳した教材を用いてきました。それは言語学的な体系を背景に、言語学的な専門用語を多く用いて書かれたので、日本語を外国語として学ぶ人にとって、親しみやすいとはいえなかったようです。また、学習目的の側面から見ても日本語学を専門に研究していこうというごく一部の需要には応じられても、大部分の日本語学習者の古典学習目的に沿うものではなかったように思われます。

　古典は何のために学ぶのでしょうか。それは達意の日本語表現ができるようになるためです。『新古今和歌集』編者であり、日本史上第一級の文化人である藤原定家（1162-1241）は、「和歌に師匠なし。ただふるき歌を以て師と為す。心を古風に染めことばを先達の者に習はば誰人かこれを詠ぜざらんや（『詠歌大概』）」と言っています。ここにいう「ふるき歌」こそが「古典」と考えていいでしょう。意訳すれば「和歌を学ぶならば人に習うより古典に習え、その内容と表現を真摯に学べば、必ず良い歌を創れるよ」ということです。日本文化史の巨人が八百年の時を超え、古典学習の意義を力強く伝えています。日本古典は、日本語学習者が「日本文を創る」ことを学ぼうとする際の、最善の教材なのです。日本古典は単なる物知りのために学んでも意味はありません。日本語表現の向上のために学んでいるという意識を鮮明に持ってほしいと思います。

　この書は大きく3部に分かれています。第1部古典読解篇では、明治に書かれた文語文から、仮名の使われ始めた古今和歌集までの、各時代を代表する古典を選び、現代語訳と注釈を付けました。すべての古典本文に、作文課題がついています。この課題を考えるヒントとして、様々な文化の古典を紹介しています。

　第2部は文法・語彙篇です。これは辞書をひきながら古典文を読解できるために最低限必要な文法と、古典文によく出る語彙の解説をしています。この篇の二番目の目的として、海外における日本古典文法の公的試験に必要な知識を習得す

ることです。具体的には中国における八級考試 11 年分の全古典文法問題を収録
し、解説しています。各章に練習問題を用意し、応用問題として中国の八級考試
問題と、その解説をつけています。

　第 3 部は古典知識の解説です。学習者がいくら文法がよくできて、古典文を現
代日本語あるいは母国語に置き換えることができても、それだけで内容がわかる
わけではありません。古典の中の世界は何百年も前の社会ですから、現代社会と
は違うのです。上級日本語学習者であれば、すでに日本文化講座として日本史を
学んでいることが多いと思います。しかしその知識が必ずしも古典文読解に十分
でありません。学習者は日本文化特論として、この篇を利用していただいても有
効でしょう。各章末に確認問題も用意しました。

　この書は北京理工大学・カイロ大学での私の講座で使われた教材を、自習用に
も使えるよう、加筆修正してできました。本書の真の筆者は、私の授業を熱心に
聴講してくれた学生諸氏の熱意です。またこの書の出版に先立ちアカデミック・
ジャパニーズ・グループの例会において研究報告・ジャーナル掲載し、多くの先
生方からご叱正いただきました。またこの書の編集にあたり、学術研究出版社の
湯川勝史郎常務様から有益なアドバイスをたまわりました。深く感謝いたしま
す。校正にあたっては小野高速印刷の瀬川幹人様にお世話になりました。

　この書が日本語を外国語として学ぶユーザーの日本語表現力向上に役立つこと
を心から願ってやみません。

　　　2020 年 9 月 15 日

　　　　　　　　　　　　　　　　　　　　　　　　　　　　菊地　真

この書をお使いになる方へ

　この書は上級者向け日本語教育に用いることで、日本語作文の能力を確実に上達させることができます。日本文学、日本文化論講座の教材として使うこともできます。また大学院入試とか中国の八級考試の日本古典文法題への対策としても使えます。

1．自習で使うユーザーへ

1-A　これから日本文学・日本思想等を学びたい学習者であれば、第1篇を中心に、第2篇と第3篇を補助教材として、週に一章ずつのペースで進めるといいでしょう。第1篇を学習することで、日本古典の主な作品を一通り学べます。課題の作文は必ず書くようにし、できれば誰かにそれを読んでもらうことをお勧めします。課題文を読み、内容を理解し、課題作文を書くまで、だいたい60-90分程度かかります。何人か仲間を集めて、お互いに作文を講評し合ってもいいでしょう。その際、以下の評価基準を参考にしてください；

　　①課題文を正確に読みとれているか
　　②課題文と作文作者自身に関連する話題を見つけられたか
　　③課題文に関連する自分独自の考えを述べられているか

1-B　この書を日本古代文化論の入門書として使いたい学習者は第3篇を中心に、専門用語は辞書を引きながら学習するといいでしょう。各章末に確認問題がついていますから、上手に利用してください。補助教材として第1篇を学習し、課題作文を書くことに挑戦してみてください。第2篇は軽く読んでおく程度でいいと思います。

1-C　大学院入試に日本古典文法が出題されることの対策とか、中国の八級考試対策にこの書を使う学習者は、第2篇の各章を丁寧に読み、必ず練習問題は解き、できれば応用問題も解きながら勉強を進めるのが良いでしょう。練習問題にも応用問題にも、全問に解説を附しましたので、それをよく読み、関係のある箇所を読み返し、一問一問きちんと理解するようにすれば、大学院入試・八級考試対策は十分です。それとともに、第1篇の「7風姿花伝」から「16古今和歌集」までの各課題文は大学院や八級考試に頻出ですので、この範囲をよく勉強しておくのが良いです。第3篇は軽く読んでおく程度でいいと思います。

2．授業の教材として用いる教員へ

1-A 日本文学・日本思想等の講座の教材として用いるのであれば、第1篇を中心に、90分で一章ずつ進めると半期で修了できます。課題の作文は必ず提出させるといいでしょう。あるいは教室で学習者にグループを作らせ、お互いに作文を講評させ合い、各グループの代表に発表させてもいいでしょう。その際、以下の評価基準を参考にしてください；

　　①課題文を正確に読みとれているか

　　②課題文と作文作者自身に関連する話題を見つけられたか

　　③課題文に関連する自分独自の考えを述べられているか

　さらに一週のうちで60-90分の時間があれば第2篇を一章ずつ進めるといいでしょう。練習問題を小テストとして使うこともできます。時間が無ければ宿題とし、練習問題を小テストすることでチェックしていくこともできます。第3篇は宿題とし、確認問題を授業の始めの小テストとしてもいいでしょう。

1-B この書を日本古代文化論の教材として用いるのでしたら、第3篇を中心に90分で一章ずつ進めると半期で修了できます。専門用語は解説しながら授業を進めるといいでしょう。各章末に確認問題がついていますから、小テストなどに活用してください。学習者に余裕があれば第1篇を宿題とし、毎週課題作文を書かせるといいでしょう。第2篇は自習を指示し、学習者の質問があれば答えてあげる程度でいいと思います。

1-C 大学院入試に日本古典文法が出題されることの対策指導とか、中国の八級考試対策指導にこの書を使う場合、第2篇の各章を丁寧に解説し、必ず練習問題は解かせ、できれば応用問題も解かせながら授業を進めるのが良いでしょう。学習者が練習問題を一問一問きちんと理解できれば、大学院入試・八級考試対策は十分です。それとともに、第1篇の「7風姿花伝」から「16古今和歌集」までの各課題文は大学院や八級考試に頻出ですので、時間にゆとりがあれば、この範囲を解説すると良いです。文法題対策だけであれば、作文を書かせる必要はないでしょう。第3篇は自習させ、質問に答える程度でいいと思います。

目　次

第 1 部

古典読解篇

原稿用紙の使い方

① 新しい段落の書き出しは、一マスあける（二マスではない）。

② 行の最後が［「　］となる時、一マスあけて改行し［「　］を次行の先頭とする。

③ 会話文の終わりの［。］句点［、］とかぎかっこ［」］は、１つのマスに書く。公式文では、会話文でも［！］（感嘆符）［？］（疑問符）［…］（点線）などは使えない。また句点［、］を［,］と書くことも公式文では認められない。

④ アラビア数字は一マスに二字ずつ書く。'634' は［63］［4□］と書く。

⑤ アルファベットの略語は、大文字を一マスに一字ずつ書く。

⑥ 拗音の小文字も一字として一マスに書く。→「シャンプー」の「シャ」は［シ］［ャ］。一マスに［シャ］は不可。

⑦ アルファベットは一マスに二字ずつ書く。単語の区切りは一マスあける。単語の最後が半マスあく場合は、その次のマスもあける。'sky tree' は［sk］［y□］［□□］［tr］［ee］。

⑧ ハイフンは二マス使う。ハイフンの書き出しが行の最後から始まる場合、その行の最後の一マスをあけて空欄とし、次の行の最初に［—］と書く。

⑨ 行の最後にある句読点は、最後の文字と同じマスの中に書く。

⑩ 行の最初が［。」］または［、」］となる時、前行の最後の一マスをあけ、前行最後の文字を次行先頭文字とし、［。」］／［、」］が行の先頭となることを避ける。

⑪ 漢字一字の繰り返しは、［々］という記号を用いてもよい。

❶
　今日、天神伝説と言えば、『大鏡』や『北
野天神縁起』所載の説話が流布している。❷
「そんな天神伝説の一異説として、『扶桑略
記』に引用された『道賢上人冥途記』の天神
伝説がある。❸」というのが、ある時期から今日
までの通行の理解であった。実は『道賢上人
冥途記』の広本こそ『日蔵夢記』である。
　『日蔵夢記』は❹2019年12月に出版できた。
そのころ私はカイロ大学に赴任して間もなか
った。大学の指示で❺UAE経由のフライトを
キ❻ャンセルし、❼Egypt　Airでカイロに来た。
　この本の完成に長い年月❽——18年を要した。❾
　2002年春、当時早稲田大学文学部教授であ
られた故田中隆昭先生と私は、京都・北野天
満宮様に参詣し、「今度企画している本にご
所蔵の文献の写真掲載の許可をお願いしま❿
す。」と申し出たところ、宝物管理ご担当の方
から、「許可しますが、献本してください。」
と快くご許可いただいた。そのとき私は、❷
「出版後に、こちらに献本に参ります。」と答
えた。北野天満宮様に深く感謝申し上げる。
　本書を刊行するにあたり、学会・研究会で
の質疑応答等で色⓫々と学恩を蒙った先生方、
様⓫々な機会にお励ましの言葉を頂戴した先生
方にも、心よりお礼申し上げる。

樋口一葉『たけくらべ』

『たけくらべ』(1896年) 吉原よしはらの花魁おいらん(遊女)の妹・美登利みどりは子どもたちの中の女王で、寺の住職じゅうしょくの息子・信如しんにょは内気うちきな少年であった。二人は同じ学校に通っていた。運動会の日、美登利がころんだ信如を助けたことで、他の子どもたちから「恋仲」とからかわれる。内気な信如は美登利を避けるようになり、美登利も信如を嫌うようになった。子どもたちは、職人の子を中心とした横町組と、金貸しの子を中心とした表町組に分かれ、対立していた。夏祭りの日、表町組と横町組がケンカした。この時、美登利は横町組の子にひどいことを言われた。その後、美登利は信如を見かけるが、お互い避け合って、話もしないで離れる。やがて、ある日から、美登利が急に元気をなくす。次の祭りの日、美しく着飾り、髪も結った美登利は、声をかけてきた表町組のリーダー・正太郎を拒絶する。その後、他の子とも遊ばなくなってしまう。ある朝、美登利の家の玄関に誰かが水仙の造花を差し入れた。美登利はそれを気にいり、部屋に飾る。それは信如が僧侶そうりょの学校に入った日のことだった。

樋口一葉ひぐちいちよう(1872－1896年)本名・樋口奈津なつ。晩年の1年半に、「たけくらべ」「にごりえ」「十三夜」などの秀作を連続して発表した。これを一葉の「奇跡の十四ヶ月」と絶賛されている。

たけくらべ	現代語訳
龍華寺りゅうげじの信如しんにょ、大黒屋だいこくやの美登利みどり、二人ながら学校は育英舎いくえいしゃなり。去りし四月の末すゑつかた、桜は散りて青葉のかげに藤ふぢの花見といふ頃、春季の大運動会とて水の谷やの原にせし事ありしが、つな引、鞠まりなげ、縄なはとびの遊びに興けふをそへて長き日の暮るるを忘れし其その折をりの事とや、信如いかにしたるか平常のおちつきに似ず、池のほとりの松が根につまづきて赤土道あかつちみちに手をつきたれば、羽織はをりの袂たもとも泥に成りて見にくかりしを、居あはせたる美登利みかねて我が紅くれなゐの絹はんけちを取出し、これにてお拭きなされと介抱かいほうをなしけるに、友	龍華寺の信如、大黒屋の美登利、二人とも学校は育英舎だ。この前の四月の末ごろ、桜は散って青葉のかげに藤の花見という頃、春季の大運動会があって、水の谷の原にした事があったが、つな引、鞠なげ、縄とびの遊びに興をそえて長い日の暮れるのを忘れた。その時の事か、信如はどうしたものか、ふだんのおちつきにふさわしくなく、池のほとりの松の根につまづいて赤土道に手をついて、羽織の袂も泥だらけになって、汚くなったのを、居あわせた美登利が、みかねて自分の紅の絹ハンカチを取出し、「これにてお拭きなさい」と介抱をした時に、友達の中にいるやきもち屋が見つけて、「藤本は坊主のくせに女と話をして、

達の中なるやきもちや見つけて、「藤本は坊主のくせに女と話をして、嬉しさうに礼を言つたはおかしいではないか。大方美登利さんは藤本のかみさんになるのであらう、お寺の女房なら大黒さまと言ふのだ」などと取沙汰しける、信如、元来かかる事を人の上に聞くもきらひにて、苦き顔して横を向く質なれば、我が事として我慢のなるべきや、それよりは美登利といふ名を聞くごとに恐ろしく、またあの事を言ひ出すかと胸の中もやもやして、何とも言はれぬいやな気持ちなり、さりながら事ごとに怒りつけるわけにもゆかねば、なるだけは知らぬ体をして、平気をつくりて、むづかしき顔をしてやり過ぎる心なれど、さし向ひて物などを問はれたる時の当惑さ、大方は知りませぬの一言にてすませど、苦しき汗の、身うちに流れて心ぼそき思ひなり、美登利はさる事も心にとまらねば、はじめは藤本さん藤本さんと親しく物いひかけ、学校退けての帰りがけに、我れは一足はやくて道端に珍らしき花などを見つくれば、おくれし信如を待合ひして、「これ、こんなうつくしい花が咲いてあるに、枝が高くて私には折れぬ、信さんは背が高ければお手がとどきましよ、後生折つて下され」と、一むれの中にては年かさなるを見かけて頼めば、さすがに信如袖ふり切つて行すぎる事もならず、さりとて人の思はくいよいよ

嬉しさうに礼を言ったのは、おかしいではないか。大方美登利さんは藤本のかみさんになるのであろう。お寺の女房なら大黒さまと言うのだ」などと当て推量した。信如は、もともとこういう事を人の噂に聞くのも嫌いで、苦い顔して横を向く性質なので、自分の事として我慢のできることか、いやできない。それからは美登利という名を聞くごとに恐ろしく、「又（あの焼き餅焼き屋が）あの事を言ひ出すか」と胸の中もやもやして、何とも言えないいやな気持だ。そうではあるが、いちいち怒っているわけにもゆかないので、なるだけは知らぬふりをして、素知らぬ様子をつくって、むづかしい顔をして遣り過ぎるつもりだが、さし向って物などを問われた時の困ること、大方は「知りません」のひと言ですますが、苦しい汗が身体に流れて心ぼそい思いだ。美登利はそういうこと気にしないので、最初は「藤本さん藤本さん」と親しく言葉をかけ、学校が終わっての帰りがけに、自分は一足はやく帰り道を行き、道端に珍しい花などを見つければ、おくれてきた信如を待ち合わせて、「これ、こんなうつくしい花が咲いているのに、枝が高くて私には折れない。信さんは背が高いから、お手がとどきましょう。頼むから折って下さい。」と一団の中で一番の年長の信如を見つけて頼めば、さすがに信如も袖ふり切って行きすぎることもできず、そうは言っても他人がどう思うかと考えると、いよいよつらいので、手近の枝を引寄せて、花の好し悪しに

かまわず、申しわけ程度に折って、投げつけるように（美登利に渡すと）すたすたと行き過ぎるのを見て、「こうくるとは、愛敬の無い人ね」とあきれたが、こんなことが度かさなってとうとう、彼自身の性格でわざと意地悪しているように思え、「他人にはそうでないのに、私にばかり冷たくして、なにか聞いてもろくな返事をした事なく、そばへゆけば逃げる、はなしをすれば怒る、陰気らしい気のつまる、どうして好いやら機嫌の取りようも無い。彼のようなむずかし屋は勝手にひねくれて、怒って意地わるがしたいのでしょうよ。友達と思わなければ口を利くも必要ない事」と、美登利は少し、しゃくにさわって、用の無ければすれ違っても何か言った事もなく、道で逢ったと言っても挨拶など思いもかけず、ただ、いつとなく二人の中に大川が一つ横たわって、舟もいかだもここでは使用禁止。二人はまるで川をはさんだ両岸の道を分かれて歩くようであった。

よつらければ、手近の枝を引寄せて好し悪しかまはず申しわけばかりに折りて、投げつけるやうにすたすたと行き過ぎるを、『さりとは愛敬の無き人』とあきれし事も有りしが、度かさなりての末には自らわざとのいぢわるのやうに思はれて、『人にはさもなきに我にばかりつらきうちをみせ、物を問へばろくな返事した事なく、傍へゆけば逃げる、はなしをすれば怒る、陰気らしい気のつまる、どうして好いやら機嫌の取りやうも無い、彼のやうなむづかしやは思ひのままにひねれて怒つて意地わるがしたいならんに、友達と思はずば口をきくもいらぬ事』と、美登利少しかんにさはりて、用の無ければすれ違ふても物いふた事なく、途中に逢ひたりとて挨拶など思ひもかけず、唯いつとなく二人の中に大川一つ横たはりて、舟も筏もここには御法度、岸に添ふておもひおもひの道をあるきぬ。

［課題］　以下、選択して作文を提出しなさい；

①ヒント1-1と1-2は日本以外の文化圏での子どもの交流を話題とした物語です。これと『たけくらべ』を比較し、あなたの考えをのべなさい。他の文学作品も紹介できれば、望ましい。

②ヒント2『伊勢物語』は、幼なじみ同士が成人して夫婦になる「筒井筒の恋」物語です。これと『たけくらべ』を比較し、あなたの考えをのべなさい。他の文学作品も紹介できれば、望ましい。

③ヒント3は、『たけくらべ』刊行の一年後に発表された、島崎藤村の「初恋」です。伝統的な日本を描く一葉と、西洋風の近代人を描く藤村では、初恋のとらえ方も異なります。これについて、あなたの考えをのべなさい。あなたの出身地の子ども同士の交際を描いた文芸作品または伝説を、この二作品と比較しつつ、紹介できれば望ましい。

〈ヒント1-1　魯迅ろじん作（井上紅梅訳）「故郷」抜粋〉

　わたしは厳寒を冒して、二千余里を隔て二十余年も別れていた故郷に帰って来た。…母は語を継いだ。…「あの閏土ルントーがね、家へ来るたんびにお前のことをきいて、ぜひ一度逢いたいと言っているんだよ」と母はにこにこして「今度到著の日取を知らせてやったから、たぶん来るかもしれないよ」「おお、閏土！　ずいぶん昔のことですね」

　…わたしは閏土が来ると聞いて非常に嬉しく思った。というのはわたしは前から閏土の名前を聞き及んでいるし、年頃もわたしとおつかつだし、閏月生れで五行の土が欠けているから閏土と名づけたわけも知っていた。彼は仕掛罠で小鳥を取ることが上手だ。　わたしは日々に新年の来るのを待ちかねた。新年が来ると閏土も来るのだ。まもなく年末になり、ある日の事、母はわたしを呼んで「閏土が来たよ」と告げた。わたしはかけ出して行ってみると、彼は炊事部屋にいた。紫色の丸顔。頭に小さなすきらしゃ帽をかぶり、項にキラキラした銀の首輪を掛け、…人を見て大層はにかんだが、わたしに対して特別だった。誰もいない時に好く話をして、半日経たぬうちに我々はすっかり仲よしになった。われわれはその時、何か知らんいろんな事を話したが、ただ覚えているのは、閏土が非常にハシャいで、まだ見たことのないいろいろの物を街へ来て初めて見たとの話だった。　次の日わたしは彼に鳥をつかまえてくれと頼んだ。「それは出来ません。大雪が降ればいいのですがね。わたしどもの砂地の上に雪が降ると、わたしは雪を掻き出して小さな一つの空地を作り、短い棒で大きなみを支え、ムギを撒きちらしておきます。小鳥が食いに来た時、わたしは遠くの方で棒の上に縛ってある縄を引くと、小鳥は箕みの下へ入ってしまいます。何でも皆ありますよ。…」　そこでわたしは雪の降るのを待ちかねた。閏土はまた左のような話をした。「今は寒くていけませんが、夏になったらわたしの処へいらっしゃい。わたしどもは昼間海辺に貝殻取に行きます。赤いのや青いのや、鬼が見て恐れるのや、観音様の手もあります。晩にはお父さんと一緒にスイカの見張りに行きますから、あなたもいらっしゃい」「泥棒の見張をするのかえ」「いいえ旅の人が喉が渇いて一つぐらい取って食べても、家の方では泥棒の数に入れません。見張が要るのは、山あらし、モグラ類です。月明りの下でじっと耳を澄ましているとララと響いて来ます。モグラが瓜を噛かんでるんですよ。その時あなたはさす棒をつかんでそっと行って御覧なさい」わたしはそのいわゆるモグラというものがどんなものか、その時ちっとも知らなかった。──今でも解らない──ただわけもなく、小犬のような形で非常に猛烈のように感じた。「彼はかみついて来るだろうね」「こちらにはさす棒がありますからね。歩いて行って見つけ次第、あなたはそれを刺せばいい。こん畜生は馬鹿に利巧な奴で、あべこべにあなたの方へ馳け出して来て、跨またの下から逃げてゆきます。あいつの毛皮は油のようにすベッこい」　わたしは今までこれほど多くの珍しいことが世の中にあろうとは知らなかった。海辺にこんな五色の貝殻があったり、スイカにこんな危険性があったり──わたしは今のさっきまでスイカは水菓子屋の店に売っているものとばかし思っていた。「わたしどもの砂地の中には大潮の来る前に、たくさん跳ね魚があつまって

来て、ただそれだけが跳ね廻っています。青蛙のように二つの脚があって…」ああ閏土の胸の中には際限もなく不思議な話が繋がっていた。それはふだんわたしどもの行き来している友達の知らぬことばかりで、彼等は本当に何一つ知らなかった。閏土が海辺にいる時彼等はわたしと同じように、高塀に囲まれた屋敷の上の四角な空ばかり眺めていたのだから。惜しいかな、正月は過ぎ去り、閏土は彼の郷里に帰ることになった。わたしは大泣きに哭いた。閏土もまた泣き出し、台所に隠れて出て行くまいとしたが、遂に彼の父親に引張り出された。　彼はその後父親にことづけて貝殻一包みと見事な鳥の毛を何本か送って寄越した。わたしの方でも一二度品物を届けてやったこともあるが、それきり顔を見たことが無い。　現在わたしの母が彼のことを持出したので、わたしのあの時の記憶がイナヅマの如くよみがえって来て、本当に自分の美しい故郷を見きわめたように覚えた。…

　…非常に寒い日の午後、わたしは昼飯を済ましてお茶を飲んでいると外から人が入って来た。見ると思わず知らず驚いた。この人はほかでもない閏土であった。わたしは一目見てそれと知ったが、それは記憶の上の閏土ではなかった。身の丈は一倍も伸びて、紫色の丸顔はすでに変じてどんよりと黄ばみ、額には溝のような深皺が出来ていた。目許は彼の父親ソックリで地腫れがしていたが、これはわたしも知っている。海辺地方の百姓は年じゅう汐風に吹かれているので皆が皆こんな風になるのである。彼の頭の上には破れた滷羅紗帽が一つ、身体の上にはごく薄い棉入れが一枚、その着こなしがいかにも見すぼらしく、手に紙包と長キセルを持っていたが、その手もわたしの覚えていた赤く丸い、ふっくらしたものではなく、荒っぽくざらざらして松皮のような裂け目があった。わたしは非常に興奮して何と言っていいやら「あ、閏土さん、よく来てくれた」とまず口を切って、続いて連珠の如く湧き出す話、角鶏、飛魚、貝殻、土竜、けれど結局何かに弾かれたようなぐあいになって、ただ頭の中をぐるぐる廻っているだけで口外へ吐き出すことが出来ない。彼はのそりと立っていた。顔の上には喜びと淋しさを現わし、唇は動かしているが声が出ない。彼の態度は結局敬い奉るのであった。「旦那様」　と一つハッキリ言った。わたしはぞっとして身顫いが出そうになった。なるほどわたしどもの間にはもはや悲しむべき隔てが出来たのかと思うと、わたしはもう話も出来ない。…「まあお前はなぜそんな遠慮深くしているの。先にはまるで兄弟のようにしていたじゃないか。やっぱり昔のように迅<ruby>迅<rt>シュン</rt></ruby>ちゃんとお言いよ」母親はいい機嫌であった。「奥さん、今はそんなわけにはゆきません。あの時分は子供のことで何もかも解りませんでしたが」閏土はそう言いながら子供を前に引出してお辞儀をさせようとした…「なかなか大変です…世の中は始終ゴタついておりますし…どちらを向いてもお金のいることばかりで、方図が知れません…」。彼はひたすら頭を振った。見ると顔の上にはたくさんの皺が刻まれているが、石像のようにまるきり動かない。たぶん苦しみを感ずるだけで表現することが出来ないのだろう。…　あとで母とわたしは彼の境遇について歎息した。子供はふえるし、飢饉年は続くし、税金は重なるし、土匪<ruby>匪<rt>どひ</rt></ruby>や兵隊が乱暴するし、官吏や地主がのしかかって来るし、すべての苦しみ

は彼をして一つのデクとならしめた。…

　…だんだん故郷の山水に遠ざかり、一時ハッキリした少年時代の記憶がまたぼんやりして来た。わたしは今の故郷に対して何の未練も残らないが、あの美しい記憶が薄らぐことが何よりも悲しかった。…

　☞魯迅（ろじん、ルーシュン）(1881年－1936年)。中国の小説家、翻訳家、思想家。本名は周樹人。日本文化研究者の周作人 (1885-1967) は弟。1904年に仙台医学専門学校（東北大学医学部）に入学以来7年間日本滞在。中国で最も早く西洋の技法を用いて中国国民精神の改造を生涯の課題とした小説を書いた作家で、中国の近代文学の元祖と称されている。

〈ヒント1-2 「ロッダ カルビ」“در يبلق"〉

　とても古い館で育てられた「エンジ」という女の子がいました。その女の子のお父さんは財産家で勢力家でもありました。その館で多くの人を使っている。中に、家庭菜園を掃除してる男の人がいました。彼には男の子が一人いました。名は「アリ」といいます。エンジとアリは毎日館で遊んでいました。一緒に食事し、音楽を聞き、家庭菜園の綺麗な花を見て暮らしていました。二人は、子供頃から10年以上も長くいっしょでした。二人は結婚したかったが、身分のちがいのため、できませんでした。それぞれの両親に「結婚したい」と相談しても猛烈に反対されました。「無理だ」とか「バカ言え」のようなひどいことを言われました。二人はこの難局を打開したかったが、残念ながらできませんでした。エンジのお父さんとても厳格でしたので、エンジの意向などお構いなく縁談を進め、けっきょくエンジは好きでもない男と結婚させられた。

تحميل كتاب رد قلبى الجزء الأول الكاتب يوسف السباعي

إنك تأبى إلا أن تقف وراء سدود التقاليد والفوارق المهمومة... تتطلع من ورائها إلى أيديك الساحرة.. تطلع ابن الجنايني من كوخه إلى أسوار القصر العالية... إنك تفكر بعقلية القرون الوسطى... وكذلك هي.. إنها ما زالت تنتظرك حبيسة في أبراج القصر... حتى تتخطى الأسوار وتحملها فوق جدارك... وتصره أباها وأخاها.. اللذين يقفان بنبالهما ليحرساها من ابن الجنايني". وانطلقت من شفتيه ضحكة خافه مل إنك تأبى إلا أن تقف وراء سدود التقاليد والفوارق المهمومة... تتطلع من ورائها إلى أيديك الساحرة.. تطلع ابن الجنايني من كوخه إلى أسوار القصر العالية... إنك تفكر بعقلية القرون الوسطى... وكذلك هي.. إنها ما زالت تنتظرك حبيسة في أبراج القصر... حتى تتخطى الأسوار وتحملها فوق جدارك... وتصره أباها وأخاها.. اللذين يقفان بنبالهما ليحرساها من ابن الجنايني". وانطلقت من شفتيه ضحكة خافه ملؤها المرارة والسخرية.إلى أى حد قد تحقق قول أخيه؟.. وإلى أي مدى تبدو مقارنته الساخرة قريبة من الواقع؟ إنه يقف وراء أسوار القصر فعلاً.. يتطلع إليها تطلعه إلى سد منيع وهو مهما كانت مهمته ومهما كانت الظروف التي تحيط به، لا يستطيع أن ينزع من نفسه إحساس الطفولة.. إحساس "ابن الجنايني" يتطلع من كوخه إلى أسوار القصر العالية حيث تقبع أميرة أحلامه

〈ヒント2 『伊勢物語』「筒井筒つつゐづつ」〉

『伊勢物語いせものがたり』 十世紀中頃に成立した歌物語。作者不詳。『在五中将物語ざいごちうじやうものがたり』、『在五中将ざいごちうじやう日記』とも呼ばれる。伝説上の在原業平ありわらのなりひらの一代記を、歌を中心とする逸話群でつづっている。これが現実の業平の事績ではないことは、今日では定説である。

『伊勢物語いせものがたり』「筒井筒つつゐづつ」	現代語訳
むかし田舎ゐなかわたらひしける人の子ども、井のもとにいでて遊びけるを、大人になりにければ、男も女も恥はぢかはしてありけれど、男はこの女をこそ得めと思ふ。女はこの男をと思ひつつ、親のあはすれども聞かでなむありける。さてこのとなりの男のもとより、かくなむ、 筒井筒井筒にかけしまろがたけ 過ぎにけらしな妹見ざるまに 女かへし、 くらべ来し振り分け髪も肩過ぎぬ 君ならずして誰か上ぐべき など言ひ言ひて、つひに本意ほゐのごとくあひにけり。	昔、地方官を勤めていた人の子ども二人が、井戸のあたりで遊んでいた。大人になり、男も女も互いに恥ずかしがりあうようになったが、男は「この女の子を妻にしよう」と思う。女も「この人を夫に」と思い、親が他の男と結婚させようとしても承知しなかった。さて、この隣の男のもとから、このように歌が届いた[*1]、 筒井戸よ、井筒と背比べをしていた私の背たけも、今では井筒を越してしまったよ。恋人に会わないでいるうちに。 女の、返歌、 貴男の髪と長さを比べ合ってきた私の髪も肩より長くなったよ。貴男以外の人のためにこの髪を上げる[*2]気はないね。 などと歌を交換し合い、ついに始めの念願どおり結婚した。

＊1　古代の恋愛は、最初に男性から女性に歌が送られ、女性がそれに返歌することで始まる。
＊2　髪上げのこと。髪上げは、女子の成人儀式。古代の女子は、それまで垂らしていた髪を頭の

上に結い上げて、後ろに垂らす成人式である。貴族社会では、結婚前か女官となる前（おおむね12歳〜15歳）に、裳着とともに行った。ここでは男が「小さかった私の背たけも今では井筒を越してしまったよ」と、成人したことを告げてきたのに応じ、「わたしももうすぐ成人よ。あなた以外の人の妻になる気はないわ」とストレートに恋心を伝えている。

☞　この話をもとに、日本では幼なじみ同士の恋のことを、「筒井筒の恋」という。

〈ヒント3　島崎藤村「初恋」〉
　　まだあげそめし前髪の　　　　りんごのもとに見えしとき
　　　　　　　　　　　　　　前にさしたる花ぐしの　　　　　花ある君と思ひけり
　　やさしく白き手をのべて　　　りんごをわれにあたへしは
　　　　　　　　　　　　　薄紅の秋の実に　　　　　人こひそめしはじめなり
　　わがこころなきためいきの　　その髪の毛にかかるとき
　　　　　　　　　　　　　たのしき恋の盃を　　　　　君が情に酌みしかな
　　りんご畑の樹の下に　　　　　おのづからなる細道は
　　　　　　　　　　　　　誰が踏みそめしかたみぞと　問ひたまふこそこひしけれ
　（大人っぽくあげたばかりのあなたの前髪が　リンゴの木の下に見えた時
　　　　　　　　　　　　　前髪にさした花櫛の　花のような人と思った
　　優しく白い手をのばし　リンゴを僕にくれた
　　　　　　　　　　　それは薄紅の秋の実で　僕はりんごのような甘酸っぱい恋を初めてした
　　僕の思わずもらすため息が　その髪の毛にかかった瞬間
　　　　　　　　　　　　　恋に酔う楽しさを　その人のおかげで知ったのだ
　　リンゴ畑の樹の下に　自然とできた細道は
　　　　　　　　　　　誰が最初に通ったのでしょうと　お聞きになるあなたが恋しい
　　　　　　　　　　　　　　　　　　　　　　　　　　「若菜集」1896年）
☞島崎藤村（1872年－1943年）本名は島崎春樹。岐阜県中津川市馬籠出身。北村透谷らとともに『文学界』に参加し、ロマン主義詩人として『若菜集』（1896年）を出版。小説家として『破戒』『春』『家』など自然主義小説を発表するかたわら、近親姦を告白した私小説『新生』、父をモデルとした歴史小説『夜明け前』なども書いた。

福澤諭吉『学問のすすめ』

『学問のすすめ』 1872年初編出版、1876年完成。それによると、日本は明治維新により前近代的な封建社会から、近代民主主義国家に変わった。そこで従来の東アジアの儒教思想を否定し、西欧の近代的政治思想・民主主義理念・市民国家概念を導入することで、日本国民を封建支配下の無知な大衆から、民主主義国家の主権者たるべき市民に改革できると主張している。平易な文体を用い、新国家の発展のために国民個人に何が必要かを述べている。

　福澤諭吉 ふくざわ・ゆきち（1835年～1901年）　慶應義塾大学創立者。新聞『時事新報 じじしんぽう』の創刊者。東京学士会院 とうきょうがくしかいいん（現：日本学士院）初代会長。「明治六大教育家」の一人。

学問のすすめ	現代語訳
「天は人の上に人を造 つくらず人の下に人を造らず」と言へり。されば天より人を生ずるには、万人 ばんにんは万人みな同じ位にして、生まれながら貴賤 きせん上下の差別なく、万物 ばんぶつの霊たる身と心との働きをもつて天地の間 あいだにある万 よろづの物をとり、もつて衣食住の用を達し、自由自在、互いに人の妨げをなさずして各々安楽にこの世を渡らしめ給ふの趣意 しゅいなり。されども今広くこの人間世界を見渡すに、賢き人あり、愚かなる人あり、貧しきもあり、富めるもあり、貴人もあり、下人 げにんもありて、その有様 ありさま雲と泥との相違 さうゐあるに似たるはなんぞや。その次第 しだいはなはだ明らかなり。『実語教 *1 じつごけう』に「人学ばざれば智なし、智なき者は愚人 ぐじんなり」とあり。されば賢人 けんじんと愚人との別は学ぶと学ばざるとによりて、できるものなり。また世の中にむづかしき仕事もあり、やすき仕事もあり。そのむづかしき仕事をする者を身分	「天は人の上に人を造らず、人の下に人を造らず」と言う。だから、天から人が生ずる以上、万人はみな平等で、生まれながらにして身分が高い低いといった差別はない。人は万物の霊長たる身と心の働きをもって、天地の間にある万物を活用して衣食住の必要を満たし、人々がお互いに妨げをしないで、各人が安楽にこの世を自由自在に渡らせてくださるというのが天のお考えだ。しかし今、広くこの世間を見渡すと、賢い人もいれば、愚かな人もいるし、貧しい人もいれば、金持ちもいるし、身分の高い人もいれば、下人もいて、そのようすたるや、雲泥の差があるように思われるのはどうしてか。これは実に明快だ。『実語教』に「人は学ばなければ知恵は無く、知恵がない者は愚か者だ」とある。つまり、賢人と愚人との違いは、学ぶのか学ばないかでできるものだ。また世間には難しい仕事もあれば、簡単な仕事もある。難しい仕事

をする人を身分のある人と名付け、簡単な仕事をする人を身分の軽い人と言う。総じて頭を使い考える仕事は難しく、手足を使う作業は簡単だ。だから、医者・学者・公務員、大商人、多くの使用人を使う大農家などは身分も重く貴い人というべきである。身分が重く貴ければ、自然にその家は金持ちとなり、一般庶民から見ると近寄れない様子に思えるが、その根本を探れば、ただ学問の力のあるなしによって、その差ができただけであって、貧富の差は天が定めた約束ではない。ことわざに「天は富貴を人に与えるのでなくて、人の働きに与える」とある。だから、前にも言ったように、人には生まれながらにして貴・賤、富・貴という差があるのではない。ただ学問に精励して、物事を良く知る人は貴い人にも金持ちにもなり、学問の無い人は貧乏人となり下人となるのである。

重き人と名づけ、やすき仕事をする者を身分軽き人といふ。すべて心を用ひ、心配する仕事はむづかしくして、手足を用ふる力役はやすし。ゆゑに医者、学者、政府の役人、または大なる商売をする町人、あまたの奉公人*2を召し使ふ大百姓*3などは身分重くして貴き者と言ふべし。身分重くして貴ければおのづからその家も富んで、下々の者より見れば及ぶべからざるやうなれども、そのもとを尋ぬればただその人に学問の力あるとなきとによりてその相違もできたるのみにて、天より定めたる約束にあらず。ことわざにいはく「天は富貴を人に与へずして、これをその人の働きに与ふるものなり」と。されば前にも言へるとおり、人は生まれながらにして貴賤・貧富の別なし。ただ学問を勤めて物事をよく知る者は貴人となり富人となり、無学なる者は貧人となり下人*4となるなり。

＊1 実語教（じつごきょう）；平安時代末期から明治初期にかけて普及していた。庶民向け初等教科書。教訓を中心とする。

2 奉公人（ほうこうにん）；従業員。現代では差別語なので用いてはならない。

3 百姓（ひゃくしょう）；農家。現代では差別語なので用いてはならない。

4 下人（げにん）；身分の低い者。「貴人」の対義語。現代では差別語なので用いてはならない。

『実語教（じつごきょう）』（今回のテーマに関連ある勧学の項目についてのみ抄出）

山高故不貴　以有樹為貴　山高きが故（ゆゑ）に貴（たふと）からず。木あるを以（も）つて貴（たふと）しとす。

　（山は高いから尊いのではない。木が茂っているから尊い。）

人肥故不貴　以有智為貴　人肥（こ）えたるが故に貴からず。智有るを以て貴しとす。

　（人は裕福だから尊いのではない。智恵のある人を尊い人とする。）

富是一生財　身滅即共滅　富は是（これ）一生の財。身滅（めっ）すれば即ち共に滅す。

　（富というのは、生きている間だけの物で、死んでしまえば、ただちになくなる。）

智是万代財　命終即随行　智は是、万代の財。命終われば即ち随（したが）って行く。

（智恵は万代の宝である。命が終わっても、ついてくる。）

玉不磨無光　無光為石瓦　玉磨_{みが}かざれば光無し。光無きを石瓦_{せきが}とす。

（玉は磨かなければ光を発しない。光らない玉は、ただの石か瓦だ。）

人不学無智　無智為愚人　人学ばざれば智無し。智無きを愚人とす。

（人も学ばなければ智恵を持てない。智恵のない人は、愚人だ。）

倉内財有朽　身内財無朽　倉の内の財は朽_くつること有り。身の内の財は朽つること無し。

（蔵の中にある財宝は朽ちてしまうことがあるが、体の中にある智恵は、朽ちることがない。）

雖積千両金　不如一日学　千両の金を積むといへども。一日の学にしかず。

（いくら大金を積んでも、一日勉強したことの価値には及ばない。）

財物永不存　才智為財物　財物永く存せず。才智を財物とす。

（財物は長く存在しない。智恵こそが大事だ。）

幼時不勤学　老後雖恨悔　尚無有取益　幼時に勤め学ばざれば、老いて後恨み悔ゆと雖_{いえど}も、なお取益有る無し。

（幼い時に勉強せず、老いた後に悔やんでも、何にもならない）

故讀書勿怠倦　学文勿怠時　かかるが故に書を読んで倦_うむなかれ。学文怠る時なかれ。…

（だから本を読むことを嫌がってはいけない。学問を怠ってはいけない。…）

［課題］

①『学問のすすめ』に近代的平等が説かれて少し後に、〈ヒント１〉のように中東でカセムアミヌが男女平等を説きました。両書を比較しつつ、あなたの考えを述べなさい。あなたの知っている他の評論も紹介できれば、望ましいです。

②『学問のすすめ』の書かれる900年前、『源氏物語』に光源氏の教育論がありました。ここでは、身分の高い家の子にとっても学問が必須であることが、光源氏の言葉として、主張されています。これと『学問のすすめ』とを比較しつつ、あなたの考えを述べなさい。あなたの知っている他の古典も紹介できれば、望ましいです。

③『学問のすすめ』冒頭は「天は人の上に人を造らず人の下に人を造らず」から始まります。このような万民平等の発想はすでに江戸時代にありました。1739年、心学_{しんがく}の祖・石田梅岩_{いしだばいがん}は『都鄙問答_{とひもんだう}』を公刊し、商業が賤しい職業とされている風潮に反論し、商人も武士・農家・職人と平等の市民であると主張するかたわら、そう言われる為にも商人は商人の道徳をまもらねばならないことを説きました。〈ヒント３〉を読み、『学問のすすめ』と比較しつつ、あなたの考えをのべなさい。関連する他の古典も紹介できれば、望ましいです。

『タヒリルアルマルア （女性解放）』 はカセムアミヌ قاسم أمين が1899年に書いた作品です。この作品にはエジプトの女権について書かれている。近代に至るまで余りにも長い間、エジプトでは女性は不公平な待遇に甘んじてきた。そこでカセムアミヌはこの作品を通じ、女性の解放と権利獲得の道筋を示した。たとえばイスラム教とヒジャブの話がある。ヒジャブは悪くないものの、女性だけが身体の一部を隠さない人間扱いされない考え方に疑問を呈している。その書には批判者も多かったが、カセムアミヌは不撓不屈の精神で男女平等を説き続けた。

تحرير المرأة

قاسم أمين

تحرير المرأة» هو كتاب لقاسم أمين في الإصلاح الاجتماعي، أثار ضجةً كبيرةً وقت ظهوره ليس فقط بين أوساط المثقفين» ولكن أيضًا بين عامّة الناس؛ نظرًا لتناول الكتاب موضوع المرأة بصورة غير مألوفة لما تدرجت عليه الأدبيات الاجتماعية المصرية السائدة في ذلك الوقت، حيث حاول قاسم أمين في هذا الكتاب أن يلفت النظر إلى الأوضاع الاجتماعية والسياسية والثقافية التي تعيشها المرأة المصرية آنذاك، إذ كانت تعاني قهرًا اجتماعيًا نابعًا من العادات والتقاليد الموروثة المرتبطة في أحيان كثيرة بالفهم الخاطئ للموروث الديني والقواعد الأخلاقية السليمة، وقد تطرق قاسم أمين لهذه الأوضاع التي فرضت قيودًا على حركة المرأة داخل مجتمعها ووطنها، ومنعتها من تأدية دورها النهضوي في بناء الأمة من أجل فهمها وتشخيصها، ومن ثمة معالجتها وإصلاحها.

عن المؤلف

قاسم أمين: كاتب، وأديب، ومصلح اجتماعي مصري، وأحد مؤسّسي الحركة الوطنية المصرية، ويعد من أبرز رواد حركة تحرير المرأة مطلع القرن العشرين.

وُلد «قاسم محمد أمين» عام ١٨٦٣م. وتلقى دروسه الأولى في مدرسة رأس التين الابتدائية بالإسكندرية، ثم انتقل مع أسرته إلى القاهرة، حيث سكن في حي الحلمية الأرستقراطي، والتحق بمدرسة التجهيزية (الثانوية) الخديوية، وتَعَلَّم فيها الفرنسية، وانتقل بعدها للدراسة بمدرسة الحقوق والإدارة آنذاك، وحصل منها على الليسانس، وهو في العشرين من عمره.

عمل بالمحاماة، إلّا أنه ما لبث أن تركها، حيث سافر في بعثة دراسية إلى فرنسا أبدى فيها تفوقًا في الدراسة خلال أربع سنوات، وقرأ في تلك الفترة لكبار المفكرين الغربيين أمثال: ماركس، ونيتشه، وداروين، وزادت صلته هناك بالإمامين جمال الدين الأفغاني، ومحمد عبده، وعندما عاد إلى مصر عام ١٨٨٥م، عمل في النيابة المختلطة، ثم انتقل بعدها بعامين من النيابة إلى قسم قضايا الحكومة، وظل يترقى في المناصب إلى أن وصل إلى منصب مستشار وهو في سن الحادية والثلاثين.

كان له نشاط فكري وثقافي واجتماعي واسع، حيث صدرت له مجموعة من المقالات غير موقعة بجريدة المؤيد، كما أصدر كتاب «المصريون» بالفرنسية، وكان فيه يرد على هجوم الدوق الفرنسي داركور على مصر والمصريين، وأصدر بعدها أشهر كتبه؛ «تحرير المرأة» و«المرأة الجديدة»، ويعد هذان الكتابان من أهم الكتب التي تم تأليفها عن المرأة مطلع القرن العشرين، وتجسدت النشاطات الاجتماعية لقاسم أمين في مشاركته بالجمعية الخيرية الإسلامية التي كانت تنشئ مدارس للفقراء، وتغيث

〈ヒント2 『源氏物語』〉

　12歳で成人する夕霧（ゆうぎり）（光源氏の子）は帝の孫であるので、本来であれば、最初から四位（しい）になれるのを、父の光源氏はそうさせなかった。あえて六位にとどめ、大学に入れ、勉学に励ませた。これに納得いかないのが、夕霧の祖母の大宮（おおみや）（光源氏の姑で前帝の妹）である。大宮は光源氏を自邸に呼びつけ、説明を求めると、光源氏は「夕霧には二三年は大学で勉強させます。卒業できたら、帝の孫らしく昇進させます」と言う。その理由を光源氏は以下のように説明している。

『源氏物語』「少女」	現代語訳
（光源氏）みづからは、九重（ここのへ）のうちに生（お）ひ出（い）ではべりて、世の中のありさまも知りはべらず、夜昼、御前にさぶらひて、わづかになむはかなき書なども習ひはべりし。ただかしこき御手より伝へはべりしだに、何ごとも広き心を知らぬほどは、ふみの才をまねぶにも、琴（こと）笛（ふえ）の調べにも、音（ね）耐へず、及ばぬところの多くなむはべりける。はかなき親にかしこき子のまさる例は、いとかたきことになむはべれば、まして次々伝はりつつ、へだたりゆかむほどの行く先いとうしろめたなきによりなむ思ひたまへおきてはべる。 　高き家の子として、官位（くわんゐ）爵位（しゃくゐ）心にかなひ、世の中さかりにおごりならひぬれば、学問などに身を苦しめむことは、いと遠くなむおぼゆべかめる。戯（たぶ）れ遊びを好みて、心のままなる官爵（くわんしゃく）に昇りぬれば、時に従ふ世人の、下には鼻まじろきをしつつ追従（ついしゃう）し、け	自分は、宮中に成長致しまして、世の中の様子を存じませんで、昼夜、御帝の前に伺候致して、ほんのちょっと読書を習いました。畏れ多くも直接父帝に教えていただいた事さえどのようなことも、知識の不足なうちは、漢籍を勉強しても、琴や笛の演奏にしても、音が十分出ず、不具合なところが多いものでした。つまらない親に賢い子が勝るという話は、まれなことです。まして私の子孫の末を思えば、とても不安に思えますので、こう決めました。 　夕霧は高貴な家の子弟として、官職身分が思い通りとなって栄華におごる癖がついてしまえば、学問で苦労することは、考えづらく思えるものです。つまらない遊びに入れ込んだまま、思いのままの身分に上ってしまうとどうなりますか。世間の現実的な人々は夕霧を、内心ではバカにしつつ、追従し機嫌をとりながら従うでしょう。その時はなんとなく立派そ

しきとりつつ従ふほどはおのづから人とおぼえて、やむごとなきやうなれど、時うつりさるべき人に立ちおくれて世をとろふる末には人に軽めあなづらるるに、取るところなきことになむはべる。 　なほ才_{ざえ}をもととしてこそ、大和魂_{やまとだましひ}の世に用いらるる方も強うはべらめ。	うに見えても、時勢が変わり、後見人もいなくなり、運が衰えたあげくには、こうした人に軽んじられバカにされ、どうしようもなくなります。 　やはり学問を修めた基礎があってこそ、実務をうまくこなす能力も、世の人が認めてくれるというものでしょう。

☞光源氏の厳しい教育方針に応え、夕霧は一生懸命勉強し、短い期間で卒業試験に合格した。その後、順調に昇進し、物語の最後（宇治十帖）では、左大臣にまで昇格している。

〈ヒント3　石田梅岩_{いしだばいがん}『都鄙問答_{とひもんどう}』〉

　都鄙問答_{とひもんどう}は江戸時代中期に書かれた心学の経典。四巻から成る。第一巻では、町人は実学を学ぶべきこと、士農工商それぞれに倫理道徳があることを説く。第二巻には商人の社会的意義を強調し士農工商の平等を主張する。第三巻は朱子学的な心の問題を論じ、第四巻では町人の直面する現実的な生活問題への対処方法を、実例をあげつつ解説している。

都鄙問答_{とひもんだう}　第二巻	現代語訳
商人は、左の物を右へ取り渡しても、直_{ちょく}に利を取るなり。曲_{まげ}て取るにあらず。口入_{くちいれ}ばかりする商人を問屋_{とんや}と言。問屋の口銭_{こうせん}を取るは、書き付れを出し置くば人皆これを見る。鏡に物をうつすがごとし。隠すところにあらず。直に利を取る証_{あかし}なり。商人は直に利を取るによりて立つ。商人の正直なり。利を取らざるは商人の道にあらず。ここを以_{もっ}て正き士は、この売物は損銀_{そんぎん}たち候_{さうら}へども負けて売らんといふ時は買はず。我買うてやるは汝に利を得させん為なり。汝が合力_{がうりき}は受けずといへり。利を取らざるは商人の道にあらず。…	商人は、左の物を右へ渡すことで、利を得る。これは不正の利ではない。仲買商を問屋と言う。問屋が手数料を取るのは、書き付けを出すことで、誰もが取引を見られるようにするからだ。鏡に物を映すように、わかりやすい。隠れてしているのでない。正しく利を取る証拠だ。商人は正しく利を取ることで成り立っている。これが商人の正直というものだ。利を取らないのは商人のやり方ではない。だから見識ある士は、「これは売って損だけれども、値引いて売りましょう」と言われた時は買わない。買うことは売り手に得させてやろうと思ってすることだからだ。「よけいなお世話はいらない」と言ってのける。利を取らないのは商人の正しいやり方ではないのだ。…

…商人の売買するは天下の相なり。細工人に作料をたまはるは工の禄なり。農人に作間をくださるることは、これも士の禄に同じ。天下万民産業なくして、何以って立つべきや。商人買利も天下御免の禄なり。それを汝ひとり、売買の利ばかりを欲心にて道なしといひ、商人をにくんで断絶せんとす。何以って商人ばかりをいやしめ嫌ふことぞや。汝今にても、売買の利は渡さずといひて利を引きて渡さば、天下の法破りとなるべし。上より御用仰せ付けらるるにも、利を下さるるなり。しかれば商人の利は御ゆるしある禄のごとし。されども田地の作得と、細工人の作料と、商人の利とは、士のごとくに定めて幾百石幾拾石とは云ふべからず。日本唐土にても売買に利を得ることは定りなり。定りの利を得て職分をつとめれば、自ら天下の用をなす。商人の利を受ずしては家業つとまらず。吾が禄は売買の利なるゆへに、買人あれば受くるなり。よぶに従ひて往くは、役目に応じて住くがごとし。欲心にあらず。士の道も君より禄を受ずしてはつとまらず。君より禄を受くるを、慾心といひて道にあらずといはば、孔子孟子を始めとして、天下に道を知る人あるべからず。

…商人が取引するのはあたりまえである。職人に手間賃を払うのは職人の所得である。農家が農閑期を認められることは、武士の給与と同じことだ。それぞれの四民の仕事がなければ、どうやって世を保つのだ。商人が取引で利を得るのも、公認の所得である。それを「商人ばかりが取引の利を得るのは、欲張りで道徳がない」とそしり、商人をにくんで根絶やしにしようとする人がいる。どうして商人ばかりをおとしめ、嫌うのだろう。そんな人が現実に「商人に取引での利は渡せない」といって、利得の分をさし引いて払ったら、まさしく違法行為だ。君主から御用を頼まれる時でも、報酬をくださるものだ。ならば商人の利は公認の給与と同じである。しかし農家の農作物の取れ高と、職人の手間賃と、商人の取引の利とは、武士のように固定した給与と言うわけにいかない。日本でも外国でも、取引で利を得ることは商人の決まりなのだ。武士は固定の給与で仕事を勤め、自然と公用をつとめる。商人は利を得られなければ仕事を勤めたことにならない。商人の給与は取引での利であるから、買う人がいれば、その人から利をいただくのである。商人が「買いたい」と声を掛けられて売るのは、武士が役目に応じて仕事するのと同じである。欲張りなのではない。武士の道も君主から給与をもらわずには勤まるまい。君主から給与受けるのを、欲張り・不道徳と言うならば、孔子・孟子を始め、天下に道を知る人などいなくなるだろう。

☛石田梅岩いしだばいがん（1685 － 1744 年）は心学しんがくの祖。京都府亀岡市の農家出身。11 歳から京都の商家で働き、45 歳で心学の塾を開く。心学は神道・儒教・仏教を合わせた実践哲学で、勤勉と倹約の精神を説き、多くの庶民から支持された。後世「町人哲学」と呼ばれる。

十返舎一九『東海道中膝栗毛』

『東海道中膝栗毛とうかいどうちゅうひざくりげ』（(1802-1814年刊) 旅行記形式の滑稽本こっけいぼん。(江戸時代後期の小説。難解な用語を避け、文芸性よりも日常生活の滑稽場面のスケッチを主とする)。江戸えど神田かんだ八丁堀はっちょうぼり（現在の東京都中央区八丁堀）の長屋ながや（庶民のアパート）に暮らす弥次郎兵衛やじろべえと喜多八きたはちは、東海道（東京～京都）を、伊勢神宮いせじんぐう（三重県）に向かう。旅の途中、冗談を言い合ったり、いたずらしたり、陽気な失敗を繰り返したり、行く先々で騒ぎを起こしつつ、東海道を西へと進む。本編は二人が大阪に着いた場面で終わるが、本編のヒットで続編が書き継がれる。現代でも、男二人の気楽な旅行を「弥次喜多道中やじきたどうちゅう」という。

十返舎一九じっぺんしゃいっく（1765-1834年）　本名は重田貞一しげた さだかつ。江戸時代後期の下級役人の家に生まれ、19歳で武家奉公ぶけぼうこうを始めたが、ほどなく浪人ろうにん（失業）し、戯作者げさくしゃ（大衆文芸作家）・絵師として活動した。日本で最初に、文筆活動で生活できた文化人でもある。

弥次郎兵衛やじろべえと喜多八きたはちは東海道を進み、伊勢国桑名いせのくにくわな（三重県桑名市）にやってきた。そこで二人は旦那と召使い役を半日交替ですることにした。

注釈	東海道中膝栗毛	現代語訳
・いかまふ：行く	かく打ち興じて、縄生村、小向村にたどり着く。…	このようにおもしろがり、縄生なお村、小向おぶけ村にたどり着く。…
・ひろひ：歩き	駕かごかき「駕いかまひかいな。これから二里半の長丁場ぢや。安うして召さぬかい。」	駕かき「駕で行きませんか。これから次の宿場まで二里半の長い道です。安い値でお乗りになりませんか。」
・やらまいか：そうしませんか	弥次「イヤ、駕はいらぬ。」	弥次「いや、駕はいらない。」
・やせう：（やしょう）そうしよう	駕かき「あとの親方、旦那を乗せ申してくだんせ。戻りぢや。安めに。」	駕かき「後ろの親方、旦那をお乗せしてくださいませ。戻り道だから、安くしますから。」
・まんだ：まだ	喜多八「旦那は、おひろひがお好きだ。」	喜多八「旦那は、お歩きになるのがお好きなのだ。」
・やみげんこ　三百五十文	駕かき「さう言はずと。もし旦那、安うしてやらまいかいな。」	駕かき「そう言わないで。ねえ、旦那、安い値で駕篭に乗りませんかな。」
・壱貫五百：	弥次「安くてはいやだ。高くやるなら乗りやせう。」	弥次「安くてはいやだ。高くするなら乗りやしょう。」
	賀かき「そしたら、高うして三百い	駕かき「そしたら、高くして、三百文い

千五百文_{もん} ・わかれ： 駕を降りた時 ・何かなし： とやかく言わず ・ままよ： どうにでもなれ ・ぼうぐみ： 仲間 ・そんなこんであらず： そんなことではダメだ ・とひやうもない：途方もない ・縁切り　交渉決裂 ・かつぐ： 駕篭を担ぐとだまされるの掛詞	ただきましよかいな。」 弥次「いやだいやだ。もちつと高くやらねえか。」 駕かき「ハア、まんだ安いなら、やみげんこで。」 弥次「壱貫_{いっかん}五百ばかりなら、乗つてやらうか。」 駕かき「エエ、滅相_{めっさう}な。わしどもも商売冥利_{しやうばいみやうり}、そないにやつとはいただかれませぬ。せめて五百で召してくだんせんかい。」 弥次「それでも安いからいやだ。」 駕かき「ナアニ、安いこんではあらまい。そしたら、わかれに七百くだんせ。」 弥次「イヤイヤ、面倒だ。何かなし壱貫五百よりまからぬ、まからぬ。」 駕かき「はてさて困つたもんぢや。それよりちつともまからまいか。」 弥次「まからぬ、まからぬ。」 駕かき「エエ、なんのこんぢや。駕かきの方から、ねぎるといふはめづらしい。ままよ、ぼうぐみ、壱貫五百でやらまいかい。サア、旦那召しませ、召しませ。」 弥次「それでいいか。高く乗つてやるかはりに、酒手をこつちへ貰はにやならぬが、がつてんか。」 駕かき「あげませずとも。」 弥次「そんなら先へ行つて、壱貫四	ただきましょうかな。」 弥次「いやだいやだ。もうちょっと高くしないか。」 駕かき「はあ、まだ安いなら、三百五十文で。」 弥次「千五百文ぐらいなら、乗ってやろうか。」 駕かき「ええ、無茶苦茶な。私たちもまともな商売ですから、そんなにたくさんはいただけません。せめて五百文でお乗りくださいませんか。」 弥次「それでも安いからいやだ。」 駕かき「なあに、安いことではないでしょう。そしたら、駕を降りる時に七百文くださいませ。」 弥次「いやいや、面倒だ。あれこれ言うことなく千五百文より負けられない、負けられない。」 駕かき「はてさて困ったものだ。それよりちょっとも負けるつもりはありませんか。」 弥次「負けられない、負けられない。」 駕かき「ええ、どういうことだ。駕かきのほうから、値切るというのは珍しい。どうにでもなれ、相棒よ、千五百文で行かないか。さあ、旦那お乗りなさいませ、お乗りなさいませ。」 弥次「それでいいか高い値で乗ってやる代わりに、酒代をこっちにもらわなければならないが、承知か。」 駕かき「もちろん差し上げますよ。」 弥次「それなら向こうに到着して、千四

百五拾文(いっかんよんひゃくごじうもん)、こつちへ酒手に差し引いて、残り五十の駕賃(かごちん)だが、それで承知か、どうだ。」 駕かき「エエ、そんなこんであらず。とひやうもない。」 弥次「そこでまづ縁切りだ、ハハハハハ。」 喜多八「こいつは旦那ができた、できた。」 *旅人を乗せるつもりで駕かきの高い値段にかつがれにけり*	百五十文を、こちらへ酒代として差し引いて、残り五十文が駕賃だが、それで承知するか、どうだ。」 駕かき「ええ、そんなことであっていいものか。とんでもない。」 弥次「そこでもう交渉決裂だ。ははははは。」 喜多八「これは旦那がやった、やった。」 旅人を乗せるつもりで駕かきが、高い値段にかつがれ、そのかつぐではないがかつが（だまさ）れた。

[課題]

①江戸時代の人々はユーモア好きで、伝統話芸の落語も、この時代に発達しました。ヒント1「時蕎麦(ときそば)」は、その古典落語の中でも有名作品です。これと『東海道中膝栗毛』を比較しつつ、あなたの考えを述べなさい。

②旅は古来、馬にも車にも乗れない庶民にはつらいものでした。いっぽう知識人にとっては古代から、旅は文芸的感動を生み出す場でありました。ヒント2の 『更級日記(さらしなにっき)』は11世紀前半に菅原孝標女(すがわらのたかすえのむすめ)（学者一族の娘）によって書かれました。前半は上総(かずさ)（千葉県）から都（京都市）へ帰るまでの紀行日記です。これを『東海道中膝栗毛』と比較しつつ、あなたの考えをのべなさい。

③『東海道中膝栗毛』はユーモアをテーマとしつつ、江戸後期の東海道を旅行する人にとっての観光案内書でもありました。あなたの出身地で有名な観光案内書またはそのような本を、『東海道中膝栗毛』と比較し、紹介してください。

〈ヒント1　古典落語「時蕎麦(ときそば)」〉

そば屋　　そ〜ば〜ぁ

男1　　　そば屋さん何ができるんだい。花巻(はなまき)にしっぽこかい、しっぽこひとつ頼むよ…

（男1はそばを食べ終わる）

男1　　　いくらだ

そば屋　　十六文(もん)でございます

男1　　　銭(ぜに)は細かいよ。　手を出してくれ勘定するからよ。一、二、三、四、五、六、七、八、、、

今、何時_{なんどき}だい。

そば屋　九つで

男1　　十、一一、一二、一三、一四、一五、一六

（と、払って行ってしまう。これをわきで見ていた男がいた）

男2　　なんだい、あの野郎は。「いくらだい」って値を聞いているのが気にくわないな。そば
　　　　が十六文_{もん}なんて子どもでも知ってるぜ。そば屋の手の上で勘定しやがって。一、二、
　　　　三、四、五、、、あれっ、そういえば、途中で時_{とき}を聞いたね。そんなのは後で聞けばいい
　　　　のに。「一、二、三、四、五、六、七、八、今、何時_{なんどき}だ、九で、十…おっ、やったね、あ
　　　　いつは。ここで一文ごまかしているよ。あの蕎麦屋は生涯_{しょうがい}気がつかないよ。よし
　　　　おれもやってみよう

そば屋　そぉ～ばぁ～

男2　　お～い。そば屋さん何ができるんだい…

（男2はそばを食べ終わる）

男2　　いくらだ

そば屋　十六文_{もん}でございます

男2　　銭_{ぜに}は細かいよ、じゃ手を出してくれ、勘定するからよ。いくよ。一、二、三、四、五、
　　　　六、七、八、今何時_{なんどき}だい。

そば屋　四つで

男2　　五、六、七、八、、、

　　＊文_{もん}　江戸時代の通貨単位。十六文でファストフード一食分が食べられた。
　　＊銭_{ぜに}　お金の俗称
　　＊時／刻_{とき}　江戸時代は24時間を十二の時／刻で分ける。「九つ」は正午、「四つ」は午前十時前後。

更級日記　寛仁4年（1020年）	現代語訳
あしがら山＊といふは四五日よっかいつか、かねて、おそろしげにくらがりわたれり。やうやういりたつふもとのほどだに、そらのけしき、はかばかしくも見えず。えもいはずしげりわたりて、いとおそろしげなり。 　ふもとにやどりたるに、月もなくくらき夜の、やみにまどふやうなるに　あそび＊三人、いづくよりともなくいできたり。五十ばかりなるひとり、二十ばかりなる、十四五なるとあり。いほのまへにからかさをささせてすへたり。 　をのこども、火をともして見れば、むかし、こはた＊といひけむがまごといふ。かみいとながく、ひたひいとよくかかりて、いろしろくきたなげなくて、さてもありぬべきしもづかへなどにてもありぬべしなど、人々＊あはれがるに、こゑすべてにるものなく、そらにすみのぼりてめでたくうたをうたふ。人々いみじうあはれがりて、けぢかくて、人々もてけうずるに、「にしくにのあ　そびはえかからじ」などいふをききて、「なにはわたりにくらぶれば＊」とめでたくうたひたり。 　見るめのいときたなげなきに、こゑさへにるものなくうたひて、さばかりおそろしげなる山中にたちてゆくを、人々あかず思ひて、みななくを、おさなき心地には、ましてこのやどりをたたむことさへあかずおぼゆ。	足柄山というところでは、四五日続いて不気味に暗い道が続いた。やっとた来た麓のあたりさえ、空がはっきり見えない。うっそうと木が茂り、たいへん恐ろしげだ。 　麓に宿を取ったところ、月も無い暗い夜で、闇にまようような夜というのに、プロ芸人が三人、どこからともなくやってきた。五十才ぐらいが一人と、二十歳ぐらいと十四五才の芸人がいた。宿の前に傘をささせ、芸人らを招き入れた。 　男たちが火をともしたので、見れば、五十才ぐらいの芸人は、むかしの有名な「こはた」の孫と言う。髪はたいそう長く、額髪が美しく垂れかかり、色白でこぎれいで、確かに上流邸宅の召使いと言っても通用しそうだなど、女房たちは感心していた。容姿も悪くないし、声はこの上なく良く、空にぬけるように見事に歌う。女房たちはたいそう感動した。芸人らを近くに引き寄せ、女房たちは喝采をあびせながら「西国の芸人にあなた方ほどの人はいないよ」などと言うのを聞き、即妙に「難波あたりに比べたら…」と今様をうまく歌った。 　容姿もよく、すばらしい声で歌う芸人らがこのような恐ろしげな山の中へ、出ていくのを、女房たちは名残を惜しんで皆泣くのを、幼かった私はまして、芸人らと別れることはもとより、この宿を出発することさえ名残惜しく思えた。

*足柄山あしがらやま　神奈川県と静岡県の境にある山。金太郎きんたろう伝説や山姥やまんば伝説の地。

*あそび　歌うことで報酬を得る、プロ芸人／歌手。後世の風俗営業の「遊女」とは異なる。

*こはた　不詳。9世紀後半頃、都の知識人社会でも有名なプロ芸人であったか。

*人々　菅原孝標家に仕える女房（屋内で仕事する高級召使い）たち

*なにはわたりに…　当時こういう唄い出しの今様が流行していたようだ。客のかけ声を受け、即座に関連する歌で返す芸人の機転。

上田秋成『雨月物語』

「菊花きくかの約ちぎり」は『雨月物語うげつものがたり』(1776 年刊。日本・中国の古典から翻案した怪異小説 9 篇から成る) に収録されている。『古今小説』「范巨卿鶏黍死生交はんきょけいしょしせいのまじわり」の翻案小説。困っている所を救われた男が、恩人との再会の約束を守るため、自殺し、幽霊となる怪談。

上田秋成うえだあきなり (1734-1809) 大阪生まれの商人、後に医師。俳句・漢学を学び、中国の白話小説はくわしょうせつも学んだ。国学研究にも熱心で、本居宣長もとおりのりながと思想・古代音韻・仮名遣い等をめぐり論争した (日の神論争)。1766 年より小説を公刊し始める。

注釈	雨月物語　菊花の約	現代語訳
楊柳　若葉の美しい木 播磨　兵庫県西南部 博士　学者 清貧　正直で貧乏 調度　家具 孟子の操　孟子の母の徳 事とす　仕事にする すこぶる　大変 事に寄す　口実をつける 敢えて　決して(否定の強調) 何某　名前不詳な誰か 許　家 伴ひ　同伴者	青々たる春の柳、家園みそのに種ゑることなかれ。交まじはりは軽薄けいはくの人と結ぶことなかれ。楊柳やうりう茂りやすくとも、秋の初風の吹くに耐たへめや。軽薄の人は交りやすくしてまた速すみやかなり。楊柳いくたび春に染むれども、軽薄の人は絶えて訪ふ日なし。 　播磨はりまの国、加古かこの駅うまやに丈部はせべ左門さもんといふ博士あり。清貧を憩あまなひて、友とする書ふみの外はすべて調度てうどの煩わづらはしきを厭いとふ。老母あり。孟子もうしの操みさをにゆづらず。常に紡績うみつなぎを事として左門がこころざしを助く。其の妹なるものは同じ里の左用氏さようしに養はる。此の左用さようが家はすこぶる富みさかえて有けるが、丈部母子の賢きを慕したひ、娘子をとめを娶めとりて親族となり、しばしば事によせて物をおくるといへども、「口腹かうふくの為に人をわづらはさん	青々とした春の柳は、家の庭に植えることはダメだ。交際は、軽薄な人と結ぶことはダメだ。楊柳は茂りやすくても、秋の初風の吹く頃には散りはてる。軽薄な人は交りやすい一方、さっさと去っても行く。それでも楊柳は春になれば何度でも色づくが、軽薄な人は二度と訪ねて来ない。 　播磨国加古宿に丈部左門といふ学者がいる。清貧に甘んじ、友とする本の外はすべて家具が増えることをきらう。老いた母がいる。有徳なことは孟子の母にも劣らない。いつも機織りを仕事とし、左門がやりたいようにできるよう助けている。左門の妹は同じ里の左用家に嫁いだ。この左用の家はたいへん富裕でいたが、丈部母子の賢さを慕って、娘を娶って親族となって、しばしば口実をつけては物を贈るのだが、「自分たちの暮ら

【語句】

士家の風	武士らしく見えること
ままに	〜ので
とどむ	泊める
起き伏し	起きたり寝たり
過り	失敗
ここち惑ひ	困惑
陽世	現世
形	人の姿
賢弟	病床の男は左門と義兄弟となっていた
経久	出雲富田城の新城主
塩冶	富田城旧主
腹心爪牙	信頼できる側近
菊花の約	菊の節句に再会する約束
はなつ	解放する
大城の外	城の外
千里	1里＝4

【本文】

や」とて、敢へて承くることなし。

　ある日、左門、同じ里の何某が許もとに訪ひて、いにしへ今のものがたりして興ある時に、壁を隔てて人のくるしむ声、いともあはれに聞えければ、主に尋ぬるに、あるじ答ふ、「これより西の国の人と見ゆるが、伴なひに後れしよしにて、一宿を求めらるるに、『士家の風ありて卑しからぬ』と見しままに、とどめまいらせしに、その夜、邪熱はなはだしく、起き臥しも自づからはまかせられぬを、いとをしさに三日四日は過しぬれど、何地の人ともさだかならぬに、主も思ひがけぬ過りし出でて、ここち惑ひ侍りぬ」といふ。

＊＊

「吾は陽世の人にあらず、きたなき霊のかりに形を見えつるなり。　…賢弟とわかれて国にくだりしが、国人大かた経久が勢ひに服つきて、塩冶の恩を顧みるものなし。従弟なる赤穴丹治、冨田の城にあるを訪らひしに、利害を説きて吾を経久にまみえしむ。仮にそのことばを容れて、つらつら経久がなす所を見るに、万夫の雄人に勝れ、よく士卒を習練ならすといへども、智を用うるに

【現代語訳】

しの為に他人を心配させようか」と言って、決して受け取ることがない。

　ある日、左門が同じ里のある人の家を訪ね、昔や今の雑談を楽しんでいると、壁を隔て、人の苦しむ声が何とも痛ましく聞えたので、左門が主人に尋ねると、「西の国の人らしいのですが、同伴者に遅れたので一晩宿まりたいと言われ、『武士の風格がある、おかしな人ではない』と思い、お泊めしたのですが、その夜、病気でひどく発熱し、一人で何もできず、お気の毒に思い、三・四日はお泊めしたのですが、どこの人ともわからず、思いがけぬ失敗をしたと困りました」と言う。

＊＊

「私は現世の人ではなく、死霊が仮に人の姿で現れたのだ。…貴殿と別れて出雲に帰ったが、国の者の多くが新主の経久に従い、塩冶殿の旧恩を顧みる者もいない。従兄弟の赤穴丹治が富田城にいたのでたずねると、丹治は損得を説き、私を経久に会わせた。いったんはそれを聞き入れ、経久のしていることをよく見たが、武芸軍略には優れていても、智恵ある者を疑い遠ざけている。信頼できる側近もい

ない。長く居てもしかたないと考え、貴殿と菊の節句に再会を約束したことを話し辞去しようとすると、経久は不機嫌になり、丹治に命じ、私を富田城の外に出させず、ついに今日にいたった。約束をたがえたなら、貴殿は私をどんな人間と思われるだろうかと、沈痛な思いでいた。が、逃れる方法がない。そこで古人の『人は一日に千里を行くことはできない。だが魂は千里を一日で行ける』という言葉を思い出し、切腹し、今夜、陰気な冷たい風に乗り、はるばる菊の節句に再会する約束を果たしに参った。この心をあわれんでいただきたい」と言い終わり、わき出すように涙を流した。

狐疑(こぎ)の心おほくして、腹心(ふくしん)爪牙(さうが)の家の子なし。永く居(を)りて益(やう)なきを思ひて、賢弟が菊花の約(ちぎり)ある事をかたりて去(さ)らんとすれば、経久うらめる色ありて、丹治に令(れい)し、吾を大城(おほぎ)の外にはなたずして、つひにけふにいたらしむ。この約(ちかひ)にたがふものならば、賢弟吾を何ものとかせんと、ひたすら思ひ沈(しづ)めどものがるるに方なし。いにしへの人のいふ、人一日に千里をゆくことあたはず、魂(たま)よく一日に千里をもゆくと。このことはりを思ひ出て、みづから刃(やいば)に伏(ふ)し、今夜(こよひ)陰風(いんぷう)に乗りてはるばる来たり菊花の約(ちかひ)に赴(おもむ)く。この心をあはれみ給へ」といひをはりて涙わき出(い)づるがごとし。

km。はるかな遠方

刃に伏す　切腹する

陰風　陰気な風。幽霊がこの風に乗って現れる。

＊＊　病人は赤穴宗右衛門(あかなそうえもん)という出雲の武士だった。この後、左門の看護を受け、病気が治ると、出雲に帰るが、九月九日の菊の節句(せっく)には必ず加古に来て再会を約束する。

[課題]

①「菊花の約」は、ヒント1の明代末期の白話小説・『古今小説』第十六巻「范巨卿雞黍死生交」を参考に、登場人物などを日本風に作りかえた、いわゆる翻案小説です。このような翻案または翻訳文芸について、あなたの考えを述べなさい。他の文芸作品も紹介できれば、望ましい。

②江戸時代、武士は人々の手本となるよう、身体も心も鍛え、生死の境に立っても、平常心を失いませんでした。『雨月物語』には、死んでも約束を守る武士が描かれていますが、ヒント2では人の死を冷静に観察する武士の話があります。この二話を比較し、武士＝サムライについてあなたの考えを述べなさい。他の作品も紹介できれば、望ましい。

③『雨月物語』「菊花の約」は人のあり方を問いかける作品ですが、そのような文芸としてヤヒヤハエイ「سبّای بابای 飛脚」があります。この二作品を比べ、あなたの考えを述べなさい。他の作品も紹介できれば、望ましい。

〈ヒント１〉范巨卿雞黍死生交<ruby>はんきょけいけいしょしせいのまじわり</ruby>

（馮夢龍<ruby>ふうむりゅう</ruby>編『古今小説<ruby>ここんしょうせつ</ruby>』）

種樹莫種垂楊枝、結交莫結軽薄児。楊枝不耐秋風吹。軽薄易結還易離君不見。昨日書来両相憶、今日相逢不相識。不如楊枝猶可久一度春風一回首。　這篇言語是結交行。言語交最難。

（垂れ柳を植えることはダメだ。交際は、軽薄な人と結ぶことはダメだ。楊は秋風の吹く頃には散りはてる。軽薄な人は交際しやすい一方、さっさと去ってかえりみない。昨日は手紙を寄越して会っても、今日会ったら覚えてもいない。それは楊が春になれば何度でも色づくことにも劣る。言葉を介する交際は、やりやすいようで実はもっとも難しい。）

今日説一箇秀才、乃漢明帝時、人姓張名劭字元伯、是汝州南城人。氏家本農業、苦志讀書、年三十五歳、不曾婚娶。其老母年近六旬、井弟張勤努力耕種、以供二膳。時漢帝求賢劭、辭老母、別兄弟、自負書囊來到東都洛陽。應擧在路、非只一日到洛陽、不遠當日天晩、投店宿歇。是夜常聞鄰房有人聲喚劭。至晩問店小二間壁聲喚的是誰。小二答道是一箇秀才、害時症在此將死。劭曰、既是斯文當以看視。…

（今、一人の秀才のお話をしよう。漢の漢明帝の時の人で、姓は「張」、名は「劭」、字は「元伯」といった。汝州・南城の人である。家は農家で、苦学しながら学問を志し、35歳というのに、まだ結婚もしていない。その老いた母は60歳ぐらいで、張劭の弟・張勤は農耕に励み二人を養った。この時、漢帝は賢人の噂を聞いて、張劭を招いた。そこで張劭は老母と兄弟と別れ、一人で本を担いで東都・洛陽に来た。旅に出ても、一日で洛陽に着けるわけでなし、やがて日が暮れ、宿屋に泊まることにした。この夜、張劭は隣室でうめき声を聞いた。それが深夜まで続いたので、張劭は隣室との壁に向かって「どなたですか」と声をかた。隣室から「秀才ですが、病気にかかり死にかけています」と答えが返ってきた。張劭は「私がお加減をみましょう」と言う…）

☞白話<ruby>はくわ</ruby>小説とは、中国の口語で書かれた小説。有名作品は元～明代に書かれた。『三国志演義<ruby>さんごくしえんぎ</ruby>』『西遊記<ruby>さいゆうき</ruby>』『水滸伝<ruby>すいこでん</ruby>』『金瓶梅<ruby>きんぺいべい</ruby>』は「四大奇書」と呼ばれ、『紅楼夢<ruby>こうろうむ</ruby>』は白話小説最高の恋愛小説として有名である。

〈ヒント２　小泉八雲<ruby>こいずみやくも</ruby>『怪談』「駆け引き」 'Diplomacy'"Kwaidan"〉

'Diplomacy'"Kwaidan"	『怪談』「駆け引き」
It had been ordered that the execution should take place in the garden of the *yashiki*.	主人より、屋敷の庭で、手討ち（処刑）を行うとの厳命がくだった。
Suddenly the condemned man cried out to him:	突然、打ち首される男が、主人に向って叫んだ。
"Honored sir, the fault for which I have been doomed I did not wittingly commit.	「殿、これはおまちがえです。わたしは、この罪をしようとしてしたのではあり

It was only my very great stupidity which caused the fault. Having been born stupid, by reason of my karma, I could not always help making mistakes. But to kill a man for being stupid is wrong--and that wrong will be repaid. So surely as you kill me, so surely shall I be avenged; --out of the resentment that you provoke will come the vengeance; and evil will be rendered for evil."

If any person be killed while feeling strong resentment, the ghost of that person will be able to take vengeance upon the killer. This the samurai knew. He replied very gently-- almost caressingly:

"We shall allow you to frighten us as much as you please—after you are dead. But it is difficult to believe that you mean what you say. Will you try to give us some sign of your great resentment--after your head has been cut off?"

"Assuredly I will," answered the man.

"Very well," said the samurai, drawing his long sword;--"I am now going to cut off your head. Directly in front of you there is a stepping-stone. After your head has been cut off, try to bite the stepping-stone. If your angry ghost can help you to do that, some of us may be frightened. . . . Will you try to bite the stone?"

"I will bite it!" cried the man, in great anger--"I will bite it!--I will bite--"

ません。この過ちを犯したのは、わたしが大変な愚か者であったから、それだけです。愚か者として生まれた宿命ゆえ、過ちを犯すしかなかったのです。でも、愚かだからといって、人を殺すのはまちがいです。…まちがいには報いがありますぞ。殿がわたしを殺せば、わたしは必ずたたります。殿が怨まれることをなされば、たたられるのです。悪は悪報を招きますぞ」。

大きな怨念(おんねん)を抱いたまま殺された者は怨霊(おんりょう)となり、殺した者をたたる力を持つ。主人の武士はこれを知っていた。主人はごくおだやかに、あたかも慈しむかのように言った。

「そなたは死んだら、気のすむよう、いくらでもわれらをおどすがよい。だが、私にはそなたのいうことが本当だとは信じられない。そなたの怨念が、どれほどのものなのか、首を切られても証拠を見せられるのか」

「必ずそうしましょう」と、男が答えた。

「よかろう」と、主人は言い、長い刀を抜き、「では首を切るぞ。そなたの目の前に踏み石がある。首が切られたら、その踏み石にかみついてみよ。もしそれをやり遂げるほどそなたの怨念が強ければ、われらの中にも恐れる者がいるかもしれぬ…どうだ、石にかみつけるか」

「石にかみつきますとも」男は忿怒(ふんぬ)の叫び声をあげた。

There was a flash, a swish, a crunching thud: the bound body bowed over the rice sacks--two long blood-jets pumping from the shorn neck;--and the head rolled upon the sand. Heavily toward the stepping-stone it rolled: then, suddenly bounding, it caught the upper edge of the stone between its teeth, clung desperately for a moment, and dropped inert.

None spoke; but the retainers stared in horror at their master. He seemed to be quite unconcerned.   He merely held out his sword to the nearest attendant, who, with a wooden dipper, poured water over the blade from haft to point, and then carefully wiped the steel several times with sheets of soft paper.

And thus ended the ceremonial part of the incident.

For months thereafter, the retainers and the domestics lived in ceaseless fear of ghostly visitation. None of them doubted that the promised vengeance would come; and their constant terror caused them to hear and to see much that did not exist. They became afraid of the sound of the wind in the bamboos--afraid even of the stirring of shadows in the garden. At last, after taking counsel together, they decided to petition their master to have a Ségaki-service performed on behalf of the vengeful spirit.

"Quite unnecessary," the samurai said, when his chief retainer had uttered the general

「かみつきますとも、かみつき…」

そこに刀が一閃(いっせん)きらめき、刀風が吹くと、ドスッという音がした。縛られた身体は、俵にうつぶした。…切られた首からは、血しぶきが二すじ、吹き出した。…首は砂の庭にころがり落ちたが、踏み石へと向って転がって行き、突然はね上がり、石にかみついた。首はしばらく荒々しく石にかみついていたが、やがて力つき、下に落ちた。

誰もが息を呑んだ。家来たちは恐れ、主人を見た。主人は平然としていた。主人はただ、そばにいた家来に刀を渡しただけであった。その家来はひしゃくで、柄(つか)から刃先まで水で洗い、何枚か重ねた柔らかい紙で、ていねいに数回刀をぬぐった。

こうして手討ちは済んだ。

その日から数ヶ月、家来たちと下働きたちはい毎日、怨霊が現われるのではと、おびえてすごした。手討ちにされた男の「たたるぞ」という言葉を疑う者はいなかった。いつもびくびくしているから、ありもしないものが見えたように、聞こえもしないものが聞こえたように思える。竹林を吹き抜ける風の音におびえ…庭を揺れ動く影にさえおびえるようになった。ついに一同話し合い、怨霊を鎮める為に施餓鬼供養(せがきくよう)の法事をしてほしいと、主人に願い出ることにした。

老臣が家来一同の申し出を伝えると、

wish… "I understand that the desire of a dying man for revenge may be a cause for fear. But in this case there is nothing to fear." The retainer looked at his master beseechingly, but hesitated to ask the reason of this alarming confidence. "Oh, the reason is simple enough," declared the samurai,divining the unspoken doubt. "Only the very last intention of that fellow could have been dangerous; and when I challenged him to give me the sign, I diverted his mind from the desire of revenge. He died with the set purpose of biting the stepping-stone; and that purpose he was able to accomplish, but nothing else. All the rest he must have forgotten. So you need not feel any further anxiety about the matter." And indeed the dead man gave no more trouble. Nothing at all happened.	「その必要はまったくない」と、主人の武士は答えた。「人が死に際に怨念をもてば、現世に恐ろしいたたりをなすのは、私も知っている。しかしこのたびは、恐れることはない」 老臣は主人を見つめた。しかし主人がそう確信するわけを聞くのは、遠慮していた。 老臣の無言の問いを察し、「ああ、そのわけはごく簡単だよ」と主人は答えた。「あの男の、死に際の猛烈なうらむ気持ちだけは危険だった。そこで私は、「たたれる証拠を見せよ」とせまり、たたること以外に気をそらさせた。あの男は踏み石にかじりつくことだけを念じて死に、それを果たした。で、それまでよ。他のことは忘れてしまったに違いない。だからそなたらは、この件でとやかく心配する必要はないのだ」。 実際、この後も、死んだ男のたたりはなかった。何事も、まったく起こらなかったのだ。

☞小泉八雲こいずみやくもは 1850 年、イギリス人の父とギリシア人の母との間に生まれる。1896 年に日本国籍を取得。"Kwaidan"『怪談』(1904 年刊)は、妻・小泉節子から聞いた日本各地に伝わる怪奇伝説に、八雲自身の解釈を加えて創作された作品の集成。原文は英語。

〈ヒント 3　ヤヒヤ ハエイ 「飛脚 البوسطجي 」حقي يحيى〉
ヤヒヤ　ハエイはエジプトの有名な文化人。法律大学を卒業後、人々を助けることに生涯をささげた。1992年にエジプトで地震が起きた。その地震で多くの人が怪我して入院した。ヤヒヤハエイ自身も病気で入院していた。しかし貧しい人が入院できないと知るや、その人たちのために自分の寝ていたベッドを差し出した。ヤヒヤハエイは、困っている人々を温かい目線で見つめた文学作品を書いた。ヤヒヤハエイの最も有名な作品は「飛脚 البوسطجي 」で、映画化され、広くテレビ放映もされた。

صدر هذا الكتاب عن دار المعارف وقرأناه ونحن لم نزل طلابا في الثانوية وعنوان الكتاب هو «دماء وطين» ويتضمن بين قصصه رواية قصيرة تحمل عنوان البوسطجي وهي النص الذي استند إليه الصحفي والروائي الكبير صبري موسي في كتابته لسيناريو الفيلم الذي يحمل نفس الاسم «البوسطجي» .

وشاركته كتابة الحوار والسيناريو دنيا البابا ويطلق على مجموعة «دماء وطين» (الصعيديات) نسبة للفترة التي عاشها الكاتب في صعيد مصر، وكتب خلالها قصصها والتي يبدأهابقصة البوسطجي والتي اعتمد بها على خطين دراميين، صراع القاهري البوسطجي مع عمدة القرية والخط الثاني بين الطالبين الشابين جميلة وخليل اللذين تربطهما علاقة حب تطورت إلى أن وقعا في الخطيئة، ويكون البوسطجي كحامل القدر والشاهد على المأساة .

أما الرواية القصيرة في هذا الكتاب «البوسطجي» .. فقد ترجمها للسينما الروائي والصحفي الكبير صبري موسي في فيلم يحمل نفس العنوان وأخرجه حسين كمال وهو إنتاج 8691، ويتناول قصة «عباس» (شكري سرحان) الشاب القادم من القاهرة لاستلام وضيفته كناظر لمكتب البريد في قريه (كوم النحل) في الصعيد فيعيش صراعا بين تصوره للواقع الاجتماعي، وتصور أهالي القريه المتخلف لهذا الواقع فبدا وكأنه يعيش في عزلة اجتماعيه قاسية ومملة .

فيحاول كسر حدة هذا الملل والوحده ويلجأ لفتح رسائل أهل القريه . وكذلك للتعرف أكثر على ما يدور في هذه القريه .

أما الخط الدرامي الثاني .. فهو قصة الحب بين فتاة من القرية (زيزي مصطفى) وبين شاب من خارجها، حيث تثمر هذه العلاقة جنينا قبل الزواج ويفاجأ البوسطجي بهذه العلاقه ويتعاطف معها كثيرا إلا أنه- وبسبب خطأ منه- يتسبب في انقطاع خط الاتصال بين الإثنين، وتكون نتيجة ذلك مقتل الفتاة على يد والدها الصعيدي (صلاح منصور) لمحو هذا العار .

وينتهي الفيلم بلقطات معبرة وجميله لعباس وهو يبكي ويقطع الرسائل وينثرها في الهواء لاحساسه العميق بالذنب بحدوث هذه الجريمة .

وكان صبري موسى قد قال في أحد حواراته إن: السينما ظلمت يحيى حقي طويلا لأنها رأت أن (أدبه للقراءة فقط) وإن عددا من (السينمائيين المحترفين) روجوا بعد صدور (دماء وطين) عام 6591 أن هذا النوع من الأدب لا يصلح للسينما وظلت المقولة سارية بل شملت كل أعمال حقي ومنها روايته الشهيرة (قنديل أم هاشم) التي أصبحت مقترنة باسمه فقاطعتها السينما المصرية رغم تكالبها على القصص الأدبية في تلك الأيام .

ولم تتنبه تلك السينما ليحيى حقي وقصصه إلا بعد ظهور فيلم (البوسطجي) ونجاحه.

واحضروا سوم جضوراً في يهتداهش أن «يقح» بتك (عامد وطين) باسلوب يبدأ بمقدمة.. ديهش «تعيفو على استرجاع

والحال ناتالي يساك سمه لاسلايبة المعالطم في ادلابا كانذاً ناهو تخاً قارأ حداسة عليها»

اقصدة الأبيدة من طراها الحديث صائع داعواً سيناميان باسلوبه تقليدي بسانى كاملا المتلفة والرمانة المتلفة الذي

تود هو الإحداثا وهو عصيد صمر في ثلاثينيات القرن العشرين.

وقصص الفيلم بناء هواره من نفي لآخر لعف ناتكلة» ينيه بغرابته يبتهم «نانف ثيبك» من جيل

راسخ.

松尾芭蕉『おくのほそ道』

『おくのほそ道』(1694 成立) 芭蕉ばしょうが弟子の曾良そらを伴い、1689 年 5 月に江戸えどを出発し、日光にっこう、白河しらかわ、仙台せんだい、松島まつしま、平泉ひらいずみ、新潟にいがた、金沢かなざわ、福井ふくいをめぐり、美濃みの(岐阜県)の大垣おおがきまでの旅を記録した紀行文きこうぶん。多数の俳句が収録されている。

松尾芭蕉まつおばしょう (1644-1694 年) 伊賀いが (現在の三重県伊賀市) の出身。伊賀上野いがうえのの上級武士・藤堂良忠とうどうよしただに仕え、良忠とともに北村季吟きたむらきぎんに弟子入りし、俳諧の道に入った。良忠の没後、俳諧師として活動するようになり、1675 年頃から江戸に移った。

注釈	おくのほそ道	現代語訳
百代の過客／舟の上に…→下注参照 すみか　家 余　私 片雲　ちぎれ雲 江上の破屋　深川の芭蕉庵(芭蕉記念館) 白河　福島県白河市 そぞろ神　人をそそのかす神 道祖神　旅人を守る神 ももひき　腰から足下までおおう下着 三里　膝のツボ 灸きう　もぐさを皮膚に乗せて火をつける民間	月日は百代ひゃくだいの過客かかくにして、行きかふ年もまた旅人なり。舟の上に生涯をうかべ、馬の口とらへて老をむかふるものは、日々旅にして旅をすみかとす。古人も多く旅に死せるあり。余もいづれの年よりか、片雲へんうんの風にさそはれて、漂泊ひゃうはくの思ひやまず、海浜かいひんにさすらへ、去年こぞの秋、江上がうじゃうの破屋にくもの古巣をはらひて、やや年も暮れ、春立てる霞かすみの空に、白河しらかはの関こえんと、そぞろ神の物につきて心をくるはせ、道祖神だうそじんのまねきにあひて、取るもの手につかず。ももひきの破れをつづり、笠かさの緒を付けかえて、三里に灸きうすゆるより、松島の月まず心にかかりて、住める方は人に譲り、杉風さんぷうが別墅べっしょに移るに、 草の戸も住み替はる代ぞ雛の家	月日は百代の旅人で、去ってはまた来る年もまた旅人である。船に乗って生涯を過ごす船頭や、生涯、馬を引き続ける馬子は、毎日が旅で旅を家とする。昔の賢人も多く、旅中に亡くなった人がいる。私もいつの頃からか、ちぎれ雲が風に吹かれるように、さまよい歩きたい気持ちがおさまらず、海辺を旅し、昨秋、隅田川沿いの古家に旅から戻り、クモの巣を払ううち、年も暮れ、立春の霞たなびく頃、「白河の関を越えよう」とそぞろ神が身に取りつき、私を狂わせ、道祖神の招きにあい、取るものも手につかない。ももひきの破れを繕つくろい、笠の紐を付け替え、三里に灸を据えるや、松島の月がまず心に浮かぶ。住み家は人に譲り、杉風の別荘に移る際、 　質素な家も住人が替わる時さ、今度は雛の家よ 　この句を始め、八句を家の柱に掛

| 療法
草の戸も…→下注
杉風　芭蕉の弟子
白川の関　福島県白河市。
いかで都へ→下注
三関　奥羽三関。他に勿来（なこそ）関、念珠（ねず）関
風さうの人　風流を愛する人
心をとどむ→下注
秋風を→下注
紅葉をおもかげ→下注
古人冠を→下注
清輔　袋草紙作者
卯の花を→下注 | 面八句（をもてはちく）を庵（いをり）の柱にかけ置く。

　心もとなき日かず重なるままに、白川の関にかかりて旅心（たびごころ）定まりぬ。「いかで都へ」とたより求めしもことはりなり。中にもこの関は三関（さんかん）の一にして、風さうの人、心をとどむ。秋風を耳に残し、紅葉（もみぢ）をおもかげにして、青葉の梢（こずゑ）なほあはれなり。
　うの花の白妙（しろたへ）に、茨（いばら）の花の咲きそひて、雪にもこゆる心地ぞする。古人（こじん）冠（かんむり）を正し衣装を改めし事など、清輔（きよすけ）の筆にもとどめ置かれしとぞ。
卯の花をかざしに関の晴着かな
　　　　　　　　　　曾良（そら） | けておく

　旅の実感がわかないまま日々をかさねたが、白河の関に来て、ようやく旅心が身についた。兼盛が「いかで都へ…」と、感動を都に伝えたがったのも理解できる。特にこの白河の関は奥羽三関の一つで、風流を愛する古人の心をとらえてきた。能因の「都をば…」の歌を思い、秋風が耳に響くように感じる。頼政の「都には…」歌に紅葉を想像すれば、眼前の青葉の枝にも感動する。ウツギの花の白さに、茨の白い花が咲き混ざり、大江貞重の「別れにし…」歌のとおり、雪よりも白く思える。古人がこの関を越える際、能因歌に敬意を払い、正装に着替えたと清輔が『袋草紙』に書きとどめている
　ウツギの花を頭にかざして関の晴着としよう　曾良 |

・月日は百代の過客；

　春夜宴桃李園序（しゅんやとうりえんにえんするのじょ）　李白（りはく）

　夫天地者万物之逆旅　<u>光陰者百代之過客</u>　而浮生若夢　為歓幾何　　　古人秉燭夜遊　良有以也　況陽春召我以煙景　大塊仮我以文章　会桃李之芳園　序天倫之楽事　群季俊秀皆為恵連吾人詠歌　独慚康楽　幽賞未已　高談転清

　開瓊筵以坐花　飛羽觴而酔月　不有佳作　何伸雅懐　如詩不成　罰依金谷酒数

（『古文真宝後集』巻之三「序類」所収　　下線箇所は「月日は百代の過客」の典拠（てんきょ））

（天地は万物を迎え入れる宿　月日は永遠の旅人　はかない人生は夢　喜びの時はどれほどあろうか　昔の文人はロウソクをともし夜遊んだ　すばらしい　まして春の陽気よ　私を招く霞たなびく景色よ　天は文才を私に授けた

桃と李の香る庭園　兄弟親族との楽しい宴　優れた詩人の弟たちはみな名人・謝恵連_{しゃけいれん}のよう　私の詠む歌だけは謝霊運（謝恵連の兄）のようでない　静かに景色をめでることは尽きず風雅な話はますます清く　立派な宴で）花の下に座り　盛んに盃をかわし明月に酔う　優れた詩でなく　どうして風流の情をあらわせようか　もし詩ができなければ　罰は金谷園の酒（一気に三杯飲まされる）だ）

　〜『古文真宝後集_{こぶんしんぽうごしゅう}』は、中国の漢代〜宋代の詩や文を収めた漢詩集。13世紀後半頃に成立。日本には14世紀中頃に伝わり、五山僧_{ござんそう}により広まる。江戸時代には注釈書が多く出された。

　李白（701-762年）は唐代を代表する詩人で、「詩仙_{しせん}」と呼ばれた。

・舟の上に生涯を浮かべ；

　杜甫_{とほ}（712-770年）は李白と並ぶ唐代を代表する詩人で、「詩聖」と呼ばれた。襄陽_{じょうよう}を通り洛陽_{らくよう}を経由して長安_{ちょうあん}に戻ろうとしたが、湘江_{しょうこう}の舟の中で没した。

・草の戸も住み替はる代ぞひなの家

　〜季語は「雛_{ひな}」で春。世の移り変わりに対する感慨を歌った句。「雛」は歌ことばで「幼鳥」。このことばを用いた例として「雛鶴_{ひなづる}」などがある。この句は、「雛」を雛人形と幼女の掛詞とし、前住民の自分のことを見も知らないであろう、新住民の幼女への予祝_{よしゅく}（将来の幸せを祈り讃えること）とする意図であろう。見知らぬ幼女への予祝が、自らの功徳_{くどく}ともなるというのは出家者らしい発想である。

参考　<u>ひな鶴のおりゐる山を見つるかなこれや千歳のためしなるらん</u>（『栄花物語』　藤原実資）

・いかで都へ

「便りあらばいかで都へ告げやらむけふ白河の関は越えぬと」

（手段があったらなんとか都へ伝えたい、今日白河の関を越えたと　　拾遺集　平兼盛）

・心をとどむ

「白河の関屋を月のもるかげは人の心をとむるなりけり」

（白河の関の小屋にさす月の光は人の心を釘付けにする　　新拾遺集、山家集　西行）

・秋風を耳にのこし

「都をば霞とともにたちしかど秋風ぞ吹く白川の関」

（都を霞の季節に出たが、今秋風の吹く白河の関よ　　後拾遺集　能因法師）。

・もみぢをおもかげにして

「都にはまだ青葉にて見しかども紅葉散りしく白河の関」

（都ではまだ木は青葉と見たものの、今、紅葉の散りばめる白河の関よ　　千載集　源頼政）。

・雪にもこゆる

「別れにし都の秋の日数さへつもれば雪の白川の関」

（別れを告げた都の秋の日数も積もる、雪も積もる白川の関よ　　続拾遺集　大江貞重）

・古人冠をだだし

「竹田大夫国行_{けだのだいふくにゆき}と伝者、陸奥国に下向の時、白川の関すぐる日は、殊に装束ひきつくろひむかふと云々。人問て伝く、何等の故ぞ哉。答て伝く、古曾部の入道の、秋風ぞふく白河の関とよまれたる所をば、いかでかけなりにては過ぎんと伝々」（竹田大夫国行が、都から東北に行った時、白川関を越える日は、特に衣装を正して行ったという。人が「どうしてそうなさるのか」と聞くと、「能因法師殿が、『都をば霞とともにたちしかど秋風ぞふく白河の関』とお詠みになった名所を、どうして平服で行き過ぎようか」と言ったと伝わる。　　『袋草紙_{ふくろのさうし}』巻三）。

・卯の花をかざしに関の晴着かな

　　かつてこの白河の関を通る時、竹田大夫国行_{たけだのだいふくにゆき}は能因法師の歌に敬意を表し、衣装を着替えたという。私たちはせめてウツギの花を頭上にかざして、敬意をあらわそう。

　　☞これは曾良の句で、芭蕉の句ではない。芭蕉の紀行文では、有名な歌枕場面で、芭蕉が句を詠まない、あるいは詠んだのだが、書き残さない。これは、多くの研究者も指摘している。『笈の小文』での吉野の桜、『鹿島詣』での鹿島の月に相対した場面にも、芭蕉は句を詠んでいない。

［課題］

①芭蕉は、『おくのほそ道』冒頭で中国の李白・杜甫へ、白河の関の段では能因以下日本の風流人たちへ敬意を表しています。彼らはいずれも、ヒント１『古今著聞集_{こきんちょもんじゅう}』にあるように、世俗の人に比べ、変わっていました。こうした芸術第一主義の人を「風騒_{ふうそう}の人」と呼び、芭蕉自身もこれにあこがれていました。これを『おくのほそ道』と比較しつつ、あなたの考えを述べなさい。他の「風騒の人」の例をあげられるならば望ましい。

②ヒント２は、芭蕉の弟子・向井去来_{むかいきょらい}の俳諧評論『去来抄_{きょらいしょう}』です。ここでは叙景句はどう詠むべきかについて議論されています。これと『おくのほそ道』白河の関の段を比較し、あなたの考えを述べなさい。他の詩論の例をあげられるならば望ましい。

③ヒント３の芭蕉自筆本発見記事を読み、あなたの知っているこのような文化財の発見事件を紹介しつつ、古典の社会にある意義について、あなたの考えを述べなさい。

〈ヒント1　古今著聞集〉

古今著聞集 ここんちょもんじゅう	現代語訳
能因法師 のういんほうし はいたれるすき者にてありければ、 　都をばかすみとともに立ちしかど 　秋風ぞ吹く白河の関 　とよめるを、都にありながらこの歌をいださむことを念 ねん なしと思ひて、人にも知られず久しくこももり居て色をくろく日にあたりなして後「みちのくのかたへ修行のついでによみたり」とぞ披露 ひろう し侍りける。	能因法師は、とても風流人だったので、 　都を霞の季節に出たが、今秋風の吹く白河の関よ 　と詠んだ歌を、都にいてこの歌を公開することは悔しいと思い、人知れず家に籠もって日に当たって肌を焼き、いかにも旅をしてきたようにしてから、「東北に修行したついでに歌を詠みました」とこの歌を人に見せた。

　＊『古今著聞集 ここんちょもんじゅう 』は、13世紀中頃、橘成季 たちばなのなりすゑ によって編纂された説話集。平安・鎌倉時代の実在人物に関する逸話を集成している。

〈ヒント2　去来抄〉

去来抄 きょらいしょう	現代語訳
行く春を近江の人と惜しみけり 　　　　　　　　　　　芭蕉 　先師いはく、「尚白 しゃうはく が難 なん に、『近江は丹波 たん ばにも、行く春は行く歳にもふるべし。』と言へり。汝、いかが聞きはべるや。」 　去来いはく、「尚白が難当たらず。湖水朦朧 こすいもうろう として春を惜しむにたよりあるべし。ことに今日の上に侍る」と申す。 　先師いはく、「しかり。古人もこの国に春を愛する事、をさをさ都に劣らざるものを。」 　去来いはく、「この一言心に徹す。行く歳近江にゐたまはば、いかでか	春の終わりを近江の人と惜しんだ 　　　　　　　　　　　芭蕉 　芭蕉先生が言うことには、「尚白（芭蕉の弟子）は『近江は丹波にも、行く春は行く年にも置き換えられる』と批評した。あなたは、どう考えますか」と。 　私・去来は「尚白の批評は当たっていません。琵琶湖の水がぼんやりかすむ様子こそ、春を惜しむのにふさわしいでしょう。ことに、この句は、現場の実感です」と申し上げる。 　先生は、「そうです。昔の知識人も近江で春を愛すること、少しも都で春を愛することに劣らなかったのですが」とおっしゃる。 　私は、「この句は心にしみます。もし年の暮れに近江にいらっしゃるなら、どうして晩

この感ましまさん。行く春丹波にいまさば、もとよりこの情浮かぶまじ。風光の人を感動せしむる事、真なるかな。」と申す。 　先師いはく、「去来、汝は共に風雅を語るべき者なり」と、ことさらに喜び給ひけり。	春の感動がありますか。晩春に丹波にいらっしゃったならば、そもそも春を惜しむ情は浮かばないでしょう。すばらしい風景が人を感動させることは、ほんとうですね」と申し上げた。 　先生は「去来よ、あなたはいっしょに風雅を語れる人です。」と、ことさらにお喜びになった。

＊『去来抄』きょらいしょうは、向井去来が師・芭蕉からの教え、弟子仲間での俳句論議、自身の俳諧論等を集成した俳諧評論集。18世紀最初に成立したと推測されている。

＊向井去来むかいきょらい（1651－1704年）は肥前（長崎）出身。医師の二男として生まれ、武芸にすぐれた武士であったが、若くして武士の身分を捨て、以後、俳諧師として活躍した。

〈ヒント3　自筆本『奥の細道』の発見〉

　櫻井武次郎さくらいたけじろう、上野洋三うえのようぞう両氏によって平成八（1996）年11月末『奥の細道』の芭蕉自筆本が出現したことが報ぜられた。ここで報ぜられた『自筆本奥の細道』を書く前にも、芭蕉は旅中・旅後に認めた句や俳文を材料にして草稿奥の細道を書いていたようだ。芭蕉が下書きもなしに『自筆本奥の細道』を書き出したとは考えづらい。その下書きには、既に詠んだ発句俳文等が材料になったのだろう。そして草稿を元に清書したのが、今回報ぜられた自筆本であると考えられる。作者によっては清書したのちも、訂正したいところが出て来て、始めのうちは小補訂にとどめようとしたかもしれないが、だんだん大補訂を施したくなり、はては清書本としての完成を延期して、貼紙をして書き直すとか、貼紙の上に更に貼紙をするなどさんざんに推敲を重ねる人もいる。

　芭蕉は自作の推敲に熱心な文学者として知られている。例えば「さむき田や馬上にすくむ影法師」（真蹟詠草）を「冬の田の馬上にすくむ影法師」（如行子）と直している。さらに「すくみ行ゆくや馬上に氷る影法師」（笈日記）と直し、更に「冬の日や馬上に氷る影法師」（笈の小文）と修正している。「芭蕉野分してたらひに雨を聞く夜かな」（武蔵曲むさしぶり）は天和元年（1681）の作であるが、後年「芭蕉野分たらひに雨を聞く夜かな」（蕉翁句集）と直している。こういう推敲は芭蕉の全発句の一割を上回るのではないかといわれている。

　作者によっては一度世に発表した作品には手を加えない人もいる。近代作家で言えば、夏目漱石がそれである。しかし漱石の弟子の鈴木三重吉は、芭蕉同様、一度世に発表した作品でも多くの推敲をしたがる作家である。

　今回出現した自筆本奥の細道も、芭蕉は当初は清書本にするつもりだったであろうが、書き終えて読み返すうちに修正を重ねるようになり、折角清書本を意図して書かれたものを草稿本にして

しまったのだろう。　芭蕉の作品は、発句・連句・散文とも推敲によって格段とよくなっていると言われている。『奥の細道』についても同様で、芭蕉は折角自筆で清書したものを、読み返すうちに縦横に推敲して清書本を草稿本にしてしまったが、しかしこの推敲によって『奥の細道』の芸術性が増したようである。

（櫻井氏はこの業績により 2002 年 6 月、早稲田大学より文学博士の学位を得た。）

井原西鶴『日本永代蔵』

『日本永代蔵にほんえいたいぐら』（1688年刊）浮世草子うきよぞうし。成功する商人や破産する商人など、さまざまな町人像を描く。親に頼らずに自分の能力で成功する話が比較的多い。

　井原西鶴いはらさいかく（1642-1693年）。和歌山・中津村の出身。大阪で活躍し、矢数俳諧やかずはいかい（一昼夜の間に作る句の数を競うパフォーマンス）の創始者。1684年には摂津住吉せっつすみよし神社で一昼夜23,500句を詠んだ。1682年出版の『好色一代男』が好評で、以後、小説を書き続ける。

注釈	日本永代蔵	現代語訳
天道　天*1 実　誠実 虚　空洞*2 すぐなり　適切だ 身を過ぐ　生活する 士農工商　江戸時代の四階級 二親　両親 天地は万物の…*3 時の間　短い間 煙　火葬の煙 黄泉　来世。 世にあるほどの　世の中の全ての 銀徳　お金持ちという徳。福徳。 天が下に五つ	天道ものいはずして、国土に恵みふかし。人は実あつていつはりおほし。その心は本もと虚きょにして、物に応じて跡あとなし。これ、善悪の中に立つて、すぐなる今の御代を、ゆたかにわたるは、人の人たるがゆへに、常の人にはあらず。一生一大事、身を過ぐるの業わざ、士農工商しのうこうしゃうの外、出家・神職にかぎらず、始末大明神しまつだいみゃうじんの御詫宣ごたくせんにまかせ、金銀を溜たむべし。是、二親の外に、命の親なり。人間、長くみれば朝をしらず。短くおもへば、夕べにおどろく。 　されば天地は万物ばんぶつの逆旅げきりょ。光陰こうゐんは百代ひゃくだいの過客かかく、浮世うきよは夢といふ。時の間まの煙。死すれば何ぞ。金銀、瓦石がしゃくにはおとれり。黄泉よみの用にはたちがたし。然りといへども、残して、子孫のためとはなりぬ。ひそかに思ふに、世に有るほ	天は何も言わなくて、地に恵みを施す。人は誠実でも、うそも多い。人の心は本来、空洞で、物に応じるだけで跡を残さない。善悪の中に立って生きる、適切に統治されている今の時代を、ゆったりとわたる人は、選ばれた人で、常人ではない。　凡人には、一生の一大事は仕事で、士農工商であればもとより、僧・神職に限定されず、「始末大明神」の御詫宣に従って、お金を溜めなさい。　これこそ両親以外の命の親だ。人間、長いかと思えば翌朝まで生きられるか、短いと思えば今日の夕方まで生きているのかわからない。 　だから「天地は万物を迎え入れる宿。月日は永遠の旅人、浮世は夢」と言う。人生はあっという間の煙のようなものだ。死ねば何もない。死者には金銀など瓦や石に劣る。あの世の役に立てない。そうはいっても、残して、子孫の為に

命

宝船　福神の
船

隠れ傘／隠れ
蓑　被ると姿
を都に見られ
ない宝物

仁義　人への
思いやりと義
理

借家請状　借
家人の身元保
証書

室町　京都市

貫目　一貫は
千文。(16文で
ファストフー
ドが食べられ
た)

二間　360cm。
一間は180cm

棚借　店を借
りる人

烏丸通　京都
市

利銀　利息

向後　これか
ら

どの願ひ何によらず銀徳にてかなはざる事、天が下に五つあり。それより外はなかりき。これにましたる宝船のあるべきや。見ぬ島の鬼の持ちしかくれ笠、かくれ蓑のも、暴雨の役に立たねば、手遠き願ひを捨てて、近道にそれぞれの家職をはげむべし。福徳はその身の堅固にあり。朝夕油断する事なかれ。ことさら世の仁義を本として神仏をまつるべし。これ和国の風俗なり。

借家請状之事「室町菱屋長佐衛門殿の借屋に、居申され候藤市と申す人、たしかに千貫目御座候」。「広き世界にならびなき分限我なり」と自慢申せし。子細は、二間口の棚借にて千貫目持ち、都のさたになりしに、烏丸通りに、三十八貫目の家質を取りしが、利銀つもりて、おのづから流れ、始めて家持となり、是を悔みぬ。「今迄は、借屋に居ての分限、といはれしに、向後家有からは、京の歴々の内蔵の塵埃ぞかし」。

はなる。ひそかに思うに、世にある願いで、お金でかなえられないのは命だけ。それ以外はない。　お金に勝る宝船はない。見たこともない島の鬼の持った隠れ笠・隠れ蓑も、大雨の役に立たない。手のとどかない願いを捨て、手近の、それぞれの家の仕事を励む方が良い。福徳は身体が健康であることで訪れる。一日中油断するな。特に思いやりと義理を大事にし、神仏を敬え。これが日本国の慣習だ。

借家人保証書に「室町菱屋長左衛門殿の借家におられる藤市と申す人は、確かに千貫の財産がございます」とあるよう、藤市は「広い世間で一番の金持ちは俺だ」と自慢していた。間口が二間の店の借家人でありながら千貫持っていたので都の話題だったからだ。ところが藤市は38貫目貸し、烏丸通りの家を抵当に取っていたのが、利息がたまり、借り手が返せず、抵当流れとなった。始めて家持ちとなり、藤市は「今までは借家住まいの金持ちといわれたのに、家持ち仲間で千貫程度では、都の大商人の蔵の塵やホコリ同然よ」と悔やんだ。

補注＊1 「天道ものいはずして、国土に恵みふかし」←『古文真宝後集こぶんしんぽうごしゅう』王元之「待
　　漏院記たいろういんき」

　天道不言而品物亨、崔功成者何謂也。四時之吏、五行之佐、宣其気矣。経人不言而百姓親、万邦寧
者何謂也。三公論道、六卿分職、張其教矣。是知君逸于上、臣労于下、法乎天也。古之善相天下者自
咎、夔至房、魏可数也、是不独有其徳、亦皆務于勤耳、況夙興夜寝、以事一人。卿大夫猶然、況宰相
乎。…復有無毀無誉、旅進旅退、窃位而苟禄、備員而全身者、亦無所取焉。

（天は何も言わないが、地のすべてが順調に成長でき、毎年収穫があるのはなぜか。四季の働き、
五行の助けで、自然は恵みをもたらすからだ。　国王は何も言わずとも人々は互いに仲良くして、
国家が安泰なのはなぜか。最高官の三公が統治の概要を話し合い、高官の六卿は分担して責任を
持って君恩を広めたからだ。君主が上にあり、群臣が下にいて国務に取り組んでいることがわか
る。これは聖代を模倣するためだ。古代の賢明な大臣は、全中国をよく統治したものだ。これらの
人々は高潔であるだけでなく、勤勉でもあった。朝は早く目を覚まし、夜は遅くまで働き、君主に
仕えた。高官もみなそうだから、大臣は言うまでもなかった。…評判の悪い大臣もおり、仕事ぶり
はあたかも現在の道を行ったり来たりしているだけのよう、身分は高いだけの小人、給料どろぼ
う、みうちには無条件で良い思いをさせる。取り柄のない悪い大臣だ。）

　＊2　「其心は本虚にして、物に応じて跡なし。」←『古文古文真宝後集』程頤ていい「視箴ししん」

　心兮本虚、応物無迹。操之有要、視為之則。蔽交于前、其中則遷。制之于外、以安其内。克己復礼、
久而誠矣。

（心は本質的に実体が無く、物に応じてそのたびごとに変化し、そのたどった跡さえ見られない。
そこには要領というものが有り、正しく物事を視ることが大切だ。それなのに、目を覆ってしまう
と、どうしても安易な考え方をしてまちがえるものだ。だから、目を覆う元となる己の欲望を抑
え、心を安らかにし、自分を抑え、礼を忘れるな。そうすれば自然に、誠実になれる）

　＊3　「天地は万物の逆旅。光陰は百代の過客。浮世は夢」

　　春夜宴桃李園序　李白

夫天地者萬物之逆旅　　光陰者百代之過客　　而浮生若夢　爲歡幾何
古人秉燭夜遊　良有以也　　況陽春召我以煙景　　大塊假我以文章

　　　　　　　　　　　　　　　　　　（『古文真宝後集』巻之三「序類」所収）

（春夜、桃李園とうりえんに宴するの序　李白りはく　天地は万物を迎え入れる宿　月日は永遠の旅
人　はかない人生は夢　喜びの時はどれほどあろうか　昔の文人はロウソクをともし夜遊んだ
すばらしい　まして春の陽気よ　私を招く霞たなびく景色　天は文才を私に授けた）

【課題】

①別章の『おくのほそ道』と同様、元禄時代を代表する『日本永代蔵』に、外国の古典である『古文
　真宝集』が数多く引用されています。これについてあなたの考えを述べなさい。

②『日本永代蔵』とほぼ同時代に、石田梅岩（いしだばいがん）（1685-1744年　別章『学民のすすめ』参照）により『都鄙問答（とひもんだう）』（1739刊）が書かれました。ここには商人も武士を見習い、商人の道徳を護らねばならないことが説かれています。ヒント1を読み、『日本永代蔵』と比較しつつ、あなたの考えをのべなさい。他の商人の心がけをテーマとする文学・伝説を紹介できれば望ましい。

③ヒント2は西鶴の別の作品『世間胸算用（せけんむねさんよう）』にもさまざまな商人の姿がスケッチされています。それまでの文学では貴族・知識人が描かれるのが基本であったのが、民衆も小説の対象に広がったことは革新的でした。これについてあなたの考えをのべなさい。他の庶民を描いた前近代文学を紹介できれば望ましい。

〈ヒント1　都鄙問答（とひもんだう）〉

都鄙問答　巻之二 或（ある）学者商人の学問を譏（そしる）の段	現代語訳
曰（い）はく「しからば商人の心得はいかにいたして善からんや」 　答「さいぜんにいはるるごとくに「一事に因（よ）りて万事を知る」を第一とす。一をあげて言はば、武士たる者、君の為に命を惜しまば士とはいはれまじ。　商人もこれを知らば、我道は明かなり。我身をやしなはるる売り先を、そまつにせずして真実にすれば、十が八つは売り先の心にかなふものなり。　売り先の心にかなふやうに商売に精を入れ勤めなば、渡世に何んぞ案ずることのあるべき。そのうへ第一に倹約（けんやく）を守り、これまで一貫目の入用を七百目にてまかなひ、これまで一貫目ありし利を九百目あるやうにすべし。　…をごりを止め、道具好をせず、遊興を止め、普請好きをせず。かくのごときたぐひ、ことごとく慎みやめる時は、一貫目まうくる所へ九百目の利を得ても、家は	質問「では商人の心得はどうあるべきですか」 　答「前にも述べたが「一を知って十を知る」ことが一番大事だ。一ということでは、武士し主君の為に命を惜しんだら武士とは言われないだろう。商人もこれを理解すれば、商人の道も自然にわかる。お世話になっているお客さんを雑に扱わず、大切にすれば、八割はお客さんに満足してもらえる。お客さんに満足してもらえるよう、一所懸命に商売すれば、商売を続けていくことに不安などないはずだ。そして第一に節約につとめ、これまで一貫目（千目）必要だったところを、七百目で済ませ、これまで一貫目取っていたもうけ益を九百目に削るようにするといい。　…ぜいたくをやめ、高い道具を選んだりせず、遊びをやめ、家に鐘をかけることをしない。こんなぜいたくを、全部やめれば、これまで一貫目もうけていたところを九百目もうけに減らしても、店は安泰であ

心やすくた持るるものなり。さて利を百目少なくとれば、売買のうへに不義はあらましなきものなり。

…しかれども欲心勝まさりて、百目の所が離れ難がたきゆへに、不義の金をまうけ、愛すべき子孫の絶たへほろびることを知らざるは、かなしきことにあらずや。

前さきにいふごとくに、とかく今日の上は、何事も清潔の鏡には士を法とすべし。「孟子もうし曰いはく、恒産かうさん無くして恒心かうしんある者は、惟ただ士のみ能よくするを為す」と。… 我身を脩をさめ、役目を正しく勉つとめ、邪なきは、君への忠臣なり。今の治世に何ぞ不忠の士あらんや。商人も二重の利、密々の金を取るは、先祖への不孝不忠なりとしり、心は士にも劣るまじと思ふべし。商人の道といふとも、何ぞ士農工しのうこうの道にかはることあらんや。孟子も、「道は一なり」とのたまふ。士農工商しのうこうしょうともに天の一つの物なり。天に二つの道あらんや。

る。このようにもうけを百目削るようにしていけば、取引で人間関係をそこなうことはない。

…それでも欲に負けて、百目の不正利得を取ることをやめられないために、不正のもうけをとり、かわいい子孫が滅亡することを知らないことは、かなしい無知というべきではないか。

前に教えたように、現在、物事を考える上で、何事でも、お手本には武士のやり方に学ぶのがよい。孟子は「安定した収入が無くても、道徳をまもれる者は君子だけだ」とおっしゃった。 … 道徳的な生活ができ、与えられた仕事を正しく勤め、不正をしない者は、主君にとっての忠臣である。現在、不忠の武士などいない。商人も二重のもうけとか、裏の金を取るのは、先祖に対する不孝であり、不忠であると知り、「心では武士にも劣るものか」と思のがよい。商人の道といっても、どうして武士・農家・職人の道と変わりがあろうか。孟子も、「道は一である」とおっしゃる。士農工商はすべて等しく、天が定めた一つの道をまもって生きているのだ。天に二つの道などない。

〈ヒント2　世間胸算用〉

『世間胸算用せけんむねさんよう』	現代語訳
銀壱匁いちもんめの講中こうちゅう（巻二）	銀一匁の講中（裕福な老商人の大晦日）
人の分限ぶんげんになる事、仕合しあはせといふは言葉、まことは面々の智恵才覚ちえさいかくを以もって	人としてできる限界ということで、幸せとは何かと言うならば、それはそれぞれの人が智恵と工夫でお金を稼ぎ、それ
かせぎ出し、其その家栄さかゆる事ぞかし。　これ福の神のゑびす殿のままに	ぞれの家が栄える事である。これは福神である恵比寿様でもどうにもできないこ

もならぬ事也なり。大黒講だいこくこうをむすび、当地の手前よろしき者ども集り、諸国の大名衆だいみやうしうへの御用銀の借入の内談うちばなしを、酒宴遊興しゆゑんゆうきやうよりは増したる世のなぐさみとおもひ定めて、寄合座敷よりあいざしきも色ちかき所をさつて、生玉いくだま・下寺町したでらまちの客庵きやくあんを借りて、毎月身体しんだい詮議せんぎにくれて、命の入日いりひかたぶく老体ども、後世の事はわすれて、ただ利銀のかさなり、富貴になる事を楽しみける。

　小判こばんは寝姿ねすがたの夢（巻三）
「夢にも身過みすぎの事をわするな」と、これ長者の言葉なり。思ふ事をかならず夢に見るに、うれしき事あり、悲しき時あり、さまざまの中に、かね拾ふ夢はさもしき所有り。　今の世に落とする人はなし。それぞれに命とおもふて、大事にかくる事ぞかし。いかないかな、万日回向まんにちゑかうの果てたる場にも、天満祭りのあくる日も、銭ぜにが一文落ちてなし。　とかく我がはたらきならでは出る事なし。

とである。

　大黒講（組合）を結成し、その街の金持ち商人が集り、日本全国の大名たちへ金を貸す秘密会議を、酒宴や遊興よりもましな楽しみとみなし、会議場も風俗営業の近くは避け、生玉町とか下寺町（共に大阪市天王寺区）の貸部屋を借り、毎月財産がどうなるかの予想にくれ、まもなく寿命も近い老商人たちが、自分の没後の心配を忘れ、ただ利子が増え、返済予定額の増えることを楽しんでいる。

　小判は寝姿の夢　（おかねもうけに幸運だのみはダメ）
「夢にも生活の事を忘れるな」とは、見識のある人の言葉である。考えている事は夢に見るものだ。うれしい事もあるし、悲しき夢もある。さまざまな夢でもおかねを拾う夢はさもしい。　今どき、おかねを落とす人はいない。みなそれぞれ、おかねは命と思い、大事に持ち歩く。どんなに願っても、万日回向（一日参詣すると万日の功徳あるとされた日の法会）の後にも、天満祭りの翌朝でもおかねなんて落ちていない。やはりおかねは自分自身が働かなければ、出て来はしないのだ。

『世間胸算用せけんむねさんよう』（1692年刊行）。副題「大晦日は一日千金」。20章の短編から成る。大坂と京都を舞台に、決算日である大晦日おおみそか（12月末日）における様々な商人の姿を描く。

世阿弥『風姿花伝』

『風姿花伝ふうしかでん』（1402年）　世阿弥ぜあみが、父・観阿弥かんあみから受けた教えを記した、能楽のうがくの芸術論。世界初の芸術論とも言われている。能楽とは、室町時代に成立した伝統的な仮面劇のことで、明治初期（1881年）までは猿楽さるがくと呼ばれていた。

　世阿弥ぜあみ（1363-1443年）　室町時代初期の能楽師。父の観阿弥とともに能楽を大成し、多くの書を残す。観阿弥・世阿弥による能楽の流派は、観世流かんぜりゅうとして現代に受け継がれている。

注釈	風姿花伝	現代語訳
花　芸のおもしろさ 分け目　違い／区別 大用　効果 ゆゑ　原因 させること　大したこと 口伝　口頭で伝える教え 思ひまうく　予期する 見手　観客 為手　俳優	秘する花を知ること。秘すれば花なり、秘せずは花なるべからず、となり。この分け目を知ること肝要の、花なり。そもそも一切の事、諸道芸しょだうげいにおいて、その家家に秘事と申すは、秘するによりて大用あるがゆゑなり。しかれば、秘事といふことをあらはせば、させることにてもなきものなり。これを、「させることにてもなし。」と言ふ人は、いまだ秘事といふことの大用を知らぬがゆゑなり。 　まづ、この「花の口伝くでん」におきても、ただ「めづらしきが花ぞ」とみな知るならば、「さてはめづらしきことあるべし。」と思ひまうけたらん見物衆けんぶつしゅの前にては、たとひめづらしきことをするとも、見手みての心にめづらしき感はあるべからず。見る人のため花ぞとも知らでこそ、為手しての花にはなるべけれ。されば、見る人は、ただ「思ひのほかにおもしろき上手」	秘密にする花を知ること。秘密にするから花で、秘密にしないならば花であるはずがない、と父（観阿弥）はいうのである。この違いを知ることが大切な、「花」である。　そもそも何事も、諸芸において、それぞれの家に秘事と申し上げるものは、秘密にすることによって効果があるから秘事なのだ。だから秘事というものは顕わしてしまうと、大したことでもない。これを「大したことでない」と言う人は、まだ秘事の効果を知らないからそう言うのだ。 　まずこの「花」の口伝においても、ただ「珍しいことが花だぞ」と、もし皆が知るならば、「それでは珍しいことがあるだろう。」と予期している観客たちには、俳優がたとえ珍しいことをしても、観客の心に珍らしさの感動はあるはずがない。観客にとって、「花」なのだと知らなことで、俳優の「花」になろう。だから観客が「予想以上に面白い上手な俳優」とだけ思い、「これは花だ」とも

| | とばかり見て、これは花ぞとも知らぬが、為手_{して}の花なり。
　さるほどに、人の心に思ひも寄らぬ感を催す手だて、これ花なり。 | 知らないのが、俳優の「花」なのだ。
　そういうことだから、人の心に思いもよらない感動を起こさせる手段、これが「花」だ。 |

【課題】

①『風姿花伝』に見られる演劇芸能論が、以下のヒント1『大鏡』「道兼伝」のエピソードで、具体的にどのように実現されているかを確かめ、あなたの考えを述べなさい。インド古典劇、ギリシャ悲喜劇、シェイクスピア悲喜劇、あるいは中国の昆劇・越劇・京劇・黄梅戯・評劇・粤劇・豫劇・川劇などあなたの知る他の古典劇を紹介できれば望ましい。

②『風姿花伝』の二百年後に、西欧ではヒント2のShakespeare "As you like it"（1599年）に見られるような舞台論（舞台観）が現れました。あなたの知る演劇芸能論を他に紹介しつつ、『風姿花伝』に見られる演劇芸能論について、あなたの考えを述べなさい。あなたの知る他の古典劇に関する文献例を紹介できれば望ましい。

③現代日本には、未婚女子劇団員で構成される宝塚歌劇団があります。ヒント3で、その創立者による俳優論が展開されています。これを『風姿花伝』に見られる演劇芸能論と比較しつつ、あなたの考えを述べなさい。あなたの知る他の例を紹介できれば望ましい。

〈ヒント1　『大鏡』〉

『大鏡_{おおかがみ}』「道兼伝_{みちかねでん}」	現代語訳
この粟田_{あはた}殿の御男君ぞ三人おはせしが、太郎君は福足_{ふくたり}君と申ししを、幼き人はさのみこそはと思へど、いとあさましう、まさなう悪しくぞおはせし。東三条_{ひがしさんでう}殿の御賀_{をんが}にこの君、舞_{まゐ}をせさせ奉らむとて、習はせたまふほども、あやにくがりすまひたまへど、よろづにをこづり、祈りをさへして教へきこえさするに、その日になりて、いみじう仕立て奉_{たてまつり}たまへるに、舞台の上に上りたまひて、ものの音_ね調子_{てうし}吹き出づるほどに「わ	この粟田殿（道兼_{みちかね}）のご子息は三人いらっしゃった。太郎君は福足君と申しあげました。幼児はそんなものとはいうものの、ひどくわがままでいらっしゃった。道兼公は父の東三条殿（兼家）の六十歳の賀に、福足君に舞をさせ申し上げようと、習わせなさると、嫌がって逆らいなさったが、あれこれなだめ、祈りまでして教え申し上げた。その日になって、道兼公は福足君を立派に着飾らせ申し上げなさった。福足君は舞台の上に上りなさり、音楽が始まると「嫌だ。僕は舞わない」と言って、結い上げ

た髪をかき乱し、着物をびりびりと裂き始めた。粟田殿は、御顔色が真っ青におなりになって、呆然としている様子だ。その場の人たちは「こうなると思っていたよ」と見なさっていたが、どうにもしようがない。すると伯父上の中関白殿（道隆みちたか）が屋内の座から庭におり、舞台に上らせなさった。その場の人たちは「お宥めになるおつもりかな。それとも憎さに耐えきれなく、舞台から引きずりおろすおつもりかな」とそのどちらかとお見受けしていたところ、道隆公は福足君を腰のあたりに引き寄せなさり、御自身で見事に舞いなさったことで、音楽も高らかに鳴っておもしろくなり、福足君の恥も帳消しになり、その日の興もことさら勝った。祖父殿（兼家）も嬉しいとお思いになった。父大臣の道兼は言うまでもない。親戚でない人まで、心から感動し申し上げた。

ざはひかな。我は舞はじ」とて鬢頬（びづら）ひき乱り、御装束（をんさうぞく）はらはらとひき破りたまふに、粟田殿、御色（をんいろ）真青（まあを）にならせたまひて、あれかにもあらぬ御けしきなり。ありとある人「さ思ひつることよ」と見たまへど、すべきやうもなきに、御をぢの中関白（なかのくわんばく）殿のおりて、舞台に上らせたまへば、「言ひをこづらせ給ふべきか。また憎さに耐へず、追ひおろさせたまふべきか」と方々見はべりしに、この君を御腰のほどに引きつけさせ給ひて、御手づからいみじう舞はせたりしこそ、楽（がく）もまさりておもしろく、かの君の御恥（はぢ）も隠れ、その日の興（きょう）もことのほかにまさりたりけれ。祖父（おほぢ）殿もうれしと思したりけり。父大臣（おとど）はさらなり。よその人だにこそ、すずろに感じたてまつりけれ。

☞『大鏡』は11世紀中頃成立した歴史物語。別章『大鏡』参照。

〈ヒント2　Shakespear "As you like it"〉

"As you like it" Chapter Ⅱ, Scene Ⅶ	シェイクスピア『お気に召すまま』 第二幕第七場
(Jaques) All the world's a stage, and all the men and women merely players; They have their exits and their entrances, and one man in his time plays many parts, His acts being seven ages.	（ジェイキス）すべてこの世は一つの舞台だ。すべて男も女も役者でしかない。それぞれ退場し登場し、多くの人生の役を演じる。その舞台は七場ある。
At first, the infant, Mewling and puking in the nurse's arms.	最初は嬰児。乳母の腕で泣いては、おっぱい戻す。
Then the whining schoolboy, with his	次は、文句ったれの生徒。カバンをせおい、朝日に顔を照らされ、カタツムリの歩

50

satchel, and shining morning face, creeping like snail, unwillingly to school.

And then the lover. Sighing like furnace, with a woeful ballad, made to his mistress' eyebrow.

Then a soldier,Full of strange oaths and bearded like the pard, jealous in honor, sudden and quick in quarrel, seeking the bubble reputation, even in the cannon's mouth.

And then the justice, in fair round belly with good capon lined, with eyes severe and beard of formal cut, full of wise saws and modern instances; And so he plays his part, the sixth age shifts, into the lean and slippered pantaloon, with spectacles on nose and pouch on side; his youthful hose, well saved, a world too wide for his shrunk shank, and his big manly voice, Turning again toward childish treble, pipes, and whistles in his sound. Last scene of all.

That ends this strange eventful history, is second childishness and mere oblivion, sans teeth, sans eyes, sans taste, sans everything.

みのように、いやいやながらの学校通い。

次は恋人。かまどみたいにため息を吹き出し、涙ながらに詩をつくり、恋しい人のまゆをたたえる。

次に兵隊。誓いの文句を並べ、ヒョウみたいにヒゲを生やし、巧名を求め、敵陣に猛進、はかない名誉のために、大砲の口もものともせずに。

次は裁判官。賄賂でもらった鶏の肉で肥えた太鼓腹に、眼つきも鋭く、ひげはものものしく、えらそうなことを言ってはありきたりの判決を下す。とにかく彼は役を演じるうち、いつしか舞台は第6場へ。やせ衰えてスリッパはいた寝間着の老人。鼻にメガネ、腰にポーチをつけ、古びたズボンは、頼りない細い足には太すぎる。太く響いた大声も、いまや子どもに戻って、ヒューヒューという音にかわった。

そして舞台は最終場。この奇妙でいろいろあった経歴の最後は、二度目の幼児期。周りからは忘れ去られ、本人は歯もなく、目もなく、味もなく、何もない。

William Shakespeare(1564 – 1616年)は英国の詩人・劇作家。Shakespeareによる喜劇の代表作の一つが"As you like it"（1599年）で、アーデンの森を舞台に、男女数組のラブ・コメディが展開する。

〈ヒント3 ：小林一三「宝塚生い立ちの記」〉

歌劇の男役と歌舞伎_{かぶき}の女形_{おんながた}

話は飛ぶが、宝塚_{たからづか}の男役、女役というものは、かつてはわれわれも、女だけで芝居するなんて不自然だ、やはり男を入れて男女の芝居でなければいけないといって、何べんか宝塚歌劇を両性歌劇にしようと計画したことがあったが、今日ではもうそんなことは考えたことがない。それは歌舞伎と同じリクツだ。歌舞伎の女形は不自然だから、女を入れなければいかんという

て、ときどき実行するけれども、結局、あれは女形あっての歌舞伎なのだ。同じように宝塚の歌劇も、男を入れてやる必要はさらにない。なぜなれば、女から見た男役というものは男以上のものである。いわゆる男性美を一番よく知っている者は女である。その女が工夫して演ずる男役は、女から見たら実物以上の惚れ惚れする男性が演ぜられているわけだ。そこが宝塚の男役の非常に輝くところである。

　歌舞伎の女形も、男の見る一番いい女である。性格なり、スタイルなり、行動なり、すべてにおいて一番いい女の典型なのである。だから歌舞伎の女形はほんとうの女以上に色気があり、それこそ女以上の女なんだ。そういう一つの、女ではできない女形の色気で歌舞伎が成り立っていると同じように、宝塚歌劇の男役も男以上の魅力を持った男性なのである。だからこれは永久に、このままの姿で行くものではないかと思う。

　元来、役者（歌舞伎）は家の芸というか、家業を継ぐものだ。素人_{しろうと}がいくら器用でも、結局第一流の役者にはなれない。役者というものは、子供のときから舞台で、何もかも自然に覚える。中年からの役者でも、それはずいぶんいい役者も出来るだろうけれど、歌舞伎ではそれが少ない。宝塚でもやはり雰囲気_{ふんいき}で名優をこしらえるねらいを多分にもっている。

　私はスイスの時計工の話をきいて感心したことがある。スイスの時計は世界的に有名であるが、スイスの時計職人のいいものは、みな親ゆずりで、親の、そのまた親というあんばいに、二代も三代も同じ仕事をやって、古ければ古いほどいい職人が生れている。そうして、自分一代ではどんな器用のものでも、第一流の時計職人にはなれないという話である。それと同じに、日本の歌舞伎というものも、それぞれ家の芸を承け継いで、それから自然に勉強して来なければならぬ。

　殊に女形においてはそうだ。つまり、いわゆる役者は家柄_{いえがら}とか、なれ切るところから生れて来るもので、いわゆる俳優とはちがう。役者には家代々の玄人があるが、俳優にはその方の才能だけでなれる。したがって、宝塚にどんな名優が出て来ても、そこに素人くさいところがあるのは全くやむを得ない。だが、そこにまた宝塚の一つの特色があって、一般大衆にうける何ものかがあると、私は考えている。いわば宝塚の生命はそこにあると思う。　　（『宝塚漫筆』（1955年）より）

☞宝塚歌劇団_{たからづかかげきだん}　兵庫県宝塚市に本拠地を置く、未婚の女性だけで構成される歌劇団。1914年の初公演以来、今日まで続いている。歌劇団員は全員、宝塚音楽学校の卒業生で、外部の俳優が客演することはない。

小林一三_{こばやし いちぞう}（1873 –1957年）阪急電鉄・宝塚歌劇団・阪急百貨店・東宝をはじめとする阪急阪神東宝グループの創業者。

「木幡狐」（『御伽草子』）

「御伽草子おとぎざうし」は中世後期から近世初期にかけて創られた短編物語。江戸時代前期、渋川清右衛門しぶかわせいえもんが当時400近くあった物語の中から23話を選び「御伽文庫」として出版した。

「木幡狐こばたぎつね」は御伽草子の一つである。木幡こばた（現在の京都府宇治うじ市木幡）に住む狐の貴族の姫が、人間の三位中将さんみのちうじやうと恋仲になり結婚し、若君を生む。三位中将家で犬を飼うことになったため、狐の世界に帰り、子どもたちの成長と出世を、蔭で見守る。

注釈	『御伽草子集』「木幡狐」	現代語訳
中頃　平安時代 あまた　多く さいはひ給ふ 　栄えなさる おと姫　次女 心ざま　性格 花　桜の花 限なし　陰がない 月かげ　月光 くらし　知らない 縁をとる　つてを求める なびく　心を開く 憂き世　俗世 長らふ　長く居る 殿上人　中級以上の貴族 関白殿下　執政	中ごろの事にやありけん。山城国やましろのくに、木幡こばたの里に年をへて、久しき狐あり。稲荷いなりの明神みやうじんの、御使者たるによつて、何事も心にまかせずといふ事なし。 　ことには男子女子、そのかずあまたもち給ふ。どればどれも智慧才覚ちゑさいかく・芸能げいのういふばかりなく、世にならびなく聞こえありて、とりどりにさいはひ給ふ。 　中にもおと姫に、あたらせ給ふは、きしゆ御前ごぜんとぞ申しける。いづれよりも殊ことにすぐれて、容顔美麗ようがんびれいに美しく、心ざまならびなく侍りて、春は花のもとにて日を暮らし、秋はくまなき月かげに、心をすまし、詩歌管絃しいかくわんげんにくらからず。聞き伝へし人々は、心を懸かけずといふことなし。御乳母をんめのとに思ひ思ひに縁ゑんをとり、我も我もとあまたの文をつかはし、心をつくすと申せども、行く水に数かく如し。う	平安時代の事だったろうか。山城国・木幡の里に長年、生きてきた狐がいた。稲荷の明神の御使者であるので、何事も思いのままにならない事はない。 　ことに男の子も女の子も、数多くお持ちなさる。どの子も知恵も才覚も芸能もすぐれ、世に並ぶ者がいないと噂され、それぞれ栄えてなさる。 　中でも次女におあたりになる方は、貴種御前と申し上げた。どのきょうだいよりも特にすぐれて、顔かたちが美しく、性格もこの上なくいらっしゃって、春は花のもとに一日をすごし、秋は満月の光に黙想し、漢詩・和歌・音楽に通じている。このことを聞いた人（狐）たちで心動かされないという者がいない。御乳母に各自がつてを求め、我も我もと多くの手紙をよこし、誠意を示しても、川に数を書くように反応がない。誰に心を開く気配もおありでな

| なみなみ 普通/人並み
すま居 生活
心をとむ 未練を持つ
あかしくらす 日を送る
心やすし 安心 | ちなびく気色もましまさず。
　姫君、「うき世に長らへば、いかならん殿上人か、関白殿下などの北の方ともいはれなん。なみなみならんすま居は、思ひもよらず。それ、さなき物ならば、電光、朝露、夢幻の世の中に、心をとめて何かせん。いかなる深山の奥にも引きこもり、うき世をいとひ、ひとへに後世を願ひ侍らばや」と思ひ、あかしくらしたまふほどに、十六歳にぞなり給ふ。
　父母御覧じて、多き子どもの中にも、此のきしゆ御前は、世にすぐれ見え給ふ、いかなる御方さまをも婿にとり、心やすきさまをも見ばやと思ひて、さまざま教訓し給ふ。 | い。
　姫君は「俗世に長くいれば、どこかの殿上人か、関白殿下などの奥様とも言われるだろう。人並みの生活は願うこともできない。そうならば、電光・朝露・夢幻のようなはかない現世に未練をもっても仕方がない。どこかの深い山の奥に籠り、俗世を避け、ひたすら来世を仏にお願い申し上げたい」と思い、日を送りなさっているうちに、16歳におなりになった。
　ご両親が姫を御覧になって、多くいる子どもの中にも、この貴種御前は、ことにすぐれているとお見受けしなさる。「どのような貴公子さまをも婿にとり、安心できる様子をも見たい」と思って、姫に結婚しろと、あれこれご説得なさる。 |

☛「木幡狐」の主人公の狐の姫君は人間の貴族と恋仲となり結婚して子もできる。このような話を異類混交譚（いるいこんこうたん）という。特に狐と人との異類混交譚は、世界に数多く見られる。

【課題】

①ヒント１「補江総白猿伝」では異類混交の結果子どもができ、その子どもは出世しました。この伝説と、「木幡狐」と比較してあなたの考えを述べなさい。これに関する他の文献例も紹介できれば望ましい。

②ヒント２の「任氏伝」は平安時代から大変有名で、『源氏物語』にもこれを踏まえている箇所があります。この話は悲劇で終わりました。この伝説と、「木幡狐」と比較してあなたの考えを述べなさい。これに関する他の文献例も紹介できれば望ましい。

③「木幡狐」は狐が人になる話でしたが、ヒント３の中島敦（なかじまあつし）「山月記（さんげつき）」は、人が虎になる話です。これは唐代伝記の「李徴（りちょう）」（後世脚色されて『人虎伝』となる）の翻案小説（別章『雨月物語』参照）でもあります。「山月記」と「木幡狐」を比較し、あなたの考えを述べなさい。あなたの知る文献例も紹介できれば望ましい。

〈ヒント I　補江総白猿伝ほこうそうはくえんでん（唐代伝奇）〉

　時は六朝の梁の時代のこと。平南将軍の藺欽りんきんが南方遠征に派遣された時に、別将の欧陽紇おうようこつも同様に南方の長楽の地を占領し、異民族の居住地を次々に平定していった。ところで彼には美人の妻がおり、その妻も遠征に帯同していたのである。土地の者はそれを知って、「この地には美女をさらう神が居ります。くれぐれも注意なさって下さい。」と忠告した。欧陽紇は忠告に従って妻に対する警護を固めたが、ある明け方に一陣の怪風が吹いたかと思うと、その時には妻は既にさらわれていた。欧陽紇は血眼になって方々へ妻を捜し回り、数ヶ月後にある山を捜索することにした。彼は兵士を引き連れてその山を登って行く。すると岩窟の入り口が見つかった。その岩窟の門の前で、女たちが歌い合ったり笑い合ったりしていた。女たちの話を聞くと、この岩窟は白猿神のすみかであり、女たちはみな彼にさらわれて来たのだと言う。欧陽紇の妻もやはり同じように白猿神にさらわれた。彼は岩窟に忍び込んで妻と再会した。ただ白猿神は不思議な力を持っていて、正面から戦いを挑めば百人がかりでも倒せない。彼は妻や女たちと相談して策略を練る。そして十日後の再会を約して、白猿神が戻って来ないうちに引き上げた。十日後、欧陽紇は女たちに言われていた通りに美酒と麻、そして犬を用意して再び岩窟の入り口へとやって来た。まず女たちは酒を花の下に置き、犬を辺りに放した。そして麻を寄り合わせて数本の太いひもを作った。白猿神は犬の肉と酒が大好きで、酔っぱらうと絹のひもで自分の体を寝台に縛り付けさせ、これを引きちぎって起き上がるという力自慢をするのだと言う。だから今回は白猿神の力で解けないぐらいの太さのひもで縛り付けてしまおうと考えたのである。そして女たちは欧陽紇に、岩の陰に隠れるように指示をした。すると白い衣をまとい、美しいあごひげを伸ばした男が、杖をついて女たち従えながらやって来た。これこそが白猿神の変化した姿である。彼は犬が走り回っているのを見つけると、すぐに捕まえてその肉を引き裂き、食べ始めた。満腹になると今度は女たちに酒を勧められる。さんざん飲み酔うと、女たちが介添えをして岩窟へと入った。ひとしきり笑い声がしたかと思うと、女たちが岩窟から出て来て欧陽紇を手招きした。そこで彼は部下と共に武器を手に入ると、正体を現した白猿神が寝台に手足を縛られ、もがいていた。欧陽紇と部下がその体を剣で斬りつけても、鉄か岩のように傷ひとつ付かない。しかしヘソの下を刺すと、血が一気に吹き出た。白猿神は、「わしはお前にではなく、天に殺されたのだ。お前の妻はわしの子を身籠もっておる。その子を殺すな。偉大な君主に出会って一族を繁栄させるから」といって絶命した。岩窟には白猿神の残した財宝があった。…欧陽紇は白猿神の宝物を積み込み、女たちを引き連れて帰って行った。そして女たちをそれぞれ里に帰してやった。一年後に彼の妻は男の子を出産したが、その容貌は白猿神にそっくりであった。これが欧陽詢おうようじゅんである。…欧陽詢は成人してから書道家・学者として有名となり、隋に仕えた。友人の李淵が唐王朝を立てて後、唐に仕え、高祖（李淵）・太宗の二代に仕えた。

〈ヒント2　沈既済ちんきせい「任氏伝じんしでん」（唐代伝奇）〉

　唐の玄宗年間に韋釜いぎんという人がいた。母が王族の出身で、酒好きで女好きであった。その従姉妹の婿に鄭六ていろくという者がいた。鄭も少年の時から武芸を習い、やはり酒と女が好きで、韋と気が合う。二人はいつも連れ立っては遊び歩く仲であった。天宝九年（750）六月、韋と鄭は酒を飲もうと連れ立って出かけた。すると鄭が、「ちょっと失敬するよ、用を思い出した」と言い出し、…二人は別れた。韋は乗っていた白馬を東に向け、鄭は驢馬ろばに乗って南へ向かった。鄭はしばらく驢馬を進めて行くと、前方を三人の女が歩いているのが目に入った。何気なく追い抜きざまに横目をくれたのだが、真中を歩く白衣の女が美しい。鄭は思わず見入り…声をかけようかどうしようか迷っていた。白衣の女も気になるらしく、鄭を見る。そこで思い切って声をかけてみた。…「こんな粗末な乗り物で美人の足の代わりになるかはわかりませんが、よろしかったらお使い下さい。私は歩いてお供ができれば十分です」…鄭は女を抱き上げて驢馬に乗せ、自身は後について一緒に歩き始めた。日が暮れた頃には、土塀を廻らした大きな邸の前まで来ていた。

　車寄せのある堂々とした邸である。白衣の女は驢馬から下りると鄭に待っているように告げ、連れの女の内の一人と共に中に入った。鄭は待っている間、残った女に白衣の女のことを尋ねると、「任じん家の二十番目のお嬢様です」とのことであった。しばらくすると中から侍女が出て来て、「お待たせいたしました、どうぞおあがり下さい」と促した。鄭が驢馬を繋いで門内に入ると、…着替えを済ませた任氏が奥から出てきた。白衣の時よりもあでやかであった。任氏は鄭をもてなし、自らも盃を重ね、歌い、舞った。鄭は夢を見ているのではないかと疑ったが、心ゆくまで任氏のもてなしを堪能した。夜もふけ、任氏が鄭の手を取り隣室へ案内すると。そこは寝室だった。任氏は燈火を吹き消すと、鄭に身を寄せて来た。任氏の柔らかな肌、笑いさざめく姿、その夜の楽しさは仙郷に遊んでいるかのようであった。

　空が白む頃、任氏は起き上がり…鄭に帰宅を促した。鄭は名残惜しかったが、再会を約して帰ることにした。鄭は驢馬に乗って帰路についた…木戸の脇の西域人の経営する軽食屋が開いていたので、店先の椅子に坐って木戸の開くのを待つことにした。店の主人に湯を持って来させ、世間話を始めた。「この向こうに土塀の囲まれた邸があるだろう。あれは誰の邸だ」。主人は、「あそこは荒れ放題の空き地です。邸なんてありません…あそこには狐が一匹棲みついておりまして、時々男をだましては連れ込み、たわむれます。さては旦那もやられましたな」…鄭は明るくなってからもう一度邸に戻ってみると塀はあるが、確かに空き地であった。…

　それから十日あまり経った時のことである。鄭が西の市場の衣装屋の店先で任氏らしい姿が目に留まった。二人の侍女も一緒だった。…そのあでやかさは先日と変わりなかった。むしろ、美しさを増したようであった。「この世に私のような者は何人もいます。人間が気付かないだけです。あなたをだますつもりはなかったのです…私たちの仲間には人間に害をなす者もいます。だから嫌われています。でも、私は決してそんなことはしません。もしあなたが私を信じて下さるのな

ら、一生おそばに置いて下さい」「では、どこに住もうか」「ここから東に行った所に大きな樹が屋根ごしに枝を張っている家があります。周りが静かですから、そこにしましょう。この間あなたと一緒にいらした白馬に乗ったお方はあなたの奥様のお身内でしょう。あの方のお宅には家具が余っているはずですから、少し貸していただきましょう」韋の家には親類が地方赴任の際に持って行けなかった家具が三軒分置いてあった。鄭が言われた通り、韋の所へ頼みに行くと、…寝台や帳や家具を気前よく貸してくれた。…

　一年余り経って、鄭が武官に登用され金城きんじょう県へ出張することになったので、任氏を出張に連れて行くことにした。…韋は任氏に馬を貸してやり、長安の西の臨皐りんこう県まで見送って別れた。…長安を立ち三日目、鄭一行が馬嵬ばかいにさしかかった。任氏は馬に乗って前に行き、鄭はその後ろで驢馬に、女中は別の馬で後ろに続いた。その時、狩り場の役人が猟犬の訓練をしていた。鄭が見ると、草むらから猟犬が飛び出して来た。任氏は馬から飛び降りたかと思うと、狐の正体に戻って逃げ、猟犬は狐を追いかけて行く。鄭もその後を追った。猟犬はあっという間に狐に追いき、鋭い歯で引き裂いてしまった。全ては一瞬のことであった。任氏は小さな白い狐の姿に戻っていた。その体はまだ温かかった。鄭は狐の死骸を抱き締めて泣いた。しばらく泣いた後、その場に埋め、木を削って目印にした。任氏が馬から落ちた所に引き返してみると、馬は何もなかったかのように道端で草を食べている。任氏の着ていた着物は鞍の上にそっくりそのまま残っていた。ただ、簪かんざしだけが下に落ちていた。女中の姿はどこにも見えず、馬だけが残っていた。十日後、鄭は長安に戻った。韋は馬車を用意して鄭と一緒に馬嵬へ行き、鄭重に改葬した。韋も任氏の死をなげいた。任氏は異類であるにもかかわらず節操を守り、人に接するに情愛を以ってし、何ら人間と変わりなかった。

　☛馬嵬ばかいは安史の乱における楊貴妃が殺された地。安史の乱は「任氏伝じんしでん」作者・沈既済ちんきせいの青年時代に起った事件なので、任氏は楊貴妃のメタファーとも考えられている。

〈ヒント３　中島敦なかじまあつし「山月記さんげつき」（1942年発表）〉
　隴西ろうさいの李徴りちょうは博学才穎はくがくさいえい、天宝てんぽうの末年、若くして名を虎榜こぼうに連ね、ついで江南尉こうなんじょうに補せられたが、性、狷介けんかい、みずからたのむところすこぶる厚く、賤吏せんりに甘んずるをいさぎよしとしなかった。いくばくもなく官を退いた後は、故山こざんに帰臥きがし、人と交まじわりを絶って、ひたすら詩作にふけった。下吏となって長くひざを俗悪な大官の前に屈するよりは、詩家としての名を死後百年にのこそうとしたのである。しかし、文名は容易に揚らず、生活は日をおうて苦しくなる。李徴はようやく焦躁しょうそうに駆られて来た。…一年の後、公用で旅に出、汝水じょすいのほとりに宿った時、遂に発狂した。ある夜半、急に顔色を変えて寝床から起上ると、何か訳の分らぬことを叫びつつそのまま下にとび下りて、やみの中へかけ出した。彼は二度ともどって来なかった。附近の山野を捜索しても、何の手掛りもない。その後李徴がど

うなったかを知る者は、だれもなかった。

　翌年、監察御史かんさつぎょしい、陳郡ちんぐんの袁えんという者、勅命ちょくめいを奉じて嶺南れいなんに使し、途に商於しょうおの地に宿った。次の朝、まだ暗いうちに出発しようとしたところ、駅吏えきりが言うことに、これから先の道に人喰虎が出るゆえ、旅人は白昼でなければ、通れない。今はまだ朝が早いから、今少し待たれたがよろしいでしょうと。袁はしかし、ともまわりの多勢なのを恃み、駅吏の言葉をしりぞけて、出発した。残月の光をたよりに林中の草地を通って行った時、果して一匹の猛虎が叢くさむらの中からおどり出た。虎は、あわや袁に躍りかかるかと見えたが、たちまち身をひるがえして、元の叢に隠れた。叢の中から人間の声で「あぶないところだった」と繰返しつぶやくのが聞えた。その声に袁は聞きおぼえがあった。驚懼きょうくの中にも、彼はとっさに思いあたって、叫んだ。「その声は、我が友、李徴子ではないか？」袁は李徴と同年に進士の第に登り、友人の少かった李徴にとっては、最も親しい友であった。温和な袁の性格が、峻峭しゅんしょうな李徴の性情と衝突しなかったためであろう。

　叢の中からは、しばらく返辞が無かった。しのび泣きかと思われるかすかな声が時々もれるばかりである。ややあって、低い声が答えた。「いかにも自分は隴西の李徴である」と。袁は恐怖を忘れ、馬から下りて叢に近づき、なつかしげに久闊きゅうかつを叙した。そして、なぜ叢から出て来ないのかと問うた。李徴の声が答えて言う。自分は今や異類の身となっている。どうして、おめおめと、ともの前にあさましい姿をさらせようか。かつ又、自分が姿を現せば、必ず君に畏怖嫌厭いふけんえんの情を起させるに決っているからだ。しかし、今、図らずもともにあうことを得て、愧赧きたんの念をも忘れる程に懐かしい。どうか、ほんのしばらくでいいから、我が醜悪な今の外形をいとわず、かつて君の友・李徴であったこの自分と話を交してくれないだろうか。…

　草中の声は次のように語った。

　今から一年程前、自分が旅に出て汝水のほとりに泊った夜のこと、一睡してから、ふと目を覚ますと、戸外で誰かが我が名を呼んでいる。声に応じて外へ出て見ると、声は闇の中からしきりに自分を招く。覚えず、自分は声を追うて走り出した。無我夢中で駈けて行く中に、いつしか途は山林に入り、しかも、知らぬ間に自分は左右の手で地をつかんで走っていた。何か身体中に力が充ち満ちたような感じで、軽々と岩石を跳び越えて行った。気が付くと、手先やひじのあたりに毛を生じているらしい。少し明るくなってから、谷川に臨んで姿を映して見ると、既に虎となっていた。…一体、獣でも人間でも、もとは何かほかのものだったんだろう。初めはそれを憶えているが、次第に忘れてしまい、初めから今の形のものだったと思い込んでいるのではないか。いや、そんな事はどうでもいい。己おれの中の人間の心がすっかり消えて了えば、恐らく、その方が、己はしあわせになれるだろう。だのに、己の中の人間は、その事を、この上なく恐しく感じているのだ。ああ、全く、どんなに、恐しく、かなしく、切なく思っているだろう。己が人間だった記憶のなくなることを。この気持は誰にも分らない。誰にも分らない。己と同じ身の上に成った者でなければ。…

…李徴の声は、突然調子を変え、自らをあざけるかごとくに言った。「はずかしいことだが、今でも、こんなあさましい身と成り果てた今でも、己は、己の詩集が長安風流人士の机の上に置かれている様を、夢に見ることがあるのだ。岩窟の中に横たわって見る夢にだよ。わらってくれ。詩人に成りそこなって虎になった哀れな男を。（袁は昔の青年李徴の自嘲癖じちょうへきを思い出しながら、哀しく聞いていた。）そうだ。お笑い草ついでに、今のおもいを即席の詩に述べて見ようか。この虎の中に、まだ、曾ての李徴が生きているしるしに」。袁は又下吏に命じてこれを書きとらせた。…

　時に、残月、光ひややかに、白露は地にしげく、樹間を渡る冷風は既に暁の近きを告げていた。人々は最早、事の奇異を忘れ、粛然として、この詩人の薄倖はくこうを嘆じた。李徴の声は再び続ける。「なぜこんな運命になったか判らぬと、先刻は言ったが、しかし、考えように依れば、思い当ることが全然ないでもない。人間であった時、己は努めて人との交まじわりを避けた。…己は次第に世と離れ、人と遠ざかり、憤悶ふんもんと慚恚ざんいとによって益々己の内なる臆病な自尊心を飼いふとらせる結果になった。人間は誰でも猛獣使であり、その猛獣に当るのが、各人の性情だという。己の場合、この尊大な羞恥心が猛獣だった。虎だったのだ。これが己を損ない、妻子を苦しめ、友人を傷つけ、果ては、己の外形をかくの如く、内心にふさわしいものに変えて了ったのだ。…」

　ようやくあたりの暗さが薄らいで来た。木の間を伝って、どこからか、暁角ぎょうかくが哀しげに響き始めた。「もはや、別れを告げねばならぬ。酔わねばならぬ時が、（虎に還らねばならぬ時が）近づいたから」と、李徴の声が言った。…

　袁は叢に向って、ねんごろに別れの言葉を述べ、馬に上った。叢の中からは、又、たえ得ざるがごとき悲泣ひきゅうの声がもれた。袁もいく度か叢を振返りながら、涙の中に出発した。一行が丘の上についた時、彼等は、言われた通りに振返って、先程の林間の草地をながめた。たちまち、一匹の虎が草の茂みから道の上に躍り出たのを彼等は見た。虎は、既に白く光を失った月を仰いで、二声三声咆哮したかと思うと、又、元の叢に躍り入って、再びその姿を見なかった。

☞中島敦（1909-1942年）東京出身。中国古典や古代伝説を題材にした著作を得意とした。

吉田兼好 『徒然草』

『徒然草つれづれぐさ』 吉田よしだ（卜部うらべ）兼好けんこうの随筆。13世紀頃成立。清少納言せいしょうなごん『枕草子まくらのそうし』、鴨長明かものちょうめい『方丈記ほうじょうき』とならぶ日本三大随筆の一つ。和漢混淆文体と仮名文字体が混在し、兼好独自の発想や雑感、経験談など、内容は多岐にわたる。

吉田兼好（1283-1352年）吉田神社の神職の家に生まれる。30歳ごろ出家。二条為世にじょうためよ門下の和歌四天王の一人。勅撰集に18首入集する。私家集に『兼好法師家集けんこうほうしかしゅう』。

注	徒然草	現代語訳
徒然なり　所在ない 日暮らし　一日中 よしなしごと　雑事 そこはかとなし　不明瞭 物狂ほし　正気でない むね　基本。中心 水　遣り水（庭に流す人工川） 遣戸　引き戸 蔀　上下に開閉する戸。格子の裏にある 間　部屋 ともしび　照明。明かり 造作　建築	つれづれなるままに、日ぐらし、すずりに向かひて、心にうつり行くよしなしごとを、そこはかとなく書きつくれば、あやしうこそものぐるほしけれ。 　家の作りやうは、夏をむねとすべし。冬は、いかなる所にも住まる。暑きころわろき住居すまゐは、たへがたき事なり。深き水は、涼しげなし。浅くて流れたる、はるかに涼し。細かなる物を見るに、遣戸やりどは、蔀しとみの間まよりも明あかし。天井の高きは、冬寒く、ともしび暗し。造作ぞうさくは、用なき所を作りたる、見るもおもしろく、万よろづの用にも立ちてよしとぞ人の定め合ひ侍りし。	所在ないのにまかせて、一日中、すずりに向かって、心に浮かんでは消えていくとりとめないことを、何ということもなく書き付ければ、怪しく、正気を失ったかのようだ。 　家の作り方は、夏を中心とするのがよい。冬はどこにでも住める。暑い時に悪い住宅は耐えられない家だ。深い水は涼しそうでない。浅く流れるのがずっと涼しげだ。細かい物を見る時に、やり戸のある部屋は蔀のある部屋よりも明るい。天井が高いのは、冬に寒く、明かりが暗い。家は、用の無い所を作ってあるのが、見る目にも面白くいろいろと役に立ってよいと人々は評判し合いました。

［課題］

①ヒント1「猫また」のように、吉田兼好は当時の世間に流行った笑い話も『徒然草』に書きとどめています。これを上の本文と併せ、『徒然草』とはどのような随筆か、あなたの考えを述べなさい。他の随筆も紹介できれば望ましい。

②日本三大随筆は、冒頭にそれぞれ、作者独自の考えがあります。ヒント２の二つの作品と、『徒
　然草』を比較し、あなたの考えを述べなさい。他の随筆も紹介できれば望ましい。
③現在、地球温暖化が進んでいる中、『徒然草』に見られる住居観は見直されています。「住居は夏
　を基本とせよ」という主張について、ヒント３を参考に、あなたの考えを述べなさい。他の古
　典例も紹介できれば望ましい。

〈ヒント１　徒然草〉

徒然草・猫また	現代語訳
「奥山に猫またといふものありて、人を食ふなる」と人の言ひけるに、「山ならねどもこれらにも、猫の経上りて、猫またに成りて、人とる事はアンなるものを」と言ふ者ありけるを、何阿弥陀仏とかや、連歌しける法師の、行願寺（ぎゃうぐわんぢ）の辺にありけるが聞きて、独り歩かん身は心すべきことにこそと思ひけるころしも、ある所にて夜更くるまで連歌して、ただ独り帰りけるに、小川の端（はた）にて、音に聞きし猫また、あやまたず、足もとへふと寄り来て、やがてかきつくままに、首のほどを食はんとす。肝心も失せて、防かんとするに力もなく、足も立たず、小川へ転び入りて、「助けよや、猫またよやよや」と叫べば、家々より、松どもともして走り寄りて見れば、このわたりに見知れる僧なり。「こはいかに」とて、川の中より抱き起したれば、連歌の賭物取りて、扇（あふぎ）小箱などふところに持ちたりけるも、水に入りぬ。希有にして助かりたるさまにて、這（は）ふ這ふ家に入	「山奥にネコマタという化け物がいて、人を食べるそうだ」と風評が広がっていたころ、「山ではなく、この里あたりでも、猫が年を取り、化けて、ネコマタになって人を襲うことがあるらしい」とうわさされていた。これを、「ナントカ阿弥陀仏」という名の、連歌をする僧で、行願寺の近くに住んでいた僧が聞き、供も連れられず一人歩きする身分の自分は気をつけないといけないと心配していた、ちょうどその頃、ある所で夜がふけるまで連歌をし、一人で帰ってきた。すると小川のほとりでうわさに聞いたネコマタが、僧に狙いをさだめ、足元にさっと寄り、そのまま飛びつき、首のあたりにかみつこうとする。僧はあわてた。防ごうにも力も出ない。腰が抜け、小川へころがり落ち、「助けてくれ。ネコマタだ。おおい、おおい」と叫ぶと、近くの家々から、人々がたいまつに火をつけ駆けつけた。見ると、近所の知り合いの僧だ。人々は「これはどうしましたか」と言って、僧を川から抱き起す。僧は連歌の賞品として勝ち取った、扇・小箱などをふところに持っていたが、川に落としてしまった。僧は奇跡的に助かったと思っているようすで、這いつくばって自宅に入った。　実は、僧の

りにけり。　飼ひける犬の暗けれど主を知りて飛び付きたりけるとぞ。	飼っていた犬が、暗がりでも主人とわかり、飛びついたのだったと、いうことである。

☞ネコマタ　日本の民間伝承に伝わる猫の妖怪。山中の巨大な猫の妖怪と、飼い猫が年老いて妖怪となるものの２種類がある。前者は、富山県の猫又山、福島県の猫魔ヶ岳の伝説がある。

〈ヒント２－１　枕草子〉

清少納言せいしょうなごん『枕草子まくらのそうし』	現代語訳
春は、あけぼの。やうやう白くなりゆく山ぎは　少し明りて紫だちたる雲の細くたなびきたる。　夏は、夜。月の頃はさらなり。やみもなほ、ほたるの多く飛び違ひたる。また、ただ一つ二つなど、ほのかにうち光りて行くもをかし。雨など降るもをかし。秋は、夕暮。夕日のさして、山の端はいと近うなりたるに、からすの寝どころへ行くとて、三つ四つ、二つ三つなど、飛び急ぐさへあはれなり。まいて雁かりなどの列ねたるがいと小さく見ゆるは、いとをかし。日入り果てて、風の音をと虫の音ねなど、はたいふべきにあらず。冬は、つとめて。雪の降りたるはいふべきにもあらず。霜のいと白きも、またさらでも、いと寒きに、火など急ぎ熾して、炭もて渡るも、いとつきづきし。昼になりて、ぬるくゆるびもていけば、火桶ひおけの火も、白き灰がちになりて、わろし。	春は夜明けがよい。だんだんに白くなっていく山ぎわの空が、少し明るくなり、紫がかった雲が細くたなびいているのがよい。夏は夜がよい。満月の時はなおさらだ。闇夜もなお、ホタルが多く飛んでいるのがよい。また、ホタルがただ一つ二つなどと、かすかに光ながら飛んでいくのも情緒がある。雨の降る夜もいい。秋は夕暮れ時がよい。夕日が差して、山のはしがとても近く見えているあたりに、カラスが巣へ帰ろうと、三羽四羽、二羽三羽などと、飛び急いでいる様子さえ、情趣がある。まして雁がんなどがＶ字になって飛んでいるようすが小さく見えるのは、とても風雅である。日が沈みきって、風の音や虫の音などが聞こえてくるさまは、いいようもなく良い。冬は早朝がよい。雪の降った朝はいうまでもない。霜のとても白い朝も、またそうでなくても、とても寒いのに、火を急いでつけて、炭をもって　通っていくのも、いかにもこの時期らしくて良い。昼になって、寒さがゆるむ頃には、火桶の火も白灰が多くなってしまい、よい感じがしない。

☞『枕草子まくらのそうし』は1000年頃成立。作者・清少納言。「ものづくし」の類聚章段、日常生活や自然を観察した随想章段、作者の経験した宮廷社会を舞台とした日記章段（回想章段）から成る。

鴨長明(かものちやうめい)『方丈記(はうぢやうき)』	現代語訳
ゆく河(かは)の流れは絶えずして、しかももとの水にあらず。よどみに浮かぶうたかたは、かつ消えかつ結びて、久しくとどまりたるためしなし。世の中にある人とすみかと、またかくのごとし。たましきの都のうちに、棟(むね)を並べ、いらかを争へる、高き、卑しき、人の住まひは、世々を経て尽きせぬものなれど、これをまことかとたづぬれば、昔ありし家はまれなり。あるいは去年焼けて今年作れり。あるいは大家滅びて小家となる。住む人もこれに同じ。所も変はらず、人も多かれど、いにしへ見し人は、二、三十人が中に、わづかにひとりふたりなり。朝(あした)に死に、夕べに生まるるならひ、ただ水のあわにぞ似たりける。　知らず、生まれ死ぬる人、いづかたより来たりて、いづかたへか去る。また知らず、仮の宿り、たがためにか心を悩まし、何によりてか目を喜ばしむる。その、あるじとすみかと、無常(むじやう)を争ふさま、いはば朝顔の露に異ならず。あるいは露落ちて花残れり。残るといへども朝日に枯れぬ。あるいは花しぼみて露なほ消えず。消えずといへども夕べを待つことなし。	流れ過ぎていく川の流れは途絶えることがなく、それでいてもとの水ではない。川のよどみに浮かぶ水の泡は、現れては消え、そのままでいることはない。この世に生きている人とその人の住む家とは、またこの流れと泡のようである。美しい都の中に、家を並べ、屋根の高さを競っている、高貴な者の邸宅も下級者の家も、時を経てもなくならないものだが、本当にそうかと調べると、昔からあった家はめったにない。ある家は昨年焼けてしまい今年建てている。あるいは、大きな家が落ちぶれ、小さな家となっている。住む人もこれと同じである。場所は変わらず、人も多いが、私が昔会ったことのある人は、二・三十人のうち、わずかに一人か二人ある。朝に死に、夕方に生まれるという世の定めは、ちょうど水の泡に似ている。わからない、生まれ死んでゆく人はどこから来てどこに去ねかを。またわからない、生きている間の仮住まいを誰のために心を悩まして建て、何のために見た目よくするのかを。その家の主と家とが、無常を争うかのようにはかなく消えていく様子は、言うならば朝顔とその葉の露との関係と同じだ。あるときは露が落ちて花が残る。残るとは言っても朝日を受けて枯れる。あるときは花がしぼんでも露が消えずに残っていることもある。消えないとは言っても夕方を待つことはなく消える。

　☛『方丈記(ほうじょうき)』1210年頃成立。作者・鴨長明(かものちょうめい)。長明が体験した天災のことや、隠居した庵での生活を語る随筆。

〈ヒント3　宇治拾遺物語〉

宇治拾遺物語_{うぢしゆうゐものがたり}	現代語訳
世に宇治大納言_{うぢだいなごん}といふ者あり。この大納言は隆国_{たかくに}といふ人なり。西宮殿の孫、俊賢_{としかた}大納言の第二の男なり。年高うなりては暑さを侘_わびて暇_{いとま}を申して五月_{さつき}より八月_{はづき}までは平等院一切経蔵_{びやうだうゐんいつさいきやうだう}の南の山際に南泉房_{なんせんばう}といふ所にこもり居_をられけり。さて宇治大納言とは聞えけり。髻_{まげ}を結ひ分けてをかしげなる姿にて筵_{しとみ}を板に敷きて、涼み居侍りて大なるうちはをもてあふがせなどして、往来_{わうらい}の者高き卑しきを云はず呼び集め、昔物語をせさせて、我は内にそひふして、語るに従ひて大きなる双紙_{さうし}に書かれけり。天竺_{てんぢく}の事もあり大唐_{だいたう}の事もあり日本の事もあり。	世に宇治大納言という人がいる。この大納言は隆国という人だ。源高明_{みなもとのたかあきら}の孫で、俊賢大納言の二男である。歳を取り、暑いのがダメになり、朝廷に休暇を申請し、五月から八月まで、宇治平等院一切経蔵の南の山際の南泉房という所にこもっていらした。そこで世間の人は「宇治大納言」と申し上げた。まげを結び分けたしゃれた姿で、むしろを床板として敷き、すずしげにして居た。大きなうちわで従者にあおがせなどしていた。この邸の前を行き来する者を、身分の上下は問わず呼び集め、昔物語をさせた。自分は家の中で寝そべり、呼び寄せた連中の語るままに、大きな紙に書きとめた。その話はインドの事もあり中国の事もあり日本の事もある。

☞宇治拾遺物語_{うぢしゆうゐものがたり}は13世紀前半成立。編者は未詳。

『平家物語』

『平家物語へいけものがたり』軍記。鎌倉後期（13世紀後半～14世紀前半）成立。作者不詳。平安末期（12世紀末）の源氏と平氏が争った全国的な兵乱を中心に、没落しはじめた貴族と、新たに台頭し始めた武家たちのようすなどを、漢字・仮名混じり文で書いている。

注釈	平家物語	現代語訳
祇園精舎　釈迦仏のいた学舎 諸行無常／盛者必衰　仏教の教え 沙羅双樹　釈迦仏の亡くなった場所 都落ち　京都を追われること 三位／薩摩守　官位が通称となる 忘れ形見　死後に残る遺品 ゆめゆめ　決して 渡り　訪問 かばね　死骸 憂き世　辛い現世 いとま申す　辞去のあいさつ	祇園精舎ぎをんしやうじやの鐘の声、諸行無常しよぎやうむじやうの響きあり。沙羅双樹さらさうじゆの花の色、盛者必衰の理ことわりをあらはす。おごれる人も久しからず。ただ春の夜の夢のごとし。たけき者も遂にはほろびぬ、ひとへに風の前の塵に同じ。 三位さんみこれを開けて見て、「かかる忘れ形見かたみを賜たまはりおき候ひぬる上は、ゆめゆめ疎略そりやくを存ずまじう候ふ。御疑ひあるべからず。さてもただ今の御渡りこそ、情けもすぐれて深う、あはれもことに思ひ知られて、感涙おさへがたう候へ。」とのたまへば、薩摩守さつまのかみ喜んで、「今は西海の波の底に沈まば沈め、山野にかばねをさらさばさらせ。うき世に思ひおくこと候はず。さらばいとま申して。」とて、馬にうち乗り兜かぶとの緒を締め、西を指さいてぞ歩ませ給ふ。三位さんみ後ろをはるかに見送つて立たれたれば、忠度の声とおぼしくて「前途ぜんとほど遠	祇園精舎の鐘の音は「世にある全てのことは無常だ」と響いている。沙羅双樹の花の色は、盛んな者も必ず衰えるという道理を示す。栄華をきわめている人もいつまでそうはしていられない。まるで春の夜の夢のようである。勢いが盛んな者も最後には死ぬ、ただ風の前の塵と同じく。 （平家の都落ちの日、忠度は和歌の師・藤原俊成のもとへ行き、自分の歌集の巻物を手渡した）俊成卿しゆんぜいきやうはこの巻物を開けて見て、「このような忘れ形見をいただいたからには、けっして雑に扱いません。ご安心ください。それにしてもこうしてご訪問頂いたことに、風流心もとてもお深いことと、大変感動します。涙を抑えられません。」とおっしゃると、忠度ただのりは喜び、「今は瀬戸内海の底に沈んでもいい、山に死骸をさらすならそれでもいいです。この世に思い残すことはございません。それでは失礼します」といって、馬に乗り兜の緒をしめ、西にむかって馬を歩ませなさった。俊成卿は、後ろ姿

後ろ　後ろ姿 いとど　たいそう 世静まる　兵乱が収まる 千載集　7番目の勅撰和歌集 ありし　生前の 今さら　今新たに 故郷　忠度は志賀（大津）の出身 さざなみや　「志賀」の枕詞。大津は天智帝の旧都	し、思ひを雁山（がんざん）の夕べの雲に馳（は）す」と高らかに口ずさみ給へば、俊成卿、いとど名残（なごり）惜しうおぼえて、涙をおさへてぞ入り給ふ。 　そののち、世静まつて千載（せんざい）集を撰（せん）ぜられけるに、忠度のありしありさま言ひおきし言の葉、今さら思ひ出でてあはれなりければ、かの巻物のうちに、さりぬべき歌いくらもありけれども、勅勘（ちょくかん）の人なれば、名字をばあらはされず。「故郷の花」といふ題にて詠（よ）まれたりける歌一首ぞ、「詠み人知らず」と入れられける。 さざなみや志賀の都はあれにしを昔ながらの山ざくらかな	を遠くまで見送り、お立ちになっていると、忠度らしい声で「前途は遠い。思いを雁山の夕べの雲に馳せよう。」と高らかに口ずさまれたのを聞き、俊成卿はとても名残惜しく思え、涙をおさえ、邸にお入りになった。その後、兵乱が収まり、俊成卿が千載集を編集する時、忠度の生前の姿と残した言葉を思い出し、心を動かされた。巻物には、勅撰集にふさわしい歌は多くあったが、忠度は朝敵とされたので、名を出せない。「故郷の花」という題で詠まれた歌一首を「作者不明」として千載集にお入れになった。 　志賀の都は荒れたが、昔のままの山桜よ

【課題】

①本文で、忠度は師に別れを告げる心を漢詩に寄せて詠っています。日本の知識人は、人生の大事な場面で外国詩を歌ったり演説したりしました。ヒント1和漢朗詠集を参考に、このことに関し、あなたの知る例を紹介しつつ、あなたの考えを述べなさい。

②文武両道の武人が死を覚悟した時、自分の芸を後世に伝えるためにしたエピソードは多く伝わっています。ヒント2を参考に、本文についてのあなたの考えを述べなさい。あなたの知る、このような逸話や伝承を紹介できれば、なお望ましい。

③今日、千載集でもっとも有名な歌はこの忠度の歌です。「よみ人知らず」とあっても、それが忠度の歌であることは、日本人は皆知っています。日本文学には、歴史の敗者・弱者に優しく、勝者・強者に対しては厳しい目を向けている作品が多いことにつき、ヒント3を参考に、あなたの考えを述べてください。他に反逆の文学の例を紹介できれば、なお望ましい。

<ヒント１　和漢朗詠集〉

　於鴻臚館錢北客序　　　大江朝綱おおえのあさつな

前途程遠　馳思於雁山之暮雲　後会期遥　霑纓於鴻臚之暁涙　　（『和漢朗詠集』632「餞別」）

　鴻臚館こうろかんにて渤海使ぼっかいしを送別する序

前途ぜんとと程みち遠とほし

（これからの旅の道は長い）

思おもひを雁山がんざんの暮雲ぼうんに馳はせ

（心を雁門山の夕暮れの雲に飛ばし）

後会こうくわい期とき遥はるかなり

（次に会える時はずっと先である）

纓えいを鴻臚かうろの暁あかつきの涙に霑うるほす

（冠の口紐を鴻臚館の夜明けの涙に濡らす）

→「北客」とは渤海使ぼっかいし。908年夏、来日し、醍醐天皇に国書を渡し、帰国する渤海使をねぎらう饗宴の関で詠まれた。渤海ぼっかいとは、現在の中国東北三省と朝鮮半島北部を足した地域に、698-926年に存在した国。

→「雁山」＝「雁門山」は太原付近の山。「雁門山、雁の門より飛び出づ」（『山海経せんがいきょう』）。任務を終えて遥か渤海に帰る使者を雁に喩えた。渤海使の航海ルートは、雁などの渡り鳥のルートとほぼ一致する。

　雁門関は、雁山にある万里の長城の関所跡。中国から北国へ旅する時の最初の関。

〈ヒント２　古今著聞集　第6巻255話　義光の秘曲伝授〉

『古今著聞集ここんちょもんじゅう』	現代語訳
義光よしみつは今日に候ひてかの合戦の事をつたへ聞きけり。　いとまを申してくだらんとしけるを、御ゆるしなかりければ、兵衛ひやうゑの尉じやうを辞し申して、陣に弦袋つるぶくろをかけて馳せ下りけり。近江おほみの国・鏡かがみの宿につく日、はなだの単衣ひとゑ狩衣かりぎぬに襖袴おくばかまきて、引入烏帽子ひきいれゑぼせししたる男、	（源義光みなもとのよしみつは笙の名人・豊原時元とよはらのときもとの弟子だった。豊原時元は、子の時秋がまだ幼い頃に亡くなった。亡くなる前に義光は、豊原家の秘曲「太食調入調たいしきちょうにっちょう」を伝授された。1087年、義光の兄義家が後三年の役に出陣した） 　義光は今日始めて、義家苦戦と伝え聞き、兄を助けるため、朝廷に休暇申請したが許

おくれじと馳せ来たるあり。あやしう
おもひてみれば、豊原時秋となりけり。「あれはいかに。なにしに来
たりたるぞ」と問ひければ、とかくの事
はいはず、「ただ御供仕るべし」とばか
りぞいひける。義光、「このたびの下向、
物さわがしき事侍りて馳せ下るなり。
ともなひ給はん事、もっとも本意な
れども、このたびにおきてはしかるべか
らず」としきりに止むるを聞かず、強ひ
て従ひ給ひけり。力およばでもろとも
にくだりてつひに足柄の山まで来にけ
り。かの山にて義光馬を控えていはく、
「止め申せども、用ゐ給はでこれまでと
もなひ給へる事、その心ざし浅からず。
さりながらこの山には、さだめて関も
きびしくて、たやすく通すこともあら
じ。義光は所の職を辞し申して
都をいでしより、命をなきものになし
てまかりむかへば、いかに関きびしく
ともはばかるまじ。駆け破りてまかり
通るべし。それにはその用なし。すみや
かにこれより帰り給へ」といふを、時秋
なほ承引せず。またいふこともな
し。その時、義光、時秋が思ふところを
さとりて、閑所にうちよりて馬よ
りおりぬ。人を遠くのけて、柴を引きは
らひて楯二枚を敷きて、一枚には我
が身座し、一枚には時秋を据ゑけり。う
つぼより一枚の文書をとり出でて、時
秋に見せけり。「父時元が自筆に書きた
る大食調入調の曲の譜。また笙はあり

されなかった。そこで兵衛の尉の官を辞し、
軍勢を整え、兄のもとへ下った。近江の国・
鏡の宿についた日、はなだ色の狩衣に袴を
つけ、引き入れ烏帽子姿の男が、追いかけて
きた。義光がけげんに思い、見ると、豊原時
秋だった。「彼はどうしたのだ。何をしに来
た」時秋は多く言わず、「ただ御供し上げ
ます」とだけ言う。義光は「この度の下向は、
兵乱のために行くのです。お連れしたいの
はやまやまですが、今回ばかりは、そうは参
りません」としきりに帰るように説得した
が、時秋は強情にも後をついて来なさる。義
光も説得しかねて一緒に行き、足柄山まで
来た。そこで義光は馬を止め、時秋に、「お
止めしたにもかかわらず、お聞き入れなく、
ここまで付いて来られることは、お気持ち
のなみなみでないことはわかりました。し
かしながら、足柄山は、関所を越える審査
も厳しく、容易に通してくれないでしょう。
私は官職を捨てて都から下った上は命も捨
てる覚悟ですので、関所がいかに厳しくて
もかまいません。実力行使で、突破するで
しょう。しかし、貴殿には、そこまでやる必
要はありません。すぐにここからお帰りな
されよ」と言うが、それでも時秋は、やはり
聞き入れない。何も言わずに、黙ったまま
であった。その時、義光は、時秋の心中を察
知し、静かな場所に移って、馬から降りた。
従者たちを遠ざけ、地面の柴を払い、楯を
二枚敷いて、一枚は自分が、一枚は時秋を
座らせた。そして矢入れから、一枚の紙を
取り出し、時秋に見せた。「あなたの御父上・

（原文）	現代語訳
や。」と、時秋に問ひければ、「候ふ」とて、ふところより取り出したりける用意のほど、まづいみじくぞ侍りける。その時、「これまでしたひ来たれる心ざし、さだめてこの料にてぞ侍らん」とて、すなはち入調の曲をさづけてけり。「義光はかかる大事によりてくだれば、身の安否知りがたし。万が一安穏ならば都の見参を期すべし。貴殿は豊原数代の楽工、朝家要須の仁なり。我に心ざしをおぼさば、すみやかに帰洛して、道を全うせらるべし」と、再三いひければ、理はりに折れてぞのぼりける。	時元殿ご直筆の秘曲「大食調入調」の譜面です。笙はお持ちですか」と、時秋に尋ねれば、「あります」と懐から笙を取り出した用意のほどは、何より感心な心がけであった。義光は、「ここまで来られたのは、この曲を伝授されたいためでしょう」と言い、時秋に秘曲を伝授した。「私はこの合戦のために下向するので、身の安否は知れません。もし無事なら、都でまたお目にかかりましょう。貴殿は、由緒ある豊原家の楽人です。朝廷が必要とされる方です。私のためを思っていただけるなら、すぐ都に帰り、立派に笙の道を伝えてください」と再三説得したので、時秋は道理に折れ、都に帰った。

☛古今著聞集ここんちょもんじゅうは、13世紀中頃、橘成季たちばなのなりすゑの編纂した世俗説話集（実在人物の逸話や著名事件を説話化した）。

☛源義光みなもとのよしみつ（1045－1127）は、源頼義よりよしの三男で源義家よしいへの弟。後三年ごさんねんの役えき（1083-1087年）は東北地方における豪族同士の争いに源氏が加わった内乱。

〈ヒント3 『日蔵夢記にちぞうゆめき』〉
『日蔵夢記』は、『大鏡』や『北野天神縁起きたのてんじんえんぎ』とは別系列の天神伝説で、帝が地獄に堕ちたという言説がある。

『日蔵夢記』地獄巡見	現代語訳
次いで復また、鉄窟てっくつ苦所に至る。四の鉄山てっせん有りて、相去ること四五丈許ばかり、其その間に、一の茅屋ばうをく有り。屋の中に四箇人有りて、其その形、灰の如し。一の人、衣覆ふ有りて、背の上を覆ふ。余の三人は裸形らぎゃうなり。赤き灰に蹲居そんきょせり。曾かつて床席しょうせき無し。悲泣嗚咽ひきうを	二番目に鉄窟苦所に着きました。四つの鉄山があり、それぞれ四・五丈ほどの距離です。その間に、一つの茅屋があります。中に四人いて、その姿は灰のようでした。一番身分の高そうな人は衣で背を覆い、他の三人は裸で赤灰の上にうずくまっています。まったく床や席がないのです。悲しみ泣き叫んでいました。獄領が、「衣服を着ている一番身分の高い

人は上人のお国の延喜王（醍醐天皇）で、他の三人はその延臣です。君臣共々責め苦を受けているのです」などと言いました。延喜王（醍醐天皇）は私を見つけると、お招きになります。私は即座に小屋に入ると、敬意を表して頭を下げました。王は、

「私を敬いなさるな。冥土では現世で罪を犯さなかった者が王です。俗世の身分は問題となりません。私は日本金剛学大王の子ですが、この鉄窟苦所に堕ちました。私は帝位に長くいました。在位中、いろいろな善行もした一方で悪行もいろいろしました。…」

…「私が生前に犯した大罪は皆で五つ有ります。五つすべて太政天に関係しています。今さらここで反省しても、罪は十分あがなえません。私は父・法王を俗事で悩ませて、高山の険路を歩かせたように深く御心を痛めさせ苦しめたのが罪の一です。自分は宮殿の高座に居ながら、大事な父を土の上に座らせて、悲しませ、涙を流させたことが罪の二です。賢臣を、無実なのに流罪に処したのが罪の三です。長く皇位に居座ることで自分を嫉む者たちの怨みを受け、仏法にそむかせたのが罪の四です。自分に怨みを抱く者に自分以外の人々を傷つけさせたのが罪の五です。

えっせり。獄領（ごくりゃう）曰（い）はく、「衣有る一の人は、上人の本国の延喜王（えんぎわう）なり。余の三人は其（そ）の臣なり。君臣共に苦を受く」と云々。王、仏子を見て、相招き給ふ。仏子即ち茅屋（ばうをく）に入りて、敬ひ屈（かが）み奉る。王曰（い）はく「敬ふべからず。冥途（めいど）は罪無きを王と為す。貴賤（きせん）を論ぜず。我は是（これ）日本金剛学大王（にほんこんがうがくだいわう）の子なり。然（しか）るに此（こ）の鉄窟苦所に堕（お）つ。我、位に居（を）る年尚（ひさ）し。其（そ）の間、種々（くさぐさ）善を縦（ほしきまま）にし、亦（また）種々（くさぐさ）悪を造る。…「我が生前に犯せし罪は大を取るに五有り。五は皆、是（これ）太政天の事に因（よ）るなり。今、悔ゆるも及ばず。我が父法王をして、深く世事を温（たづ）ぬること、天険の路（みち）を行歩（ぎゃうぶ）するが如く心神（しんじん）を困苦せしむ、其（そ）の罪の一なり。自らは高殿に居（を）りながら、聖父（しゃうぶ）をして下地（げぢ）に坐せしめ、焦心・落涙せしめり、其（そ）の罪の二なり。賢臣を事没（な）く流（る）せり、其（そ）の罪の三なり。久しく国位を貪り怨を得、法を滅せしむ、其（そ）の罪の四なり。自らの怨敵をして他の衆生を損はす、其（そ）の罪の五なり。

☛『源氏物語』「明石」巻にも、成仏できずに現世をさまよう桐壺（きりつぼ）帝霊の記述がある。天皇すら地獄に堕（お）としてしまう言説を形成する「反逆」。さらにそれを、権力を恐れることなく、後世に語り継いでいく「反逆」。反逆こそが日本文学の伝統である。

『今昔物語集』

今昔物語集こんじゃくものがたりしゅう　12世紀後半成立。編者・作者ともに未詳。前半はインド・中国・日本の仏教説話を、後半は日本の世俗説話を中心に編集されている。平易な漢字カタカナ交じり文（和漢混淆文わかんこんこうぶん）が用いられている。日本最大の説話集であるが、編者は不明。

注釈	今昔物語集	現代語訳
天竺　インド 屎尿　汚物 きたなむ 汚い者とする 仏　釈迦如来 いよいよ ますます 利益　助ける 召取る　手元 に置く。弟子 にする 耆闍崛山　仏 のいる所 羅漢果　仏道 の悟り 恥しむ　辱め る 神通　神通 力。希有　す ばらしい 見置く　置き 去りにする 異様　不審 見知る　見た ことがある	今ハ昔、天竺てんじくニ一人ノ長者有リ。其家ニ屎尿しにやうノ穢よごれヲ浄きよムル女有リ。家ノ内、若干じゃっかんノ人ノ屎尿ヲ朝夕ニ運ビ浄メテ年来としごろヲ経タリ。然しかレバ家内ノ人、皆、此このノ女ヲ穢きたナミ蔑さげすみテ、自然みずからラ道ニ会フ時モ唾つばヲ吐キ鼻ヲ塞ふさギ更さらニ近ヅカズ。其そのノ時ニ、仏、此ノ女ヲ哀かなしビ給ヒテ、女、屎尿ヲ頭ニ戴いただきテ行ク道ニ会ヒ給たまヒヌ。女、仏ニ恥はぢ奉たてまつりテ、薮やぶノ中ニ隠レ入ゐリヌ。衣服、穢よごレ屎尿身ニ懸かかレバ、女弥いよいよヨ恥奉テ尚なホ深ク隠レ入ル。仏、女ヲ利益りやくセムガ為ニ近ク寄セ給テ、女ヲ召取めしとりテ、耆闍崛山ぎじゅっくつせんニ将ゐテ御おはしテ、女ノ為ニ法ヲ説キ、教化きゃうけシ給フニ、女即チ羅漢果らかんくわヲ得ツ。長者、此ノ事ヲ聞キ驚をどろきテ「仏ノ御許をんもとニ詣まうデ恥はぢシメ奉ラム」ト思ヒテ忽いそギ詣まうヅルニ、耆闍崛山ノ前ニ河有あり。其ノ河ノ中ニ大ナル石有リ。其ノ石ノ上ニ女有リ、衣服ヲ洗フ。長者此レヲ見ルニ、女、石ノ中ニ入リヌト見レ	昔、天竺に一人の長者がいた。その家に汚物を清掃する女がいた。家の何人もの汚物を朝に夕に運び清掃して数年を過ごしてきた。それで家の人は皆、この女を汚い者と軽蔑し、いつも道で会うと唾を吐き、鼻をふさぎ決して近づかない。その時、仏はこの女を哀れまれ、女が汚物を頭にのせて行く道でお会いになった。女は我が身を恥じ、薮の中に隠れた。衣服は汚れ、汚物は身体にかかったので、女はますます恥じ、さらに深く隠れ込んだ。仏は女を救済すべくに近くに呼び、女を弟子として耆闍崛山に連れ、女の為に法を説き、教化しなさると、女はたちまち羅漢果を得た。長者はこの事を聞き驚き「仏に参って文句を言おう」と急ぎ参上した時、耆闍崛山の前に河があった。その中に大きな石があった。その石の上に女が衣服を洗っている。長者が見ると、女は石の中に入ったとたん、

然 そのように に 七宝 いろいろな財宝 果報 功徳を積んだ者への天からの報酬 年来 何年も 貪欲邪見 むさぼり、そねむ 瞋恚 怒り	バ石ノ下ヨリ出、天ニ上リ地ニ下リ、光ヲ放（はなち）テ神通（じんつう）ヲ現ズ。長者希有（けう）也ナリト見置キテ、仏ノ御許（みもと）ニ詣デ、仏ニ白（まう）シテ言ハク「仏ハ清浄（しやうじやう）ノ直身（ぢきしん）ニ在ハス。汚穢塵垢（をぢよくぢんかう）ニハ非ズト貴ク思ヒ奉ルニ、極（きはめ）テ異様（いやう）ニコソ御マシケレ。何ノ故（ゆゑ）有テカ我ガ家ノ屎尿ノ穢（よごれ）ヲ浄ムル女ヲバ召取リ給ヘルゾ」ト恥シメ奉ルニ、仏答テ宣（のたま）ハク「汝、我ガ前ノ河ニ衣服洗フ女ヲバ見知リタリヤ」。長者云（いは）ク「知ラズ」ト。仏ノ宣ハク「光ヲ放テ神通ヲ現ズルヲバ見ツヤ」ト。長者ノ云ク「然（しか）見ツ」ト。仏ノ宣ハク「其ノ女コソハ汝ガ家ノ屎尿ノ穢（よごれ）浄（きよめ）ツル女ヨ。汝ハ七宝（しつぽう）ヲ天下ニ満（みち）テ世間ヲ恣（ほしいまま）ニスト云ヘドモ、汝ガ果報（くわほう）ハ彼ノ女ニ劣レリ。此ノ女ハ、年来（としごろ）、不浄ヲ穢ヲ浄ムル功徳（くどく）ニ依リテ既ニ羅漢果ヲ得、光ヲ放ツ身ト成レリ。汝ハ貪欲邪見（どんよくじやけん）ニ依テ常ニ瞋恚（しんに）ヲ発ス。罪重クシテ地獄ニ堕チテ多ノ苦ヲ受クベシ」ト。長者、此ノ事ヲ聞キテ恥テ家ニ返テ咎（とが）ヲ悔ケリトナム語リ伝ヘタルトヤ。	石の下より出た。天に上り地に下り、光を放って神通を現じた。長者はすはらしいと思いつつ進み、仏の前に参り、「仏は清浄そのものでいらっしゃる。けがれや汚れに無縁と、貴くお見受けしています。しかしわからないのは、なぜ私の家の汚物を清める女をお呼び寄せなさったのですか」と非難申し上げると、仏は「そなたは前に流れる河で衣服を洗っていた女を知っているか」とおっしゃる。「知りません」「光を放って神通を現ずるのを見たか」「はい、見ました」「その女こそ、そなたの家の汚物清めの女よ。そなたは財宝を方々に持ち、俗世でやりたいようにできても、果報はこの女に劣る。この女は何年も汚物を清掃した功徳で羅漢果を得、光を放つ身となった。そなたは貪欲・邪見のため、いつも怒っている。罪が重い。地獄に堕ちて多くの苦を受けるだろう」とおっしゃる。長者はこれを聞き、恥じいり、家に帰り罪を反省したと語り伝えているそうだ。

【課題】

①『今昔物語集』のこの箇所はヒント1-1『賢愚経（けんぐきょう）』等の経典から取材して創作されました。そして『今昔物語集』当該箇所は後世、ヒント1-2芥川龍之介に取材されました。『今昔物語集』・『賢愚経』・芥川の「尼提」を比較し、それぞれの成立背景なども考慮しながら、あなたの考えを述べなさい。他の文献例も紹介できれば望ましい。

②『今昔物語集』には、愚かな民をも救う仏の姿がありました。宗教説話には、愚かでも救われる逸話が多くあります。ヒント2 "Legenda aurea"の逸話を、『今昔物語集』と比較しつつ、あなたの考えを述べなさい。他の文献例も紹介できれば望ましい。

③中世、日本で『三宝絵詞』や『今昔物語集』が編集されたころ、中国では『太平広記』『太平御覧』が、アラブ世界では『千夜一夜物語（الليلة وليلة الف）』が、ヨーロッパでは『黄金伝説 Legenda aurea』などの説話集が、互いに何の連絡もなく、編集されました。これらの説話集には類似した話が多い。たとえばヒント3の話はヒント2と似ています。これに関し、あなたの考えを述べなさい。他の例も紹介できれば望ましい。

〈ヒント1-1　賢愚経けんぐきょう〉

『賢愚経』巻六（三十五）「尼提度縁品第第三十」

　如是我聞。一時佛在舍衛國祇樹給孤独園。而時舍衛城中、人民衆多、居止隘迮廁溷尠少。大小便利多往出城。或有豪尊不能去者、便利在器中雇人除之。時有一人、名曰尼提、極貧至賤、無所趣向、仰客作除糞得価自済。而時世尊即知其應度。独将阿難入於城内、欲抜済之。到一里頭、正値尼提、持一瓦器、盛満不浄、欲往棄之、遙見世尊、極懐鄙愧、退従異道、隠屏欲去。垂当出里、復見世尊、倍用鄙恥、迴趣余道、復欲避去、心意匆忙、以瓶打壁、瓶即破壊、屎尿澆身。深生慚愧、不忍見佛。是時世尊、就到其所、語尼提言「欲出家不」。尼提答言「如来尊重金輪王種。翼従弟子悉是貴人。我下賤弊悪之極、云何同彼而得出家」。世尊告曰「我法清妙、猶如浄水悉能洗除一切垢穢、亦如大火能焼諸物。大小好悪皆能焚之。我法亦而。弘広無辺、貧富貴賤男之與女、有能修者皆盡除欲」。

　是時尼提、聞佛所説、信心即生。欲得出家。佛使阿難、将出城外大河水辺、洗浴其身已得浄潔。将詣祇園。為説経法、苦切之理・生死可畏・涅槃永安。霍然意解、獲初果証。合掌向佛、求作沙門。佛即告曰「善来、比丘」。鬚髪自落、法衣在身。佛重解説四諦要法。諸漏得尽、成阿羅漢。三明六通、皆悉具足。

　而時国人聞尼提出家。咸懐怨心而作是言「云何世尊聴此賤人出家学道。我等如何為其礼拝。設作供養、請佛及僧斯人若来、汚我床席」。展転相語乃聞於王。王聞亦怨恨、情用反側。即乗羽葆之車与諸侍従往詣祇園。欲問如来所疑之事。既到門前、且小停息。祇園門外有一大石。尼提比丘坐於石岩縫補故衣。有七百天人各持華香、而供養之、右遶敬礼。時王睹見深用歓喜。到比丘所而語之言「我欲見佛。願為通白」。比丘即時身没石中、踊出於内白世尊曰「波斯匿王今者在外。欲得来入観省諮問」。佛告尼提「従汝本道、往語令前」。尼提尋時、還従石出、如似出水、無有罣礙。即語王言「白佛已竟。王可進前」。王作此念「向所疑事、且当置之。先当請問、『此比丘者有何福行神力乃爾』」。

　王入見佛、稽首佛足、右遶三匝、卻坐一面、白世尊言「向者比丘神力難及。入石如水出石無孔。姓字何等。願見告示」。世尊告曰「是王国中極賤之人。我已化度得阿羅漢。大王故来欲問斯義」。王聞佛語、慢心即除欣悦無量。…（大正大蔵経 No.202 巻四　pp397上段 -398上段）

（これからお話しするのは、私が仏から聞いたお話です；　ある時、仏（釈迦如来<ruby>釈迦如来<rt>しゃかにょらい</rt></ruby>）は舎衛国<ruby>舎衛国<rt>しゃえいこく</rt></ruby>の祇樹給孤独園<ruby>祇樹給孤独園<rt>ぎじゅっこどくおん</rt></ruby>にいらっしゃいました。当時、舎衛の街には住民が多く、住居は狭くてトイレの空間もないので、用を足す、多くの人は街の外に出てしていました。お金持ちだけは家の中に便器があり、使用人にこれを洗わせて使っていました。この時、尼提<ruby>尼提<rt>にだい</rt></ruby>という者がおりました。とても貧乏で行くところもなく、客からお金をもらっては便器を使わせ、生活していました。すると仏は「彼を救うべきである」と定め、弟子の阿難尊者<ruby>阿難尊者<rt>あなんそんじゃ</rt></ruby>一人を連れ、尼提を救おうと街にやってきました。しばらく行くと、尼提が便器を持ち、中の汚物を捨てようと、街の外へ歩いて行くのに出会いました。尼提は遠くに仏を見つけるや、自らの卑賤を恥じ、道を変え、仏と行き逢わないようにしようとしました。ところが道を変えたというのに、またしばらくすると仏が向こうからやって来るのを見ました。尼提はいっそう恥ずかしくなり、「さらに道を変えて行き逢わないようにしないといけない」とあわてたため、便器を壁にぶつけて壊してしまい、汚物を身にかぶってしまいました。そのため我が身をますます恥じ、「けっして仏のお目にふれまい」と思ったまさにその時、仏は尼提の目の前に立たれていました。仏は「尼提よ、出家しませんか」とおっしゃいました。尼提は「仏さまは尊いお方で王族のご出身です。従うお弟子も皆お高い家の方々です。私はもっとも賤しい下級民でしかありません。どうして仏さまやお弟子と同じように、出家などできましょうか」というと、「仏法は清浄です。それは、あたかも清い水がすべての汚れを落とし、大火がすべてを焼き尽くすように、人のすべての煩悩<ruby>煩悩<rt>ぼんのう</rt></ruby>も消せるのですよ。どの国の誰でも、貧富<ruby>貧富<rt>ひんぷ</rt></ruby>・貴賤<ruby>貴賤<rt>きせん</rt></ruby>・男女の区別なく、私の教えをよく学ぶ者は煩悩を絶てるのです」。尼提は仏の言葉を聞くや、たちまち信心をおこし、出家したいと願い出ました。仏は阿難に、尼提を街の外に連れて行かせ、大河の水辺で身体を洗わせ、清めると祇園精舎に連れて行きました。仏は尼提に仏法を説きました。苦の本質、生死を怖れるべきでないこと、悟りの永遠であること…尼提はたちどころに理解し、初果（さとりの第一段階）を得ると、仏に向かい合掌し、僧侶となることを願い出ました。仏は「ようこそ、比丘（僧侶の第一段階）よ」とおっしゃると、尼提のヒゲや髪は何もしないのに落ち、身に法衣を着ていました。仏は尼提に、さらに深い仏教教義を解くと、尼提はことごとく理解し、阿羅漢（悟りを得た僧侶）となり、神通力も身につきました。

　舎衛の街の市民らは尼提が出家したことを聞き、不快に思い、「なぜ仏はあんな下賤の男を出家させ、仏道を学ばせたのでしょう。私たちはこれからどう礼拝すればいいのですか。仏とお弟子をお招きする席を設けても、尼提が来たら、席がけがれますよ」と噂しました。噂は広まり、波斯匿王<ruby>波斯匿王<rt>はしのくおう</rt></ruby>（舎衛国王）の耳にも入りました。王もこれを聞いて不快になり、その感情に駆られ、車に乗り側近を引き連れ、行って仏に事の次第を聞こうと祇園精舎に向かいました。

　波斯匿王一行は祇園精舎の門の前で少し停って、休みました。すると門の外の大きな石に、尼提比丘が座って古着を縫い直していました。お花やお香を手に持った七百の天人たちが尼提比丘

に礼を尽くして仕えていました。王はこの様子を見るや、たいそう賞賛し、尼提比丘のところに行き、「佛にお会いしたいのです。取次いでください」と尼提比丘に言うと、尼提はたちまち、石の中をくぐり、祇園精舎に入り仏の御前に参り、「波斯匿王が今、門の外にいらっしゃいます。仏にお目にかかりたいそうです」と申し上げると、仏は、「そなたは元来たように戻り、波斯匿王にここに来るよう言いなさい」と尼提におっしゃると、尼提は来た時と同様に水のように滞りなく石をくぐり、王の前に戻ると、「仏にお伝えしました。どうぞ仏の御前にお進みください」と言いました。波斯匿王は「下賤の者を出家させた事情を聞くのは後にまわそう。まず、この比丘がどういう徳を積んだことでこれほどの神通力があるのかを、聞くのが先だ」と考えました。

　波斯匿王は仏の前に参ると仏の足を押し頂き、最敬礼すると、数歩退きかしこまり、仏に「先ほどの比丘の神通力はすばらしいです。穴もない石に、水のように出入りできるなんて…なんという人なのでしょうか」と訊ねました。　仏は「王のお国の中で、もっとも賤しいとされた人でしたよ。私がよく教え、今では阿羅漢となりました。王はこのことをお聞きになりたくていらっしゃったのですね」と答えました。波斯匿王はその言葉を聞くや、尼提を下賤と侮っていたごう慢な心が消え、心は無限のよろこびで満たされたのでした。）

　☛『賢愚経けんぐきょう』は、仏の逸話や賢者・愚者に関する譬喩ひゆ的な話69編を集める。愚者は地獄や畜生や餓鬼道に転生し、賢者は天界へと生まれ変わると説かれ、その話に、文芸的な興趣がある。

〈ヒント1-2　芥川龍之介あくたがわりゅうのすけ「尼提にだい」〉

　舎衛城しゃえじょうは人口の多い都である。が、城の面積は人口の多い割に広くはない。従ってまた厠しこんも多くはない。城中の人々はそのためにたいていはわざわざ城外へ出、大小便をすることに定めている。ただ波羅門や刹帝利さっていりだけは便器の中に用を足し、特に足を労することをしない。しかしこの便器の中の糞尿ふんにょうもどうにか始末をつけなければならぬ。その始末をつけるのが除糞人じょふんにんと呼ばれる人々である。

　もう髪の黄ばみかけた尼提はこう言う除糞人の一人である。舎衛城の中でも最も貧しい、同時に最も心身の清浄しょうじょうに縁の遠い人々の一人である。

　ある日の午後、尼提はいつものように諸家の糞尿を大きい瓦器がきの中に集め、そのまた瓦器を背に負ったまま、いろいろの店の軒を並べた、せま苦しい路を歩いていた。すると向うから歩いて来たのは鉢はちを持った一人の沙門しゃもんである。尼提はこの沙門を見るが早いか、これは大変な人に出会ったと思った。沙門はちょっと見たところでは当り前の人と変りはない。が、その眉間みけんの白毫びゃくごうや青紺色しょうこんじきの目を知っているものには確かに祇園精舎ぎおんしょうじゃにいる釈迦如来しゃかにょらいに違いなかったからである。

　釈迦如来はもちろん三界六道さんかいろくどうの教主、十方最勝じっぽうさいしょう、光明無礙こうみょうむげ、億々

衆生平等引導（おくおくしゅじょうびょうどういんどう）の能化（のうけ）である。けれどもその何ものたるかは尼提の知っているところではない。ただ彼の知っているのはこの舎衛国の波斯匿王（はしのくおう）さえ如来の前には臣下のように礼拝すると言うことだけである。あるいはまた名高い給孤独長者（ぎっこどくちょうじゃ）も祇園精舎を造るために祇陀童子（ぎだどうじ）の園苑（おんえん）を買った時には黄金を地に布いたと言うことだけである。尼提はこう言う如来の前に糞器（ふんき）を背負った彼自身を羞（は）じ、万が一にも無礼のないように倉皇（そうこう）と他の路へ曲ってしまった。

　しかし如来はその前に尼提の姿を見つけていた。のみならず彼が他の路へ曲って行った動機をも見つけていた。その動機が思わず如来の頬に微笑をただよわさせたのはもちろんである。微笑を？――いや、必ずしも「微笑を」ではない。無智愚昧（むちぐまい）の衆生に対する、海よりも深い憐憫の情はその青紺色の目の中にも一滴の涙さえ浮べさせたのである。こう言う大慈悲心を動かした如来はたちまち平生の神通力により、この年をとった除糞人をも弟子の数に加えようと決心した。

　尼提の今度曲ったのもやはり前のように狭い路である。彼は後を振り返って如来の来ないのを確かめた上、始めてほっと一息した。如来は摩迦陀国（まかだこく）の王子であり、如来の弟子たちもたいていは身分の高い人々である。罪業の深い彼などは妄（みだ）りに咫尺（しせき）することを避けなければならぬ。しかし今は幸いにも無事に如来の目を晦（くら）ませ、――尼提ははっとして立ちどまった。如来はいつか彼の向うに威厳のある微笑を浮べたまま、安庠（あんよう）とこちらへ歩いている。

　尼提は糞器の重いのを厭（いと）わず、もう一度他の路へ曲って行った。如来が彼の面前へ姿を現したのは不可思議である。が、あるいは一刻も早く祇園精舎へ帰るためにぬけ道か何かしたのかも知れない。彼は今度も咄嗟の間に如来の金身（こんじん）に近づかずにすんだ。それだけはせめてもの仕合せである。けれども尼提はこう思った時、また如来の向うから歩いて来るのにびっくりした。

　三度目に尼提の曲った路にも如来は悠々（ゆうゆう）と歩いている。

　四たび目に尼提の曲った道にも如来は獅子王（ししおう）のように歩いている。

　五たび目に尼提の曲った路にも、――尼提は狭い路を七たび曲り、七たびとも如来の歩いて来るのに出会った。殊（こと）に七たび目に曲ったのはもう逃げ道のない袋路（ふくろじ）である。如来は彼のろうばいするのを見ると、路のまん中にたたずんだなり、おもむろに彼をさし招いた。「その指、繊長（しちょう）にして、爪は赤銅（しゃくどう）のごとく、掌（たなごころ）は蓮華（れんげ）に似たる」手を挙げて「恐れるな」と言う意味を示したのである。が、尼提はいよいよ驚き、とうとう瓦器をとり落した。

「まことに恐れ入りますが、どうかここをお通し下さいまし。」

　進退共に窮（きわ）まった尼提は糞汁（ふんじゅう）の中にひざまずいたまま、こう如来に歎願（たんがん）した。しかし如来は相変らず威厳のある微笑をたたえながら、静かに彼の顔を見おろしている。

「尼提よ、お前もわたしのように出家せぬか」

　如来が雷音（らいおん）に呼びかけた時、尼提はとほうに暮れた余り、合掌して如来を見上げていた。

「わたくしは賤（いや）しいものでございまする。とうていあなた様のお弟子たちなどと御いっしょにおることは出来ませぬ。」

「いやいや、仏法の貴賤（きせん）を分かたぬのはたとえば猛火の大小好悪（だいしょうこうお）を焼き尽してしまうのと変りはない。…」

それから、――それから如来の偈（げ）を説いたことは経文（きょうもん）に書いてある通りである。

半月ばかりたった後、祇園精舎（ぎおんしょうじゃ）に参った給孤独長者（ぎっこどくちょうじゃ）は竹や芭蕉（ばしょう）の中の路を尼提が一人歩いて来るのに出会った。彼の姿は仏弟子になっても、あまり除糞人だった時と変わっていない。が、彼の頭だけはとうに髪の毛を落している。尼提は長者の来るのを見ると、路ばたに立ちどまって合掌した。

「尼提よ。お前はしあわせものだ。一たび如来のお弟子となれば、永久に生死（しょうじ）を躍り越えて常寂光土（じょうじゃくこうど）に遊ぶことが出来るぞ。」

尼提はこう言う長者の言葉にいよいよ慇懃（いんぎん）に返事をした。

「長者よ。それはわたくしが悪かったわけではございませぬ。ただどの路へ曲っても、必ずその路へお出になった如来がお悪かったのでございまする。」

しかし尼提は経文によれば、一心に聴法をつづけた後、ついに初果を得たと言うことである。

〈ヒント2 "Legenda aurea"（"The golden legend of Jacobus de Voragine"『黄金伝説』）〉

Legenda aurea『レゲンダ・アウレア』は、Jacobus de Voragine ヤコブス・デ・ウォラギネ（1230? － 1298年 イタリア・ジェノヴァ Genova, Italia の第8代大司教。）による、聖人列伝形式のキリスト教説話集。1267年頃に完成。中世ヨーロッパにおいて聖書について広く読まれ、文化・芸術に大きな影響を与えた。 芥川龍之介が同書所収聖女マリナ物語（79章）をもとに『奉教人の死』を書いている。

'Feast of the Annunciation'	現代語訳
Of the salutation that the angel brought to the glorious Virgin, we read an example of a noble knight which for to amend his life gave and rendered himself into an abbey of Cistercian, and forasmuch as he was no clerk, there was assigned to him a master for to reach him, and to bewith the brethren clerks, but he could nothing learn in long time that he was there save these two words: Ave Maria, which words he had so	天使のする、栄光の聖母への挨拶として、私たちは高貴な騎士の話をしよう。彼の人生を評価し直すために。またシトー会の修道院に彼自身を捧げるために。騎士はシトー会の司祭ではなかったが、司祭並みの信仰者になり、司祭たちとつきあえるよう、勉強した。しかしいくら努力しても、「アヴェ・マリア」ということば以外、何

soreimprinted in his heart that always he had them in his mouth wherever hewas. At last he died and was buried in the churchyard of the brethren. It happed after, that upon the burials grew a right fair fleur-de-lis, and in every was written in letters of gold: Ave Maria, of which miracle all the brethren were amarvelled, and they did open the sepulcher, and found that the root of this fleur-de-lis came out of the mouth of the said knight, and anon they understood that our lord would have him honored for the great devotion that he had to say these words, Ave Maria. （Ryan, William Granger "The golden legend of Jacobus de Voragine"pp100-101）	も覚えられなかった。このことばがあまりに強烈に彼の胸に焼き付いたので、どこにいても口に「アヴェ・マリア」と唱え続けていた。騎士は亡くなると一族の教会の墓地に埋葬された。 すると騎士を埋葬した場所から清らかなユリがはえ、すべての花に金の文字で「アヴェ・マリア」と書かれていた。その奇跡に、遺族の皆が驚嘆し、彼らは騎士の墓を掘り返してみた。このユリの根は、この騎士の口からはえているのを発見した。そして彼らは神が、「アヴェ・マリア」と生涯唱え続けた騎士を、祝福なさっていることをさとった。

〈ヒント3 『今昔物語集』巻十九〉

『今昔物語集』巻十九第十四	現代語訳
今昔、讃岐国_{さぬきのくに}…源大夫といふ者有けり。心きはめてたけくして、殺生_{せっしゃう}を以_{もつ}て業_{なりわひ}とす。…しかる間、この人、郎等_{ろうたう}四五人ばかりをあひぐして鹿ども多く取らせて、山より返る道に、堂の有ける、人多く集りけるを見て、「これは何事する所ぞ」と問ひければ、郎等、「これは堂なり。講_{かう}を行ふにこそ侍るめれ。『講を行ふ』といふは仏経を供養する事なり。あはれに貴く侍る事なり」といひければ、… 「講師はいかなる事をいひ居たるぞ。我が心に『げに』と思はむばかりの事をいひ	昔讃岐（香川県）に…源大夫という者がいた。気が荒く、人や動物を殺すことを仕事としていた。…さて源大夫が四、五人の家来を引き連れ、鹿を多数狩り、山から帰る道にお堂があった。人が大勢集まっているのを見て、「ここは何をするところだ」と問うと、家来が「これはお堂です。講を行なっておるのでしょう。講とは、み仏やお経を供養することで、なんとも尊いことです」と言うと… 「講師は何を話していたのだ。俺でも『なるほど』とわかるように聞かせろ。さもなければただではおかぬ」　と腰の刀

聞かせよ。さらずば、便無かりなむものぞ」といひて、前に差したる刀を押し廻して居たり。　講師…答へていはく「これより西に多くの世界を過ぎて仏まします。阿弥陀仏と申す。その仏心広くして、年来罪をつくり積みたる人なりとも思ひ返して一度、阿弥陀仏と申しつれば、必ずその人を迎へて楽しくめでたき国に、思ひと思ふ事かなふ身と生まれて、つひには仏となむ成る」と。五位これを聞きていはく、「その仏は、人を哀び給ひてば、我をもにくみ給はじなむ」。講師のいはく「しかなり」と。五位のいはく「さらば我れ、その仏の名を呼び奉らむに答へ給ひてむや」と。講師のいはく「それをまことの心を至して呼び奉らば、何どか答へ給はざらむ」と。…

五位、これを聞きて「さは、我がこの頭剃れ」といふ。…講師、高座よりおりて、頭を剃りて、戒を授けつ。郎等ども、涙を流して、悲む事、限り無し。その後入道…衣・袈裟直く着て、金鼓をくびに懸けていはく、「我れはこれより西に向かひて、阿弥陀仏を呼び奉て、金を叩て、答へ給はむ所まで行かむとす。答へ給はざらむ限りは、野山にまれ、海河にまれ、さらに返るまじ。ただ向たらむ方に行くべきなり」といひて、音を高く挙げて「阿弥陀仏よや、おいおい」と叩きて行く…

かく西に向かひて、阿弥陀仏を呼び奉て、叩きつつ行くに、まことにいひつる様

をひねり回しながらいう。講師は…「はるか西、多くの世界を過ぎたかなたに仏がおわします。阿弥陀仏とおっしゃる。この仏は心が広く、長年罪を重ねてきた者でも反省し、ひとたび『阿弥陀仏』と唱えれば、必ずその人の死に際に来て極楽浄土にお迎えくださいます。安楽の浄土に自在の身として生まれ変わり、やがて仏となれます」と答えた。源大夫はこれを聞き「その仏は、人を憐れまれるなら、俺でもお憎みにならなだろうか」「はい」「では俺がその仏の名を呼べば、お答えくれようか」「ま心こめてお呼びすれば、お答えにならないこともないでしょう」…

源太夫はこれを聞き、「ならば、俺の頭を剃れ」と言う…講師は高座を下り、源太夫の頭を剃って戒を授けた。家来どもは涙を流し、おおいに悲しんだ。そして、入道となった源大夫は、…袈裟・衣をきちんと身につけ、かねを首に掛け、「俺はこれより西に向かう。阿弥陀仏を呼び奉り、かねを叩きお答えある所まで行こう。お答えいただけるまで、野山でも海川でもかまわず、ただ真っすぐ行くのだ」と声高らかに「阿弥陀仏よや、おいおい」とかねを叩き行く。…

西に向かい、阿弥陀仏をお呼びし、かねを叩いて行く。その言葉どおり、深い川でも浅瀬を探さず、高い峰でも回り道せず、倒れようが転ぼうが、ひたすら真っすぐ進む。日が暮れる頃、寺にたど

ゃぅに、深き水とても、浅き所を求めず、高き峯とても、廻りたる道を尋ねずして、倒れ丸びて向たるままに行くに、日暮れて、寺のあるに行き着きぬ。　その寺にある住持の僧に向ひていはく、「我れ、かく思ひを発して、西に向て行くに…これより西に高き峯を超へて行かむとす。今七日ありて、我があらむ所を、必ず尋ねて来れ。…

　…その後、七日ありて、行きて見れば、前のごとく、木のまたに西に向かひて、このたびは死にて居たり。見れば、口より微妙の鮮かなる蓮華一葉生じたり。住持これを見て、泣き悲び貴びて、口に生へたる蓮華をば折り取りつ。…その後何にかなりにけむ。知らざりけり。

　必ず往生したる人にこそあるめれ。住持も正しく阿弥陀仏の御音を聞き奉り。…世の末なれども、まことの心を発せば、かく貴き事もあるなりけりとなむ、語り伝へたるとや。

り着いた。その住職に、「私はこのように発心し、西へ向かう…この西の高い峰を越えようと思います。七日後にきっと私のところへ来てください。…

　…さてその七日後、住職が訪ねてみると、入道は前と同じ格好で西に向かって木にまたがり、そして今回は、息絶えていた。見れば、入道の口から美しくあざやかな蓮の花が一つ生えていた。住職はこれを見て、泣き、悲しみ、あまりの尊さにその口から蓮の花を折り取った。…その後、どうなっただろうか。わからない。

　源大夫は極楽浄土に往生したろう。住職も阿弥陀仏のお声を聞いた。…世は末法だが、真実の発心を起こせば、このように尊いこともある、と語り伝えているそうだ。

☞平安中期より、日本でも阿弥陀信仰が盛んになる。極楽浄土は阿弥陀如来が主の、死後の安楽世界（天国）。極楽浄土は凡俗でも迎えてもらえる浄土として信仰された。

『大鏡』

『大鏡(おおかがみ)』は歴史物語（仮名文で書かれた歴史語りと歴史評論）。平安後期（11世紀前半〜中頃）成立。作者不詳。文徳(もんとく)天皇（9世紀中頃）から後一条(ごいちじょう)天皇の万寿(まんじゅ)二年（1025）まで間の、天皇と大臣の逸話を中心に、歴史を語っている。

注釈	大鏡	現代語訳
入道　藤原道長 大井川　京都の西 作文　漢詩 管弦　音楽 大納言　藤原公任 道にたふ　芸の名手 をぐら山　大井川に面した丘 あらし　山風 紅葉の錦　紅葉を錦に見立てた 申し受く　うけおう あそばす　存分に仕事する 名の上がる　名声が上がる 口惜し　くやしい	ひととせ、入道(にうだう)殿の大井川(おおゐがは)に逍遥(せうやう)せさせ給ひしに、作文(さくもん)の船・管絃(くわんげん)の船・和歌(やまとうた)の船と分かたせ給ひて、その道にたへたる人々を乗せさせ給ひしに、この大納言(だいごん)の参り給へるを、入道殿「かの大納言いづれの船にか乗らるべき」とのたまはすれば、「和歌の船に乗り侍らむ」とのたまひて、よみ給へるぞかし、 　をぐら山あらしの風のさむければもみぢの錦きぬ人ぞなき 　申しうけ給へるかひありてあそばしたりな。御みづからも、のたまふなるは、「作文のにぞ乗るべかりける。さてかばかりの詩をつくりたらましかば、名のあがらむこともまさりなまし。口惜しかりけるわざかな。さても、殿の『いづれにかと思ふ』とのたまはせしになむ、われながら心おごりせられし」とのたまふなる。一事のすぐるるだにあるに、かくいづれの道もぬけ出で給ひけむは、いにしへも侍	ある年、道長(みちなが)殿が大井川で船遊びをなさった。漢詩の船・音楽の船・和歌の船とお分けになって、各船にその道の達人たちをお乗せになった。そこへ大納言・藤原公任(ふじわらのきんとう)殿が参上なさると、道長殿が「あの大納言はどの船にお乗りになるのがいいか」とおっしゃると、公任殿は「和歌の船に乗りましょう。」とおっしゃって歌をお詠みになった； 　小倉山よ。山風が寒いので紅葉の錦を皆着ている。 　うけおっただけの甲斐がおありで、見事な詠みぶりだったな。御自身は「漢詩の船に乗るべきであった。そして、もしこの和歌ほどの漢詩を作っていたならば、もっと名声は上がっただろうに。残念なことをしたなぁ。それにしても、道長殿が、『どの船になさるか。』とおっしゃったのには、われながら得意になってしまった。」とおっしゃったそうである。一事が優れていることでさえも難しいのに、このようにどの芸に

| わざ　こと
心驕り　得意 | らぬことなり。 | も優れていらっしゃったことは、空
前の才能であったことだ。 |

【課題】

①日本文学では、上の本文の藤原公任のように、大納言（大臣に次ぐ要職）となり、三つの芸道の達人と言われた「成功者」の逸話もあるいっぽう、ヒント１の菅原道真のような敗者やヒント３の蝉丸のような弱者の逸話も、大切に語り継いできました。（別章・『平家物語』の平忠度も敗者）。これについて、他の文芸作品を紹介しつつ、あなたの考えを述べなさい。

②紫式部は少女時代、父・藤原為時から、弟といっしょに漢籍を学んでいましたが、弟よりも理解が早く、父に「この子が男の子だったら…」と嘆かせたという逸話があります。ヒント２では、娘の和歌の教養をテストされ、気が気でない父大臣の逸話があります。男子も教養を高めることを賞賛されていました。ヒント１にある世継は庶民だというのに成人してからも漢詩を勉強していました。平安庶民の「生涯教育」です。ヒント３では庶民から学ぶ上級貴族の姿があります。平安社会は、貴賤男女を問わず、教養を高めることに熱心でした。これについて、あなたの考えを述べなさい。他の文芸作品を紹介できれば望ましい。

③平安貴族の芸は①漢詩　②和歌　③音楽の順で尊重されていましたが、あなたの出身地の古代貴族はどんな芸能を尊重していましたか。それを紹介しつつ、ヒント①〜③も参考に、上の本文についてのあなたの考えを述べてください。

〈ヒント１　菅原道真すがわらのみちざね／漢詩〉

　901年正月、左大臣さだいじん・藤原時平ふじわらのときひらの陰謀により、醍醐だいご天皇が右大臣うだいじん・菅原道真すがわらのみちざねとその一族や仲間を大宰府だざいふへ左遷させんした。このクーデターを「昌泰しょうたいの変」という。道真は学識にもすぐれ、『菅家文草』などの文学作品も残している。昌泰の変の２年後、道真は大宰府で軟禁されたまま没するが、その直後から天変地異が続き、昌泰の変を引き起こした藤原時平は道真の没後六年目に急死。その４年後には、陰謀に加わった右大臣・源光が鷹狩のさなかに変死するという怪事件がおこる。さらに道真没後20年目に皇太子が早世すると、世人はこれらを道真公のたたりと騒ぎ、北野天満宮への敬意をあつくした。

『大鏡』「時平伝」	現代語訳
都府楼纔看瓦色　都府とふの楼ろうは纔わづかに瓦かはらの色を看る	（菅原道真の詩）太宰府の役所はわずかに瓦が見える
観音寺只聴鐘声　観音寺くわんのんじは只ただ鐘かねの声を聴きく	観音寺はただ鐘の音を聞くだけ 　これは白氏文集の白居易の「遺愛

これは文集の白居易の「遺愛寺の鐘は枕をそばだてて聴き、香炉峰の雪は簾を撥げて看る」といふ詩にまさざまに作らしめたまへりとこそ、昔の博士ども申しけれ。…

　去年今夜侍清涼　去年の今夜清涼に侍り

　秋思詩篇独断腸　秋思の詩篇独り腸を断つ

　恩賜御衣今在此　恩賜の御衣は今此ここに在り

　捧持毎日拝余香　捧げ持ちて毎日余香を拝す

この詩、いとかしこく人々感じ申されき。

やがてかしこにて失せ給へる、夜の内に、この北野にそこらの松を生ほし給ひて、わたり住み給ふをこそは、ただ今の北野の宮と申して、現人神におはしますめれば、おほやけも行幸せしめ給ふ。いとかしこくあがめ奉り給ふめり。筑紫のおはしまし所は安楽寺といひて、朝廷より別当・所司などなさせ給ひて、いとやむごとなし。

…世継若うはべりしとき、このことのせめてあはれにかなしうはべりしかば、大学の衆どものなま不合にいましかりしを訪ひたづね語らひとりて、さるべき餌袋破子のやうなもの調じて、うち具してまかりつつ、習い取りてはべりし…といへば聞く人々、「げにげにいみじき好き者にも、ものしたまひけるかな。今の人はさる心ありなむや」など感じあへり。

寺の鐘は枕をそばだてて聴き、香炉峰の雪は御簾をあげて見る」といふ詩よりも上手にお作りになったと、昔の博士たちは申しあげた。…

昨年の今夜は清涼殿にいた

その時作った「秋思」という詩に今一人心を動かす

帝から頂いた衣は今ここにある。

毎日捧げ帝の残り香を拝する

この詩を人々は絶賛申し上げた。

そのまま道真公は太宰府の地でお亡くなりになられた。その夜のうちに、その霊は京都・北野にたくさんの松をお生やしになられ、安座なされた。ここを現在、北野天満宮と申し上げている。　現人神としていらっしゃるので、帝も行幸なされる。きわめて丁重に崇め奉っていらっしゃるようだ。九州でのお墓は安楽寺と称し、朝廷から別当や所司を出しなさるような格式高い寺となっている。

…世継は若いとき、昌泰の変のことがとても気の毒で悲しく思われましたので、大学の貧乏学生連中を訪ね、仲良くなり、弁当を適当に料理し、持って行っては道真公の漢詩を習いました…といえば聞く人々は「ほんとにたいそうな物好きでいらっしゃる。今の若者はそんな心があろうか、いやない」などと感動し合った。

『大鏡』「師尹伝」	現代語訳
御むすめ、村上の御時の宣耀殿女御せんやうでんのにようご。容貌かたちおかしげにうつくしうおはしけり。…古今こきんうかべさせ給へりときかせ給ひて、みかどこころみに本をかくして女御には見せたてまつり給はで「やまとうたは…」とあるを始めにて、末の句のことばをおほせられつつ、問はせ給ひけるに、言ひたがへ給ふことばにても、歌にても、なかりけり。かかる事など父大臣は聞き給ひて、御装束し御手洗ひなどして、所々に読経どきやうなどし、念ねんじ入りてぞおはしける。	左大臣さだいじん藤原師尹ふじわらのもろまさ殿の御娘・芳子ほうし様は村上天皇の御時の宣耀殿女御。ご容姿が美しく、かわいらしくいらっしゃった。…　女御が古今和歌集を暗記なさっているとお聞きになり、帝は試してみた。本をかくし、女御には見せず、「和歌は…」を始めに、下句をおっしゃって上句をご質問なさると、間違えた詞書きも歌もなかった。こうした事など父大臣は聞くと、正装し、手を浄めなどし、諸仏に読経などをし、一心に祈っていらっしゃった。

『今昔物語集』巻24　第23話	現代語訳
今は昔、源博雅みなもとのはくが朝臣あそんと云ふ人ありけり。延喜ゑんぎの御子みこの兵部卿ひやうぶきやうの親王みことと申す人の子なり。万よろづの事、やむごとなかりける中にも、管絃くわんげんの道になむいみじかりける。琵琶びはをも微妙みみやうに弾けり。笛ふえをもえもいはず吹けり。　…その時に、逢坂あふさかの関に一人の盲もう、いほりをつくりて住みけり。名をばとぞ云ける。これは敦実あつみと申ける式部卿しきぶきやうの宮の雑色ざうしきにてなむありける。その宮は宇多法皇うだはうわうの御子にて、管絃の道にいみじかりける人也。年来としごろ、琵琶を弾きたまひけるを常に聞きて、蝉丸、琵琶をなむ微	昔、源博雅という人がいた。醍醐天皇皇子・兵部卿宮（克明親王）と申される方の子である。いずれの道にも優れていた。なかでも音楽では達人であった。琵琶を美しく弾いた。笛も何とも見事に吹かれた。…その頃、逢坂関に一人の盲人が庵を造って住んでいた。名を蝉丸といった。この蝉丸というのは、式部卿の宮・敦実親王の従者であった。この宮は宇多法皇の皇子で、音楽の達人であった。長年、宮が琵琶をお弾きになるのをいつも聞いて、蝉丸も琵琶を上手に弾くようになった。さて、博雅は、琵琶にとても熱心だったので、蝉丸が琵琶の名人と聞

妙に弾く。　しかる間、この博雅、この道をあながちに好みて求めけるに、かの逢坂の関の盲、琵琶の上手なるよしを聞きて、きはめて聞かまほしく思けれども、盲の家異様なれば行かずして、人をもつて内々に蝉丸にいはせけるやう、「何と思ひかけぬ所には住むぞ。みやこに来ても住めかし」と。盲、これを聞て、その答へをばせずしていはく

　　世の中はとてもかくてもすごしてむ
　　みやもわらやもはてしなければ

と。　使ひ、返りて、このよしを語りければ、博雅これを聞きてごく心悪しく思へて、心に思ふやう「我れあながちにこの道を好むに依りて、必ずこの盲に会はむと思ふ心深く、其れに、盲命あらむ事も難し。また、我も命を知らず。琵琶に『流泉・啄木』と云ふ曲あり。これは世に絶へぬべき事なり。ただこの盲のみこそこれを知りたるなれ。かまへてこれが弾くを聞かむ」と思ひて、夜、かの逢坂の関に行きにけり。　しかれども、蝉丸、その曲を弾くこと無かりければ、その後三年の間、夜よな夜よな逢坂の盲がいほりのあたりに行きて、その曲を「今や弾く。今や弾く」とひそかに立ち聞きけれども、さらに弾かざりけるに、三年といふ八月の十五日の夜、月少し上陰て、風少し打ち吹きたりけるに、博雅「あはれ今夜は興ありか。逢坂の盲今夜こそ流泉・啄木は弾くらめ」と思ひて、逢坂に行きて、立ち聞きけるに、盲

き、その演奏を何とか聞きたいと思った。しかし蝉丸の家がみすぼらしいので自分では行かず、使いに「どうしてそのような所に住んでいるのですか。都に来て住んだらいいでしょうに」と直接蝉丸に言わせた。蝉丸は使いの言葉を聞いても答えず、『世の中は、どのようにしてでも生きていけますよ。宮殿でもわら屋でもいつかは無くなるものですから』と詠った。使いは帰り、この次第を報告すると、博雅はこれを聞き、自分の俗物根性を大いに恥じ、「私は何よりも琵琶が好きだ。きっと蝉丸に会おうと思うものの、その人が永遠に生きているわけでなし。また私もいつまでの命かは分からない。琵琶には、流泉・啄木という曲がある。この曲はやがてこの世から絶えよう。今では、ただ蝉丸だけが知っているそうだ。何とかしてあの人が弾くのを聞こう」と思い、その夜、逢坂関に行った。しかし、蝉丸はその曲を弾かなかった。その後三年、毎晩蝉丸の家の近くに出かけ、その曲を「今弾くか、今弾くか」とそっと立ち聞きしていたが、けっして弾かなかった。そして、三年目の八月十五日の夜、月が少し上に雲がかかり、風の少し吹く夜、博雅は「おお、今夜は風情のある夜だ。蝉丸は、今夜こそ流泉・啄木を弾くだろう」と思い、逢坂に出かけ立ち聞きしていると、蝉丸は琵琶を掻き鳴らし、この世の風情に感じている様子であった。博雅はこれを見てうれしく思い、聞いてい

ると、蝉丸はひとり興のおもむくままに和歌を詠んだ、『逢坂の関を吹く山風の強い夜に、じっと座り続けているよ、夜を過ごそうと思って』と和歌を口ずさむのに合わせ、琵琶を弾いていると、博雅はこれを聞いて、涙を流し「すばらしい」と感動し続けていた。蝉丸は「ああ、情趣のある夜よなあ。もしかすると、私の他にも世の中に風雅の士がいるかもしれない。今夜、音楽に通じた人が来てくれよ。語り合おうよ」と独り言を言う。これを博雅は聞き、声を出して、「都にいる博雅という者がここに来ています」と言うと、蝉丸は「そう申されるのは、どなたでいらっしゃいますか」と答えた。博雅は「私はこれこれ者です。琵琶が好きで、この三年の間、お宅あたりに来ていまし。幸いにも今宵あなたに会えました」と言った。蝉丸はこれを聞いて喜んだ。博雅も喜び、家に入り、芸を語り合った。博雅は「流泉・啄木の曲を聞きたいのです」と言うと、蝉丸は「亡くなられた式部卿の宮様は、このようにお弾きになられました」と言い、その曲を博雅に伝授した。博雅は琵琶を持参していなかったので、口伝えでこれを習い、大いに喜び、夜明けになってようやく都へ帰った。

う琵琶を掻き鳴らして、ものあはれに思へる気色なり。博雅これをきはめてうれしく思ひて、聞くほどに、盲ひとり心をやりて詠じていはく、

あふさかのせきのあらしのはげしきに
しゐてぞゐたるよをすごすとて

とて、琵琶を鳴らすに、博雅これを聞きて涙を流して「あはれれ」と思ふことかぎりなし。盲ひとりごとにいはく、「あはれ、興ある夜かな。もし我れに非ず者や世にあらむ。今夜、心得たらむ人の来よかし。物がたりせむ」といふを、博雅聞きて、音を出して、「王城にある博雅といふ者こそ、ここに来たれ」といひければ、盲のいはく、「かく申すは誰にかおはします」と。博雅のいはく、「我は然々の人なり。この道を好むに依りて、この三年、このいほりのあたりに来つるに、幸ひに今夜汝に会ぬ」。盲これを聞きて喜ぶ。その時に博雅も喜びながらいほりの内に入りて、かたみに物語などして、博雅「流泉・啄木の手を聞かむ」といふ。盲「故宮はかくなむ弾きたまひし」とて、くだんの手を博雅に伝へしめてける。博雅琵琶を具せざりければ、ただ口伝を以ってこれを習ひて、返すがへす喜びけり。暁にかへりにけり。

紫式部『源氏物語』

『源氏物語げんじものがたり』は紀元1008年頃成立。作者・紫式部。王朝貴族社会を舞台に、帝の子で絶世の美男子・光源氏ひかるげんじの生涯と恋を中心に、多くの男女が登場する長編小説。後半に光源氏の子（実は柏木の子）薫大将かおるだいしょうを主人公とした物語（宇治十帖うじじゅうじょう）が続く。『源氏物語絵巻えまき』はこれを絵画化した作品。

　紫式部むらさきしきぶ（10世紀後半〜11世紀前半）平安中期の女官。大弐三位の母。漢学者を父（藤原為時ふじわらのためとき）と弟（藤原惟規ふじわらののぶのり）に持ち、自身も漢籍の教養があり、それを評価され、一条天皇の中宮・藤原彰子ふじわらのしょうし（藤原道長長女）に仕え、彰子に白氏文集はくしぶんしゅうを進講しんこうしている。『源氏物語』『紫式部日記』作者。私家集『紫式部集』がある。

　光源氏36才、太政大臣だじょうだいじん。現世の栄華を極め、四町からなる六条院で優雅な生活をしていた。玉鬘たまかずら21才。光源氏の恋人だった夕顔ゆうがおと頭中将とうのちゅうじょう（光源氏の従兄弟）との間に生まれたが、地方に流転して、前年、光源氏に養女として迎えられた。玉鬘は光源氏のもとで漢詩・和歌・音楽などを学び、教養を身につけた。何不自由なく暮らしていたが、養女ながら光源氏に言い寄られ、嫌ではないものの、少々悩ましくもある。

注釈	源氏物語	現代語訳
長雨　梅雨 いたし　不快 なことがおこ る様子 すさび　慰め ごと 西の対　主殿 の西側の建物 筋　技芸・趣 味 知る知る　知 りながら すずろごと つまらない事	長雨ながめ例の年よりもいたくして、はるるかたなくつれづれなれば、御かたがた絵物語などのすさびにて、あかし暮らしたまふ。… 西の対たいには、ましてめづらしくおぼえたまふことのすぢなれば、あけ暮れ、書き読みいとなみおはす。…殿も、こなたかなたにかかる物どもの散りつつ、御目に離かれねば「あな、むつかし。女こそ、ものうるさがらず、人にあざむかれむと生まれたるものなれ。ここらのなかに、まことはいと少なからむを、かつ知る知る、かかるす	梅雨が例年よりも長引き、晴れ間もなく。つまらないので、六条院の貴婦人たちは、絵と物語などをして、日をお過ごしになる。… 玉鬘はましてこの生活を珍しくお思いで、毎日物語を写したり読んだりして有意義に過ごしていらっしゃる。…殿（光源氏）も、あちらこちらでこのような絵と物語があってお目につくので、「ああ、困ったものだ。女性というものは、面倒くさがりもせず、他人にだまされようと生まれついているものなのだなあ。こんな物語に書いてあることの中に、本当のこと

古事	古い物語
つきづきし	
適切だ／相応しい	
はかなし	たわいない／たよりない
物語を見る	物語を読む
おどろおどろし	おおげさだ
とりなす	扱う
あらは	目立つ
幼き人	幼い姫／若君
虚言	うそ
口つき	語り方
汲む	考える
こちなし	無愛想。失礼
ななり	「なるなり」の省略形
神代	神話の時代
日本紀	六国史

ずろごとに心を移し、はかられたまひて、暑かはしき五月雨（さみだれ）の、髪の乱るるも知らで、書きたまふよ」とて、笑ひたまふものから、また「かかる世のふるごとならでは、げに、何をかまぎるることなきつれづれをなぐさめまし。さても、このいつはりどものなかに、げにさもあらむとあはれを見せ、つきづきしく続けたる、はた、はかなしごとと知りながら、いたづらに心動き、らうたげなる姫君のもの思へる見るに、かた心つくかし。　また、いとあるまじきことかなと見る見る、おどろおどろしくとりなしけるが目おどろきて、静かにまた聞くたびぞにくけれど、ふとをかしきふし、あらはなるなどもあるべし。このころ幼き人の女房などに時々読まするを立ち聞けば、ものよく言ふものの世にあるべきかな。そら言をよくしなれたる口つきよりぞ言ひ出だすらむとおぼゆれど、さしもあらじや」とのたまへば、

　「げに、いつはりなれたる人や、さまざまにさもくみはべらむ。ただいとまことのこととこそ思うたまへられけれ」とて、すずりをおしやりたまへば、

　「こちなくも聞こえ落としてけるかな。神代（かみよ）より世にあるこ

は少ないだろうに。そうと知りながら、女性はこのようなつまらないことに夢中になり、だまされ、暑い梅雨の、髪が乱れるのも気にせず、写書なさることよ」とお笑いになる一方で、また「このような古い物語でなくては、なるほど、どうして退屈さを紛らわすことができようか。それにしても、このうその中にも、確かにそうであるだろうと感動することを書き、もっともらしく書いた物語は、それはそれで、たわいもないことと知りつつも、無性に興をそそられる。かわいらしい姫君が物思いに沈んでいる様子を読むと、多少は心引かれるものですな。また、けっしてありそうにないことだなと思いながら読み、大げさに誇張して書いてあるところに目を見張らせ、落ち着いてよく聞くたびにその大げささを憎らしく思いつつ、ちょっと面白いところや目を引くところなどがあるのでしょう。最近、幼い姫（光源氏の娘）が女房などに時々読ませているのを立ち聞きすると、話の上手な者（物語作者）が世間にはいるらしいね。嘘をつき馴れた者の口から言い出すのだろうと思えますが、そうではありませんか」とおっしゃると、

（玉鬘）「なるほど、嘘をつき馴れた人（光源氏）はそのようにいろいろと考えるのでしょうか。私にはひたす

かたそば 表面だけ／一面だけ

道々し 理にかなっている様子

人の上 人の事

節々 色々な事

珍し めったになく良い

かたがた 各々

この世の他 現世にない物事

けぢめ 違い

ひたぶるに ひたすら

御法 仏法

方便 難しい仏法を衆生に理解させるために虚構を用いること

方等経 大乗仏教法典の総称

ひとつ旨 ただ一つの趣旨／教え

とを、しるしおきけるなるなり。『日本紀（にほんぎ）』などは、ただかたそばぞかし。これらにこそ道々しくくはしきことはあらめ。その人の上とて、ありのままに言ひ出づることこそなけれ、よきも悪しきも、世にふる人のありさまの、見るにもあかず、聞くにもあまることを、後の世にも言ひ伝へさせまほしきふしぶしを、心にこめがたくて、言ひおき始めたるなり。善きさまに言ふとては、善きことの限り選り出でて、人に従はむとては、また悪しきさまのめづらしきことを取り集めたる、皆かたがたにつけたる、この世の他のことならずかし。

人の朝廷（みかど）のさへ作りやう変はる。同じやまとの国のことなれば、昔今のに変はるべし。深きこと浅きことのけぢめこそあらめ、ひたぶるにそら言と言ひ果てむも、ことの心たがひてなむありける。

仏の、いとうるはしき心にて説きおきたまへる御法（みのり）も方便（はうべん）といふことありて、さとりなきものは、ここかしこたがふ疑ひを置きつべくなむ。『方等経（はうだうきやう）』の中に多かれど、言ひもてゆけばひとつ旨にありて、

ら本当のことと思い申し上げます」と言って、すずりを押しやりなさると、（光源氏）「無愛想にも、私をけなしてくれたね。物語は神代から現世にあることを、書き記したものだそうです。六国史など表面だけのことでしかありません。物語にこそ、理にかなった詳しいことがあるのでしょう。その人のことと、事実どおりに語ることはありません。善いことも悪いことも、現世の人のことで、見飽きることも、聞き流すこともできないことを、後世に語り伝えたい色々な話を、心に留めきれず、語り伝えはじめたのです。善いように言おうとするあまり、善いことばかりを選び出し、読者の機嫌をとるようなものもあれば、また悪いことで珍しい見聞を集めたもの、どの物語もそれぞれ、現世のことなのです。

他国の物語は作りようが違います。同じ日本のことなので、昔と今との相違があって当然です。内容の深刻なものと浅いものとの違いがあっても、ただ作り話だと言い切るのも、ことの本質を取りちがえています。

仏教の、まことに立派な心でお説きになられた仏法でも「方便」ということがあり、悟れていない者は「こちらとあちらで矛盾する」という疑問を持つに違いありません。そんな矛盾は仏典には多いものの、要するに

菩提 悟り 煩悩 現世の 悩み わざと 大した	菩提ぼだいと煩悩ぼんなうとのへだたりなむ、この、人の善き悪しきばかりのことは変はりける。 よく言へば、すべて何ごとも空しからずなりぬや」と、物語をいとわざとのことにのたまひなしつ。	教義としては一つで、悟りと煩悩との差は、物語の善人と悪人の隔たり程度にも違うのです。よく解釈すれば、全て何事も無意味ではないものですね」と、物語を実にことさらに大したもののようにおっしゃった。

【課題】

①『源氏物語』には史書に対する物語のコンプレックスが感じられます。ヒント1を参考に、あなたの出身地の史書について、上の本文と比較しつつ紹介してください。

②『源氏物語』では物語論が展開されていました。しかしその『源氏物語』もヒント2のように、後世からは評論の対象とされています。実は日本の物語は、このように、同時代の作者読者たちに厳しく批評されながら、洗練されてきたのです。以上を参考に、あなたの知っている物語（小説）論を、源氏物語の物語論と比較しつつ紹介してください。

③上の本文には、当時最高の知識人とも賞賛されていた光源氏を恐れることもなく、才気で対抗している玉鬘の姿があります。平安女性知識人は男性知識人に負けない実力と、プライドがあったのです。これについて、ヒント3も参考にして、平安女流文化人についての、あなたの考えを述べなさい。他の文献例も紹介できれば望ましい。

〈ヒント1紫式部日記〉

注釈	原文	現代語訳
内侍 天皇秘書官 すずろ つまらない。わけもなく しりうごと 噂 上 帝 才 学識。特に漢籍理解力 才がる 学識	左衛門さゑもんの内侍ないしといふ人はべり。あやしうすずろによからず思ひけるも、え知りはべらぬ心憂きしりうごとの多う聞こえはべりし。内裏うちの上の『源氏の物語』人に読ませたまひつつ聞こしめしけるに、「この人は、日本紀にほんぎをこそ読みたるべけれ。まことに才あるべし。」と、のたまはせけるを、ふと推をしはかりに、「いみじうなむ才が	左衛門の内侍という人がいます。妙にわけもなく私を良く思っていなかったが、（私には彼女の流す）全くおぼえのない不快な噂が多く聞こえてきました。 天皇陛下（一条天皇）が『源氏物語』を女房にお読ませになってお聞きになられて、「この作者は六国史を読んで（通暁して）いるに違いない。実に学識があるようだ。」と、仰せになったのを、（左衛門の内侍が）ほんの当てずっぽうで、「（紫式

| をひけらかす御局　女房 | る。」と殿上人_{てんじやうびと}などに言ひ散らして「日本紀の御局_{みつぼね}」とぞつけたりける。いとをかしくぞはべる。 | 部は）たいそう学識を鼻にかけている。」と殿上人に言いふらして、私に「日本紀の御局」とあだ名をつけた。なんとも心が動きますね。 |

内侍は天皇秘書官であると同時に、宮中女官の人事も管轄する重要な職である。この時代の中流女性貴族にとっての憧れの職であった。文学に名を残した女流作家たち＝小野小町、伊勢、道綱母、紫式部、清少納言、赤染右衛門、和泉式部、孝標女も内侍になれなかった。内侍になれるほどの才女で、しかも美人であったという左衛門の内侍は、ふだんは紫式部に意地悪だったようだ。そんな内侍が一条天皇のお言葉を聞き、紫式部に「日本紀の御局」とあだ名をつけたが、これが「いとをかしくぞはべる」と紫式部には気に入った。この発言の底流には物語の、史書に対するコンプレックスがある。『源氏物語』では、物語と史書を比べ、物語は史書に負けないと宣言しているのも、この史書へのコンプレックスのなせるものとも考えられよう。

平安貴族必修の史書は『史記』『漢書』『後漢書』で、「奉公人必読の三史」と呼ばれた。また古代日本の国家事業として六国史が編纂された。六国史とは、日本書紀、続日本紀、日本後紀、続日本後紀、三代実録、文徳実録のことで、いずれも上記の三史に倣って編纂された。六国史を項目別に再編したのが菅原道真『類聚国史』である。平安時代、日本紀講義という、朝廷（＝天皇）主催で不定期に開かれた六国史の解説会があった。古典散文はこうした晴れやかな「歴史語り」を頂点に仰ぎつつ、作られ続けた。はるか後世、私小説という世界に類のない小説形態が成立したのも、「歴史語り」がいわば「個人史語り」の形態になって現れたとも見ることができよう。

〈ヒント２『無名草子』〉

無名草子_{むみやうぞうし}1200年頃に藤原俊成女_{ふじわらしゆんぜいのむすめ}（実は定家の姪）によって書かれたと言われている。

注	『無名草子』「紫式部」	現代語訳
大臣たち二人　光源氏と頭中将　内侍のかみ　尚侍。三位格。内侍所長官。　兵部卿の宮	玉鬘_{たまかづら}の姫君こそ好もしき人とも聞こえつべけれ。みめかたちを始め、人ざま・心ばへなど、いと思ふやうによき人にておはするうへに、よにとりてとりどりにおはする大臣たち二人ながら左右におやにて、いづれもをろかならずかぞまへられたるほど、いとあらまほしき	玉鬘の姫君は感じのよい方と申し上げるべきだろう。見目形を始め、お人柄心栄えなどこの上ない。加えて優秀な大臣二人を父親にして、どちらからも大事に大切にされたことなど、まさに理想的な境遇でいらした。しかも、ご身分も尚侍として、冷泉院からもひ

光源氏弟。 髭黒　右大臣子息。後年太政大臣になる 夕顔　光源氏の愛人。物の怪に殺される。 筑紫下り　玉鬘は幼児期、九州で育った。	を、その身にてはただ内侍のかみにて、冷泉院などにおぼし時めかされ、さらずば年ごろ心深くおぼしわたる兵部卿（ひやうぶのきよう）の宮の北の方などにてもあらばよかりぬべきを、いと心づきなき髭黒（ひげぐろ）の大将の北の方になりて、すき間もなくまもりいさめられて、さばかりめでたかりし後の親も、見奉ることは絶えて過ぐすほどに、いといぶせく、心やましき。また、ものはかなかりし夕顔（ゆふがほ）の、ゆかりともなく、あまりに誇りかにさがさがしくて、『この世にかかる親の心は。』などいへるぞ、あの人の御さまには、ふさはしからずおぼゆる。また、筑紫（つくし）下りもあまり品（しな）くだりておぼゆる。されど、大かたの人ざまは好もしき人なり。	そかに求愛された。そうでなくとも長年思われていらした兵部卿の宮の妻になられればよかったのに、あのいけ好かない髭黒の大将の妻になられ、主婦として邸宅に縛り付けられ、あれほどすてきな光源氏様にお会いすることもできなくないまま日を送ることになったのは、不本意でおもしろくなく感じられる。また、弱々しげな夕顔の娘とは思われぬほど、プライドが高すぎ、才気走って光源氏様に『こんな親心など書物の中には見当たりません』などと言う場面は、夕顔の娘のキャラクタらしからぬように思われる。また、筑紫の育ちだったのもやや下品な感じがしてしまう。しかし総評としては、人柄は好ましいお方である。

〈ヒント３　女性知識人の誇り〉

古今著聞集（こきんちょもんじゅう）	現代語訳
和泉式部、保昌（やすまさ）が妻（め）にて丹後（たんご）に下りけるほどに、みやこに歌合（うたあはせ）ありけるに小式部内侍（こしきぶのないし）歌よみにとられてよみけるを、定頼（さだより）の中納言（ちうなごん）、たはぶれに小式部内侍に、「丹後へつかはしける人は参りにたるや。」と言ひ入れて、局（つぼね）の前を過ぎられけるを、小式部内侍、御簾（みす）よりなかば出でて、直衣（のうし）の袖をひかへて、	和泉式部が藤原保昌の妻として丹後の国へ下っていた時に、都で歌合があり、小式部内侍が歌人として選ばれ、歌を詠むことになった。その時、中納言・藤原定頼がからかって小式部内侍に、「丹後へお遣りになった使者は、お母様の代作歌を持って、戻って参りましたか」と言って内侍の部屋の前を過ぎようとなさるのを、小式部内侍は御簾から半分体を外に出し、定頼の袖をつかんで、大江山に行く、その「いく」ではないが生野へ

大江山いくのの道の遠ければ まだふみもみず天橋立 　とよみかけけり。思はずにあさましくて「こはいかに」とばかり言ひて、返しにも及ばず、袖をひきはなちて逃げられにけり。小式部これより歌よみの世おぼえ出で来にけり。	の道は遠いのでまだ天橋立を踏んでないし、その「ふみ」ではないが、手紙も読んでいない と詠んだ。定頼は思いもよらない返歌に驚き、「これはどうしよう」とだけ言って、返歌もできず、つかまれた袖を振り払ってお逃げになった。小式部内侍はこれ以来、歌人として評判が確立した。

　小式部内侍は和泉式部の娘である。和泉式部は恋多き女性で、小式部内侍も母に負けないほどの恋多き女性であったが、佳人薄命、26歳で没した。

　上のエピソードに至るまでの間、小式部内侍は歌合わせに参加するたびに良い歌を詠んでいたのだが、皆それを「お母さんが代作したのを詠んでいるだけだよ」と内心で嘲笑していた。藤原定頼もその一人であった。定頼は大井川三選の誉れで名高い大文化人・公任（『大鏡』の章参照）の息子であることを鼻に掛けた貴公子で、自身もその当時最高の歌人と認められ、この当時の歌壇（和歌の名手たちの集まり）の中心人物であった。百人一首にも「朝ぼらけ宇治の川霧たえだえにあらはれわたる瀬々の網代木」という、さわやかな叙景歌が選ばれている。

　そんな定頼も女性を見そこなった。小式部内侍の実力をわからず、母親の代作歌を詠んでいるだけのバカ娘だと勘違いしていた。「あの無能の小式部内侍が歌合わせに呼ばれたが、母親が丹後に行って留守なので、きっとあわてて代作の歌を母に頼む手紙を書いたに違いない。でも歌合わせまでに時間がないから、まだ手紙は届いているわけがない。今頃はパニックになっているぞ。少しからかってやろうか」なんてことを考えて「お母さんの代作の書いてある手紙はまだ届いてないでしょう。さぞご心配でしょうなあ」などと言ってしまったのである。

　そんな場面でこの歌を詠んだのだ。「大江山いくのの道の遠ければまだふみもみず天橋立（母の手紙など読んでもいないわ）」と、定頼の失礼な発言に即座に歴史的な名歌で回答した。そして、今までの噂が根も葉もないことも証明して見せたのである。母親に甘やかされているバカ娘などではなかった、大和撫子の毅然とした姿であった。

　大恥をかき、パニックになったのは定頼の方だった。「こはいかに」と言って返歌もできず、小式部内侍につかまれた袖をふりはらって逃げ出すのがやっとだった。小式部内侍は、母親の恋愛上手なことばかりでなく、歌の才能をも引き継いでいた。平安貴族女性は、恋に泣いているだけの存在ではなかった。漢詩も音楽も和歌も、男性知識人を圧倒するほどの実力者がいた。当時の知識人社会はそれを快く認めていた。だから、小式部内侍のこの歌も、百人一首に選ばれ、今日に伝わっているのである。

『竹取物語』

『竹取物語たけとりものがたり』は日本最古の作り物語として、十世紀前半ごろ成立。作者不明。かぐや姫は竹から生まれ、竹取翁夫婦に育てられる。またたく間に美しい女性に成長した。うわさを聞きつけ、五人の貴公子が求婚すると、それぞれに日本にない珍宝を得て見せてほしいと難題をだす。五人は全員失敗する。帝が求婚しても、姫は応じない。姫は、自分が月から来たことを明かし、八月十五日に月から迎えられて昇天する。帝は姫の残した不死の薬を、富士山頂で燃やす。

注	『竹取物語』	現代語訳
野山　奈良は東西南北を丘陵に囲まれる。 野山にまじる　野原や山に入る 翁　おじいさん さぬき　奈良県内の地 もと　木の根元 ひとすぢ　一本 あやしがる　不審に思う 筒　竹の筒 三寸　９㎝。一寸÷3㎝ うつくし　かわいい 知る　親しくする 子になり給ふ 子にも敬意表現を用いる 嫗　おばあさん	今は昔、竹取の翁をきなといふものありけり。野山にまじりて竹をとりつつ、よろづのことにつかひけり。名をばさぬきのみやつこまろとなんいひける。 　その竹の中にもと光る竹ひとすぢありけり。あやしがりて寄りて見るに、筒の中ひかりたり。それを見れば三寸ばかりなる人いとうつくしうて居たり。 　翁いふやう、「われ朝あしたごと夕ごとに見る、竹の中におはするにて知りぬ。子になり給ふべき人なんめり。」とて、手にうち入れて家にもて来ぬ。 　妻めの嫗おうなにあづけて養はす。うつくしきことかぎりなし。いと幼ければかごに入れて養ふ。 　竹取の翁この子を見つけて後に、竹をとるに節ふしをへだててよごとに、黄金こがねある竹を見つくること重なりぬ。かくて翁やうやうゆたかになりゆく。	昔、竹取の翁おきなと呼ばれる人がいた。野原や山に入って竹を取って、いろいろな加工品に使った。名前をさぬきのみやつこまろと言った。竹の中に根元が光る竹が一本あった。不思議に思い近寄ってみると筒の中が光っている。それを見ると、９㎝ほどのたいそうかわいらしい人がいた。翁は『わたしが毎朝毎晩見ている竹の中にいらっしゃるのでご縁ができた。わしの子どもにおなりになるべき人だろう』といい、手のひらの中に入れて、家へ連れて帰った。妻の老婆に預けて育てさせた。かわいらしいこと、限りない。とても幼いので、籠に入れて育てる。竹取の翁はこの子を見つけてから後、竹を取りにいくたび、竹の節と節の間に、黄金の入っている竹を見つけることが何度もあった。そうして、翁はしだいに金持ちになっていく。この子は育てるうち、

よ 竹の節と節の間。
かくて こうして
やうやう 次第に
ほど うち、頃、あたり
…ばかり ぐらい
髪上。裳着 古代日本女子の成人儀式
きんだち 貴公子
ことはり もっとも
つかうまつる 結婚するの謙譲語
皇子 帝の子。親王
仏の鉢 釈迦仏の使っていた鉢
蓬莱山 海の仙境
もろこし 中国
火鼠 空想上の鼠で、火中に

この児養ふほどに、すくすくと大きになりまさる。三月ばかりになるほどによきほどなる人になりぬれば、髪上（かみあげ）などとかくして髪上させ裳着（もぎ）す。

…「『翁（をきな）の命けふあすとも知れぬを、かくのたまふきんだちにも、よく思ひさだめてつかうまつれ』と申せば、『ことはりなり。いづれもおとりまさりおはしまさねば、御心ざしのほどは見ゆべし。つかうまつらむことは、それになむさだむべき』といへば、『これよきことなり。人の御うらみもあるまじ』といふ。五人の人々も、「よきことなり」といへば、翁入りていふ。

かぐや姫、石作（いしつくり）の皇子（みこ）には、「仏の御石のはちといふ物あり。それを取りてたまへ」といふ。くらもちの皇子（みこ）は、「東（ひんがし）の海にほうらいといふ山あるなり。それに、しろかねを根とし、こがねをくきとし、白き玉を実として立てる木あり。それ一枝折（を）りてたまはらむ」といふ。いま一人には、「もろこしにある、ひねづみのかはぎぬをたまへ」。大伴（おほとも）の大納言（だいなごん）には「龍（たつ）のくびに五色（ごしき）に光る玉あり。それを取りてたまへ」。石上（いそのかみ）

大きくなっていく。三ヶ月くらいには成人並みの背になったので、髪上の祝いなどして、髪をあげさせて、裳着をする。…

…（竹取翁が求婚者たちに）「私が娘に『私の命はいつまでか知れない。求婚してくださる貴公子方をよく見定め、結婚なさい』と申しますと、『ごもっともです。どなたも優劣つけがたいので、ご愛情の程度を拝見したい。結婚はそれしだいで決めましょう』と言うので、私も、『いいでしょう。それならばお恨みありますまい』と申しました。」と言う。五人も「結構です」と言うので、翁は家に入り、姫に伝えた。

かぐや姫は石作親王に、「仏の御石の鉢という物があります。それを取ってきてください」と言います。倉持親王には「東の海に蓬莱（ほうらい）山があります。そこに銀を根、金を茎、白玉を果実の木が立っています。その枝を一本折ってきてください」と。もう一人の貴人（阿部右大臣）には「中国にある火鼠（ひねずみ）の革コートをください」と言う。大伴の大納言には「龍の首に五色に光る玉があります。それを取ってきてください」と言う。石上の中納言には、「ツバメが持っている子安貝（こやすがい）を取ってきてください」

住むという 皮衣　皮のコート 大納言・中納言 　大臣に次ぐ高官 つばくらめ　燕 上達部　大臣、 大納言・中納言 と参議の総称 うんじ　うんざ りし	の中納言(ちうなごん)には「つばくらめの持ちたるこやすの貝取りてたまへ」といふ。翁、「かたきことにこそあんなれ。この国にある物にもあらず。かくかたきことをば、いかに申さむ」といふ。かぐや姫「なにかかたからむ」といへば、翁「とまれかくまれ、申さむ」とていでて、「かくなむ。きこゆるやうに見せたまへ」といへば、皇子たち上達部(かんだちべ)聞きて「おいらかに『あたりよりだにな歩きそ』とやはのたまはぬ」といひて、うんじてみな帰りぬ。	と言う。翁が「難しいことですな。どれも日本にない物です。こんな難しいことをどうに申しましょうか」と言うと、かぐや姫は「何が難しいのよ、全然」と言う。翁は「とにかくお伝えしましょう」と、外へ出、「このように申しております。娘の申すようにそれぞれ宝物をおとりになって、娘にお見せください」と言うと、皇子たちや公卿たちは、これを聞き、「なぜ率直に『この辺に来もするな』とおっしゃらないのですか…」と、皆うんざりして帰った。

☛『竹取物語』は平安時代に作られたと考えられているが、翁の住所は奈良の一地域で、求婚者たちの名は、いずれも奈良時代の実在貴族であるように、奈良時代の古い伝説を書き留めたというスタイルをとっている。

[課題]

①ヒント１の『源氏物語』にあるように、『竹取物語』には早くから批評がされてきました。これを読んで、あなたの『竹取物語』についての考えをのべなさい。関連する他の文献例を紹介できれば望ましい。

②『竹取物語』のように、世界中にある求婚物語は男性の試練物語となっています。ヒント２の"The Merchant of Venice"では、求婚者たちは箱選びに挑戦させられます。これと『竹取物語』と比較しつつ、あなたの考えを述べなさい。他の文献／伝説例を紹介できれば望ましい。

③北欧神話には、男はトネリコの木から、女はニレの木から作られたという創世伝説があります。日本の室町末期から近世初期にかけて、桃から生まれた男児が強い武士となる「桃太郎」という物語ができました。ヒント３芥川龍之介「桃太郎」はそれを批判的に近代小説として創作した作品です。こうした植物から人間が生まれたり作られたりする物語や伝説を紹介しつつ、『竹取物語』と比較し、あなたの考えを述べなさい。

〈ヒント１〉

『源氏物語』「絵合」	現代語訳
上（うへ）はよろづのことにすぐれて絵をけふあるものにおぼしたり。たてて好ませたまへばにや、二なくかかせたまふ。… 　梅壺（うめつぼ）の御方には、平典侍（へいのないしのすけ）侍従（じじゅう）の内侍（ないし）少将（しやうしよう）の命婦（みやうぶ）。右には、大弐（だいに）の典侍（ないしのすけ）中将（ちうじよう）の命婦（みやうぶ）兵衛（ひやうゑ）の命婦（みやうぶ）をただ今は心にくき有職（ゆうそく）どもにて、心々にあらそふ口つきどもを、をかしと聞こし召して、まづ物語の出で来はじめのおやなる『竹取の翁（をきな）』に『うつほのとしかげ』を合はせてあらそふ。「なよ竹の世々に古りにけること、をかしきふしもなけれど、かぐや姫のこの世のにごりにもけがれず、はるかに思ひのぼれるちぎり高く、神代（かみよ）のことなめれば、あさはかなる女、目及ばぬならむかし」と言ふ。右は「かぐや姫ののぼりけむ雲居（くもゐ）は、げに、及ばぬことなれば、誰も知りがたし。この世のちぎりは竹のうちに結びければ、くだれる人のこととこそは見ゆめれ。ひとつ家の内は照らしけめど、ももしきのかしこき御光には並ばずなりにけり。阿部（あべ）のおほしが千々々のこがねを捨てて、火ねずねの思ひかた時に消えたるもいとあへなし。車持（くるまもち）の親王（みこ）のまことの蓬莱（ほうらい）の深き心も知りながら、いつはりて玉の枝に疵（きづ）をつけたるをあやまちとなす」。	帝（冷泉帝）は絵が何よりお好きで、格別にご関心があった。ご自身が誰よりも上手に絵をお描きだった。… 　（そこで帝の御前で絵合が催されることになった） 　梅壺女御（光源氏養女）の側には、平典侍、侍従の内侍、少将の命婦。右側（弘徽殿女御の方）には大弐の典侍、中将の命婦、兵衛の命婦が招集された。いずれも当代を代表する物知りたちで、一人一人の評論が一興と、帝はお思いになる。まず「物語の祖」の『竹取物語』に『うつほ物語』を合わせ、争う。　左方は、「なよ竹の世々伝わる物語で、興あるところはないが、かぐや姫がこの世の濁りにも汚れず、遥かに天に昇った運命は高貴だ。神代のことなので、無教養な女は見ても分からないでしょう」と言う。右方は、「かぐや姫が天に帰られたことは、実際できる人はいないので、誰もわからない。しかしこの世とのかかわりは、竹の中で結んだので、下賤な生まれと言えるでしょう。１軒の家の中は照らせても、内裏の帝の御光には並べなかったのでした。阿部御主人（あべのみうし）が、千金を投じてながら火鼠の皮のコートが一瞬で燃えてしまったのも空しいことです。車持の親王が、本当の蓬莱山の玉の価値を知りつつ、偽って玉の枝に瑕をつけたのは間違いだった」。

☞『源氏物語』（別章「源氏物語」参照）は『竹取物語』の半世紀後ぐらいに成立した。

〈ヒント2　"The Merchant of Venice"〉

　ポーシャは富豪の娘で美人。ヴェニスの貿易商・バッサーニオと恋仲であった。父の遺言で、金・銀・鉛の箱から正しい箱を選んだ男と結婚しなければならない。モロッコ皇子とアラゴン皇子が求婚し、バッサーニオを加えた三人が、遺言に基づく箱選びに挑戦することになった。

William Shakespeare "The Merchant of Venice"	ウィリアム・シェイクスピア 『ヴェニスの商人』
PORTIA Go draw aside the curtains and discover the several caskets to this noble prince. Now make your choice. **MOROCCO** The first, of gold, who this inscription bears, 'Who chooseth me shall gain what many men desire;' The second, silver, which this promise carries, 'Who chooseth me shall get as much as he deserves;' This third, dull lead, with warning all as blunt, 'Who chooseth me must give and hazard all he hath.' How shall I know if I do choose the right? **PORTIA** The one of them contains my picture, prince. If you choose that, then I am yours withal. *He unlocks the golden casket* **MOROCCO** O hell! what have we here? A carrion Death, within whose empty eye. There is a written scroll! I'll read the writing. *Reads* All that glitters is not gold… **PORTIA** Behold, there stand the caskets, noble	ポーシャ；　モロッコの皇子殿下、幕を開け、三つの箱を後ら確認ください。そして、さあ、お選びください。 　モロッコの皇子；　第一の箱は金の箱。これは、こんな書きつけがついているな、「我を選ぶ者は、多くの者が望むものを得るべし」と。 　第二の箱は銀の箱。これは、こんな約束をしておるぞ「我を選ぶ者は、己にふさわしいものを得るべし」と。 　第三の箱はくすんだ鉛の箱。そしてぶっきらぼうなことばが附されておる、「我を選ぶ者は、持てるものすべてをなげうつべし」と。 　さて、どうやって正解を選んだものかな。 　ポーシャ；　殿下、そのうちの一つに私の肖像画が入っています。それをお選びいただけたら、殿下の妻になりましょう。 　…　モロッコの皇子は金の箱を開ける 　モロッコの皇子；　おお、これは。眼窩のくぼんだおぞましい死に神よ。巻紙があるな、どれどれ、 　*巻紙を読む* 「輝くもののすべてが金ではない…」 （モロッコ皇子は求婚に失敗し、退出）

prince. If you choose that wherein I am contain'd, straight shall our nuptial rites be solemnized.　But if you fail, without more speech, my lord, you must be gone from hence immediately.

ARRAGON

I am enjoin'd by oath to observe three things: First, never to unfold to any one which casket 'twas I chose;　Next, if I fail of the right casket, never in my life, to woo a maid in way of marriage. Lastly, If I do fail in fortune of my choice, Immediately to leave you and be gone. …

He opens the silver casket

PORTIA

Too long a pause for that which you find there.

ARRAGON

What's here? the portrait of a blinking idiot, Presenting me a schedule! …

PORTIA

I pray you, tarry. Pause a day or two before you hazard for. In choosing wrong, I lose your company therefore forbear awhile. …

BASSANIO

Let me choose for as I am, I live upon the rack…

BASSANIO

What find I here?

Opening the leaden casket

Fair Portia's counterfeit!

ポーシャ；　ごらんください、アラゴンの皇子殿下、三つの箱があります。殿下が私の似姿の入っている箱をお選びいただけたらば、私たちの婚礼の儀式は厳粛にとりおこなわれましょう。もし、しくじられたならば、殿下、一言も言わず、早々にお引き取りいただきます。

アラゴンの皇子；　私は、以下の3つを遵守することを誓約します。一つ、私がどの箱を選んだかは、生涯、誰にも言いません。二つ、もし私が正しい箱を選べなければ、生涯、他の女性に求婚しません。三つ、もし私が箱選びに失敗したら、即刻ここを失礼し、二度とお目にかかりません。

…　アラゴンの皇子は銀の箱を開ける

ポーシャ；　中をお改めになるのに、時間がかかりますのね。

アラゴンの皇子；　これはなんと。おどけた道化師の絵だ。私にスケジュールを示しているぞ…

ポーシャ；　どうぞお気を鎮めて。お荒れになる前に一日二日、頭をお冷やしなさい。まちがった箱をお選びのうえはご縁はこれまでです。…

（アラゴンの皇子も退出）

バッサーニオ；　では、僕らしいものを選びましょう。箱を開けますよ…

バッサーニオ；　ここに何があるかな。

…　バッサーニオは鉛の箱を開ける

うるわしきポーシャの似姿よ。

☛『ヴェニスの商人』（16世紀末成立）は、シェイクスピア（1564-1616年）の代表的喜劇。イタリア・ヴェニスを舞台に、恋と結婚のいきさつと、ポーシャの機転などを描く。

〈ヒント3　芥川龍之介　「桃太郎」〉

一

　むかし、むかし、大むかし、ある深い山の奥に大きい桃の木が一本あった。…　むかし、むかし、大むかし、この木は山谷をおおった枝に、累々と実をつづったまま、静かに日の光りに浴していた。一万年に一度結んだ実は一千年の間は地へ落ちない。しかしある寂しい朝、運命は一羽のヤタガラスになり、さっとその枝へおろして来た。と思うともう赤みのさした、小さい実を一つしばみ落した。実は雲霧の立ち昇る中に遥か下の谷川へ落ちた。谷川は勿論峯々の間に白い水煙をなびかせながら、人間のいる国へ流れていたのである。

二

　桃から生れた桃太郎は鬼が島の征伐を思い立った。思い立ったわけはなぜかというと、彼はお爺さんやお婆さんのように、山だの川だの畑だのへ仕事に出るのがいやだったせいである。その話を聞いた老人夫婦は内心この腕白（わんぱく）ものに愛想をつかしていた時だったから、一刻も早く追い出したさに旗とか太刀とか陣羽織（ぢんばをり）とか、出陣の支度に入用のものはいうなり次第に持たせることにした。…

三

　鬼が島は絶海の孤島だった。が、世間の思っているように岩山ばかりだったわけではない。実は椰子のそびえたり、極楽鳥のさへづったりする、美しい天然の楽土だった。こういう楽土に生を享けた鬼はもちろん平和を愛していた。…　鬼は熱帯的風景の中に琴を弾いたり踊りを踊ったり、古代の詩人の詩を歌ったり、すこぶる安穏（あんのん）に暮していた。そのまた鬼の妻や娘も機（はた）を織ったり、酒を醸（か）もしたり、蘭（らん）の花束をこしらえたり、我々人間の妻や娘と少しも変らずに暮らしていた。ことにもう髪の白い、牙の脱けた鬼の母はいつも孫のもりをしながら、我々人間の恐ろしさを話して聞かせなどしていたものである。──「お前たちもいたづらをすると、人間の島へやってしまうよ。人間の島へやられた鬼はあの昔の酒顛童子（しゅてんどうじ）のように、きっと殺されてしまうのだからね。え、人間というものかい？　人間というものはツノの生えない、生白い顔や手足をした、何ともいわれず気味の悪いものだよ。おまけにまた人間の女と来た日には、その生白い顔や手足へ一面に鉛の粉をなすっているのだよ。それだけならばまだ好いのだがね。男でも女でも同じように、うそはいうし、欲は深いし、やきもちは焼くし、うぬぼれは強いし、仲間同志殺し合うし、火はつけるし、泥棒はするし、手のつけようのないけだものなのだよ…」

四

　桃太郎はこういう罪のない鬼に建国以来の恐ろしさを与えた。鬼は金棒を忘れたなり、「人間が

来たぞ」と叫びながら、亭々とそびえた椰子の間を右往左往に逃げ惑った。「進め！　進め！　鬼という鬼は見つけ次第、一匹も残らず殺してしまえ！」…　あらゆる罪悪の行われた後、とうとう鬼の酋長は、命をとりとめた数人の鬼と、桃太郎の前に降参した。桃太郎の得意は思うべしである。鬼が島はもう昨日のように、極楽鳥のさへづる楽土ではない。ヤシの林は至るところに鬼の死骸をまき散らしている。桃太郎はやはり旗を片手に、三匹の家来を従えたまま、平蜘蛛のようになった鬼の酋長へおごそかにこういい渡した。「では格別の憐愍により、貴様たちの命は赦してやる。その代りに鬼が島の宝物は一つも残らず献上するのだぞ。」「はい、献上いたします。」「なおそのほかに貴様の子供を人質のためにさし出すのだぞ。」「それも承知致しました。」　鬼の酋長はもう一度額を土へすりつけた後、恐る恐る桃太郎へ質問した。「わたくしどもはあなた様に何か無礼でも致したため、御征伐を受けたことと存じて居ります。しかし実はわたくしを始め、鬼が島の鬼はあなた様にどういう無礼を致したのやら、とんと合点が参りませぬ。ついてはその無礼の次第をお明し下さるわけには参りますまいか？」　桃太郎は悠然とうなづいた。「日本一の桃太郎は犬猿雉の三匹の忠義者を召しかかえたゆゑ、鬼が島へ征伐に来たのだ。」「ではそのお三かたをお召し抱えなすったのはどういうわけでございますか？」「それはもとより鬼が島を征伐したいと志したゆゑ、黍団子をやっても召し抱えたのだ。——どうだ？　これでもまだわからないといえば、貴様たちも皆殺してしまうぞ。」　鬼の酋長は驚いたように、三尺ほど後へ飛び下ると、いよいよまた丁寧にお時儀をした。

五

　日本一の桃太郎は犬猿雉の三匹と、人質に取った鬼の子供に宝物の車を引かせながら、得々と故郷へ凱旋した。——これだけはもう日本中の子供のとうに知っている話である。しかし桃太郎は必ずしも幸福に一生を送ったわけではない。鬼の子供は一人前になると番人の雉を噛み殺した上、たちまち鬼が島へ逐電した。…

六

　人間の知らない山の奥に雲霧を破った桃の木は今日もなお昔のように、累々と無数の実をつけている。もちろん桃太郎を孕んでいた実だけはとうに谷川を流れ去ってしまった。しかし未来の天才はまだそれらの実の中に何人とも知らず眠っている。あの大きいヤタガラスは今度はいつこの木の梢へもう一度姿をあらわすであろう？　ああ、未来の天才はまだそれらの実の中に何人とも知らず眠っている。

紀貫之『土佐日記』

土佐日記とさにっき　紀貫えきのつらゆき作。十世紀前半成立。内容的には、仮名日記・私家集・紀行文の三つの性格を併せ持っている。紀貫えが、土佐とさ（現在の高知県）の国司の任期を終え、土佐から都へ帰るまでの 55 日間の旅の記録とともに、57 首もの和歌を収録している。

紀貫えきのつらゆき（866?–945? 年）平安時代の中級貴族。『古今和歌集』撰者の一人。

注	原文	現代語訳
守　国守。国司。 たち　館 遊ぶ　音楽・詩歌・ 舞・蹴鞠等をする あるじす　宴会する もの　物。 守　国司（地方長官） 郎等　従者 かづく　褒美を出す 詩　漢詩 客人まらうと　客 白妙　枕詞、「波・衣・袖」にかかる 波路　船旅 行き交ふ　行きあう たれならなくに　他ならぬあなただ さかし　優秀だ とかく　あれこれ もろともに　一緒に	男もすなる日記といふものを、女もしてみむとて、するなり。 　（十二月）廿五日 　守のたちより呼びに文ふみもて来れり。呼ばれていたりて、日ひとひ夜ひとよ、とかく遊ぶやうにて明けにけり。 　廿六日 　なほ守かみのたちにてあるじしののしりて郎等らうたうまでにものかづけたり。詩からうた声あげて言ひけり。和歌やまとうたあるじも客人まらうどもこと人も言ひ合へりけり。詩はこれにえ書かず。和歌あるじの守の詠よめりける 　都いでて君に逢はむと来しものを来しかひもなく別れぬるかな となむありければ、かへる前さきの守のよめりける 　白たへの波ぢを遠くゆきかひて我に似るべきはたれならなくに 　こと人々のもありけれど、さかしきもなかるべし。とかくい	男も書くと聞いている日記を女も試みようと書くのである。 　934 年 12 月 25 日 　新任国司の館より宴会の案内を持って使者が来た。私は呼ばれて国司の館へ出かけて行き、一日昼から夜までいろいろと音楽を奏でたりするようにして夜が明けた。 　26 日 　この日も新国司の館で宴会があり、騒ぎ通し、従者にまで褒美が出た。漢詩を声高く朗詠した。和歌を主人（新国司）も客の私も、他の人もよみあった。漢詩はここに記さない。和歌を新国司が詠んだ、 　都を出てあなたに逢おうと来たのに甲斐なくすぐお別れです。 と詠むと、都に帰る前国司（私）は、 　互いにはるばる船旅で行きあい、私と同じように無事に任期を終えて帰るのはまさにあなたです 　他の人々の和歌もあったが優れたものはなかった。あれこれ詠み合って、前国司及び新国司も共に

下る　邸内の座から庭に降りる 酔ひ言　酔人の話	ひて、前の守、今のも、もろともに下をりて、今の主人も、前のも、手とりかはして、酔ゑひ言に心よげなることして、出で、入りにけり。	庭に降りて、二人で手を取り合い、酔って調子よいことを言って、一人（私）は館を出て一人（新国司）は中に入った。

【課題】

①東アジアの知識人たちは、別離の場面を文芸創作の場としてきました。これについて以下のヒント１も参考にしながら、他の文芸・演劇・歌謡等を紹介し、『土佐日記』と比較しつつあなたの考えを述べなさい。

②ヒント２にもあるように、日本文学には旅を舞台とする場面を、風雅な詩歌を詠む絶好の機会と考える伝統があります。『十六夜日記』には多くの先人の和歌が引用されています。これについて、あなたの考えを述べなさい。他の文芸作品も紹介できれば、望ましい。

③『土佐日記』に冒頭に、「男も書くと聞いている日記を女の私も試みてみよう」とあり、紀貫之は正体を隠してこの作品を書きました。作者が正体を隠して書いた文芸作品を紹介し、『土佐日記』と比較しながらあなたの考えを述べなさい。

〈ヒント１　別離の詩歌〉

　　　李白りはく「黄鶴楼送孟浩然之広陵（黄鶴楼こうかくろうにて孟浩然もうこうねんの広陵こうりょうにえゆくを送る）」

　　故人西辞黄鶴楼　　烟花三月下揚州　　孤帆遠影碧空尽　　唯見長江天際流

故人こじん西のかた黄鶴楼こうかくろうを辞し　　　　旧友が広陵の西の黄鶴楼を出て

煙花えんか三月さんがつ揚州ようしゅうに下る　　　　　花でいっぱいの三月に揚州へと下る

孤帆こはんの遠影えんえい碧空へきくうにつき　　　　一隻の船の影は青空に吸い込まれる

惟ただ見る長江ちょうこうの天際てんさいに流るるを　ただ長江が地平線へと流れるのを見る

　　（孟浩然は、李白とともに中国・唐を代表する詩人。義侠心に富み、立身出世には淡泊な好漢であった）

　　　李白りはく「哭晁卿衡（晁卿衡ちょうけいこうを哭こくす）」

　　日本晁卿辞帝都　　征帆一片繞蓬壷　　明月不帰沈碧海　　白雲愁色満蒼梧

日本の晁卿ちょうけい帝都を辞す　　　　　日本の阿倍仲麻呂あべのなかまろは長安を出発した

征帆せいはん一片いっぺん蓬壷ほうこを繞めぐる　一隻の舟は東シナ海を進んだ

明月めいげつ帰らず碧海へきかいに沈む　　　明月のごとき高潔の士は海に沈んだ

白雲_{はくうん}愁色_{しゅうしょく}蒼梧_{そうご}に満_みつ　愁いをたたえた白雲が蒼梧山に立ち込める

（＊実は李白の聞いたのは誤報で、仲麻呂は遭難したが無事に長安に戻った）

　　　　元稹_{げんじん}「聞楽天授江州司馬（楽天_{らくてん}の江州司馬_{ごうしゅうしば}を授けられしを聞く）」

　　残灯無焔影幢幢　此夕聞君謫九江　　垂死病中驚坐起　暗風吹雨入寒窓

残灯_{ざんとう}焔_{ほのお}無く影_{かげ}憧憧_{どうどう}　燃え残った灯は弱々しげな光をゆらす

此_この夕_{ゆうべ}君が九江_{きゅうこう}に謫_{たく}せらるるを聞く　今晩、君が九江に左遷されたと聞く

垂死_{すいし}の病中驚いて坐起_{ざき}すれば　死にかけの病身ながら、寝床に座り直せば

暗風_{あんぷう}雨吹いて寒窓_{かんそう}に入る。　外の暗がりから雨が吹き込み、貧家の窓に入る

　　　　（＊元稹と白楽天（白居易）は九世紀中国を代表する文人。二人は親友だった）

〈ヒント２〉

『十六夜日記_{いざよいにっき}』は阿仏尼_{あぶつに}（藤原為家_{ためいえ}夫人。為家は藤原定家_{ていか}の長男）の書いた紀行文。阿仏尼は所領地をめぐる裁判のため、京都から鎌倉へ下向した。その旅の日記である。平安中期以来の女流仮名日記の性格も併せ持つ。13世紀後半成立。

十六夜日記_{いざよいにっき}	現代語訳
廿五日＊、菊川＊_{きくかは}を出でて、けふは大井河＊_{おほゐがは}といふ河をわたる。水いとあせて、聞きしにはたがひてわづらひなし。河原いくりとかや、いとはるかなり。みづの出でたらむおもかげおしはからる。 思ひいづるみやこのことはおほゐ河 いく瀬の石のかずもおよばじ うつの山＊こゆるほどにしも、あざり＊の見知りたる山ぶし＊行きあひたり。「夢にも人を＊」など、昔をわざとまねびたらむここちして、いとめづらかに、をかしくもあはれにもやさしくもおぼゆ。 … 廿六日、わらしな河＊とかや渡りて、をき津＊のはまにうち出づ。「なくなく	25日、菊川を出て、今日は大井川を渡る。水が涸れて、聞いていたのと違い、渡るのに苦労しない。この川原は何里あるか、とても広い。氾濫するさまが思いやられる。 　都のことで思い出すことは多い、そのおおいではないが、大井川よ、それは川の瀬の石の数より多い 　宇津の山を越える時、見知った山伏姿の阿闍梨（作者の息子）に行き逢う。「夢にも人を」などと先人が詠んだ歌を、わざわざまねたような気持ちがし、とても情趣深く、風情で優雅に感動的にも思われる。 … 26日、薬科川を渡り、興津の浜に出る。「泣く泣く出でし後の月影」の和歌がまず、

出でしあとの月かげ*」など、まづ思ひ出いでらる。昼たち入りたる所に、あやしきつげのこまくらあり。いとくるしければ、うちふしたるに、すずりも見ゆれば、枕のしゃうじに、ふしながら書きつけつ、

　　なほざりにみるめばかりをかり枕
　　むすびおきつと人にかたるな

思い出される。昼に立ち寄った宿に、粗末な黄楊の枕があった。とても疲れていたので横になっていると、硯が目に入ったので、枕元の障子に、横になりながら和歌を書き付けた。

　かりそめに夢見るだけのために借りた枕よ、誰かと契りを結んだなどと他人に語るな

＊1279年10月25日。阿仏尼が都を出て十日め。

＊菊川　静岡県菊川市の中心に流れる川。

＊大井川　静岡県にある大河。

＊うつの山　静岡県静岡市と藤枝市の境にある山。古来歌枕として有名。

＊阿闍梨ぁじゃり　仏教僧

＊山伏ゃまぶし　山中で仏教修行をする僧。「阿闍梨の山伏」とは「山伏姿の阿闍梨」ということ

＊駿河なる宇津の山べのうつつにも夢にも人に逢はぬなりけり」

（駿河にある宇津の山あたりでは現実でも夢でも人にあわなかった　『伊勢物語』第九段）

＊薫科川　静岡市を流れる川

＊興津　静岡県の海に面した街。風光の佳い地として、古来有名であった。

＊「こと問へよ思ひおきつの浜千鳥なくなく出でしあとの月影」

（尋ねておくれ、興津の浜千鳥よ。そのおきつではないが、わたしは思いを興津の浜に残し、浜千鳥が鳴くように泣いて出た。そのあとみたいな千鳥の足跡を照らす月の光よ　新古今集　藤原定家（阿仏尼の舅））

『古今和歌集』

　古今和歌集こきんわかしゅう　905年成立。略称「古今集こきんしゅう」。醍醐天皇だいごてんのうの勅命ちょくめいにより、紀友則きのとものり・紀貫之きのつらゆき・凡河内躬恒おほしこうちのみつね・壬生忠岑みぶのただみねの4人の選者が約千百首の歌を選び編集した。日本最古の仮名による公文書でもある。古今和歌集の「真名序」は紀淑望きのよしもちが、「仮名序」は紀貫之が書いた。

　醍醐だいご天皇（885-930年）　源定省みなもとのさだみ（宇多うだ天皇）の長男。母は藤原胤子ふじわらのいんし（内大臣・藤原高藤たかふじ娘）。臣下として生まれて天皇となった唯一の人。897年即位後930年まで、平安時代最長の在位。善政の一方、律令制を整備した「延喜式えんぎしき」の制定、最後の六国史である『日本三代実録にほんさんだいじつろく』編集、最初の勅撰集『古今和歌集』編纂などをさせ、文化の振興に努めた。その治世は「延喜えんぎの治ち」と呼ばれ、後世から理想の聖代とあおがれた。しかし、昌泰しょうたいの変における菅原道真すがわらのみちざね追放については後世から「聖代の瑕きず」と評され、『日蔵夢記』では死後、その責任をとらされ、地獄で罰を受けていると記されている。

注	古今和歌集・仮名序	現代語訳
よろづ　万 ことわざ　仕事 しげし　多い かはづ　蛙 生きとし生ける 者　全ての生き物 もののふ　武者 天地の開け始ま りける時　世界の 始め そえ歌　表面的 な意味と別に裏 の意味のある歌。 おほささきのみ かど　仁徳天皇 難波津　大阪湾 この花　梅	やまと歌は人の心を種としてよろづの言の葉とぞなれりける。世の中にある人、事業ことわざしげきものなれば、心に思ふことを見るもの聞くものにつけて言ひ出だせるなり。花に鳴くうぐひす、水に住むかはづの声を聞けば生きとし生けるものいづれか歌を詠まざりける。 　力をも入れずして天地あめつちを動かし、目に見えぬ鬼神きしんをもあはれと思はせ、男女のなかをもやはらげ、たけきもののふの心をもなぐさむるは歌なり 　この歌、天地あめつちの開―ひらけ始まりける時よりいできにけり…そもそも歌のさま六つなり。唐から	和歌は、人の心を種として、さまざまな言葉となった。この世に生きている人はいそがしいので、心に思うことを、見るものや聞くものに託して言葉として表しているのである。梅花の枝で鳴く鶯や、水にすむ蛙の声を聞くと、全ての生き物で、何が歌を詠まない生き物がいようか、いやいない。 　力をも入れずに天と地を動かし、目に見えない霊や鬼をも感動させ、男女を親しくさせ、心の荒い武者の心をもなごませるのは、歌である。 　この歌は世界の始めから世に出現していた。

そもそも歌の形式は六種である。中国の詩でもそうである。

その六種の第一は「添え歌」だ。仁徳天皇にそれとなく意見を具申した、この歌である

難波津に花が咲く。今は春の始まりと花が咲く。（今、あなたが帝になる時が来ました）

と言っているのであろう…

…今の世の中は華美を好み、人の心がはでになってしまったので、内容のない歌、その場限りの歌ばかり詠まれている。歌が好色家の内証事になって、知識人たちに認められないことは埋もれ木同然となり、公然の場には持ち出せない、ススキの穂にも劣るというようになってしまった。

…古来、歌はこのように伝わり、やがて奈良時代から普及した。その時の帝は歌の心をよく理解されていたらしい。その時、柿本人麻呂が歌聖として居た。これは君臣一体と言うべきだ。秋の夕方、龍田河に流れる紅葉を、帝のお目には錦とと御覧になり、春の朝、吉野山の桜は人麿の心には雲かとばかり思われた。

のうたにもかくぞあるべき。

そのむくさの一つには、そへうた。おほささきのみかどを、そへたてまつれる歌、

難波津(なにはづ)に咲くやこの花ふゆごもり

いまは春辺(はるべ)と咲くやこの花といへるなるべし。…

…今の世の中、色につき、人のこころ花になりにけるより、あだなる歌、はかなきことのみいでくれば、いろごのみの家に、むもれ木の人しれぬこととなりて、まめなるところには花すすき穂(ほ)に出だすべきことにもあらずなりにたり。…

…いにしへより、かく伝はるうちにも、ならの御時(をんとき)よりぞ、ひろまりにける。かのおほむ世や歌の心をしろしめしたりけむ。かのおほむ時に、おほき三(みっ)のくらゐ、柿(かき)のもとの人まろなむ歌の聖(ひじり)なりける。これは君も人も身をあはせたりといふなるべし。秋の夕べ龍田河(たつたがは)にながるるもみぢをば帝のおほむ目に錦と見たまひ、春の朝(あした)吉野(よしの)の山の桜は人まろが心には雲かとのみなむおぼえける。

色　上辺だけの美

あだなり　空虚だ

いろごのみ　好色家

まめなるところ　宮中などの公然の場

おほき三のくらゐ　正三位

柿本人麿　歌聖

竜田(たった)川　奈良県北西部の川

吉野山　奈良県南部の山

【課題】

①『古今集』には仮名序とは別に、漢文体の真名序がありました。ヒント1「古今和歌集真名序」を読み、本文と比べると、微妙に違うことに気づきます。これをふまえ、あなた自身の詩歌についての考えを述べなさい。

②本文には「和歌とは何か」についての考察がありました。以後、日本の歌人・詩人たちも、これを考え、議論し続け、現代も詩歌を作り続けています。ヒント2「白秋詩集」序の、近代詩人・北原白秋の「白秋詩集」序もその一つです。これを参考とし、他の「詩とは何か」について述べた文を紹介し、本文と比較しつつ、あなたの考えを述べなさい。

③「難波津に…」歌は、古今集第一番目の歌として尊重され続け、今日でも競技カルタでは、競技開始の前にこの歌を詠み上げます。ヒント3にある「難波津に…」歌のくわしい解説と、古今集にある梅の二首を参考に、古今集の梅について、あなたの考えをのべなさい。他の梅を題材とした文学作品、あるいは花を題材とした詩を引用できれば、望ましい。

〈ヒント1　古今和歌集真名序　　紀淑望〉

　夫、和歌者、託其根於心地、発其華於詞林者也。人之在世不能無為、思慮易遷、哀楽相変。感生於志、詠形於言。是以逸者其声楽、怨者其吟悲。可以述懐、可以発憤。動天地、感鬼神、化人倫、和夫婦、莫宜於和歌。

　和歌有六義。一曰風、二曰賦、三曰比、四曰興、五曰雅、六曰頌。若夫春鴬之囀花中、秋蝉之吟樹上、雖無曲折、各発歌謡。物皆有之、自然之理也。然而神世七代、時質人淳、情欲無分、和歌未作。逮于素戔烏尊到出雲国、始有三十一字之詠。今反歌之作也。其後雖天神之孫、海童之女、莫不以和歌通情者。爰及人代、此風大興、長歌短歌旋頭混本之類雑躰非一、源流漸繁。譬猶払雲之樹、生自寸苗之煙、浮天之波、起於一滴之露。至如難波津之什献天皇、富緒川之篇報太子、或事関神異、或興入幽玄。但見上古歌、多存古質之語、未為耳目之翫、徒為教戒之端。

　古天子、毎良辰美景、詔侍臣預宴筵者献和歌。君臣之情、由斯可見。賢愚之性、於是相分。所以隋民之欲、択士之才也。自大津皇子之初作詩賦、詞人才子慕風継塵、移彼漢家之字、化我日或之俗。民業一改、和歌漸衰。

　然猶有先師柿本大夫者、高振神妙之思、独歩古今之間。有山辺赤人者、並和歌仙也。其余業和歌者、綿々不絶。及彼、時変澆漓、人貴奢淫、浮詞雲興、艶流泉涌。其実皆落、其華孤栄。至有好色之家、以此為花鳥之使。乞食之客、以此為活計之謀。故、半為婦人之右、難進大夫之前。

　近代、存古風者、纔二三人。然長短不同、論以可弁。華山僧正、尤得歌躰。然其詞華而少実。如図画好女、徒動人情。在原中将之歌、其情有余、其詞不足。如萎花雖少彩色、而有薫香。文琳巧詠物。然其躰近俗。如賈人之着鮮衣。宇治山僧喜撰、其詞華麗、而首尾停滞。如望秋月遇暁雲。小野小町之歌、古衣通姫之流也。然艶而無気力。如病婦之着花粉。大友黒主之歌、古猿丸大夫之次也。頗有

逸興、而躰甚鄙。如田夫之息花前也。此外氏姓流聞者、不可勝数。其大底皆以艶為基、不知和歌之趣者也。俗人争事栄利、不用詠和歌。悲哉々々。雖貴兼相将、富余金銭、而骨未腐於土中、名先滅世上。適為後世被知者、唯和歌之人而已。何者、語近人耳、義慣神明也。

　昔、平城天子、詔侍臣令撰万葉集。自爾来、時歴十代、数過百年。其後、和歌弃不被採。雖風流如野宰相、軽情如在納言、而皆以他才聞、不以漸道顕。

　陛下御宇于今九載。仁流秋津洲之外、恵茂筑波山之陰。淵変為瀬之声、寂々閉口、砂長為巌之頌、洋々満耳。思継既絶之風、欲興久廃之道。爰詔大内記紀友則・御書所預紀貫之・前甲斐少目凡河内躬恒・右衛門府生壬生忠峯等、各献家集并古来旧歌、曰続万葉集。於是重有詔、部類所奉之歌、勒為二十巻、名曰古今和歌集。

　臣等、詞少春花之艶、名竊秋夜之長。況哉、進恐時俗之嘲、退慙才芸之拙。適遇和歌之中興、以楽吾道之再昌。嗟乎、人丸既没、和歌不在斯哉。于時延喜五年歳次乙丑四月十五日、臣貫之等謹序。

　（和歌は、その根を心という地に下ろし、その花を言葉の林に咲かせるものである。人が世に存在するかぎり、何もしないでいることはできない。思いは移ろいやすく、悲しみと喜びは互いに入れ替わる。感情は心に生じ、歌は言葉として形になる。これによって、気ままな者はその声が楽しく、怨みを持つ者はその呻きが悲しい。歌によって思いを述べることができ、歌によって憤りを表に出すことができる。天地を動かし、死者の霊魂を感じ入らせ、世の理を正しく導き、夫婦仲を和らげるのに、和歌ほどふさわしいものはない。

　歌には六種類ある。一つめは「風」、二つめは「賦」、三つめは「比」、四つめは「興」、五つめは「雅」、六つめには「頌」。　もし、春の鶯が花咲く林でさえずり、秋の蝉が樹の上でなくことに表現の工夫がないとしても、鶯も蝉もそれぞれ歌をうたっている。生ける者が皆歌をうたう本能を持っているのは、自然の理である。しかしながら、神世七代の時代には、時世が純朴で人間の感情も素直で飾り気のないものであった。感情が細やかに分かれるものではなかったため、和歌もまだ作られなかった。スサノオの尊ﾐﾉ尊が出雲国に至るに及んで、初めて三十一文字の歌が詠まれた。今の歌の起源である。その後は、天の神の子孫や海の神の娘であっても、和歌をもって心を通じ合わせない者はいなかった。人の世になると、思いを和歌にするという風潮が大いに興った。長歌、短歌、旋頭歌、混本歌の類いが、歌の形式が一つに収まらずに生まれて、スサノオの尊の三十一文字の歌から始まった和歌も次第にさまざまな形になっていった。この流れをたとえるならば、雲を払う程の大樹が煙のようにしか見えないほんの小さな苗から成長するようなものであり、大空を映し取るほどの大海がほんの一滴の露から広がるようなものである。仁徳天皇に王仁ﾜﾆ博士が難波津の歌を献じ、物乞いが富緒川の歌を聖徳太子に奉ったような例は、あるいは人のわざを離れた神の領域の事象に関わることであり、またあるいは人の身では理解できないような奥深い趣のことである。しかし、上古の歌を見ると、多くは古い質の言葉で作られており、まだ耳や目を楽しませるものではなく、教戒の一端をなすだけだった。

古の時代の帝は、天候の良い時節や美しい景色につけて、宴席に侍る臣下に詔して、和歌を献上させなさった。君臣の情は和歌によって見ることができ、また臣下の賢愚も、和歌によって判断できたのである。和歌は民の希望に沿って人材を登用する手段となったのだった。大津皇子 (おおつのみこ) が初めて漢詩を作った時から、詩人や才能のある者は皇子の詩風を慕い、皇子の後を追って漢詩を作るようになった。中国の漢字を取り入れたことで、我が国の風俗が変わった。民の生活もすっかり変わって、和歌は次第に衰退した。

　しかしながら、それでもやはり和歌の先達と呼ぶべき柿本大夫という者がいた。高らかに神性が宿った歌を詠み、その歌は比べるもののないほどに優れていた。また、山辺赤人という者がいた。この者は柿本大夫と並び、和歌の仙である。その他にも、和歌を生業とする者は綿々と絶えることはなかった。世の中がやがて人の心が軽薄なものに変わり、度を越した贅沢さが貴ばれる時世になると、浮ついた歌が雲のように生じ、婀娜めいた歌が泉のように湧いた。和歌の実（大切な芯となる部分）は落ち、和歌の表面だけが虚しく咲くばかりとなった。色好みの家では、和歌を恋の仲立ちとして使い、物乞いの旅人は、和歌を生活の手段とするまでに至った。ゆえに和歌は大体において女性のものとなり、男性にふさわしくないものとなった。

　近代で古の歌風を受け継いでいた者は、わずかに六人である。しかし、どの歌人にも長所と短所が別にある。以下、論をもって差異を見せよう。僧正遍昭は、六人の中で最も歌のさまというものを理解している。しかしながら、その歌は華やかではあるが実が少ない。絵に描かれた美女が、虚しく人の心を動かすようなものだ。在原業平の歌は、その想いが有り余っていて、歌に詠むには言葉が足りない。萎んだ花が色褪せているのに、香りだけが残っているようなものだ。文屋康秀は、巧みに歌を詠む。しかしながら、その歌のさまは世俗じみている。商人が身分不相応な鮮やかな色の衣を着ているようなものだ。宇治山の僧喜撰は、その歌は華麗だが首尾が滞っている。秋の月を眺めているうちに暁の雲に遭遇するようなものだ。小野小町の歌は、古の時代の衣通姫 (そとおりひめ) の流れを汲んでいる。しかしながら、艶やかな一方で気力がない。病を得た女性が白粉をつけているようなものだ。大伴黒主の歌は、古の時代の猿丸大夫の後継である。世俗を脱した非常な面白さがあるが、そのさまはとても卑しい。教養のない農夫が、花を前にして休んでいるようなものだ。この六人の他に、その名が広く知られている歌人は、枚挙にいとまがない。だがその歌人たちは、たいていがあでやかさを基本とし、歌の情趣を理解していない者である。世間の人間はなぜ栄誉と利益を求めることばかりして、和歌を詠むということをしないのだろうか。何とも嘆かわしいことだ。生前は高貴な身分として大臣と大将を兼ね、富は財産が有り余るほどの人物であっても、死んでしまえば骨はまだ土の中で朽ちていないのに、名のほうが先にこの世から消え去る。まれに名が後世にまで伝わる者は、ただ和歌を詠む者だけである。なぜかと言えば、和歌の言葉は人の耳に届きやすく、和歌の意味は神性に従っているからである。

　かつて、平城の帝が臣下に詔をして、『万葉集』を選ばせなさった。それ以来、天皇の御代は十代、

年月は百年が過ぎた。其の後和歌は捨て去られ、採られることはなかった。風流な歌を詠む小野篁のような人物や、軽妙で雅な歌を詠む在原行平のような人物がいたが、ふたりは他の才能によって有名になった人物であり、この和歌の道によって名をなしたのではない。

　今上天皇陛下（醍醐天皇）の御治世は、今九年となった。陛下の仁愛の徳はこの日本の外にまで伝わり、帝の御庇護は筑波山の陰よりも密である。飛鳥川の淵瀬のように世の中は移ろいやすいという嘆きの声は次第に聞こえなくなり、代わりに小さな砂が成長して岩になるまで今の安寧の世が続いてほしいとたたえる声が、広くはるかに聞こえてくる。帝は今は絶えている多くの詠まれた和歌を編んで和歌集とする慣習を継ごうとお考えになり、廃れて久しい和歌の道を興そうとなさった。そこで帝は、大内記だいないき紀友則、御書所預さきのふみどころあづかり紀貫之、前甲斐少目さきのかいのしょうかん凡河内躬恒、右衛門府生うえもんのふしょう壬生忠岑らに勅命を下し、それぞれの家の家集と旧来の古歌を献上させた。その名を『続万葉集しょくまんようしゅう』という。ここで重ねて帝があり、陛下に献上した歌を分類し、二十巻に編集した。その名を、『古今和歌集』という。

　我ら撰者は、言葉は春の花の美しさには到底及ばないのに、秋の夜長のように長く続く名誉を得ている。言うまでもなく、前に進んでは世間の人々の嘲りを恐れ、後ろに退いては自らの才能の乏しさに恥じ入る。偶然にもこの和歌の復興期に巡り合って、己の歩んできた和歌の道が再び盛んになったことを楽しんでいる。柿本人麻呂はすでに亡くなっているが、和歌は廃れたわけではない。　延喜五（905）年四月十五日、紀貫之以下一同、謹んで序を記す。）

〈ヒント2　『白秋詩集』序〉

　詩は芸術の精華である。この詩の道を行ふ外に、私は生れて何一つ与へられてゐなかつた。これが為めに、私はただ一すぢに詩に仕へて来た。詩に生き、詩に痩せ、詩に苦しみ通して来た。人間としてのかうがうしい歓びも、人間の果知れぬ寂しさも、私はただ詩に依つてのみ現す事が、ただ私の取るべき道であつた。

　私は歌つた。歌はねばならなくなつて、私はただ歌つた。かうして私の詩が流れ出して来た。こんこんとして大地の底から湧き上り溢れ出づるものの如く、これらは皆私の心肉から真実に溢れて言葉となつたものであつた。とりもなほさず私のものであつた。

　私は何も彼も貧しい。忝いこの大自然界の荘厳相の微塵でもこの凡下の私が知り得よう筈もなかつた。今にしても何一つ私の知り得たものは無い。その初め私はただ幼子の驚きを驚きとした。さうして昼も夜も美しい童話の王子のやうに紅と紫金との夢の彼方ばかりを追ひ求めてゐた。続いてはただ不可思議極るあらゆる官能と神経の陶酔から殆ど救はれ難き自己魔酔にまで、迷眩させられて了つた。近代頽唐の所産たる「邪宗門」が既に是を証する。而も私の生涯に一大転機を劃した苦しい恋愛事件の後、私は新に鮮に蘇つた。全く新生の黎明光が私の心霊を底の底までも洗ひ浄めてくれた。私は皮を脱いだ緑蛇のごとく奔り、繭を破つた白い蛾の如く羽ばたき廻つた。私

は健康で自由で、而も飽くまでも赤裸々で、思ひきり弾み反つて躍つた。光りかがやく法悦、あらゆるものが歓びに満ち満ちて私に見えた。其三崎、小笠原の生活から再び東京へ帰ると、一時はまた一種の狂喜的な霊感から殆んど我を忘れた礼讃唱名の日夜を送つた。その発作が止むと、いつとなく次第に無常の光明を観じ、その寂光の浄土を思慕する落ちついた静謐な心に目醒めて来た。さうしていよいよ一切の実相をあるがままに肯け入れると共に己れをまたあるがままにその中に置く、即ち人間はただその本元に還り、ただ自然のままに己れを還す、かうした恭礼三昧の境地に私は私自身を見出して来た。

　畢竟するに真の高い詩は愛あり慈悲ある心から生れてくるのだ。さうして静かなおとなしやかな真の感激の底からこそ真のよき詩は溢れて来るのだ。何事にも深く頭を垂れ、いよいよ深く遜るべきであつた。私はここまで漸く到達したように思へる。真の詩は執し尽して終に詩を忘れ果てた刹那に初めて縹緲たる声を放ち、真の愛は執し尽して真に我を忘れ果てた、その没我の境地に到つて初めて光り耀くものだ。この没我の微妙境の中に真に恍惚として掌を合はせるものは幸である。

　然し、ただ私は恥づる。

　かうして、これまで私の創つて来た詩の凡ては凡てが今日の私を生む苦しい準備の層積であつた。顧ると感慨交々臻る。

　私が詩を創り初めたのは十五六歳の頃、さうだ、まだ中学の一二年時代からであつた。それからもう殆ど二十年近くになる。その数量から云つても可なりに夥しい。その詩風から云つてもまた幾変遷してゐるかわからない。本集に輯めた二十歳以後の所作を通じて見ても純情の小曲もあれば断章もあり、音楽的象徴詩もあれば絵画風のそれもある。印象詩もあれば景物詩もある。さうして第二期の象徴詩もあれば小唄俗謡の類もあり、短唱もあれば長歌もあり、童謡もあれば新らしい散文詩体もある。その形式も種々雑多で複雑を極めてゐる。殆ど明治の末期から今日に到る現代日本のあらゆる詩体の推移がここに綜覧され得たと見ていい。而も思ひきつて古典的な礼讃体もある。

　凡てを通じて、得る所の多かつたのは全く「邪宗門」「思ひ出」「雪と花火」の時代であつた。その以後は次第にその数を減じた。これは貧しい実生活の上から障害され尽したのである。それに一時は短歌の創作に熱注した故もあり、後、また散文の創作に転じたからでもある。

　本集には既刊の「邪宗門」「思ひ出」「雪と花火」「真珠抄」「白金の独楽」「わすれなぐさ」「白秋小唄集」「とんぼの眼玉」等の諸詩集と、未刊の三崎詩集「畑の祭」、及びその後諸雑誌に載せたまゝ公刊の機を失つた大正五年の諸作、それに加ふるに、「邪宗門」前の少年期の長篇その他を綜括した。で、殆ど私の詩の凡てを網羅したと云つても差支無い。かうしていよいよこの綜合詩集全二巻を以て、私は昨日の私と潔く別れる。

　考へると私の歩いて来た道は随分華麗でもあつたが、随分の難路でもあつた。この道は今やい

よいよ一足毎に高く、一足毎に雲深く、弥深く閑寂無二のものとなりつつある。

　　この道や行く人なしに秋の暮

　切に芭蕉のこの句が思ひ出される。結局は矢つ張り私一人の道だ。

大正九年八月　小田原木兎の家にて　白秋識

〈ヒント３　古今和歌集の梅の歌〉

① 　難波津_{なにはづ}に咲くやこの花ふゆごもり　いまは春辺_{はるべ}と咲くやこの花　　　王仁_{わに}

　　訳　大阪に咲くよ、この梅の花が。今は春の始めといって咲くよ、この花が。

　　　（陛下が大阪で帝となられたのは、今まさにその時が来たからです）

　　注　難波津　大阪湾。大阪は仁徳天皇が都とした地でもある

　　　　この花　日本文学で「花」と言えば「桜」と言われている。しかし平安中期までは梅花を

　　　　　　　意味した例も多い。

　　　　　　　この歌も春一番の花というのであるから、梅と考えてよい。ここでは、即位直後

　　　　　　　の仁徳天皇に喩えている。

　　　　春辺　　　春の始め

　　作者　王仁_{わに}　四世紀前半、朝鮮半島から帰化した学者。日本に漢字を伝え、『論語_{ろんご}』『千字

　　　　　　　文_{せんじぶん}』を持ってきた。

　　　　仁徳天皇　四世紀の帝。難波に都を定めた。その陵墓は堺市にあり、日本最大の古墳であ

　　　　　　　る。

② 　君ならで誰にか見せむ梅の花　色をも香をも知る人ぞ知る　　　　紀友則

　（あなた以外に誰に見せよう、この梅を。花の美しさも香りのかぐわしさも、わかる人でなけ

　ればわからない）

③ 　春の夜のやみはあやなし梅の花　色こそ見えね香やは隠るる　　　　凡河内躬恒

　（春の夜の闇は何も見えない、梅の花よ。花は見えなくても、香りは隠せない）

第 **2** 部

文法・語彙篇

はじめに

古典読解に必要な基本知識は、①仮名づかい、②文法、③古語の語彙、である。

1　歴史かなづかい

　歴史かなづかいとは、現代かなづかい（1946年内閣告示第33号によって定められ、1986年に再改訂された仮名づかい）以前のかなの使い方である。ひらがな・カタカナともに歴史かなづかいがある。1946年以前の文献は歴史かなづかいが用いられている。文学作品だけではなく、公報も新聞も漫画もすべて歴史かなづかいで書かれていた。

　つまり、第二次対戦終了時までは歴史かなづかいの時代である。歴史かなづかいは日本古典だけではなく、日本事情・日本文化を学ぼうとする学習者には必須なのである。

★文語五十音図

行	ひらがな					カタカナ				
ア	あ	い	う	え	お	ア	イ	ウ	エ	オ
カ	か	き	く	け	こ	カ	キ	ク	ケ	コ
サ	さ	し	す	せ	そ	サ	シ	ス	セ	ソ
タ	た	ち	つ	て	と	タ	チ	ツ	テ	ト
ナ	な	に	ぬ	ね	の	ナ	ニ	ヌ	ネ	ノ
ハ	は	ひ	ふ	へ	ほ	ハ	ヒ	フ	ヘ	ホ
マ	ま	み	む	め	も	マ	ミ	ム	メ	モ
ヤ	**や**	**い**	**ゆ**	**え**	**よ**	**ヤ**	**イ**	**ユ**	**エ**	**ヨ**
ラ	ら	り	る	れ	ろ	ラ	リ	ル	レ	ロ
ワ	**わ**	**ゐ**	**う**	**ゑ**	**を**	**ワ**	**ヰ**	**ウ**	**ヱ**	**ヲ**

＊ヤ行とワ行が現代語にない仮名づかいになるので注意が必要。

１．歴史かなづかいでの語中・語尾の「はひふへほ」は、現代かなづかいでは「ワイウエオ」とになる

　　法師（ほふし／ホフシ）　　　　　**ほうし／ホウシ**（太字が現代かなづかい。以下同じ）
　　思ふ（おもふ／オモフ）　　　　　**おもう／オモウ**
　　美し（うるはし／ウルハシ）　　　**うるわし／ウルハシ**
　　あはれなり／アハレナリ　　　　　**あわれなり／アワレナリ**

2．歴史かなづかいの「ぢ」「づ」は現代かなづかいでは「じ」「ず」となる

  恥ぢて（はぢて／ハヂテ）   **はじて／ハジテ**

  はづれ／ハヅレ   **はずれ／ハズレ**

3．歴史かなづかいの「ゐ」「ゑ」「を」は現代かなづかいでは「イ」「エ」「オ」となる

  山の井（やまのゐ／ヤマノヰ） **やまのい／ヤマノイ**

  絵解き（ゑとき／ヱトキ） **えとき／エトキ**

  男の子（をのこ／ヲノコ） **おのこ／オノコ**

4．二重母音

 ▶歴史かなづかいの「あう」／「あふ」は現代かなづかいでは「おう／オウ」となる

  鸚鵡（あうむ／アウム） **おうむ／オウム**

  逢坂（あおさか／アオサカ） **おうさか／オウサカ**

 ▶歴史かなづかいの「いう」は現代かなづかいでは「ゆう／ユウ」となる

  優なり（いうなり／イウナリ） **ゆうなり／ユウナリ**

  幽玄なり（いうげんなり／イウゲンナリ） **ゆうげんなり／ユウゲンナリ**

  有職（いうそく／イウソク） **ゆうそく／ユウソク**

 ▶歴史かなづかいの「いふ」は現代かなづかいでは「いう／イウ」となる

  言ふかひなし（いふかひなし／イフカヒナシ） **いうかいなし／イウカイナシ**

 ▶歴史かなづかいの「え（ゑ）う」／「え（ゑ）ふ」は現代かなづかいでは「よう／ヨウ」

  となる

  兄人（せうと／セウト） **しょうと／ショウト**

  酔ふ（ゑふ／ヱフ）   **よう／ヨウ**

  今日（けふ／ケフ）   **きょう／キョウ**

5．歴史かなづかいの「くわ」「ぐわ」は現代かなづかいでは「カ」「ガ」となる。

  勧学院（くわんがくゐん／クワンガクヰン） **かんがくいん／カンガクイン**

  元日（ぐわんじつ／グワンジツ） **がんじつ／ガンジツ**

6．歴史かなづかいの各行のア段音＋「う／ウ」は現代かなづかいでは以下のようになる：

  「かう／カウ」   **こう／コウ**

   格子（かうし／カウシ） **こうし／コウシ**

  「さう／サウ」   **そう／ソウ**

   枕草子（まくらのさうし／マクラノサウシ） **まくらのそうし／マクラノソウシ**

  「たう／タウ」   **とう／トウ**

   頭中将（たうのちゆうじやう／タウノチユウジヤウ）

       とうのちゅうじょう／トウノチュウジョウ

　　　　「なう／ナウ」　　　　　　　　のう／ノウ

　　　　　なうなう／ナウナウ（呼び掛け）　　のうのう／ノウノウ

　　　　「はう／ハウ」　　　　　　　　ほう／ホウ

　　　　　判官（はうぐわん／ハウグワン）　ほうがん／ホウガン

　　　　　坊主（ばうず／バウズ）　　　ぼうず／ボウズ

　　　　「まう／マウ」　　　　　　　　もう／モウ

　　　　　申す（まうす／マウス）　　　もうす／モウス

　　　　「やう／ヤウ」　　　　　　　　よう／ヨウ

　　　　　今様（いまやう／イマヤウ）　いまよう／イマヨウ

　　　　「らう／ラウ」　　　　　　　　ろう／ロウ

　　　　　太郎（たらう／タラウ）　　　たろう／タロウ

　　　　「わう／ワウ」　　　　　　　　おう／オウ

　　　　　国王（こくわう／コクワウ）　こくおう／こくおう

　7．歴史かなづかいの「む／ム」は現代かなづかいでは「ん／ン」となることもある。

　　　　東（ひむかし／ヒムカシ）　　　ひんがし／ヒンガシ

　8．「ほ／ホ」が「お／オ」となることもある。

　　　　直衣（なほし／ナホシ）　　　　のうし／ノウシ

　9．促音・拗音も小文字にしない

　　　　きつと／キツト　　　　　　　　きっと／キット

　　　　　圧巻（あつくわん／アツクワン）　あっかん／アッカン

　　　　　狂言（きやうげん／キヤウゲン）　きょうげん／キョウゲン

　　　　　警策（きやうさく／キヤウサク）　きょうさく／キョウサク

2　品　詞

　日本語の単位は、大きい順に、文章・段落・文・句・文節・単語がある。単語は最少の単位である。単語を、その性質やはたらきで分類したものを品詞という。

　日本語の品詞には、動詞・形容詞・形容動詞・名詞・副詞・連体詞・接続詞・感動詞・助動詞・助詞の十種類がある。これは古典でも現代文でも変わらない。

　ただし、文語文法では、

　　　❶動詞には「り」で終わる語が４つある、

　　　❷形容詞は「し」で終わる、

　　　❸形容動詞は「なり／たり」で終わる。

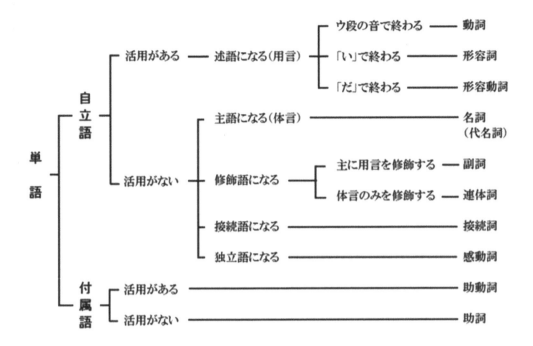

3　活　用

　活用とは、用言（動詞・形容詞・形容動詞）と助動詞が、①直後の語　②前にある係り
結び　③疑問文に用いられている、という理由で形が変わることである。

　　未然形；主に「ず」「む」の前にある　　　連用形：主に「て」「けり」の前にある

　　終止形；言い切り＝「。」の前にある　　　連体形；名詞の前にある

　　已然形；「ば」「ども」の前にある

　　命令形；言い切り＝「。」の前にあるとともに、その語に「命令」の意味を加える。

☆動詞の活用形一覧

活用	未然	連用	終止	連体	已然	命令
四段	a	i	u	u	e	e
上二段	i	i	u	uる	uれ	iよ
下二段	e	e	u	uる	uれ	eよ
上一段	i	i	iる	iる	iれ	iよ
下一段	e	e	eる	eる	eれ	eよ
カ変	こ	き	く	くる	くれ	こ・こよ
サ変	せ	し	す	する	すれ	せよ
ラ変	ら	り	り	る	れ	れ
ナ変	な	に	ぬ	ぬる	ぬれ	ね

【練習問題１】

　次の本文は歴史仮名遣いで書かれています。歴史仮名遣いで書かれている単語に下線を引きなさい。

　　例　　乗つた時から、三四郎の目についた。　→乗<u>つ</u>た時から、三四郎の目についた。
　　　　　今ハ昔、竹取ノ翁トイフ者アリケリ。　→今ハ昔、竹取ノ翁ト<u>イフ</u>者アリケリ。

A）夏目漱石『草枕』

　　山みちを登りながら、かう考へた。智に働けば角が立つ。情に棹させば流される。意地を通せば窮屈だ。とかくに人の世は住みにくい。住みにくさがかうじると、安い所へ引き越したくなる。どこへ越しても住みにくいと悟つた時、詩が生れて、絵が出来る。……　世に住むこと二十年にして、住むにかひある世と知つた。二十五年にして明暗は表裏の如く、日のあたる所にはきつと影がさすと悟つた。三十の今日はかう、思ふて居る。――

B）宮沢賢治「雨ニモマケズ」

　　雨ニモマケズ　風ニモマケズ　雪ニモ夏ノ暑サニモマケヌ　丈夫ナカラダヲモチ　欲ハナク　決シテイカラズ　イツモシヅカニワラツテヰル　一日ニ玄米四合ト　ミソト少シノ野菜ヲタベ　アラユルコトヲ　ジブンヲカンジョウニ入レズニ　ヨクミキキシワカリ　ソシテワスレズ

【練習問題 2】

　次の本文は歴史仮名遣いで書かれています。歴史仮名遣いで書かれている箇所を現代仮名遣いに書き直してください。

A）夏目漱石『草枕』

　喜びの深きとき憂ひいよいよ深く、楽みの大いなる程苦しみも大きい。之を切り放さうとすると身が持てぬ。片付けやうとすれば世が立たぬ。金は大事だ、大事なものが殖えれば寝る間も心配だらう。戀はうれしい、嬉しい恋が積もれば、恋をせぬ昔がかへつて戀しかろ。閣僚の肩は数百万人の足を支へて居る。背中には重い天下がおぶさつて居る。うまい物も食はねば惜しい。少し食へば飽き足らぬ。存分食へばあとが不愉快だ。……

2　宮沢賢治「雨ニモマケズ」

　野原ノ松ノ林ノ蔭ノ　小サナカヤブキノ小屋ニヰテ　東ニ病気ノコドモアレバ　行ツテ看病シテヤリ　西ニツカレタ母アレバ　行ツテソノ稲ノタバヲ負ヒ　南ニ死ニサウナ人アレバ　行ツテコハガラナクテモイイトイヒ　北ニケンクワヤソシヤウガアレバ　ツマラナイカラヤメロトイヒ　ヒデリノトキハナミダヲナガシ　サムサノナツハオロオロアルキ　ミンナニデクノボートヨバレ　ホメラレモセズ　クニモサレズ　サウイフモノニ　ワタシハナリタイ

【練習問題 1 解答】

A）夏目漱石『草枕』　9 箇所

　山みちを登りながら、<u>かう</u>考へた。智に働けば角が立つ。情に棹させば流される。意地を通せば窮屈だ。とかくに人の世は住みにくい。住みにくさが<u>かう</u>じると、安い所へ引き越したくなる。どこへ越しても住みにくいと<u>悟つ</u>た時、詩が生れて、絵ができる。……　世に住むこと二十年にして、住むに<u>かひ</u>ある世と<u>知つ</u>た。二十五年にして明暗は表裏の如く、日のあたる所には<u>きつ</u>と影がさすと<u>悟つ</u>た。三十の今日は<u>かう</u>、<u>思ふ</u>て居る。

B）宮沢賢治「雨ニモマケズ」　4 箇所

　雨ニモマケズ　風ニモマケズ　雪ニモ夏ノ暑サニモマケヌ　丈夫ナカラダヲモチ　欲ハナク　決シテ瞋ラズ　イツモ<u>シヅカ</u>ニ<u>ワラツテ</u>ヰル　一日ニ玄米四合ト　ミソ

ト少シノ野菜ヲタベ　アラユルコトヲ　ジブンヲ<u>カンジヨウ</u>ニ入レズニ　ヨクミキ

キシワカリ　ソシテワスレズ

【練習問題2解答】

A）夏目漱石『草枕』　10箇所

　　喜びの深きとき<u>憂</u>ひいよいよ深く、楽しみの大いなる程苦しみも大きい。之を切り
　　　　　　　　　　憂い

<u>放</u>さうとすると身が持てぬ。片付け<u>やう</u>とすれば世が立たぬ。金は大事だ、大事な
放そう　　　　　　　　　　　　　　　よう

ものが殖えれば寝る間も心配<u>だら</u>う。戀はうれしい、嬉しい恋が積もれば、恋をせ
　　　　　　　　　　　　　だろう

ぬ昔がか<u>へ</u>つて恋しかろ。閣僚の肩は数百万人の足を<u>支へ</u>て居る。脊中には重支
　　　かえって　　　　　　　　　　　　　　　　　支え

え下が<u>おぶさ</u>つて居る。うまい物も<u>食は</u>ねば惜しい。少し<u>食へ</u>ば飽き足らぬ。存分
　　おぶさっ　　　　　　　　　食わ　　　　　　　食え

<u>食へ</u>ばあとが不愉快だ。……
食え

2　宮沢賢治「雨ニモマケズ」　12箇所

　　野原ノ松ノ林ノ蔭ノ　小サナカヤブキノ小屋ニ<u>キ</u>テ　東ニ病気ノコドモアレバ
　　　　　　　　　　　　　　　　　　　　　　　　イ

<u>行</u>ツテ看病シテヤリ　西ニツカレタ母アレバ　<u>行</u>ツテソノ稲ノ束ヲ<u>負</u>ヒ　南ニ死ニ
行ッ　　　　　　　　　　　　　　　　　　　　行ッ　　　　　　　負イ

<u>サウ</u>ナ人アレバ　<u>行</u>ツテコハガラナクテモイイト<u>イ</u>ヒ　北ニケンク<u>ワ</u>ヤ<u>ソシヤウ</u>ガ
ソウナ　　　　　行ッ　コワガラ　　　　　　　　イイ　　　ケンカ　ソショウ

アレバ　ツマラナイカラヤメロト<u>イ</u>ヒ　ヒデリノトキハナミダヲナガシ　サムサノ
　　　　　　　　　　　　　　　イイ

ナツハオロオロアルキ　ミンナニデクノボートヨバレ　ホメラレモセズ　クニモサ

レズ　<u>サウイ</u>フモノニ　ワタシハナリタイ
　　ソウイウ

断定表現

「〜ある／いる」「〜てある／ている」「〜だ」「〜である」と現代語訳する語句は、現在時制の肯定文である。これらの語句群を断定表現としてまとめた。

　この中には「〜ある／いる」「〜てある／ている」「〜だ」「〜である」以外に「〜しよう／するだろう」（未来）とも訳せる語句群、「〜た／だった」（過去）とも訳せる語句群もあるので、それも解説する。

【概要】
一「〜ある／いる」「〜てある／ている」「〜だ」「〜である」と現代語訳する

　１.「あり」

　２.「名詞／述語連体形＋なり」

　３.「名詞＋たり」

　４.「名詞／述語連体形＋にて、」

　５. 形容詞・形容動詞

二「〜てある／ている」「〜だ」「〜である」以外に「〜しよう／するだろう」とも訳する

　１. 動詞終止形・連用形・連体形

三「〜だ」「〜である」「〜てある／ている」以外に、「〜た／だった」とも訳する語句

　１.「動詞連用形＋たり」

　２.「サ変動詞未然形／四段動詞已然形＋り」

　３.「未然形＋けり」（会話・和歌で用いられる場合）

一　「〜ある／いる」「〜てある／ている」「〜だ」「〜である」と現代語訳する語句

１.「あり」　　　（様々な語に付くことができる）；（現代語訳）→「〜ある／いる」

基本形	未然形	連用形	終止形	連体形	已然形	命令形
あり	あら	あり	あり	ある	あれ	あれ

・「竹取たけとりの翁おきなという者あり。」〈竹取物語〉（竹取の翁という者がいる）
　　　　　→「者」（名詞）＋「あり」

・「春の雨にありけるものを」〈万葉集〉（春の雨であったが）
　　　　　→「春の雨」（名詞）＋「に」（助動詞）＋「あり」

・「かく鎖さし籠こめてありとも」〈竹取物語〉（このように閉じ込めていても）
　　　　　→「こめ」（動詞）＋「て」（助詞）＋「あり」

2. 「名詞／活用語連体形＋なり」；（現代語訳）→「〜だ」「〜である」

基本形	未然形	連用形	終止形	連体形	已然形	命令形
なり	なら	なり に	なり	なる	なれ	なれ

＊「なり」連用形は二つある。このうち、「なり」は下に「けり」等の助動詞が接続する場合の活用形で、「に」は下に助動詞以外の品詞（動詞・形容詞・形容動詞・助詞）が接続する場合の活用形である。

→　もののけ<u>なり</u>けり。　　　　　太郎君_{たろうぎみ}は少将に<u>て</u>、…

「なり」連用形↗　　↖助動詞　　　　「なり」連用形↗　　↖助動詞以外の品詞

・「されども、それもさあらぬこと<u>なり</u>。〈大鏡〉（しかし、それもそうではないこと<u>である</u>）
　　　　　　→「こと」（名詞）＋「なり」

・「御_{おん}ものの怪のする<u>なり</u>」〈大鏡〉（御物の怪がするの<u>である</u>が）
　　　　　　→「する」（動詞連体形）＋「なり」

・「かくれなくあらはるべき<u>なり</u>。〈大鏡〉（隠れることなく現れるはず<u>だ</u>）
　　　　　　→「あらはる」＋「べき」（助動詞連体形）＋「なり」

3. 「名詞＋たり」；（現代語訳）→「〜だ」「〜である」

基本形	未然形	連用形	終止形	連体形	已然形	命令形
たり	たら	たり と	たり	たる	たれ	たれ

＊「たり」連用形について、「たり」は下に「けり」等の助動詞が接続する場合の活用形で、下に助動詞以外の品詞（動詞・形容詞・形容動詞・助詞）が接続する場合は「と」である。

→　かかる剛_{かう}の者<u>たり</u>き。　　　　　仏、太子<u>と</u>おはせしとき、…

「たり」連用形↗　　↖助動詞　　　「たり」連用形↗　　↖助動詞以外の品詞

・「清盛_{きよもり}、嫡男_{ちゃくなん}<u>たる</u>によつてその跡_{あと}を継ぐ。」〈平家物語〉（清盛は嫡男<u>である</u>ことで、その跡を継ぐ）　　　　　　→「嫡男」（名詞）＋「たる」（「たり」連体形）

4. 「名詞＋にて」；（現代語訳）→「〜で」「〜であって」　　＊活用しない。

・「小松_{こまつ}の帝_{みかど}の親王に<u>て</u>おはしましし時」〈大鏡〉（光孝の帝が親王<u>であってい</u>らっしゃった時）
　　　　　　→「親王」（名詞）＋「にて」

5．形容詞・形容動詞

　　（現代語訳）→「～だ」「～である」「～ている」など

形容詞ク活用

基本形	未然形	連用形	終止形	連体形	已然形	命令形
うまし	うまく うまから	うまく うまかり	うまし	うまき うまかる	うまけれ	うまかれ

＊下段の活用形は、「ず」「けり」「べし」等の助動詞が接続する場合の活用形で、助動詞以外の品詞（動詞・形容詞・形容動詞・助詞）が接続する場合は上段の活用形となる。（但し、助動詞でも断定「なり」は上段の活用形（「うまき」）に接続する）

　　→飯_{めし}食_はめど、<u>うまからず</u>　　　　あぢはひはなはだ<u>うまく</u>とも、…

「うまし」未然形↗　　　　↖助動詞　　「うまし」未然形↗　　　↖助動詞以外の品詞

　　→雉_{きぢ}の肉は<u>うまかり</u><u>けり</u>。　　　　　秋の栗_{くり}は<u>うまく</u>て、…

「うまし」連用形↗　　　　↖助動詞　　「うまし」連用形↗　　　↖助動詞以外の品詞

　　→腹もすきたらば<u>うまかる</u><u>べし</u>。　国司_{こくし}の館_{たち}にて<u>うまき</u>魚_{いを}を食ふ

　　　　「うまし」連用形↗　　　↖助動詞　　　「うまし」連用形↗　　↖助動詞以外の品詞

・「いと<u>あさましく</u><u>むくつけき</u>ことも聞くものかな。」〈堤中納言物語〉（たいそう<u>驚く</u>ほど<u>気味悪い</u>事も聞くものだなあ）

　　→「むくつけき」は形容詞「むくつけし」の連体形。現在形で訳す。

形容詞シク活用例

基本形	未然形	連用形	終止形	連体形	已然形	命令形
をかし	をかしく をかしから	をかしく をかしかり	をかし	をかしき をかしかる	をかしけれ	をかしかれ

＊下段の活用形は命令形を除き、下に「ず」「けり」「なり」等の助動詞が接続する場合の活用形で、下に助動詞以外の品詞（動詞・形容詞・形容動詞・助詞）が接続する場合は上段の活用形となる。　（但し、助動詞でも断定「なり」は上段の活用形（「をかしき」）に接続する）

・「かしこ淵_{ぶち}とは「いかなる底の心を見えて、さる名をつけけむ」と、いと<u>をかし</u>。」〈枕草子〉（かしこ淵とは、「どういう底の様子を見えて、その名をつけたのだろうか」と、たいそう<u>感動するのだ</u>。）

　　→「をかし」は形容詞終止形。「…だ」と訳す例

形容動詞ナリ活用例

基本形	未然形	連用形	終止形	連体形	已然形	命令形
あはれなり	あはれなら	あはれに あはれなり	あはれなり	あはれなる	あはれなれ	あはれなれ

＊連用形は二つある。「あはれなり」は下に「けり」等の助動詞が接続する場合の活用形で、下に助動詞以外の品詞（動詞・形容詞・形容動詞・助詞）が接続する場合は「あはれに」となる。

→野の草木も秋はあはれなりけり。草の庵（いほり）もかかる住まひばあはれにて、…

「あはれなり」連用形↗　　↖助動詞　　「あはれなり」連用形↗　　↖助動詞以外の品詞

・「心の中に「悲しくあはれなり。」と思ひつつ、」〈更級日記〉（心の中に「悲しくさびしいのだ」と思ひつつ）

→「あはれなり」は形容動詞終止形。「…だ」と訳す例

・「心ばへ、いとなつかしう、おいらかにて」〈大鏡〉（性格はとても親しみやすく、おっとりしていて）

→「おいらかに」は形容動詞「おいらかなり」連用形。「…ている」と訳す例

形容動詞タリ活用例

基本形	未然形	連用形	終止形	連体形	已然形	命令形
堂々たり	堂々たら	堂々と 堂々たり	堂々たり	堂々たる	堂々たれ	堂々たれ

＊連用形の「堂々と」は下に「けり」等の助動詞が接続する場合の活用形で、下に助動詞以外の品詞（動詞・形容詞・形容動詞・助詞）が接続する場合は「堂々たり」となる。

→海上、漫々（まんまん）たりければ…。　　　　　促促（そくそく）として塩町へ駆け出しぬ

「漫々たり」連用形↗　　↖助動詞　　「促促たり」連用形↗　↖助動詞以外の品詞

> !!注意　以下の「なり」（「終止形＋なり」／「になり」「となり」）は「…だ」と訳さない⚠

ⅰ「終止形＋なり」　　＝｛ようだ／と聞いている｝

・「男もすなる日記というものを、女もしてみむとてするなり。」〈土佐日記〉

（男もすると聞いている日記というものを、「女もしてみよう」と思ってするのだ）

→「すなる」の「なり」は「終止形＋なり」なので、「…と聞いている」と訳す。

→「するなる」の「なり」は「連体形＋なり」なので「…（するの）だ」と訳す。

ⅱ「名詞＋になり／名詞＋となり」　＝｛…になる／となる｝

・「北野（きたの）の神にならせたまひて、」〈大鏡〉（北野（菅原道真）が神におなりになって）

→「神」（名詞）＋「になら」（「なら」は「なり」の未然形）

・「人となることは難かたきを、」〈万葉集〉（人となることは難かしいが）

　→「人」（名詞）＋「となる」（「なる」は「なり」の連体形）

二 「〜だ」「〜である」以外に、「〜しよう／するだろう」とも訳する語句

1. 動詞終止形、連用形、連体形

　$「〜だ」「〜である」「〜ている」（現在形）と訳す例

・「夕日のさして山端やまのはいと近くなりたるに、烏からすの寝どころへ行く。」〈枕草子〉

（夕日がさし、山辺にたいそう近くなっている頃に、カラスが巣へ行くのである）

　　　→「行く」は四段動詞終止形

・「思ふこと、かつがつかなひぬる」〈源氏物語〉（思っていることが何とかかなった）

　　　→「思ふ」は四段動詞「思ふ」の連体形。

　$「〜しよう／するだろう」（未来形）と訳す例

・「二十一日の戌いぬの時に門出かどです。そのよしいささかものに書きつく。〈土佐日記〉

（二十一日の午後八時に出発する。そのようすをいささか書きつけよう。）

　→作者はまだ出発したばかりで、これから始まる旅行を記録しようとしているので未
　　来形。訳は文脈で判断する。

三 「〜だ」「〜である」「〜てある／ている」以外に、「〜た／だった」とも訳する語句

1. 「動詞連用形＋たり」

基本形	未然形	連用形	終止形	連体形	已然形	命令形
たり	たら	たり	たり	たる	たれ	たれ

　$「〜だ」「〜である」「〜ている」と訳す例

・「さびしさにたへたる人のまたもあれ」〈新古今和歌集〉（寂しさに耐えている人が
　他にもいてくれ）

　　→「たへ」はハ行下二段動詞「耐ふ」連用形＋「たる」（「たり」連体形）

・「日いとうららかにさしたる田舎の館たち」〈枕草子〉（日がとても明るくのどかにさし
　ている田園の館）

　　→「さし」はサ行四段動詞「差す」連用形＋「たる」（「たり」連体形）

　$「〜た／だった」と訳す例　　→「〜だ」「〜ている」と訳すと矛盾する場合にのみ、
　　このように訳す

・「（鬼を）まさしく見たり」と言ふ人もなく、「そらごと」と言ふ人なし。」〈徒然草〉

（「（鬼を）本当に見た」という人もなく、「嘘」と言う人もいない）

→「見」はマ行上一段動詞「見る」連用形＋「たり」

　　～現在鬼を見ているならば、今、この場でそれを噂として話せない。ここの文脈では過去形で訳す。

2. サ変動詞未然形／四段動詞已然形＋「り」

基本形	未然形	連用形	終止形	連体形	已然形	命令形
り	ら	り	り	る	れ	れ

$「～だ」「～である」「～ている」と訳す例

・「その中に、思ふに、ただいまの入道殿_{にうだうどの}世にすぐれさせたまへり。」〈大鏡〉

（そ（歴代大臣）の中に、思うに、現在の入道殿は、抜きんでて優秀でいらっしゃる。）

　　→「たまへ」はハ行四段動詞「たまふ（＝なさる）」已然形＋「り」

・「照りかがやく木ども立てり。」〈竹取物語〉（照り輝く木々が立っている）

　　　　→「立て」はタ行四段動詞「立つ」＋「り」

$「～だ／だった」（過去）と訳す例　→「～だ」「～ている」と訳すと矛盾する場合に過去形で訳す

・「春立ちける日に詠める歌」〈古今和歌集～一部改変〉　（立春_{りっしゅん}の日に詠んだ歌）

　　　　→「詠め」はマ行四段動詞「詠む」已然形＋「る」（「り」連体形）

　　　「春立ちける日」（立春だった日）と過去に和歌を詠んだことが明白だから、「～ている」と訳せない。

3.「述語連用形＋けり」（会話・和歌で用いられている場合）

基本形	未然形	連用形	終止形	連体形	已然形	命令形
けり	○	○	けり	ける	けれ	○

$「けり」が会話・和歌で用いられている時は、「～だ」「～である」「～ている」と訳す

→会話・和歌以外で用いられている時は、原則として「～た」「～だった」と訳す

・「さびしさはその色としもなかりけりまき立つ山の秋の夕暮れ」〈新古今和歌集〉

　　（寂しさは（木の）色で感じるものではないのだ。槙立つ山の秋の夕暮れよ）－

　　　→「なかり」は形容詞「なし」連用形＋「けり」。和歌で用いられている例。

$「～た／だった」と訳す例

・「次の帝、清和天皇と申しけり。」〈大鏡〉（次の帝は、清和天皇と申しあげた。）

→「申し」（動詞「申す」連用形）＋「けり」。会話・和歌以外で用いられている例。

【練習問題】

1.「それもまたさるべくある様あることをの下線箇所の現代語訳はどれか。

　A．そうなるべき因縁があったことを

　B．そうなるべき因縁があることを

　C．そうなるべき因縁があってもよいことを

　D．そうなるべき因縁がないことを

2.「宮の御事ありけりといふ、そらごとなり」の下線箇所の現代語訳はどれか。

　A．うそであった

　B．うそだと聞いている

　C．うそとなった

　D．うそである

3.「我、清和天皇の後胤として八幡太郎の孫なり」の下線箇所の現代語訳はどれか。

　A．清和天皇の子孫であって

　B．清和天皇の子孫となって

　C．清和天皇の子孫と一緒で

　D．清和天皇の子孫と関係があって

4.「ひたぶるの鷹飼にてさぶらふ者の」の現代語訳はどれか。

　A．専門の鷹飼にしたい、お仕えしている者が

　B．専門の鷹飼であって、お仕えしている者が

　C．専門の鷹飼になりるために、お仕えしている者が

　D．専門の鷹飼の家に行って、お仕えしている者が

5.「ことごとしき御随身引き連れてうるはしきさまして参れり」の現代語訳はどれか。

　A．立派であった身なりをして、参上した

　B．立派となりそうな身なりをして、参上した

　C．立派でない身なりをして、参上した

　D．立派な身なりをして、参上した

6.「なにか射る、な射そ」の現代語訳はどれか。

   A．なぜ射たのか、射るな

   B．なぜず射続けているのか、射るな

   C．なぜ射ようとするのか、射るな

   D．なぜ射ていたのか、射るな

7.「童は見たり、野なかのバラ」の下線箇所の現代語訳はどれか。

   A．子どもは見ている

   B．子どもは見ようとしている

   C．子どもは見たりしていた

   D．子どもは見惚れていた

8.「ここなる丘に東大の旗立てり」の下線箇所の現代語訳はどれか。

   A．旗が立っていた

   B．旗が立て

   C．旗が立つだろう

   D．旗が立っている

9.「滝の音は絶えて久しくなりぬれど名こそ流れてなほ聞こえけり」の下線箇所の現代
  語訳はどれか。

   A．今なお、聞こえている。

   B．今なお、聞こえ続けるだろう。

   C．今なお、聞こえるかもしれない。

   D．今なお、聞こえられている。

【練習問題解答】

1 　B 　「様ある」の「ある」は「あり」の連体形なので「…がある／てある／であると訳す

2 　D 　名詞(そらごと)に「なり」が接続しているのであるから「…である」と訳す

3 　A 　「として」の「と」は「たり」の連用形であるので、「～である」と訳す

4 　B 　「名詞＋にて」は「～で／である」と訳す。

5 　D 　「うるはしき」は形容詞「うるはし」の連体形なので「～だ」等の現在形にする。「な」は「だ」の連体形

6 　C 　「射る」は動詞終止形なので「～である」以外に「～しよう／するだろう」とも訳する。この場合「な射そ(射るな)」という語が続くので未来形に訳するのが適切である。

7 　A 　「たり」は原則として「～だ」「～ている」と訳す。矛盾する場合にのみ「～た／だった」と訳す

8 　D 　四段動詞已然形(「立て」は「立つ」の已然形)＋「り」は原則として「～だ」「～ている」と訳す

9 　A 　「けり」が会話・和歌で用いられているので、「～である／～ている」と訳す

【応用問題】〈中国日本語能力試験八級　出題例〉

　2009 年

第49問「おのれが芸のまさりたるを喜ぶ」の現代語訳は(　　　　)である。

　A．自分の芸の勝れていることを喜ぶ。

　B．自分の芸の勝れることを喜ぶ。

　C．自分が芸の勝れていることを喜ぶ。

　D．自分は芸の勝れることを喜ぶ。

正答：A

　おのれが芸のまさりたるを喜ぶ

→「たり」について聞かれている。B／Dは未来なので不可。Cは「が」の意味が違う(後出)

2009 年

50.「雪の木に降りかかれるをよめる」の現代語訳は（　）である。

　　Ａ．雪の木に降りかかれるのを詠んだ。

　　Ｂ．雪の木に降りかかれるのを詠める。

　　Ｃ．雪の木に降りかかっているのを詠んだ。

　　Ｄ．　雪の木に降りかかっているのを詠める。

正答：Ｃ

　　雪の木に降りかかれるをよめる

→「り」について聞かれている。最初の「り」は「ている」。後の「り」は「た」

　　Ａ／Ｂは最初の「り」を訳していない。Ｂ／Ｄは後の「り」を「る」（可能）と誤解している。

2008 年

46「ものを聞きもはてず、ひたさわぎに笑ふこと、あるまじきことなり。」の中の「あるまじきことなり。」の現代語訳は（　　　　）である。

　　Ａ．あってはならないことになる。

　　Ｂ．あってはならないことである。

　　Ｃ．なければならないことになる。

　　Ｄ．なければならないことである。

正答：Ｂ

→「あるまじきことなり。」の「なり」の訳は「～である」／「～だ」なのでＤ。

2007 年

47　「心を修めて道を行はむとなり」の現代語訳は（　　　）だ。

　　Ａ．精神を修養して、仏道を修行するためとなる

　　Ｂ．精神を修養して、仏道を修行したためである

　　Ｃ．精神を修養して、仏道を修行しようとするためである

　　Ｄ．精神を修養して、仏道を修行しようとすることとなる

正答：Ｃ

　　心を修めて道を行はむとなり

→「なり」と「む」について聞かれている。（「む」は後出）

　　Ａ／Ｄは「なり」の訳を「となり」と誤っている。Ａ／Ｂは「む」を誤訳している。

2006 年

49「しかじかのことありて、<u>鬼の取りたるなり</u>。」の現代語訳は（　　　）だ。

　　A．鬼が取ったそうだ

　　B．鬼が取ったらしい

　　C．鬼が取ったようだ

　　D．鬼が取ったのだ

正答：D

　しかじかのことありて、鬼の取りたる<u>なり</u>。

→「なり」について聞かれている。（「たり」はすべて過去で訳されていて差がついていない）

　A／B／Cは「なり」の訳にない。

2005 年

46　「<u>奢れる</u>者久しからず、ただ春の夜の夢の如し」の下線部の「奢れる」の現代語訳は、「栄華に（　　　）」だ。

　　A．奢れる　　　　　　　　　B．奢っている

　　C．奢られる　　　　　　　　D．奢ることができる

正答：B

　奢れ<u>る</u>者久しからず、ただ春の夜の夢の如し

→「り」について聞かれている。

　Aは訳していない。C／Dは「り」を「る」（受け身／可能）に誤解している。

否定表現

「～ない」と現代語訳する表現群を「否定表現」とし、まとめて解説する。

　これには、①単純に「～ない」と訳す語、②「～ないだろう」と未来形となる語、③「～ても／であっても…」と意味に条件を添えて訳する語、④活用はせずに「～けれど／～のに」と逆接となる語がある。

【概要】

一「～ない」／「～なく…」と現代語訳する語句。
　　1.「**述語未然形＋ず**」
　　2.「**述語未然形＋で**」
二「～ないだろう」／「～ないつもりだ」と現代語訳する語句。
　　1.「**述語未然形＋じ**」
　　2.「**述語終止形＋まじ**」
三「～ても／であっても…」と意味に条件を添えて現代語訳する語句。
　　1.「**述語已然形＋ども（ど）**」
四「～けれど／～のに…」と現代語訳する語句。
　　1.「**述語連体形＋ものの／ものを／ものから**」

【活用と用例】
一　「ず」／「で」

1.「述語未然形＋ず」「～ない」と現代語訳する。活用がある。

基本形	未然形	連用形	終止形	連体形	已然形	命令形
ず	ざら	ず ざり	ず	ぬ ざる	ね ざれ	ざれ

＊「ず」連用形「ざり」は下に「けり」等の助動詞が接続する場合の活用形。下に助動詞以外の品詞（動詞・形容詞・形容動詞・助詞）又は句末に用いる場合は「ず」となる。

　→これ花の名にもあらざりけり。　　黄山（かうざん）を見ずして山を見たというなかれ。
　　　「ず」連用形↗　↖助動詞　「ず」連用形↗　↖動詞＝助動詞以外の品詞

＊連体形「ざる」は下に「べし」「らむ」等の助動詞が接続する場合の活用形。下に助動詞以外の品詞（動詞・形容詞・形容動詞・助詞）又は「だ」と訳す「なり」に接続の場合、句末に用いる場合は「ぬ」となる。

→しきしまのやまとにはあら<u>ぬ</u>唐猫を…

「ず」連体形↗　　↖名詞（＝助動詞／断定「なり」以外の品詞」）

→ただ者にはあら<u>ぬ</u>なりけり。

「ず」連体形↗　　↖助動詞（断定「なり」）

世の中かくあら<u>ざる</u>べからず。

「ず」連体形↗　　　↖助動詞「べし」（＝断定「なり」以外の助動詞）

・おのが身はこの国の人にもあら<u>ず</u>。〈竹取物語〉（私はこの国の人で<u>ない</u>。）

・かへりごとせ<u>ず</u>はおぼつかなかりなむ。〈堤中納言物語〉（返事を<u>しない</u>と（相手は）
もどかしいだろう）

・「ねたき。いは<u>ざら</u>ましものを。」とくやしがるうちに、〈枕草子〉
（「残念なことだ。言わ<u>なければ</u>よかったなあ。」とくやしがっているうちに、）

・こちごちしき人にて、かうやうのこと、さらに知ら<u>ざり</u>けり。〈土佐日記〉
（無風流な人であって、このような（歌を詠む）ことは全然知ら<u>なかった</u>。）

・敷島_{しきしま}の大和_{やまと}にはあら<u>ぬ</u>唐猫_{からねこ}を君のためにぞ求めいでたる〈夫木和歌抄〉
（日本には<u>いない</u>唐猫をあなたのために探し出してきた）

・海賊は夜あるきせ<u>ざる</u>なり。〈土佐日記〉（海賊は夜歩きし<u>ないのだ</u>と聞いている）
　＊「なり」は［推定］

・其_その職の上に於_{おい}て、天命時運_{てんめいじうん}と云_いふことは決して言は<u>れぬ</u>なり。〈吉
田松陰一日一言〉
（仕事のことでは、天命とか時運ということは決して言え<u>ないのである</u>）
　＊「なり」は［断定］

・秋来_き<u>ぬ</u>と目にはさやかに見え<u>ね</u>ども風の音にぞおどろか<u>れぬ</u>　〈古今和歌集〉
（「秋が来た」と目にははっきり見え<u>なくても</u>、風の音で自然と気づいてしまった）

・これを聞きて、思ひいさめて、われを打たしめ<u>ざれ</u>。〈今昔物語集〉
（これを聞いて、私を打つ人を注意して、私を打たせ<u>ないようにしろ</u>。）

┌───┐
│〈注目！〉否定表現の連体形の「ぬ」と、過去表現（「〜た」と訳す）の助動詞「ぬ」（終
│　　　　止形）と混同しやすい
└───┘

見分け方：「ず」連体形ならば、名詞につく。「ぬ」終止形ならば文末に用いられるか、
　　　　または「らし／なり／めり／べし／らむ／まじ／とも」がつく。

世の中にさら<u>ぬ</u>別れもなくもがな。〈伊勢物語〉（世の中に避けられない別れ（死別）が
なければいいなあ）↖「別れ」（名詞）の前にあるから、「ず」連体形

八橋(やつはし)といふ所にいたりぬ。〈伊勢物語〉(八橋という所に着いた。)

↑「ぬ。」と文末になっているから、過去表現の終止形。

「ぬ」の識別原則
「…た」← [No] ← ぬ＋[名詞]か？ → [Yes] →「…ない」

2．「述語未然形＋で」「～ない…」／「～なく…」と現代語訳する

＊「で」(助詞)は活用しない。

・なほ、この女見では、世にあるまじき心地(ここち)のしければ、〈竹取物語〉

(やはりこの女を恋人にしないでは、やっていられない心地がするので、)

・心にもあらでうき世にながらへば恋しかるべき夜半(よは)の月かな〈後拾遺集〉

(心にもなく、現世で生き永らえれば、恋しく思い出されるであろう、夜の月よ。)

二　「じ」「まじ」

１．「述語未然形＋じ」「…ないだろう」／「…ないつもりだ」と現代語訳する表現。

基本形	未然形	連用形	終止形	連体形	已然形	命令形
じ	○	○	じ	じ	じ	○

・月ばかりおもしろきものはあらじ。〈徒然草〉(月ほど趣深いものはないだろう。)

　→「じ」のつく動詞の主語が話し手以外であれば、「～しないだろう」。この例では

　　主語は「月」

・さらば、ただ心にまかせよ。われはよめとも言はじ。〈枕草子〉

(それならば、何でもいい、勝手にしろ。私は詠めとも言わないつもりだ。)

・さらにさらに承(うけたまは)らじ。〈大鏡〉(けっしてけっしてお受けしないつもりだ。)

　→話し手自身の動作を表す語(「承る」は謙譲語＊)) に「じ」がつく時は、「～しない

　　つもりだ」

　＊日本語では現代文でも、謙譲語は話し手自身の動作を表す→「意見を申し上げて

　　もいいですか。」

「じ」の識別原則
文の主語は？　↗[私]→「…ないつもりだ／まい」 　　　　　　　↘[第三者・モノ・コト]→「…ないだろう」

2.「述語終止形＋まじ」「〜しないだろう」／「〜しないつもりだ」と現代語訳する表現

基本形	未然形	連用形	終止形	連体形	已然形	命令形
まじ	まじから	まじく まじかり	まじ	まじき まじかる	まじけれ	○

＊「まじ」連用形「まじかり」は下に「けり」「き」等の助動詞が接続する場合の活用形で、下に助動詞以外の品詞（動詞・形容詞・形容動詞・助詞）が接続する場合、または句末に用いられるは「まじく」となる。

→も通ふまじかりつるに、…　　　さらに生きるまじくおもへども、…

「まじ」連用形↗　　↖助動詞　　「まじ」連用形↗　　↖助動詞以外の品詞

＊「まじ」連体形「まじかる」は、下に「べし」「らむ」等の助動詞が接続する場合の活用形で、下に名詞が接続する場合は「まじき」となる。

→非義ひぎの勅ちょく、下るまじかるべし。　　　士しにあるまじき所業しょごう…

「まじ」連体形↗　　↖助動詞　　「まじ」連体形↗　　↖名詞

①「まじ」の用いられている文が会話文でない、または会話文で話し手・聞き手以外が主語になる場合は「…しないだろう／しないはずだ」と訳す。

・唐からのものは薬の他はなくとも事欠くまじ。〈徒然草〉（渡来品は薬の他はなくても不便ではないだろう。）

　↖「まじ」の接続する動詞の主語が[話し手・聞き手以外]だから「…しないだろう」と訳す。↗

②用いられている文が会話文で、話し手自身が主語なら、「…ないつもりだ」と訳す

・我はただ今は見るまじ。〈枕草子〉（私は今すぐに見ないつもりだ。）

　↖話し手自身が主語だから、「〜ないつもりだ」と訳す↗

③用いられている文が会話文で、聞き手が主語（述語に尊敬語がある）ならば、「〜するな／〜してはいけない」と訳す

・人にも漏らさせ給ふまじ〈源氏物語〉（あなたは他人にお話しくださいますな）

　↖述語に尊敬語があるから聞き手が主語＝「〜するな」と訳す↗

┌───┐
│「まじ」の識別原則
│　　　　　　　用いられている文が会話文か　（No）↘
│　　　　　　　　　　↓（Yes）　　「…しないだろう／しないはずだ」
│「…ないつもりだ」←[私]←文の主語は？→[第三者・モノ・コト]↗
│　　　　　　　　　↘[あなた／私たち]→「…するな／してはならない」
└───┘

三 「ども／ど」　　＊活用がない

「述語已然形＋ども（ど）」「～（た）けれども／が…」と現代語訳する

　　　　　　　　　　　　　　↖文脈によって過去であることを明示した方が良い時

・牛のあるじ、「まことに損あり」と言へども、また大きなる利りあり。〈徒然草〉

　　（牛の主は「本当に損している」と言うけれども、　一方では大きな利益がある。）

・よき草子ｓｈなどは、いみじう心して書けど、かならずこそきたなげになるめれ。

　　　　　　　　　　　　　　　　　　　　　　　　　　　　　　　　　〈枕草子〉

　　（よい本などは、かなり注意して書くが、必ず汚なげになるらしい。）

四 「述語連体形＋ものの／ものを／ものから」　　＊活用がない

「述語連体形＋ものの／ものを／ものから」は、「～が／けれども／～のに…」と現代
語訳する

・君来むといひし夜ごとに過ぎぬれば頼まぬものの恋ひつつぞふる〈伊勢物語〉

　　（貴方が来ると言った夜々は過ぎたのでもう頼りにはしないけれども、貴方を慕い
　　つつ日をすごす）

・君の御こころばへはあはれなりけるものを、あたら御身ｏｎｍを。〈源氏物語〉

　　（ご主人のご性格はすばらしかったのに、惜しい御自分の身を（尼にしてしまわれた
　　ことよ）。）

・（酒を勧めると）いたましうするものから、下戸ｇｅならぬこそ、をのこはよけれ。

　　　　　　　　　　　　　　　　　　　　　　　　　　　　　　　　　〈徒然草〉

　　（（酒を勧めると）困ったようにはするけれども、酒を飲めないわけでないのが、男
　　としてはよい。）

【練習問題】

１.「この国には見えぬ玉の枝なり」の現代語訳はどれか。

　　Ａ　この国では見られない玉の枝である。

　　Ｂ　この国では見られた玉の枝である。

　　Ｃ　この国では見られていた玉の枝である。

　　Ｄ　この国では見られるようになる玉の枝である。

2. 「心にもあらでこの世に長らへば恋しかるべき夜半の月かな」の下線部現代語訳はどれか。
   A　自分の意志でありながら、この世に長らえば
   B　自分の意志であって、この世に長らえば
   C　自分の意志ではなく、この世に長らえば
   D　自分の意志ではなかったままで、この世に長らえば

3. 「「残しおかじ。」と思ふ反古など」の現代語訳はどれか。
   A　残しておかないと思う古い書類など
   B　残しておくと良いと思う古い書類など
   C　残しておこうと思う古い書類など
   D　残しておくまいと思う古い書類など。

4. 「蔵人の「童より他にはすべて入るまじ」と戸をおさへて、」の下線部現代語訳はどれか。
   A　女童以外、誰も入ってはならない。
   B　女童以外、誰も入ったほうがよい。
   C　女童以外、誰も入ったらしい。
   D　女童以外、誰も入ろうと思う。

5. 「文を書きてやれども、返りごともせず。」の現代語訳はどれか。
   A　手紙を書いて送るだけでは、返事もしない。
   B　手紙を書いて送ると、返事もしない。
   C　手紙を書いて送るが、返事もしない。
   D　もし手紙を書いて送ったならば、返事もしない。

6. 「言少ななるものから、さるべきふしの御答へなど」の下線部現代語訳はどれか。
   A　言葉は少ないのであるので、
   B　言葉は少ないのであるのが原因で、
   C　もし言葉は少ないのであっても、
   D　言葉は少ないのであるが、

【練習問題解答】

1　Ａ　「ぬ」は名詞「玉の枝」についているので、「ず」連体形＝「ない」と訳す。

2　Ｃ　「～で」は、「～なくて」と訳す。

3　Ｄ　「じ」が会話文で用いられ、その主語が話し手となっているので「～まい／ない だろう」と訳す。

4　Ａ　「まじ」が会話文で用いられ、その主語は、蔵人が直面している戸を開けて入ろ うとしている相手なので「～してはならない」と訳す。

5　Ｃ　「ども」は「～（た）けれども／が…」と訳す

6　Ｄ　「ものから」は「～が／けれども／～のに…」と訳す

【応用問題】〈八級出題例〉

2014 年

48.「散りぬとも香をだに残せ梅の花恋しきときの思い出にせむ」における下線の部分の 現代語訳はどれか。

　Ａ. 散らなくてもせめて香だけでも残せ

　Ｂ. 散らなくても香を出しているから残せ

　Ｃ. 散ってしまうにしても香を出しているから残せ

　Ｄ. 散ってしまうにしても、せめて香だけでも残せ

正答：Ｄ

→「散りぬとも」の「とも」は「～ても／であっても…」と訳すので、Ａ～Ｄすべて正解。 「ぬ」は「とも」についているから終止形。つまり「ず」連用形ではなく、過去表現の「む」 終止形だから「てしまう／た」と訳すＣかＤが正解。　「香をだに残せ」の「だに」は「せ めて…だけでも」か「～でさえ…」のどちらかの訳となるのでＤが正解。

50.「ゆめゆめ粗略を存ずまじう候ふ。」の現代語訳はどれか。

　Ａ. 決しておろそかに扱おうとは考えません。

　Ｂ. おろそかに取り扱わず、結果を待ちます。

　Ｃ. 決しておろそかに扱おうとは考えない。

　Ｄ. おろそかに取り扱わず、結果を待つ。

正答：Ａ

→「ゆめゆめ粗略を存ずまじう候ふ。」の「まじう」は「まじく」（「まじ」連用形）の音便。 訳は「～しないだろう」／「～しないつもりだ」となるのでＡかＣが正解。「候ふ」が

敬語なのでＡが正解となる。

2011 年

48. われはよめとも言はじ。

　　Ａ．私はよめとは言うまい。

　　Ｂ．私はよめとは言わない。

　　Ｃ．私はよめとは言わせまい。

　　Ｄ．私はよめとは言わせない。

正答：Ａ

→「われはよめとも言は<u>じ</u>」の「じ」の訳は「〜しないだろう」／「〜しないつもりだ」
　なのでＡ。「〜まい」は「〜しないだろう」の文語的な表現。

2009 年

46.「死なぬ薬も何にかはせむ。」の現代語訳は（　　　　）である。

　　Ａ．死んだ薬も何かになろう。

　　Ｂ．死なない薬も何になろうか。

　　Ｃ．死んだ薬も何になろうか。

　　Ｄ．死なない薬も何かなろう。

正答：Ｂ

→「死な<u>ぬ</u>薬も何にかはせむ。」の「ぬ」は、「薬」（名詞）についているから、「ず」連体形。
　訳は「〜ない」となるのでＢかＤが正解。「何にかは（せむ）」／「ものかは」は慣用句
　的な反語表現で、「何になろうか、いや何にもならない／たいしたことはない」という
　意味になるので、ここでの正解はＢに限定される。

48.「一生の恥、これに過ぐるはあらじ」の中の「これに過ぐるはあらじ」の現代語訳は
　　（　）である。

　　Ａ．これ以上のものはある。

　　Ｂ．これ以上のものはあるだろう。

　　Ｃ．これ以上のものはない。

　　Ｄ．これ以上のものはないだろう。

正答：Ｄ

→「これに過ぐるはあら<u>じ</u>」の「じ」の訳は「〜しないだろう」／「〜しないつもりだ」
　なのでＤ。

48.「<u>人にまじるに及ばねば</u>、薪をとりて世を過ぐるほどにやまへ行きぬ」の下線部の「人にまじるに及ばねば」の現代語訳は（　　　　　　　）だ。

A．人との付き合いもできなければ

B．人との付き合いもできないので

C．人との付き合いもできれば

D．人との付き合いもできるので

正答：B

→「人にまじるに及ば<u>ね</u>ば」の「ね」（「ず」已然形）は「～ない」なのでAかB。

（補足）「ば」は「～ので／～と／～と決まって」と訳す。Aの訳だと「ね」か「ば」に「～できる」の意味が必要。

受け身表現

　現代語で「〜られる」と訳すことのできる表現を受け身表現とする。受け身表現は述語＋助動詞「る／らる」の形を用いる。この助動詞には受け身以外の意味もある。

【概要】

「述語未然形＋る／らる」

→現代語の「れる／られる」も述語未然形につき、古典文法の「る／らる」とほぼ同様の用法である。

→「る／らる」は助動詞。古典の「〜る／らる」は「受け身」を含めて、以下の１〜4の意味を持つ：１.「〜できる」（可能）　　２.「〜してしまう」（自発）

　　　　　　　　　　　　　　　3.「〜なさる」（尊敬）　　4.「〜られる」（受け身）

★「る／らる」活用

基本形	未然形	連用形	終止形	連体形	已然形	命令形
る	れ	れ	る	るる	るれ	れよ
らる	られ	られ	らる	らるる	らるれ	られよ

★意味の識別

１.「〜（ことが）できない」（可能）

　←「れず」／「られず」のように、「る／らる」の後に否定語が続く場合は「可能」の意味となる。（但し、室町時代以後（だいたい『徒然草』以後）は、否定形でなくとも、文脈により「可能」となる）

　・「とかくつくろひたれど、あしの裏動かれず。」〈源氏物語〉（いろいろ手当したが、脚の裏が動くことができない。）

　・「うちとけたる寝_いも寝られず。」〈蜻蛉日記〉（くつろいでも寝ることができない。）

　　　　　　　　↖以上は「る／らる」の後に「ず」がついて、「れず」／「られず」となる例。

　・「かの左衛門督_{さゑもんのかみ}はえなられじ。」〈大鏡〉（あの左衛門督は（中納言に）なることはできないだろう）

　　　　　　　　↖「る／らる」の後に「じ」（打消推量／打消意志）がついて、「れじ」／「られじ」となる例。

２.「（つい／しぜんに）〜してしまう」（自発）

　←後ろに否定語がなく、さらに「思はる／知らる／見らる／聞かる」等、「る／らる」の前に＊心情・知覚動詞がある時。

　＊心情・知覚_{ちかく}語〜｛思ふ／知る／見る／聞く｝など、知覚や心の動きを表す動詞

＝「思は・る」（（つい／しぜんに）思われる）

　　心情・知覚動詞↗　　　↖「る／らる」

・「なかなかこれを見るにいと悲しくて、ほろほろと<u>泣かれ</u>ぬ。」〈源氏物語〉（（親より
も）むしろ弟を見る時に、とても悲しくて、ぽろぽろと<u>つい泣いてしまう</u>）

・「青葉に見ゆる梢_{こずえ}には、春の名残_{なごり}ぞ<u>惜しまるる</u>。」〈平家物語〉（青葉に見える
梢には春の名残が<u>しぜんに惜しまれてしまう</u>）

・「「染殿_{そめどの}の宮に参り通ひなどしたまひけむほどの事にや」とぞ<u>推</u>_を<u>し測</u>_{はか}<u>られ</u>侍
る。」〈大鏡〉（染殿宮に出入りされていた時のことかと<u>推測してしまいます</u>）

3．「〜なさる」（尊敬）

　　←後ろに否定語がなく、前に心情・知覚動詞もなくて、「（貴人）が…言はる」のように、
　　「貴人」が主語であれば「尊敬」の意味となる。また、「貴人」が主語であれば「る／ら
　　る」の前後に敬語がある。

・「その心、御覧_{ごらん}<u>ぜられ</u>よ。」〈源氏物語〉（その心をご覧なさい。）

　　＊敬語↗　　　　　　　↖「る／らる」　　　＊「御覧ず」は「見る」の尊敬語

・「描_かくべきやうくはしく＊<u>仰せられ</u>て」〈源氏物語〉描くべき次第を詳しく<u>おっしゃ
られ</u>て）　　　　　　　＊敬語↗　　　↖「る／らる」　　　＊「仰す」は「言ふ」の尊敬語

・「僧都_{さうづ}に任_{にん}ずべきよし＊<u>宣下</u>_{せんげ}<u>せらる</u>れども」〈宇治拾遺物語〉（僧都に任命すべきことを宣下<u>なさる</u>が）

　　　　　　　　＊敬語↗　　　　　↖「る／らる」

　　　　　　　　＊「宣下す」は「天皇の命令を言ふ」＝貴人の行為

4．「〜られる」（受け身）

　　←「…［生き物／世間］に…る／らる」とあれば必ず「受け身」。

　　　　　［生き物／世間］は擬人化_{ぎじんか}されたものでも可。

　　←「…［生き物／世間］に…」の箇所がなくとも、上記までの１可能／２自発／３尊
　　　敬でなければ「受け身」。

・「よのつねならぬさまなれども、<u>人に</u>いとは<u>れ</u>ず、よろづ許さ<u>れ</u>けり。」〈徒然草〉（世
間並みとは違う有様であったが、人々に嫌わ<u>れ</u>ず、すべて許されていた。）

・「いくさはまた親も討た<u>れ</u>よ、子も討た<u>れ</u>よ。」〈平家物語〉

　　　　　↖「［生き物］に…る」の例

144

（戦争では親も（敵に）討た**れ**ろ、子も討た**れ**ろ

↖文脈から「[生き物]に」を見つける

・「ひとり身なるものは<u>人</u>に軽めら<u>る</u>。」〈方丈記〉（孤立する者は人から軽んじ<u>られる</u>。）

↖「[世間]に…らる」の例

・「いかなる<u>車</u>かのけら**れ**んずらんと、」〈十訓抄〉（どのような車が排除さ<u>れる</u>のだろうと、…） ↖「[生き物]に…らる」の例 ＊「車」は生き物に準ずる

・「名利_{みゃうり}に使は**れ**て、しづかなるいとまなく」〈徒然草〉（名誉・利益に追われて、心静まることなく）↖「…[擬人化されたもの]に…る」の例 ↖擬人化表現

・「瀬_せを早み岩にせか<u>る</u>るたき川の」〈詞花和歌集〉（川の瀬は流れが速いので<u>岩にじゃ</u><u>まされる</u>急流のように）↖「…[擬人化されたもの]に…る」の例

↖擬人化表現

・「からき命生きたれど、腰、斬り損ぜ<u>られ</u>て」〈徒然草〉（危ない命は助かったが、腰を切<u>られ</u>て）

↖「…[生き物／世間]に…」となくとも、①「る／らる」の後に否定表現がなく、②「る／らる」の前に心情・知覚語がなく、③主語が貴人でなく、述語からも主語が貴人でないことが明らかなので「受け身」と決定。

「る／らる」の識別

↓「る／らる」←（a音）←「れ／る」の前の文字の音→（e音）→「り」

「受け身」←（Yes）←「[生き物／世間]に…る／らる」→（No）↓

「可能」 ←（Yes）← 「る／らる」の直後に否定語が続く→（No）↓

「自発」 ←（Yes）← 「る／らる」の前に心情・知覚動詞がある→（No）↓

「尊敬」 ←（Yes）← 「貴人」が主語／尊敬語が用いられている →（No）→「受け身」

★補足「れ／る」の見分け方

［a音＋「れ／る」］＝受け身・可能・自発・尊敬の「る」

／［e音＋「れ／る」］＝断定／過去の「り」

ありがたきもの、しうとに思は<u>る</u>る嫁 ふるさとの親を思ひて詠<u>め</u>る歌、

a音↗ ↖「る」の連体形「るる」の一部 e音↗ ↖「り」の連体形「る」

【練習問題】

1.「<u>ものにおそはるる心地して</u>、おどろき給へれば」の下線部現代語訳はどれか。

A 物の怪を襲える心地がして

B 物の怪を自然と襲ってしまう心地がして

C 物の怪を襲いなさる心地がして

D 物の怪に襲われる心地がして

2.「心なき身にもあはれは知られけり鴫立つ沢の秋の夕暮れ」の下線部現代語訳はどれか。

A 情趣を解しない僧の身であっても感動できる

B 情趣を解しない僧の身であっても自然と感動してしまう

C 情趣を解しない僧の身であっても感動なさる

D 情趣を解しない僧の身であっても感動される

3.「うぐひすの鳴く声聞けば朝寝いせられず」の下線部現代語訳はどれか。

A 朝寝できない

B 自然と朝寝しないでしまう

C 朝寝なさらない

D 朝寝されない

4.「それを見てだに帰りなむと仰せらるれば」の下線部現代語訳はどれか。

A おっしゃることができるので

B 自然とおっしゃってしまうので

C おっしゃるので

D おっしゃられたので

4.「それを見てだに帰りなむと仰せらるれば」の下線部現代語訳はどれか。

A おっしゃることができるので

B 自然とおっしゃってしまうので

C おっしゃるので

D おっしゃられたので

5.「はらからのうちにても親に<u>思はるる思はれぬ</u>があるぞわびしき」の下線部現代語訳
　　はどれか。

　A　大事に思える子と思えない子がいるのが悲しい。

　B　大事に自然と思ってしまう子と思ってしまわない子がいるのが悲しい。

　C　大事に思いなさる子と思いなさらない子がいるのが悲しい。

　D　大事に思われる子と思われない子がいるのが悲しい。

【練習問題解答】

１　D　「もの」は物の怪＝生き物だから、「ものに」＝「…［生き物／世間］に…」なので、
　　受け身。

２　B　「知ら<u>れ</u>けり」と「れ」の後に否定形がなく、前に心情知覚語「知る」があるので、
　　自発。

３　A　「朝寝せら<u>れ</u>ず」の「れ」は［a音＋「れ／る」］だから「る」。「れ」の後に否定の
　　「ず」があるから、可能。

４　C　「仰せらる<u>れ</u>ば」の「れ」は［a音＋「れ／る」］だから「る」。「仰す」と尊敬語の
　　後にあるので、尊敬。

５　　「親に」＝「…［生き物／世間］に…」なので、受け身。

【応用問題】〈八級出題例〉

　2011 年

47. ひとり身なるものは人にかろめらる。

　A．孤立しているものは人から軽んじる。

　B．孤立しているものは人から軽んじれる。

　C．孤立しているものは人から軽んじられる。

　D．孤立しているものは人から軽んじさせられる。

正答：C

→「らる」の識別。①後に否定語がなく②前に心情・知覚動詞③主語が貴人でなければ、
　「受け身」しかない。

　Aは「らる」を訳していない。Bは「可能」で訳していて失当。Dは「使役」で訳している。

47.「伝へ承るこそ、心も詞も<u>及ばれぬ</u>」の下線部の「<u>及ばれぬ</u>」の現代語訳は（　　　）だ。

A．及ばれた 　　　　　　　 B．及ばれてしまう

C．及ばない 　　　　　　　 D．及ぶことはない

正答：C

→「ぬ」は前に「こそ」があるので「ず」の連体形（係り結び）。「れ」は「る」未然形。後に
　否定語があるので「可能」。Aは「過去」。Bは「完了」。Cは「る」を訳していない。

使役表現

　現代語で「〜せる／させる」と訳す表現を使役表現とする。助動詞「す／さす／しむ」がこれにあたるが、この助動詞群は使役以外に尊敬の意味があるので、学習者はそれを識別できなければならない。

【概要】
「述語未然形＋す／さす／しむ」（助動詞）→現代語の「〜せる／させる」にあたる。
古典の「す／さす／しむ」は「使役」以外に「尊敬」の意味がある。

★活用

基本形	未然形	連用形	終止形	連体形	已然形	命令形
す	せ	せ	す	する	すれ	せよ
さす	させ	させ	さす	さする	さすれ	させよ
しむ	しめ	しめ	しむ	しむる	しむれ	しめよ

★意味の識別

1．「〜せる／させる」（使役）となる場合

①　前の箇所に{「…［生き物］＋に／を…す／さす／しむ」}とあれば「使役」

②　「す／さす／しむ」の前の動詞が苦役や危険業務である場合も「使役」

③　①②以外の場合でも、「す／さす／しむ」の後に尊敬表現がなければ「使役」

・「馬に瓜(うり)を負(お)はせて売らむがために行かむ、」〈伊勢物語〉

　　　↖［生き物］＋に　　　　　　　　　　　（馬に瓜を背負わせて売るために行こう）

・「妻(め)の女にあづけて養(やしな)はす。」〈竹取物語〉（妻に預けて養わせた）

　　　↖［生き物］＋に

・「「めでたき祝(いは)ひの中に、涙をながし心を痛ましむ。」〈平家物語〉

　　　　　　　　［生き物］＋を↗（めでたい祝宴中、涙を流し、心*を痛ませる）

　　　　　　＊「心」や「目」「耳」のように知覚に関わる人体の一部は［生き物］

・「「荻(をぎ)の葉、荻の葉。」と呼ばすれど、答(いら)へざんなり。」〈更級日記〉（「荻の葉（名前）、荻の葉。」と（従者に）呼ばせたが、答えなかった）

　　　　　＊平安貴族であれば従者がいて当然。「従者に」が省略されているのは明らか

2．「〜なさる」（尊敬）となる場合

　←「す／さす／しむ」の後ろに［尊敬表現］がある場合、原則として「尊敬」の意味と

なる　　　　例：{しめ給ふ}{させおはす}

・「「…召せかし」とてわらは<u>せおはし</u>ます。」〈平家物語〉（「…を呼べ」と言ってお笑いになられる）

　　わらは・<u>せ</u>・<u>おはします</u>。
　　「す」↗　　　　　　↖[尊敬表現]

・「寛弘五年…土御門殿_{つちみかどどの}にて産まれ<u>させ</u><u>たまふ</u>。」〈大鏡〉（寛弘五年…土御門殿にてお産まれなさる）

　　産まれ・<u>させ</u>・<u>たまふ</u>
　　「さす」↗　　　　　↖[尊敬表現]

・「便_{びん}なきこともあらば、重く勘当_{かんだう}<u>せしめ</u><u>たまふ</u>べきよしなん、」〈源氏物語〉（不都合なこともあれば、厳しく<u>お叱りなさる</u>だろうということを、）

　　勘当せ・<u>しめ</u>・<u>たまふ</u>・べき
　　「しむ」↗　　　　　　↖[尊敬表現]

「す／さす／しむ」の識別原則

前の箇所に {「…[生き物]＋に／を…す／さす／しむ」} とある (Yes)→「使役」

　　↓(No)

「す／さす／しむ」の前の動詞が苦役や危険業務である (Yes)→「使役」

　　↓(No)

「す／さす／しむ」の後ろに[尊敬表現]がある (No)→「使役」

　　(Yes)↘「尊敬」

【練習問題】

1.「「口づきのをのこに、まづ一度せさせよ」とて、」の現代語訳はどれか。

　A　馬牽き役に、まずは酒を一杯おのみになられよ

　B　馬牽き役に、まずは酒を一杯のませろ

　C　馬牽き役に、まずは酒を一杯のませたよ

　D　馬牽き役に、まずは酒を一杯のませることができるよ

2.「日ごろ日本国に聞こえさせたまひつる木曽殿をば、」の現代語訳はどれか。

　A　常日ごろ日本中で、評判にさせている木曽殿を

B　常日ごろ日本中で、評判を取らせている木曽殿を

C　常日ごろ日本中で、評判でいらっしゃる木曽殿を

D　常日ごろ日本中で、評判を得ている木曽殿を

3．「後徳大寺大臣の「寝殿にとびゐさせじ」とて縄をはられたりけるを、」の下線箇所の
　　現代語訳はどれか。

A　寝殿に、トビがおとまりでないだろう

B　寝殿に、トビをとまらせなさらないだろう

C　寝殿に、トビがおとまりであらせまい

D　寝殿に、トビをとまらせまい

4．「芸はこれつたなけれども、人の耳をよろこばしめむとにはあらず。」の下線箇所の現
　　代語訳はどれか。

A　他人の耳を喜ばせよう

B　他人の耳を喜ばせなさろう

C　他人の耳を喜ばせて閉めよう

D　他人の耳を喜ばせて見よう

5．「すこし形見とて、脱ぎおく衣に包まんとすれば、ある天人包ませず。」の下線箇所の
　　現代語訳はどれか。

A　ある天人がお包みにならない

B　ある天人が包ませない

C　ある天人をお包みにならなかった

D　ある天人に包ませなかった

6．「仙の力をもって空より飛ばしめよかし。」の現代語訳はどれか。

A　仙人の神通力で空よりも高く飛ばせて見るのがよい

B　仙人の神通力で空を飛びなさいませ

C　仙人の神通力で空を飛ばさせろよ

D　仙人の神通力で空を飛ばしてみろよ

7　「女のいはく、その蟹かにわれに得しめよ」の下線箇所の現代語訳はどれか。

A　そのカニを私にください

B　そのカニが私と結婚なさってください

C　そのカニが私をお食べください

D　そのカニを私がお食べになります

【練習問題解答】

１　B　「ロづきのをのこに…せよ」＝「[生き物＝ロづきの男]＋に…す」だから「使役」。

２　C　「[生き物]＋に／を…す」の型でなく、「す／さす／しむ」の前の動詞が苦役や危険業務でなく、後ろに[尊敬表現]があるので「尊敬」

３　D　「鳶ゐさせじ」の「させ（「さす」未然形）」は「[生き物＝トビ]＋を…す」の型なので「使役」。「じ」は話し手が主語なので「…まい／ないつもりだ」

４　A　「人の耳をよろこばしめむ」の「しめ（「しむ」未然形）」は、「[生き物＝人の耳]＋を…しむ」の型であるので「使役」。「耳」のように知覚に関わる人体の一部は[生き物]

５　B　「天人包ませず」の「せ（「す」未然形）」は、「[生き物]＋に／を…す」の型でなく、「す／さす／しむ」の前の動詞が苦役や危険業務でなく、後ろに[尊敬表現]がないので「使役」。「天人包ませず」のように主語の後に書誌が省略されている場合、通常は「は／が（主格）」か「を（目的格）」の省略である。この場合、前に「脱ぎおく衣に包まんとすれば」とあるので、「脱ぎおく衣に包まんとす」る人に包ませないことがわかる。

６　C　「飛ばしめよかし」の「しめよ（「しむ」命令形）」は「[生き物]＋に／を…す」の型でなく、「す／さす／しむ」の前の動詞が苦役や危険業務でなく、後ろに[尊敬表現]がないので「使役」。

７　A　「得しめよ」の「しめよ（「しむ」命令形）」は、「われに」＝「[生き物]＋に…しむ」だから「使役」。直訳すれば「私に取らせなさい」だが、通常の日本語では「私にください」となる。

【応用問題】〈八級出題例〉

2011 年

50.「たがためにかを心を悩まし、何によりてか目を喜ばしむる。」の下線箇所の現代語訳はどれが適切か。

　A．何かのために目を喜ぶ。

Ｂ．何かのために目を喜ばさせる。

　Ｃ．何のために目を喜ぶのだろうか。

　Ｄ．何のために目を喜ばせるのだろうか。

正答：Ｄ

→「喜ば<u>しむる</u>」の「しむる」は「しむ」の連体形。この後ろに尊敬表現がないから「使役」
　Ａは「しむ」を訳していない。Ｂは「何によりて<u>か</u>」の「疑問」を訳していない。Ｃは日本
　語が不適切。

　2010 年

48.「御船速やかに<u>漕がしめ給へ</u>。」の下線箇所の現代語訳はどれが適切か。

　Ａ．漕いでください。

　Ｂ．漕がないでください。

　Ｃ．漕がせてください。

　Ｄ．漕がせないでください。

正答：Ｃ

→「しむ」の後に尊敬表現があるから「尊敬」が原則であるが、「舟を漕ぐ」は苦役で貴人
　自らする行為ではないので「使役」が適切。Ｂ・Ｄは「否定」。「め」という否定語はなく、
　「ぬ／ね」と混同している。

過去表現

　この章では過去時制＝「…た」と現代語訳する表現を紹介する。現代日本語と同様、過去表現には助動詞を用いる。それら助動詞はすべて連用形接続である。

【概要】
一「…た」（「過去」）と訳す表現：

　　　　　　　「述語連用形＋き／ぬ／つ／にき／にけり／にたり／てき／てけり」

二「…ただろう」（「過去推量」）と訳す表現：

　　　　　　　　　　「述語連用形＋けむ／にけむ／てけむ」

三「…た／…である」と訳す表現（文脈により「過去」にならない場合もある）：

　　　　　　　　　　　　「述語連用形＋けり／り／たり」

★一　「述語連用形＋き／ぬ／つ／にき／にけり／にたり／てき／てけり」：「…た」と現
　　代訳する表現

　$「き」

基本形	未然形	連用形	終止形	連体形	已然形	命令形
き	（せ）＊	○	き	し	しか	○

・未然形「せ」は、「せば」という形でしか用いない。
・「今は昔、藤原為時ふじはらのためときといふ人あり<u>き</u>。」〈今昔物語集〉（今は昔、藤原為時という人がい<u>た</u>。）
・「罪に落ちて都を去り<u>し</u>人を、」〈源氏物語〉（罪を犯して都を去っ<u>た</u>人を）
・「おもかげは身をも離れず山桜心の限りとめて来_き<u>しか</u>ど」〈源氏物語〉（（美しい）面影は私から離れられない。山桜よ。心の全てをそこに置いてき<u>た</u>のだが）
・「その人の後ぁとといはれぬ身なり<u>せ</u>ば、こよひの歌をまづぞ詠ままし。」〈枕草子〉（私が「その人の子」と言われない身ならば、今夜の（歌会での）歌を最初に詠むだろうに）
　→「せば」は「ならば」と訳し、「過去」の意味はなくなる。

　$「ぬ」

基本形	未然形	連用形	終止形	連体形	已然形	命令形
ぬ	な	に	ぬ	ぬる	ぬれ	ね＊

＊命令形は「た」と訳さない。「命令の強調」となる。
＊＊「<u>な</u>む／<u>な</u>まし／<u>ぬ</u>べし／<u>ぬ</u>らむ」は「～だろう／するつもりだ」と訳し、「な／ぬ」に過去の意味はない。

・「三河みかはの国、八橋やっはしといふ所にいたりぬ。」〈伊勢物語〉（三河の国の八橋という所に着いた）

・「夜中うち過ぐるほどになむ、絶えはてたまひぬる。」〈源氏物語〉（夜中過ぎ頃に、お亡くなりになった）

・「さらにつかず、立ちね。」〈枕草子〉（ぜんぜん（護法が）つかない。立ち＊なさい）

> ＊命令形は「過去」に訳さない。「命令の強調」となる

・「人盛りありなば人にうき目見え＊＊なむ」〈古今集〉

（若く美しい時があったならば、他人に老いた醜い姿が見える＊＊だろう）

> ＊＊「なむ」の「な」に過去の意味はない。

$「つ」

基本形	未然形	連用形	終止形	連体形	已然形	命令形
つ	て	て	つ	つる	つれ	てよ＊

＊命令形は「過去」に訳さない。「命令の強調」となる。

＊＊「てむ／てまし／つべし／つらむ」は「過去」とせず、「〜だろう／するつもりだ」と訳す。

・「梅が香かを袖そてに移してとどめてば春は過ぐともかたみならまし」〈古今和歌集〉

（梅の香を袖に移して留めたならば、春が過ぎても思い出となるだろうに）

・「わづらはしかりつる事はことなくて、やすかるべき事はいと心ぐるし。」〈徒然草〉

（難しいと思った事は無事にすみ、簡単だと思うことは大いに苦労する）

・「よくも心得ぬことを、あしざまに難じつれば、」〈十訓抄〉（よく知らない事を、悪く批判したならば）

・「いまは下ろしてよ。」〈竹取物語〉（すぐに下ろし＊てくれ）

> ＊命令形は「…た」と訳さない。

・「所なくなみゐつる人もいづかたへか行きつらむ。」〈徒然草〉（すき間なく並んでいた人もどこに＊＊いくのだろうか）　＊＊「つらむ」の「つ」は「…た」とは訳さない。

$「にき」

基本形	未然形	連用形	終止形	連体形	已然形	命令形
にき	○	○	にき	にし	にしか	○

・「名にめでて折れるばかりぞ女郎花をみなへし我落ちにきと人にかたるな」〈古今和歌集〉

（名をほめて手折るだけだよ、オミナエシよ。「私が堕落した」と他人に言うな）

・「吉野山よしのやま峰の白雪ふみわけて入りにし人の跡ぞ恋しき」〈義経記〉

（吉野山よ。峰の白雪をふみわけて入っていった人の足跡が恋しい）

・「生まれたりし女児をむなご、国にてにはかに失せにしかば、」〈土佐日記〉（生まれた女

の児が、土佐で急死したので）

・「わが待たぬ年はきぬれど冬草のかれにし人はおとづれもなし」〈古今和歌集〉

（私が待ちのぞまない年末は来たけれど、冬草が枯れたではないが、離れて去って
しまった人は何も連絡をくれない）

$「にけり」

基本形	未然形	連用形	終止形	連体形	已然形	命令形
にけり	○	○	にけり	にける	にけれ	○

・「時世<ruby>経<rt>ときょ</rt></ruby>て久しくなりにければ、その人の名忘れにけり。」〈伊勢物語〉

（時が経って長くなったので、その人の名を忘れた）

・「かぎりなく遠くにも来にけるかな。」〈伊勢物語〉（はてしなく遠くまでも来たなあ）

$「にたり」

基本形	未然形	連用形	終止形	連体形	已然形	命令形
にたり	にたら	にたり	にたり	にたる	にたれ	にたれ

・「言ひ続くれば、みな源氏物語・枕草子などにこと古<ruby>ふ<rt></rt></ruby>りにたれど、」〈徒然草〉（この
ように語り続ければ、みな『源氏物語』や『枕草子』などに、言い古されたことだが）

$「てき」

基本形	未然形	連用形	終止形	連体形	已然形	命令形
てき	○	○	てき	てし	てしか	○

・「山ざくら霞<ruby>かすみ<rt></rt></ruby>の間<ruby>ま<rt></rt></ruby>よりほのかにも見てし人こそ恋しかりけれ」〈古今和歌集〉

（山桜よ。霞の間からほのかに見たあなたが恋しい）

・「世にたとふべきにあらざりしかど、この枝を折りてしかば、さらに心もとなくて、」
〈竹取物語〉

（世の中に比べるものがないほど良いというほどではなかったが、この枝を折った
ので、すっかり不安になって）

$「てけり」

基本形	未然形	連用形	終止形	連体形	已然形	命令形
てけり	○	○	てけり	てける	てけれ	○

・「御髪<ruby>みぐし<rt></rt></ruby>おろし給うてけり。」〈伊勢物語〉（お髪をお切りになった（出家した））

★二　「述語連用形＋けむ／にけむ／てけむ」：「…た（の）だろう」と現代訳する表現

$「けむ」

基本形	未然形	連用形	終止形	連体形	已然形	命令形
けむ（ん）	○	○	けむ	けむ	けめ	○

・「何事かあり<u>けん</u>、ゆかしかりしかど、」〈徒然草〉（何事があった<u>のだろうか</u>、知りたかったのだが）

$「にけむ」

基本形	未然形	連用形	終止形	連体形	已然形	命令形
にけむ	○	○	にけむ	にけむ	にけめ	○

・「五六年のうちに千年や過ぎ<u>にけむ</u>。」〈土佐日記〉（五・六年の間で、千年が過ぎたのだろうか）

$「てけむ」

基本形	未然形	連用形	終止形	連体形	已然形	命令形
てけむ	○	○	てけむ	てけむ	てけめ	○

・「沖おきつ波…都の人は聞き<u>てけむ</u>かも」〈万葉集〉（沖の波…、都の人は聞い<u>ただろうなあ</u>）

★三　「述語連用形＋けり／り／たり」けり／り／たり：「…た／…である（ている）」と現代訳する表現

→文脈により「過去」にならずに「断定」となる場合もある。活用は「断定表現」参照。

1．「けり」：会話／和歌ならば「～である」。それ以外は「～た」。

・「いづれの御時おほんときにか、女御にようご・更衣かういあまたさぶらひ給ひ<u>ける</u>なかに、いとやんごとなき際きはにはあらぬが、すぐれて時めき給ふあり<u>けり</u>。」〈源氏物語〉（どの帝の代であったか、女御・更衣が数多くお仕えなさっていた中に、際だって高い家の出ではないが、たいそう帝に寵愛されていらっしゃる方がいた）

・「見わたせば柳桜をこきまぜて　都ぞ春の錦にしきなり<u>ける</u>」〈古今和歌集〉
（見わたせば、柳や桜が入り交じり、都は春の錦である）　～和歌で用いられているから「～である」

　＊注意；「にけり／てけり」は和歌・会話文中でも「過去」となる。

2．「り／たり」：「～を」が目的語として前にある時は「～た」。なければ「～である／ている」。

★再掲「れ／る」の見分け方

$\quad$[a音＋「れ／る」]＝「る」　　　　　[e音＋「れ／る」]＝断定／過去の「り」

・「すなはち男を産めり。」〈平家物語〉（その時、男を産んだ）

$\quad\quad\quad$↖「〜を」が「産めり」の目的語として前にあるから、「り」は「〜た」

・「囲碁打つ様を見れば、一人は立てり、一人は居り。」〈宇治拾遺物語〉

$\quad\quad$↖「囲碁打つ様を」は「見る（見れば）」の目的語で、「立てり」の目的語でない

（囲碁を打つ様子を見れば、一人は立っていて、一人は座っている）

・「大野に火を放つたる心地して、」〈平家物語〉（広い野原に火をつけた心地がして）

$\quad\quad\quad$↖「〜を」が「放つたり」の目的語として前にあるから、「たり」は「〜た」

・「われかの気色にて臥したれば、」〈源氏物語〉（意識もないような様子で寝ているので）

$\quad\quad\quad\quad$↖「〜を」が前にないので、「たり」は「〜である／ている」

「けり」の識別原則

和歌・会話で用いている	↗（Yes）→「断定」（〜である／ている）
	↘（No）→「過去」（〜た）

「り／たり」の識別原則

「〜を」が具体的な目的語を持つ動詞につく	↗（Yes）→「過去」（〜た）
	↘（No）→「断定」（〜である／ている）

【練習問題】

1.「「その人ほどなく失せにけり」と聞きはべりし」の現代語訳はどれか。

$\quad$A$\quad$その人は、それからまもなく、亡くなる

$\quad$B$\quad$その人は、それからまもなく、亡くなっただろう

$\quad$C$\quad$その人は、それからまもなく、亡くなった

$\quad$D$\quad$その人は、それからまもなく、亡くなったらしい

2.「京より下りし時にみな人子どもなかりき」の現代語訳はどれか。

$\quad$A$\quad$都より下る時には、皆、子どもがいない

$\quad$B$\quad$都より下る時には、皆、子どもがいなかった

$\quad$C$\quad$都より下った時には、皆、子どもがいない

$\quad$D$\quad$都より下った時には、皆、子どもがいなかった

3．「そこに立てりける梅の花を折りてよめる歌」の現代語訳はどれか。

    A　そこに立っている梅の花を折って、詠んだ歌

    B　そこに立っていた梅の花を折って、詠んだ歌

    C　そこに立っている梅の花を折って、詠む歌

    D　そこに立っていた梅の花を折って、詠む歌

4．「燕の巣くひたらば、告げよ」の現代語訳はどれか。

    A　燕が巣を作るならば、知らせろ

    B　燕が巣を作りそうならば、知らせろ

    C　燕が巣を作っているならば、知らせろ

    D　燕が巣を作ったならば、知らせろ

5．「名をなよ竹のかぐや姫とつけつ。」の現代語訳はどれか。

    A　名をなよ竹のかぐや姫とつけた

    B　.名をなよ竹のかぐや姫とつけよう

    C　名をなよ竹のかぐや姫とつけるらしい

    D　名をなよ竹のかぐや姫とつけている

6．「都をば霞とともに立ちしかど秋風ぞ吹く白河の関」の下線部現代語訳はどれか。

    A　都を霞が立つと同時に出発しないが、

    B　都を霞が立つと同時に出発したが、

    C　都を霞が立つと同時に出発しようと思うが、

    D　都を霞が立つと同時に出発するらしいが、

7．「せちにもの思へるけしきなり。」の現代語訳はどれか。

    A　ひたすら物思いにふけるであろう様子である

    B　ひたすら物思いにふけっていた様子である

    C　ひたすら物思いにふけっている様子である

    D　ひたすら物思いに自然にふけってしまう様子である

8．「はや馬率て参りね」の現代語訳はどれか。

    A　早く馬を連れて参上するな

    B　早く馬を連れて参上しなかった

C　早く馬を連れて参上した

D　早く馬を連れて参上しろ

9．「心なき身にもあはれは知られけり鴫立つ沢の」の下線部現代語訳はどれか。

A　風流心のない出家の身にも、感動ということを思わずわかってしまうらしい

B　風流心のない出家の身にも、感動ということを思わずわかってしまうそうである

C　風流心のない出家の身にも、感動ということを思わずわかってしまったのだった

D　風流心のない出家の身にも、感動ということを思わずわかってしまうのである

10．「世の中に絶えて桜のなかりせば春の心は」の下線部現代語訳はどれか。

A　世の中にまったく桜がないならば

B　世の中にまったく桜がなかったので

C　世の中にまったく桜がなかった時は

D　世の中にまったく桜がなかったため

【練習問題解答】

1　C　「失せにけり」き会話・和歌で用いられても過去

2　D　「下りし時」の「し（「き」連体形）」も「子どもなかりき」の「き」も「過去」

3　B　「立てりける」の「り」は「立つ」が「〜を」が具体的な目的語を持つ動詞でないので「断定」だが、直後の「ける（「けり」連体形）」が会話・和歌以外で用いられているので「過去」。「よめる歌」は「歌を詠む」と目的語「歌」を持つ動詞「詠む」についているので「過去」

4　D　「巣くひたらば」の「たら（「たり」未然形）」は「〜を」が具体的な目的語を持つ動詞（「巣」を「くふ」）につくので「過去」

5　A　「つけつ。」は、「つ。＝終止形」なので「過去」

6　B　「立ちしかど」の「しか（「き」已然形）」は「過去」

7　C　「もの思へるけしき」の「る（「り」連体形）」は「〜を」が目的語を持たない動詞（「物思ふ」〜「物」は具体的な目的語ではない）につくので「断定」

8　D　「参りね」の「ね（「ぬ」命令形）」は「過去」に訳さず、「命令の強調」とする

9　D　「知られけり」の「れ（「る」未然形）」は心情知覚語についているので「自発　思わず…てしまう」。「けり　終止形」は和歌で用いられているので「断定」

10　A　「なかりせば」の「せ（「き」未然形）」は「せば」の形でしか使われず、「過去」と

して訳さない。

【応用問題】〈八級出題例〉

2014年

48.「散りぬとも香をだに残せ梅の花恋しきときの思い出にせむ」における下線の部分の
   現代語訳はどれか。

   A．散らなくてもせめて香だけでも残せ

   B．散らなくても香を出しているから残せ

   C．散ってしまうにしても香を出しているから残せ

   D．散ってしまうにしても、せめて香だけでも残せ

正答：D

→やや難問。「とも」が「もし仮に…としても」という意味なので、「ぬ」が「～た」と訳し
にくいため、「～てしまう」という訳になったが、「ぬ」が「ず」の連体形でないことが
わかればAとBが違うことはわかる。「だに」は「せめて…／…でさえ～だから」の二
つの訳しかないのでDに限定できる。

2013年

46.「『よきことなり』とうけつ。」の現代訳は＿＿＿＿だ。

   A．「よろしい」と承知する。

   B．「よろしい」と承知した。

   C．「よろしい」とほめる。

   D．「よろしい」とほめた。

正答；B

→「つ」は過去表現だからBかD。「う（承）く」に「ほめる」の意味はないのでB。

50.「年頃思ひつること、果たし侍りぬ。」の現代訳は＿＿＿＿だ。

   A．長年思っていることを果たさなかった。

   B．長年思っていることを果たしました。

   C．長年思っていたことを果たしました。

   D．長年思っていることを果たした。

正答：C

→「果たし侍りぬ」が「。」の前であるから終止形、つまり「ぬ」は過去表現なのでAは不

正解。「思ひつること」が、「こと（名詞）」の前にあるから「つ」の連体形なので、Ｃ。

2012 年

46.「暁になりぬれば、ただ二人出でぬ」の現代語訳は（　）だ。

　　Ａ．明け方になって二人きりで出発しなかった

　　Ｂ．明け方になっても二人きりで出発しない

　　Ｃ．明け方になっても二人きりで出発した

　　Ｄ．明け方になって二人きりで出発した

正答：Ｄ

→「出でぬ」の「ぬ」は「。」の前だから終止形、つまり「ぬ」は過去表現なのでＣかＤ。「なりぬれば」は順接なのでＤ。

48.「天狗を祭りたるにやありけん」の現代語訳は（　）だ。

　　Ａ．おそらく天狗を祭るものであろうか

　　Ｂ．おそらく天狗を祭るものであった

　　Ｃ．おそらく天狗を祭ったものであろうか

　　Ｄ．おそらく天狗を祭ったものではなかった

正答：Ｃ

→「祭りたるにや」は「たり（連体形）」であるのでＣかＤ。「ありけん」は「。」の前であるから終止形、つまり「けむ」は過去推量表現なので正確には「あっただろう」であるが、選択肢にないので、それにもっとも近いＣを選ぶ。

2011 年

46.かぎりなくとほくも来にけるかなとわびあへるに

　　Ａ．はるばる遠くまで来るものだなあ

　　Ｂ．はるばる遠くまで来たものだなあ

　　Ｃ．はるばる遠くまで来ているものだな

　　Ｄ．はるばる遠くまで来ていたものだなあ

正答：Ｂ

→「来にけるかな」は「にけり（連体形）」であるのでＢ。

2010 年

47.衣の用なりければ、衣少しまうけむとて。

　　Ａ．衣服が必要になったら

Ｂ．衣服が必要だったら

　　Ｃ．衣服が必要になったので

　　Ｄ．衣服が必要だったので

正答：Ｄ

→「なり」は断定表現なのでＢかＤ。「けれ」は「けり」（已然形）なので「〜た」。「ば」は
　已然形に接続しているから「〜だから／〜すると」となる（後述）のでＤ。

50. <u>やうやく年老いにけり</u>。

　　Ａ．ようやく年寄りになってしまう。

　　Ｂ．ようやく年寄りになってしまった。

　　Ｃ．だんだん年をとってしまう。

　　Ｄ．だんだん年をとってしまった。

正答：Ｄ

→「年老い<u>にけり</u>」は過去表現なのでＤ。「年老ゆ」と「にけり」以外の「〜になる」とい
　う語句はなく、ＡとＢは誤り。

2009 年

47.「潮満ちぬ。風も吹きぬべし。」の現代語訳は（　　）である。

　　Ａ．潮が満ちた。風もきっと吹くだろう。

　　Ｂ．潮が満ちた。風もきっと吹いただろう。

　　Ｃ．潮が満たない。風もきっと吹くだろう。

　　Ｄ．潮が満たない。風もきっと吹かないだろう。

正答：Ａ

→「満ち<u>ぬ</u>」は過去表現なのでＡかＢ。「ぬべし」の「ぬ」は過去表現に訳せないのでＢ。

2008 年

48. 父、「空よりや<u>ふりけん</u>、土よりやわきけん」といひて笑ふ。

　　Ａ．天から降ったのだろうか、地面から湧き出したのだろうか

　　Ｂ．天から降らなかったのだろう、地面から湧きださなかったのだろう

　　Ｃ．天から降ってしまったのだろう、地面から湧き出してしまったのだろう

　　Ｄ．天から降らなっかたのだろうか、地面から湧き出さなかったのだろうか。

正答：Ａ

→「空よりや<u>ふりけん</u>」は「けむ」、過去推量表現なのでＡ。

2007 年

50.「秋つ方、嫗死にぬ」の現代語訳は（　　）だ。

　　A. 秋の時、女の人が死んだ

　　B. 秋のころ、女の人が死ぬかも知れない

　　C. 秋のころ、老女が死んだ

　　D. 秋のころ、老とった人が死んでもいい

正答：C

→「死にぬ」の「ぬ」は「。」の前であるから終止形、つまり「ぬ」は過去表現なのでAかC。「嫗おうな」は「老女」なのでC。なお、出題は「死ぬ」となっているが、これは出典『うつほ物語』「俊陰巻」本文をそのまま出題しているようで、古典本文は「死ぬ」と表記して「しにぬ」と読む場合も多い。

2006 年

46.人の恩をかうむりなば、必ず報ゆべき。

　　A. 人の恩を受けたならば

　　B. 人の恩を受けるから

　　C. 人の恩を受けたので

　　D. 人の恩を受けるならば

正答：A

→「かうむりなば」は「ぬ（未然形）」なので過去表現だからAかC。「ば」は未然形に接続しているから「もし…ならば」となる（後述）のでA。

2005 年

47.「伝へ承るこそ、心も詞も及ばれぬ」の下線部の「及ばれぬ」の現代語訳は（　　）だ。

　　A. 及ばれた

　　B. 及ばれてしまう

　　C. 及ばない

　　D. 及ぶことはない

正答：C

→「及ばれぬ。」の「ぬ」は「。」の前だが、「こそ」があるので連体形（係り結び）、つまり「ぬ」は否定表現なのでA。

推量・意志表現 a

　現代日本語に「う／よう」等の推量表現がある。古典にも「む」などの語句がある。

　推量表現は「だろう」という意味以外に「するつもりだ」という意味も持つ推量・意志表現、「だろう」という意味以外に「だろうか」という意味も持つ推量・疑問表現に二分できる。推量・意志表現をさらに分けると、「む／じ」と「べし／まじ」に分かれる。

【推量・意志表現　概要】

一　1.「…だろう／するつもりだ」:「**動詞未然形（形容詞・形容動詞連体形）＋む（むず）」／「動詞連用形＋てむ／なむ**」

　　2.「…ないだろう／しないつもりだ」:「**動詞未然形（形容詞・形容動詞連体形）＋じ**」

（以下次章で解説）二　1　「…だろう／するつもりだ／するといい」「動詞終止形（形容詞・形容動詞連体形）＋べし」「動詞連用形＋つべし／ぬべし」

2　「…ないだろう／しないつもりだ」（否定表現参照）:「動詞終止形（形容詞・形容動詞連体形）＋まじ」

三　「…したい／してほしい」:「動詞未然形＋ばや／なむ」／「動詞連用形＋てしが／てしがな／にしが／にしがな」

四　「もし…がいたら（あったら）いいな」「動詞連体形＋がな」／「名詞＋もがな」

★一　1. 動詞未然形（形容詞・形容動詞連体形）＋む（むず）／動詞連用形＋てむ／なむ；
　　「〜だろう／するつもりだ」と現代語訳する表現

基本形	未然形	連用形	終止形	連体形	已然形	命令形
む（ん）	○	○	む（ん）	む（ん）	め	○

基本形	未然形	連用形	終止形	連体形	已然形	命令形
む（ん）ず	○	○	む（ん）ず	む（ん）ずる	む（ん）ずれ	○

基本形	未然形	連用形	終止形	連体形	已然形	命令形
てむ（ん）	○	○	てむ（てん）	てむ（てん）	てめ	○

基本形	未然形	連用形	終止形	連体形	已然形	命令形
なむ（ん）	○	○	なむ（なん）	なむ（なん）	なめ	○

◈会話文以外で用いられる場合、会話文で主語が［第三者・モノ・コト］の場合、「…だろう」と現代語訳する。

・「かのもとの国より迎へに人々詣（まう）で来（こ）むず。」〈竹取物語〉（あの元の国から迎えに人々が参上するだろう）
　　　　　　　　主語が［第三者］↗　　　　　　　　　↖「むず」は「だろう」と訳す

・「（その人は）懈怠（けたい）の心あることを知らんや。」〈徒然草〉（怠け心が生じることを知らないだろうか）
　　　　　　　　主語が［第三者］　　　　　　　↖「ん（む）」は「だろう」と訳す

・「こと、出で来（き）なむず」〈大鏡〉（騒動が起こるだろう）
　　↖主語が［コト］　↖「むず」は「だろう」と訳す

・「さりとも鬼なども我をば見ゆるしてむ」〈源氏物語〉（そうであっても鬼なども私を見て許すだろう）↖主語が［第三者］↖「てむ」は「だろう」と訳す

・「盛りにならば、形も限りなくよく、髪もいみじく長くなりなむ」〈更級日記〉
　　　　　　　　　主語が［モノ］↗　　　　　　　　　　　↖「なむ」は「だろう」と訳す
　（（私は）年ごろになれば、容姿もとても美しく、髪もずっと長くなるだろう。）

◈会話文に用いられ、主語が［私］ならば、「…う／よう／つもりだ」と現代語訳する。

・「二つの矢、（私は）師の前にて一つをおろそかにせん」と思んや。」〈徒然草〉
　主語が［私］↗　　　　　　　　　　　　　　↖「ん（む）」は「よう」と訳す
　（二本の矢を「師匠の前で一本をいい加減にしよう」と思うだろうか））

・「（私は）足の向きたらむ方へ往（い）なむず。」〈竹取物語〉（足の向く方向にいくつもりだ）
　　　↖主語が［私］　　　　　↖「むず」は「つもりだ」と訳す

・「世にふればうさこそまされ（私は）み吉野（よしの）の岩のかけ道踏みならしてむ」〈古今和歌集〉　　　　主語が［私］↗　　　　　「てむ」は「つもりだ」と訳す↗
　（人中に居ればいやな事が増える。私は吉野の岩のかけ道を踏みならすつもりだ）

・「…と騒げば、（私は）船に乗りなむとす。」〈土佐日記〉（と騒ぐので、船に乗ろうとする）主語が［私］↗　　　　　↖「なむ」は「つもりだ」と訳す↗

◈用いられている文が会話文で、主語が「あなた／私たち」であれば、「…のがよい」

・「（あなたは）忍びては参りたまひなむや」〈源氏物語〉（こっそり参内なさるのがよいではありませんか）↖主語が［あなた］　　↖「む」は「のがよい」と訳す

・「（私たちは）さこそはあらむずれ。」〈平家物語〉（いかにもそうあるのがよい）
　　　↖主語が［私たち］　　　　↖「むずる」は「のがよい」と訳す

・（私たちが）心づきなき事あらん折_{をり}は、なかなかその由_{よし}をも言ひ<u>てん</u>」〈徒然草〉
　　　↖主語が［私たち］　　　　「てむ」は「のがよい」と訳す↗
　（気に入らない事がある時は、なまじそのことを言う<u>のがよい</u>）

・「ここにて（あなたが）はぐくみ給ひ<u>てむ</u>や」〈源氏物語〉（ここにおいて養いなさる
　<u>のがよい</u>）　　↖主語が［あなた］　　↖「てむ」は「のがよい」と訳す

◈「む／むず／てむ／なむ」が名詞のすぐ前にある場合、訳さない。

→ただし、名詞が省略される場合も多い。その場合、多くは［動詞＋む＋助詞］とな
　ることで見分ける。

・「いましばし。けふは心しづかに」など言は<u>ん</u>（時）は、〈徒然草〉
　　　　　　　　　　　　　↖［動詞（言は）＋む＋助詞（は）］だか
　　　　　　　　　　　　　　　ら名詞省略なので訳さない
　（「もう少しいて下さい。今日はゆっくりと」<u>などという時は</u>））

・さる所へまから<u>むずる</u>（こと）も、いみじくはべらず〈竹取物語〉
　名詞の前にある↗　　　↖［動詞（まから）＋むずる＋助詞（も）］だから名詞省略
　（そのようなところへ<u>参ることも</u>、今の私にはうれしいことではございません）

「**動詞未然形＋む／むず**」「**動詞連用形＋てむ／なむ**」の識別原則
　　　　名詞のすぐ前にある（Yes）→訳さない
　　　　　　　↓（No）
　　　　用いられている文が会話文か（No）↓
　　　　　　　↓（Yes）　　　　　「…だろう」
「…う／よう／つもりだ」←［私］←**文の主語は？**→［第三者・モノ・コト］↗
　　　　　　　↳［あなた／私たち］
　　　　　　　↳「…のがよい」

★一　2.「動詞未然形（形容詞・形容動詞連体形）＋じ」;「〜ないだろう／しないつもりだ」
　　　と訳する表現

基本形	未然形	連用形	終止形	連体形	已然形	命令形
じ	○	○	じ	じ	じ	○

◈主語が第三者・モノ・コトであれば、「…ないだろう」

「かの君は（中納言に）えなられ<u>じ</u>。」〈大鏡〉（あの方は中納言に決してなることはできない
<u>だろう</u>）↖主語が［第三者］　　↖「じ」は「ないだろう」と訳す

◈主語が「私」であれば、「…ないつもりだ」

「さらば、ただ心にまかせよ。われはよめとも言は<u>じ</u>。」〈枕草子〉

主語が［私］↗　　　　　　　↖「じ」は「つもりだ」と訳す

（それならば、お好きにしてください。私は詠めとも言わないつもりだ）

「じ」の識別

文の主語は？	↗ ［私］→「…ないつもりだ／まい」
	↘ ［第三者・モノ・コト］→「…ないだろう」

【練習問題】

1．「「かのもとの国より迎へに人まうで来むず。」と、」の下線部現代語訳はどれか。

A　例の元の国から、私を迎えに人が参上しない

B　例の元の国から、私を迎えに人が参上しようと思う

C　例の元の国から、私を迎えに人が参上するだろう

D　例の元の国から、私を迎えに人が参上しないだろう

2．「思はむ子を法師になしたらむこそ心苦しけれ。」の下線部現代語訳はどれか。

A　かわいがっている子を法師にしたこと

B　かわいがるつもりの子を法師にするつもりだったこと

C　かわいがるのがよい子を法師にするのがよいたこと

D　かわいがっていない子を法師にしないこと

3．「願はくは花のもとにて春死なんそのきさらぎの」の下線部現代語訳はどれか。

A　桜の花の下で春に死のう

B　桜の花の下で春に死ぬだろう

C　桜の花の下で春に死ぬのがよい

D　桜の花の下で春に死なない

4．「「さらにさらにうけたまはらじ。さは、三条院の御末は絶えねと思し召しおきてたまふか。」と啓したまふに、」の下線部現代語訳はどれか。

A　決してお受けしないでしょう。

B　決してお受けしなかったでしょう。

C　決してお受けしないことはないでしょう。

D　決してお受けしますまい。

5.「海を渡り川を越えむ様ゃうも覚えざりければ、」の下線部現代語訳はどれか。

A　海を渡り、川を渡るつもりのやり方も

B　海を渡り、川を渡るやり方も

C　海を渡り、川を渡るのがよいやり方も

D　海を渡り、川を渡らないやり方も

【練習問題解答】

１　C　「まうで来むず。」は会話文中で主語が第三者（「人」）なので「…だろう」。「ず」
　　は未然形に接続していない（「む」には未然形がない）ので、否定「ず」とはならない。

２　A　「思はむ子」の「む」は名詞（「子」）のすぐ前にあるので、訳さない。「法師になし
　　たらむこそ」も［動詞（なし（たら））＋む＋助詞（こそ）］なので「む」と「こそ」の間
　　に名詞「こと」が省略されていると考えられるから、名詞のすぐ前にある「む」なの
　　で訳さない。

３　A　基本的に和歌は会話であり、人の動作の主語が明示されていなければ、作者
　　（私）がしゅごであるので、「春死なむ。」は会話文で主語が私の場合の「む」だから、
　　「…う／よう／つもりだ」

４　D　「うけたまはらじ。」の「承る」は謙譲語であるので主語は「私」に限定される。
　　従ってここの「じ」 は「…まい／ないつもりだ」。

５　B　「川を越えむ様も」の「む」は名詞（「様」）のすぐ前にあるので、訳さない。

【応用問題】〈八級出題例〉

2014 年

47.「難きことなりとも仰せ言に従ひて求めに罷らむ。」における下線の部分の現代語訳
　　はどれか。

A．探しに参りましょう

B．探しに参りません

C．探しに参るでしょう

D．探しに参らないでしょう

正答：A

→「まからむ」の「罷る」は謙譲語なので、主語は「私」。だから「む」は「しよう」の意味
となるからA。

BとDは「ぬ（「ず」連体形）」と混同している。Cは主語が第三者・モノ・コトの場合の訳。

49.「風吹けば波が立たむと、候ひに都太の細江に浦隠り居り。」における下線の部分の現
代語訳はどれか。

A．風が吹くので波が立つだろう

B．風が吹けば波が立つだろう

C．風が吹けば波がたつだろうか

D．風が吹くので波が立つだろうか

正答：A

→「たたむ」の主語は「風」＝第三者・コトなので「だろう」の意味となるからAかB。「ふ
けば」が「吹く」（動詞カ行下二段活用）の已然形に接続している（＝エ段音に接続し
ている）ので、順接確定条件だからAに限定。CとDは疑問の意味を持つ言葉が原文
にないので不可。

2013 年

49.「日や暮れなむ」の現代訳は_____だ。

A．日が暮れたか。

B．日が暮れてしまうだろうか。

C．日が暮れているだろうか。

D．日が暮れないだろうか。

正答：C

→「くれなむ」の主語が「日」＝第三者・コトなので「だろう」の意味となるからB。Aは
「なむ」を訳していない。Bは「てしまう」と過去（完了）に訳しているので不適切。（「過
去表現」参照）。Dは否定の意味を持つ言葉がないので不可。

2011 年

49.「男もすなる日記といふものを女もしてみんとてするなり。」の現代語訳はどれか。

A．女の私も試してみまい

B．　女の私も試してみる

C．　女の私も試してみよう

D．女の私も試してみない

正答：C

→「してみ<u>ん</u>」の主語は「私」なので、「ん（む）」は「しよう」の意味となるからC。AとDは「ん」を「ぬ（「ず」連体形）」と混同している。江戸時代より前の古典では助動詞「ぬ」が「ん」と表記されることはない。Bは「む」の訳がない。

2010 年

49.「いと良きことなり、<u>渡さば得む</u>。」の現代語訳はどれか。

　　A．くれたのでもらった。

　　B．くれたのでもらおうとした。

　　C．くれるならもらおう。

　　D．くれるならもらってもいい。

正答：C

→やや難。「え<u>む</u>」の主語は「私」なので、「む」は「しよう」の意味となるからC。「得う」は終止形一字の動詞（後述）

2008 年

47.「かばかりになりては、<u>飛び降りるとも降りなん</u>。」の現代語訳はどれか。

　　A．飛び降りても飛び降りるだろう

　　B．飛び降りても飛び降りてしまう

　　C．飛び降りるとしても飛び降りられない

　　D．飛び降りるとしても降りられるだろう

正答：D

→「おりなん」の主語は「その人」＝第三者なので「だろう」の意味となるからAかD。「とも」は逆接仮定条件で「もし…ても」と訳すのでD。但し「降り<u>られる</u>だろう」と可能に訳す根拠は課題文中になく、少々不用意な選択肢である。

2007 年

47.「心を修めて道を行はむとなり」の現代語訳は（　　　）だ。

　　A．精神を修養して、仏道を修行するためとなる

　　B．精神を修養して、仏道を修行したためである

　　C．精神を修養して、仏道を修行しようとするためである

　　D．精神を修養して、仏道を修行しようとすることとなる

正答：C

→やや難。「道を行は<u>む</u>」の主語は「私」なので、「む」は「しよう」の意味となるからCか
　D。「…となり」は「と言ふ（思ふ）なり」の省略形（古典では「と」（引用）の後の「言ふ
　／思ふ」は省略されることが多い）なので「と言う・なり（断定）」となるから直訳すれ
　ば「しようというのである」。言葉を補えばCのように「しようと<u>するためである</u>」とか
　か「しようと<u>言う気持ちである</u>」などとなる。

2006 年

50.「巌のそばより登り来りて、<u>鷹取りを呑まむとす。</u>」の現代語訳はどれか。

　A．鷹取の男を呑むまいとする

　B．鷹取の男を呑もうとする

　C．鷹取の男を呑むまいという

　D．鷹取の男を呑もうという

正答：B

→「呑ま<u>む</u>」の主語は「私」なので「しよう」の意味となるからB。課題文に記号を補え
　ば、{巌のそばより登り来りて、「<u>鷹取りを呑まむ。</u>」とす。}と、当該箇所は引用の「と」
　の前の引用箇所となるので、このモノが「物語中の何者か（実は大蛇）」＝話してから
　見た第三者ではあっても、引用文内の主語は「私」となる。A・Cは「む」と「ぬ」（「ず」
　連体形）を混同している。Dは「す」を見落としている。

2005 年

50.「死なば一所で死なん。」の現代語訳は（　　　）だ。

　A．死にたくても同じ所で死なない。

　B．死ぬのなら一緒に死にたくない。

　C．死ぬのなら同じ所で死のう。

　D．同じところで死ぬために一緒に死ぬ。

正答：C

→「しなん」の主語は「私」なので「しよう」の意味となるからC。A・Bは「ん（む）」と
　「ぬ」（「ず」連体形）を混同している。江戸時代より前の古典では、原則として助動詞
　「ぬ」が「ん」と表記されることはない。Dは「ん」を訳していない。

推量・意志表現b

　前章に引き続いて推量・意志表現「べし／まじ」を解説する。推量・意志表現は基本となる「だろう／するつもりだ」以外の意味が多く、それを見分けることが大切である。

【概要】

一　1　「…だろう／するつもりだ」：「動詞未然形（形容詞・形容動詞連体形）＋む（むず）」／「動詞連用形＋てむ／なむ」

　　2　「…ないだろう／しないつもりだ」：「動詞未然形（形容詞・形容動詞連体形）＋じ」

　　（以上、前章で解説済み）

二　1　「…だろう／するつもりだ／するといい／はずだ」：**「動詞終止形（形容詞・形容動詞連体形）＋べし」「動詞連用形＋つべし／ぬべし」**

　　2　「…ないだろう／しないつもりだ」（否定表現参照）：**「動詞終止形（形容詞・形容動詞連体形）＋まじ」**

三　「…したい／してほしい」：**「動詞未然形＋ばや／なむ」／「動詞連用形＋てしが／てしがな／にしが／にしがな」**

四　「もし…がいたら（あったら）いいな」：**「動詞連体形＋がな」／「名詞＋もがな」**

★二　1.「動詞終止形（形容詞・形容動詞連体形）＋べし」「動詞連用形＋つべし／ぬべし」；「…だろう／するつもりだ／するといい」と訳す表現。

$べし

基本形	未然形	連用形	終止形	連体形	已然形	命令形
べし	べから	べく べかり	べし	べき べかる	べけれ	○

＊「べし」連用形「べかり」は下に「けり」「き」等の助動詞が接続する場合の活用形。下に助動詞以外の品詞（動詞・形容詞・形容動詞・助詞）が接続する場合、または句末に用いる場合は「べく」となる。

→男_をの子はかくある<u>べかり</u>けり。

　　　　「べし」連用形↗　　　↖助動詞

　　この御事_{おほんこと}ども詳_{くは}しくうけたまはる<u>べく</u>、院に参れば…

　　　　　　「べし」連用形↗　　　↖句末

＊「べし」連体形は、下に「らし」「らむ」等の助動詞（但し断定「なり」を除く）が接続する場合は「べかる」。下に名詞・「なり」（断定）が接続する場合は「べき」となる。

・恋しかる<u>べき夜半</u>ょはの月かな　　（恋しいはずの深夜の月よ）

「べし」連体形↗　　↖名詞

・そこに去られば異_{こと}人こそなる<u>べかるなれ</u>。　（あなたに辞退されたら別の人がなるだろう）　　　　「べし」連体形↗　　↖助動詞（推量「なり」）

・よしなし、なし賜_{たぶ}ぶ<u>べきなり</u>。　　（しかたない、私を昇格してください）

　　　　「べし」連体形↗　　↖助動詞（断定「なり」）

〈意味の識別〉

◈用いられている文が会話でない場合、また会話で主語が第三者・モノ・コトであれば、「…だろう／べきだ／はずだ」

・求めたるやうになれぬるをば、（<u>人は</u>）また失_{しっ}とす<u>べし</u>。〈無名抄〉

　　　　主語が［第三者］↗　　　　　　　　↖「べし」は「だろう／べきだ／はずだ」

（わざとらしく作ったようになった作品は、人は同じく失敗とする<u>べきだ</u>。）

◈「べし」が会話文に用いられ、主語が［私］ならば、「…う／よう／つもりだ」

「（<u>私は</u>）いづくに刀を立つ<u>べし</u>」とも覚えず。〈平家物語〉（「どこに刀を突きたて<u>よう</u>」と思いつかない）↖主語が［私］　　↖「べし」は「よう／つもりだ」と訳す

◈「べし」が会話文に用いられ、主語が「あなた／私たち」ならば、「…のがよい／しなさい」

・「（<u>あなたは</u>）手を取り組み、肩を並べて渡す<u>べし</u>。」〈平家物語〉（手を組んで、肩を並べて渡<u>しなさい</u>）↖主語が［あなた］　　　　↖「べし」は「のがよい／しなさい」と訳す

◈「べし」が連用形で使われている場合と、否定語の前にある場合は、「…できる／べきだ」

・「この御にほひには並びたまふ<u>べく</u>もあらざれば、〈源氏物語〉（この美貌には対抗で<u>きないので</u>）　　　　　　　　　　↖「べし」が連用形で使われている

・「羽なければ、空をも飛ぶ<u>べからず</u>。」〈方丈記〉（羽がないので空を飛ぶこともでき<u>ない</u>）　　　　　　　　↖否定語の前に「べし」が使われている

◈名詞の前にある場合は、「…はずだ／になっている」

・「子、産む<u>べき人</u>の、そのほど過ぐるまで、」〈枕草子〉（子を産む<u>はず</u>の人が、予定時期を過ぎるまで）↖名詞の前に「べし」が使われているので「はずだ」と訳す

$つべし／ぬべし

基本形	未然形	連用形	終止形	連体形	已然形	命令形
つべし	つべから	つべく つべかり	つべし	つべき つべかる	つべけれ	○

＊連用形「つべかり」は「けり」等の助動詞が接続する場合の活用形で、助動詞以外の品
　詞（動詞・形容詞・形容動詞・助詞）が接続する場合、または句末は「つべく」となる。
　「つべし」連体形「つべかる」は助動詞（但し断定「なり」を除く）が接続する場合の
　活用形で、下に名詞が接続する場合、は「つべき」となる。

$ぬべし

基本形	未然形	連用形	終止形	連体形	已然形	命令形
ぬべし	ぬべから	ぬべく ぬべかり	ぬべし	ぬべき ぬべかる	ぬべけれ	○

＊連用形「ぬべかり」は「けり」等の助動詞が接続する場合の活用形で、助動詞以外の品
　詞（動詞・形容詞・形容動詞・助詞）が接続する場合、または句末は「ぬべく」となる。

　「ぬべし」連体形「ぬべかる」は助動詞（但し断定「なり」を除く）が接続する場合の
　活用形で、下に名詞が接続する場合、は「ぬべき」となる。

〈意味の識別〉

◈用いられている文が会話でない場合、また会話中でも主語が第三者・モノ・コトで
　あれば、「だろう／べきだ／はずだ」と現代語訳する。

・「潮（しほ）満（み）ちぬ。風も吹きぬべし」〈土佐日記〉（潮も満ちた。風もきっと吹くはずだ）
　　　　↖主語がモノ　　　　　　　　↖「ぬべし」は「だろう／はずだ」と訳す

・女児（をむなご）のためには、親、をさなくなりぬべし。〈土佐日記〉（娘のためには、親は幼い
　子のようになるだろう）↖主語が第三者　　↖「ぬべし」は「だろう／はずだ」と訳す

・風情（ふぜい）すくなく心あさからん人の（歌を）さとりがたきことをば知りぬべき。〈無名
　抄〉主語が［第三者］↗　　　　　　　　「ぬべし」は「だろう」と訳す↗
　（風流心が少なくて軽薄な人が（歌を）理解しにくいことがきっとわかるだろう）

・にくき歌なれど、「このをりは（この場にいる人は）いひつべかりけり」となん思ふを。
　〈枕草子〉　　　　　　主語が第三者↗　　　　　　　　　↖「つべし」は「だろう／
　　　　　　　　　　　　　　　　　　　　　　　　　　　　　　はずだ」と訳す
　（気に入らない歌だが、「今の場合は（この場にいる人は）言うはずだ」と思うが）

・「あやまちして、見む人のかたくくなる名をも立てつべきものなり」〈源氏物語〉
　　主語が第三者↗　　　　　　　　　　　　　　　↖「つべし」は「はずだ」と訳す
　（失敗して、傍らで見る人が不名誉な噂をも立てるはずのものだ）

◆会話文中で用いられ、主語が「私」であれば、「よう／つもりだ」

・「(私は)今、いと、とくまかでぬべし」〈かげろふ日記〉(私は今、ごく早く退出申し上げるつもりだ)
　　　　　　　↗謙譲語だから主語は[私]　↖「ぬべし」は「よう／つもりだ」と訳す

◆会話文中で用いられ、主語が「あなた／私たち」であれば、「ほうがよい／しなさい」

・「(私たちは)かやうの事こそは、かたはらいたきことのうちに入れつべけれど」〈枕草子〉
　　　↖主語が「私たち」　「つべし」は「ほうがよい／しなさい」と訳す↗

　((私たちは)このようなことは、聞き苦しいことの中に入れるほうがよいが)

◆名詞の前にある場合は、「できる／べきだ／はずだ」

げにかの国の内に、さも人のこもりゐぬべき所々はありながら、〈源氏物語〉

　　　　　　　　　　　↗名詞の前に「ぬべし」があるので「できない／べきでない」と訳す

　(実際あの国に、そのような人の籠もって居ることのできる所がありながら、)

```
┌─────────────────────────────────────────────────────────────┐
│「べし／つべし／ぬべし」の識別原則                           │
│                                                             │
│「…べきだ／はずだ／になっている」←(Yes)←名詞のすぐ前にある→(No)↴│
│                                                             │
│「…できる／べきだ／はずだ」←(Yes)←連用形で使われる／否定語の前にある→(No)│
│                                                             │
│                                                          ↓  │
│「…だろう／べきだ／はずだ」←　(No)　　←用いられているのは会話文か│
│             ↑                                               │
│                        ↙(Yes)                              │
│[第三者・モノ・コト]←　文の主語は？→[私]→「…う／よう／つもりだ」│
│             ↳[あなた／私たち]                              │
│               ↳「…のがよい／しなさい」                     │
└─────────────────────────────────────────────────────────────┘
```

★二　2.「動詞終止形(形容詞・形容動詞連体形)＋まじ」;「…ないだろう／しないつもりだ」と訳す表現

$まじ

基本形	未然形	連用形	終止形	連体形	已然形	命令形
まじ	まじから	まじく まじかり	まじ	まじき まじかる	まじけれ	○

＊「まじ」連用形「まじかり」は下に「けり」等の助動詞が接続する場合の活用形。下に助動詞以外の品詞(動詞・形容詞・形容動詞・助詞)が接続する場合、または句末に用いられる場合は「まじく」となる。

→女のえ得まじかりけるを、　　　　　　　　親のゆるすまじくおぼえければ、
「まじ」連用形↗　　↖助動詞　　　　「まじ」連用形↗　　↖助動詞以外の品詞

＊「まじ」連体形「まじかる」は下に「べし」「らむ」等の助動詞(但し断定「なり」を除く)が接続する場合の活用形で、下に名詞が接続する場合、は「まじき」となる。

→水の低きより高きには流るまじかるごとし。　　　つかの間も忘るまじき面影_{おもかげ}を

　　　「まじ」連体形↗　　　　　↖助動詞　「まじ」連体形↗　　　　↖名詞

◉用いられている文が非会話文、または会話でも主語が第三者・モノ・コトの場合、「…ないだろう／はずがない」

・「雀などのやうに常にある鳥ならば、さもおぼゆまじ。」〈枕草子〉

　　　　　主語が第三者↗　　　　　　　　↖「まじ」は「ないだろう」と訳す

　（雀のようないつでもどこでも見られる鳥であれば、そうは思えないだろう。）

・「（帝が）帰り入らせ給はむことは、あるまじくおぼして、」〈大鏡〉

　　　↖主語が第三者　　　　　　　　↖「まじ」は「はずがない」と訳す

　（（帝が）宮中にお帰りになるようなことは、あるはずはないとお思いになられて）

〈意味の識別〉

◉会話文中で用いられ、主語が「私」であれば、「…ないつもりだ／まい」

・「（私は）ただ今は見るまじ。」〈枕草子〉（（私は）今すぐに見るないつもりだ）

　　　　　↖主語が[私]　　　↖「まじ」は「ないつもりだ」と訳す

◉会話文中で用いられ、主語が「あなた／私たち」であれば、「…ないのがよい／してはいけない」

・「（あなたは）人に、漏_もらせたまふまじ。」〈源氏物語〉（他人にお漏らしになってはいけない）

　尊敬語があれば主語は[あなた]↗　　↖「まじ」は「してはいけない」と訳す

◉名詞の前にある場合は、「…できない／べきでない」

・「「よめ」など仰せらるれば、えさぶらふまじきここちなむしはべる。」〈枕草子〉

　　　　　　　　　　　　↖名詞の前にあるので「…できない」

　（「歌を詠め」とおっしゃられると、とても伺候できない気持ちがいたします）

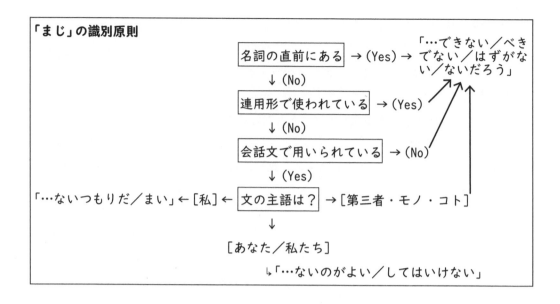

「まじ」の識別原則

名詞の直前にある →（Yes）→ 「…できない／べきでない／はずがない／ないだろう」

↓（No）

連用形で使われている →（Yes）

↓（No）

会話文で用いられている →（No）

↓（Yes）

「…ないつもりだ／まい」←［私］← 文の主語は？ →［第三者・モノ・コト］

↓

［あなた／私たち］

↳「…ないのがよい／してはいけない」

三　「…したい／てほしい」と訳す表現

　　$［動詞未然形］＋ばや／なむ　－活用なし　「したい／してほしい」

　・「これよりもいづちへも迷ひゆか<u>ばや</u>。」〈平家物語〉（（私は）これからどこへでも迷って行き<u>たい</u>。）

　・「かかる古者_{ふるもの}の世にはべりけりとばかり、しろしめされはべら<u>なむ</u>。」〈源氏物語〉（このような老いぼれた者がこの世にいるとだけ、（あなたに）お知りになっ<u>てほしい</u>です。）

　☛｛［動詞連用形］＋なむ｝は別表現。推量・意志表現α 参照

　　$［動詞連用形］＋てしが／てしがな／にしが／にしがな　－活用なし　「したい／してほしい」

　・「ほととぎすなかる国にも行き<u>てしが</u>その鳴く声を聞けば苦しも」〈万葉集〉（ほととぎすのいない国に行き<u>たい</u>。その鳴き声を聞くと苦しい。）

　・「いかでこのかぐや姫を得_ぇ<u>てしがな</u>、見<u>てしがな</u>と、」〈竹取物語〉（どうにかしてこのかぐや姫を恋人に<u>したい</u>、結婚<u>したい</u>と、）

　・「伊勢_{いせ}の海に遊ぶ海人_{あま}ともなり<u>にしがな</u>みかきわけて」〈後撰和歌集〉（伊勢の海で遊ぶ海人になり<u>たい</u>。波をかき分けて。）

　・「いかでこの人に、思ひ知りけりとも見え<u>にしがな</u>。」〈枕草子〉（どうにかこの人に思い～知ったとわかっ<u>てほしい</u>）

四　「もし…がいたら（あったら）いいな」と訳す表現

　　$［名詞］＋がな／もがな　－活用なし　「もし…がいたら（あったら）いいな」

　・「あはれ、よからうかたきがな。」〈平家物語〉（ああ、もし良い敵がいたらいいな。）

　・「むつかしきことども言はでつくろはむ人もがな。」〈源氏物語〉

　　（もし面倒なことを言わずに（この髪を）整えてくれる人がいたらといいな。）

　・「あはれ、人をも見知らざらん山里人の草の庵もがな。」〈平治物語〉

　　（ああ、もし貴族の顔を知らない、山里の人の草の庵があったらいいな）

【練習問題】

1．「男、「おのが君の仰せごとをばかなへむ」と思ふべし。」の現代語訳はどれか。

　　A　「自分の主人のおっしゃることを実現しよう」と思うはずだ

　　B　「自分の主人のおっしゃることを実現しよう」と思いなさい

　　C　「自分の主人のおっしゃることを実現しよう」と思えるのだろう

　　D　「自分の主人のおっしゃることを実現しよう」と思おう

2．「たはやすくは人寄り来まじき家を造りて、」の現代語訳はどれか。

　　A　簡単に他人が寄って来て、立派な家を造って

　　B　簡単には他人が寄って来たはずの家を造って

　　C　簡単には他人が寄って来る自分の家を造って

　　D　簡単には他人が寄って来ることができない家を造って

3．「え得まじかりける女を、年を経てよばひわたりけるを」の下線部現代語訳はどれか。

　　A　けっして恋人に仮にもならなかった女性を

　　B　とても恋人にしたかった女性を

　　C　けっして恋人にできなかった女性を

　　D　本当の恋人ではないが仮に恋人だった女性を

4．「少将、「まことの契りは親子の仲にぞありける。子をば人の持つべかりけるものかな」と言ひて、」の下線部現代語訳はどれか。

　　A　持つか借りるもの

　　B　持っても借りてもよいもの

　　C　持つべきもの

D　持つために狩るもの

5.「かの国人聞き知るまじく思ほえたれども。」の下線部現代語訳はどれか。
　　A　聞いて理解しないはずがないと思われたが
　　B　聞いて理解できないと思われたが
　　C　聞いて理解するだろうと思われたが
　　D　聞いて理解されなかったと思われたが

6.「家の作り様ゃうは夏をむねとすべし。」の現代語訳はどれか。
　　A　家の建て方は夏を第一としたものだっだ
　　B　家の建て方は夏を第一とするやり方をする
　　C　家の建て方は夏を第一とされるのだ
　　D　家の建て方は夏を第一とするべきだ

7.「さまざまに慰め給へど、僧都そうづ堪へ忍ぶべくも見え給はず」の下線部現代語訳は
　　どれか。
　　A　僧都は堪え忍ぶことができるようにも見えなさらない
　　B　僧都は堪え忍ぶつもりのようにも見えなさらない
　　C　僧都は堪え忍びなさいというようには見えなさらない
　　D　僧都は堪え忍ばせているようにも見えなさらない

8.「媼、えとどむまじければ、さし仰あふぎて泣きをり」の現代語訳はどれか。
　　A　けっして引き留めないので
　　B　とても引き留めたくないので
　　C　とても引き留めることができそうにないので
　　D　けっして引き留めないのではないであろうから

9.「夢をだに見ばや」の現代語訳はどれか。
　　A　夢だけでも自然に見てしまうなあ
　　B　夢だけでも見ることができるなあ
　　C　夢だけでも見させるなあ
　　D　夢だけでも見たい

10.「いつしか梅咲かなむ」の現代語訳はどれか。

A 早く梅が咲いた

B 早く梅が咲いてほしい

C 早く梅が咲くつもりだ

D 早く梅が咲くだろう

11.「双六の上手、「勝たんと打つべからず、負けじと打つべきなり」と言ふ。」の下線部現代語訳はどれか。

A 「勝たない」と打つべきではなく、「負けまい」と打つべきである。

B 「勝とう」と打つべきではなく、「負けまい」と打つべきである。

C 「勝たない」と打つべきではなく、「負けないだろう」と打つべきである。

D 「勝とう」と打つべきではなく、「負けないだろう」と打つべきである。

【練習問題解答】

1 A 「思ふべし」の「べし」は、名詞のすぐ前にあるのでも、連用形で使われたり、否定語の前にあるのでもなく、会話文でない箇所でもちいられているので、「…できる／べきだ／はずだ」。会話文の後にあっても、会話文中ではないことに注意。

2 D 「人寄り来まじき家」の「まじき（「まじ」連体形）」は名詞のすぐ前にあるので、「…できない／べきでない」。古典では「す／来く／経ふ／得う／寝ぬ」は一字の終止形。

3 C 「え」（副詞）は否定の強調。「得まじかりける女」の「まじかり（「まじ」連用形）」は名詞のすぐ前にあるので、「…できない／べきでない」。

4 C 「持つべかりけるもの」の「べかり（「べし」連用形）」は「もの」のすぐ前にあるので「…べきだ／はずだ／になっている」。この箇所の「ける（「けり」連体形）」は会話文中なので断定

5 B 「聞き知るまじく」の「まじく（「まじ」連用形）」は「…できない／べきでない／はずがない」

6 D 「むねとすべし。」の「べし　終止形」は用いられている文が会話文でないので「…だろう／べきだ／はずだ」

7 A 「堪へ忍ぶべくも」の「べく（「べし」連用形）」は「…できる／べきだ／はずだ」

8 C 「えとどむまじければ」の「え」（副詞）は否定の強調。「まじけれ（「まじ」已然形）」は用いられている文が会話文でないので「…できない／ないだろう／べきでない／はずがない」。

9　D　「見ばや」の「ばや」は「したい／してほしい」。古典語では「見る」未然形は「見」。

10　B　「咲かなむ」の「なむ」は動詞「咲く」の未然形（咲か）についているので「…てほしい」。もし「咲きなむ」ならば連用形（咲き）についているので「咲くだろう」と訳す。

11　B　「勝た む」／「負け じ」はいずれも会話文で、どちらも主語は「私」なので、「む」は「…う／よう／つもりだ」、「じ」は「…まい／ないつもりだ」。

【応用問題】〈八級出題例〉

2012年

49.「またも恋ふる力にせむとなるべし」の現代語訳は（　）だ。

　A．また再び恋い慕う力にするようになるのであろう

　B．また再び恋い慕う力にしようというのであろう

　C．また再び恋い慕う力にしようというべきである

　D．また再び恋い慕う力にするようにすべきである

正答：B

→やや難。「恋ふる力にせむ」の主語は「私」なので、「む」は「しよう」の意味となるからBかC。「となるべし」は「と言ふ（思ふ）なるべし」の省略形（古典では「と」（引用）の後の「言ふ／思ふ」は省略されることが多い）なので「言う・ので（「なり」断定）・あろう（「べし」推量）」となるからB。Cには「なる」＝「なり」連体形の訳がない。A・Dは「む」の訳がない。

2009年

47.「潮満ちぬ。風も吹きぬべし。」の現代語訳は（　）である。

　A．潮が満ちた。風もきっと吹くだろう。

　B．潮が満ちた。風もきっと吹いただろう。

　C．潮が満たない。風もきっと吹くだろう。

　D．潮が満たない。風もきっと吹かないだろう。

正答：A

→「吹きぬべし」の主語は「風」＝第三者なので「だろう」の意味となるからAかC。「潮満ちぬ」の意味は「…た」だからA。C・Dは「ぬ」を「ず」連体形と混同している。（「ず」が文末に「ぬ」の形になるのは、文中に「ぞ・なむ・や・か」がある場合に限られる）。Bは、過去時制であるので、不可。

50.「冬はつとめて。雪の降りたるはいふべきにもあらず。」の現代語訳は（　）である。

　　A．雪が降ったときはいうまでもない

　　B．雪が降ったときはいうべきではない

　　C．雪が降っているときにいうべきではない

　　D．雪が降っているときはいうまでもない

正答：D

→「いふべきにもあらず」は慣用句で「言うまでもない」と訳すのでD。「いふべきにも
　あらず」は本来、「いふべきことにもあらず」の省略形なので「言うことができること
　でない」→「言うまでもない」

推量・疑問表現

　古典文の中には、現代語訳として「だろう」を主な訳とする一方で、「だろうか」の意味も持つ表現がある。これを推量・疑問表現として、この章で解説する。

【概要】

一　「…だろう／だろうか」：「**動詞終止形（形容詞・形容動詞連体形）＋らむ**」「**連用形 ＋つらむ／ぬらむ**」

　　「…だろう（に）／かしら／だろうか」：「**未然形＋まし**」「**連用形＋てまし／なまし**」

二　「…ただろう／ただろうか」：「**動詞連用形＋けむ**」

三　「…らしい」：「**動詞終止形＋らし／めり／なり**」

★一　らむ／つらむ／ぬらむ／まし／てまし／なまし；「～だろう（に）／だろうか」と訳
　　　表現

　$「**動詞終止形（形容詞・形容動詞連体形）＋らむ**」／「**動詞連用形＋つらむ／ぬらむ**」

基本形	未然形	連用形	終止形	連体形	已然形	命令形
らむ	○	○	らむ	らむ	らめ	○
つらむ	○	○	つらむ	つらむ	つらめ	○
ぬらむ	○	○	ぬらむ	ぬらむ	ぬらめ	○

◈非疑問文（疑問詞または「や／か」のない文）に用いられる場合；「～ているだろう」と
　訳す

［終止形の例］

・いとかく思ひ沈むさまを、「心細し」と思ふらむ。〈源氏物語〉

　　（私がこのようにとても思い沈んでいる様子を見て、心細いと思っているだろう。）

・あかねさす日に向かひても思ひ出でよ都は晴れぬながめすらむと。〈枕草子〉

　　（日向に行っても思い出してね「都で心も晴れない思いしているだろう」と）

［已然形の例］

・あさみこそ袖そではひづらめ。〈伊勢物語〉　（河の水が浅いから袖をぬらすのだろう。）

・駒こま並なめていざ見に行かむふるさとは雪とのみこそ花は散るらめ（古今集）

　　（馬を並べてさあ見に行こう。奈良の都は雪が降るように桜の花が散っているだろう）

◈疑問文（疑問詞または「や／か」のある文）に用いられる場合；「だろうか」と訳す

［終止形の例］

・風吹けば沖（ぉきっ）つ白波たつた山夜半（よは）にや君がひとり越ゆ<u>らむ</u>。〈伊勢物語〉

　　　　　　疑問文であることを示す「や」↗　　　　　　　↖「だろうか」と訳す

　（風が吹くと沖の白波が立つ。その「タツ」の竜田山を夜中に一人で君が越えるの<u>だ</u><u>ろうか</u>。）

・わが思ふままに、そらにいかで<u>か</u>おぼえ語<u>らむ</u>。〈更級日記〉

　　　　　　疑問文を示す「か」↗　　　　　　↖「らむ」は「だろうか」と訳す

　（私の思うとおりに、暗記して覚えていて語ってくれることがどうしてあるだ<u>ろうか</u>。）

◉名詞の前にある場合（必ず連体形で用いられる）；{訳さない}

・鸚鵡（ぁぅむ）、いとあはれなり。人のいふ<u>らむ</u>ことをまねぶ<u>らむ</u>（<u>こと</u>）よ。〈枕草子〉

　　　　　「らむ（ん）」は訳さない↗　　　↖<u>名詞</u>　　　　　↖<u>名詞</u>

　（オウムはとてもおもしろい。人が<u>言う言葉</u>を<u>真似することよ</u>。）

・おぼす<u>らむ</u>事、何事ぞ。〈竹取物語〉　　　（思って<u>いらっしゃることは</u>、どのようなこ

　　　　　↖<u>名詞</u>　　　とか。）

$「**活用語未然形＋まし**」／「**動詞連用形＋つらむ／ぬらむ／てまし／なまし**」

基本形	未然形	連用形	終止形	連体形	已然形	命令形
まし	ましか	○	まし	まし	ましか	○
てまし	てましか	○	てまし	てまし	てましか	○
なまし	なましか	○	なまし	まし	なましか	○

◉非疑問文に用いられる場合；「〜だろう（に）」と訳す。この時、「〜ば／〜せば／〜まし
　かば（条件句）……まし」の文型となる場合が多い

［〜ましかば…ましの例］

・これほどの詩（からうた）を作りたら<u>ましかば</u>、名をあげ<u>てまし</u>。（十訓抄）

　（これほどの漢詩を作った<u>ならば</u>、評判を上げてい<u>ただろうに</u>。）

・「昼なら<u>ましかば</u>、のぞきて見たてまつり<u>てまし</u>」〈源氏物語〉

　（<u>昼ならば</u>、のぞいて見申し上げる<u>だろうに</u>）

［〜ば…ましの例］

・この風いましばしやまざりしか<u>ば</u>、潮（しほ）上りて残る所なから<u>まし</u>。〈源氏物語〉

　（この風がもう少し止まない<u>ならば</u>、高潮が上がって残らず流されてい<u>ただろうに</u>。）

・わが身一つなら<u>ば</u>、安らかなら<u>まし</u>を、〈更級日記〉

　（<u>自分一人であれば</u>、不安がない<u>だろうが</u>、）

［条件句のない例］

・そのききつらむところにて、とくこそは詠ま<u>ましか</u>。〈枕草子〉（その聞いた場所で、
すぐ歌を詠めば<u>よかっただろうに</u>）

［「なまし」終止形の例］

・白玉_{しらたま}か何ぞと人の問ひし時、露_{つゆ}と答へて消え<u>なまし</u>ものを。〈伊勢物語〉
（「白玉か、何か」とあなたが聞いた時、「露だ」と答えて消える<u>だろう</u>けれども）

◈疑問文（「や／か」または疑問詞のある文）に用いられる場合（「まし」が疑問文に使わ
れている時は原則として自分自身に質問する場面である）；「かしら／しようか（自分
自身に「だろうか」と問う表現）」と訳す。

［「まし」終止形の例］

・これに<u>なに</u>を書か<u>まし</u>。〈枕草子〉（これに何を書こう<u>かしら</u>。）
疑問詞↗　　　　　↖「まし」は「かしら」と訳す

・けふ来ずはあすは雪とぞ降りなまし消えずはありとも花と見<u>まし</u><u>や</u>」〈古今集〉
　　　　　　　　　　「まし」は「かしら」と訳す↗　　↖「や」がある

（今日来なければ明日は雪と降る<u>だろう</u>。雪が消えなければ雪を花として見る<u>だろうか</u>）

［「てまし」終止形の例］

・いと渡らまほしげにおぼいたんめるを、さも<u>や</u>渡しきこえ<u>てまし</u>など思へど〈源氏
物語〉　　　　　　　　　　「や」がある↗　　　　　　↖「かしら」と訳す

（とても渡りたいとお思いだったらしいが、そのようにお渡し申し上げよう<u>かしら</u>
など思ったが）

［「なまし」終止形の例］

・賀茂河_{かもがは}に<u>や</u>落ち入り<u>なまし</u>など〈宇治拾遺物語〉（加茂川に飛び込んで死んでしまお<u>う</u>
<u>かしら</u>など）↗
「や」がある↗　　　　　↖「なまし」は「かしら」と訳す

・「うしろめたさにことつけて「下り<u>やし</u><u>なまし</u>。」と、〈源氏物語〉（心配を理由に「地
方へ行こう<u>かしら</u>」と）「や」がある↗　　　↖「なまし」は「かしら」と訳す

┌───┐
│「らむ／つらむ／ぬらむ」「まし／てまし／なまし」の識別　　　　　　　　　　　　　　│
│　　　　　　　　　　　　　　┌───────────────┐　　　　　　　　　│
│（訳さない）←（Yes）←│名詞のすぐ前にある│　→（No）↴　　　　│
│　　　　　　　　　　　　　　└───────────────┘　　　　　　　　　│
│　　　　　　　　　　　　　　┌─────────────────────┐　　　　　　　　│
│「…だろうか／かしら」←（Yes）←│疑問文の中で使われている│→（No）→「…だろう（に）」│
│　　　　　　　　　　　　　　└─────────────────────┘　　　　　　　　│
└───┘

★二　「動詞連用形＋けむ／にけむ／てけむ」;「…ただろう／ただろうか」と訳する表現

基本形	未然形	連用形	終止形	連体形	已然形	命令形
けむ	○	○	けむ	けむ	けめ	○
にけむ	○	○	にけむ	にけむ	にけめ	○
てけむ	○	○	てけむ	てけむ	てけめ	○

◈非疑問文（疑問詞または「や／か」のない文）に用いられる;「～た（の）だろう」と訳す

[終止形の例]

・よき物は「心とめけん」と、はかなし。〈徒然草〉

　（よい物は、「心がひかれただろう」と、情けない。）

・いかばかり心のうち涼しかりけん。〈徒然草〉

　（どんなにか心の中がさわやかだっただろう）

[已然形の例]

・人数ひとかずには思おぼし入れざりけめども〈源氏物語〉

　（（私を）人並みにはお思いにならなかっただらうが）

・唐土もろこしの人は、これをいみじと思へばこそ、記しるしとどめて世にも伝えけめ。〈徒然草〉

　（中国人はこれを素晴らしいと思ったからこそ、本に書き記して後世に伝えたのだろう）

・かの宮の御おんはらからにものしたまひけめ。〈源氏物語〉（あの宮の御姉妹でいらっ

　しゃったのだろう。）

[「てけむ」連体形の例]

　我がためと織女おりひめのそのやどに織おる白たへは織おりてけむかも〈万葉集〉

　　（私のためにと織女が、その家で織る白い布は、織ったのだろうな）

◈疑問文（疑問詞または「や／か」のある文）に用いられる;「～た（の）だろうか」と訳す

[終止形の例]

・あな、うらやまし。などか習ならはざりけん。〈徒然草〉（ああ、うらやましい。どうして習わ

　なかったのだろうか。）↑

　　　　　　　　　疑問詞／　　　　　　　　　　↑

　　　　　　　　　　　　　　　　　　　「けむ（ん）」は「ただろうか」と訳す

[「にけむ」終止形の例]

・いづくには鳴きもしにけむほととぎす〈万葉集〉（どこで鳴きもしただろうか。ほととぎ

　すよ）↖疑問詞　　　　↖「にけむ」は「ただろうか」と訳す

・五・六年のうちに千年や過ぎにけむ。〈土佐日記〉　　（五、六年の間に、千年が過ぎて

　しまったのだろうか）↑

　　　　　「や」がある／　　　　　↑

　　　　　　　　　　　　　↖「にけむ」は「かしら」と訳す

◈名詞の前にある場合；「た」と訳す

・行平ゆきひらの中納言ちうなごんの「関せき吹き越ゆる」と言ひけむ浦波うらなみ、〈源氏物語〉
　　　　　　　　　　　　　「けむ（ん）」は訳さない↗　　↖名詞

　（行平の中納言が「関吹き越ゆる」と歌に詠んだ浦波が）

・向かひゐたりけんありさま、さこそ異様なりけめ。〈徒然草〉（（医者と）向かい合った様子は、さぞ異様
だったろう。）↗↑　　↖　　　　　　　　↖
　（訳さない）　　　名詞　　　　　疑問文ではないので「…ただろう」

┌─────────────────────────────────────┐
│「けむ／てけむ／にけむ」の識別原則
│　　　┌名詞の直前にある┐ →（Yes）→「〜た」
│　　　　　　↓（No）
│　　　┌疑問文で用いられている┐ →（No）→「…ただろう」
│　　　　　　↓（Yes）
│　　　「…ただろうか」
└─────────────────────────────────────┘

★三　「動詞終止形＋らし／めり／なり」；「…らしい」と訳する表現

＄らし

基本形	未然形	連用形	終止形	連体形	已然形	命令形
らし	○	○	らし	らし	らし	○

［終止形の例］

・この川に紅葉葉もみぢば流るる奥山の雪消ゆきげの水ぞ今まさるらし〈古今集〉

　（この川に紅葉の葉が流れているのは、奥山の雪解けの水が今増しているらしい。）

［連体形の例］

・百年ももとせに一年ひととせたらぬつくも髪我を恋ふらし面影おもかげに見ゆ〈伊勢物語〉

　（百歳に一歳足りない老女が私を恋しく思っているらしい顔をしている。）

＄めり

基本形	未然形	連用形	終止形	連体形	已然形	命令形
めり	○	○	めり	める	めれ	○

［終止形の例］

・「いみじうあやし」と人いふめり。〈枕草子〉　（「とても変である」と人は言うらしい。）

［連体形の例］

・わが身は今ぞ消えはてぬめる〈伊勢物語〉　（私は今にも死ぬらしい。）

［已然形の例］

あはれにいひ語らひて泣くめれど、〈大鏡〉（しみじみと語り合って泣いているらしいが）
$なり

基本形	未然形	連用形	終止形	連体形	已然形	命令形
なり	○	○	なり	なる	なれ	○

［終止形の例］

・「丑_{うし}三_みつ」と奏_{さう}すなり。〈枕草子〉（「丑三つ」と帝に申し上げているらしい）

［連用形の例］

いとど、うれふなりつる雪、かきたれ、いみじう降りけり。〈源氏物語〉（たいそう嫌がるらしかった雪が、激しく降った）

［連体形の例］

・をかしきことに、歌にも文_{ふみ}にも作るなるは、〈枕草子〉（風流なことに、歌にも漢詩にも詠むらしいのは、）

・男もすなる日記といふものを女もしてみんとてするなり。〈土佐日記〉

（男もするらしい日記というものを女身してみようと思ってするのだ）

→前の「なり」は、動詞「す」終止形の後だから「らしい」、後の「なり」は「す」連体形「する」の後だから「である」

【練習問題】

1．「法師ども聞きこそしつらむ」の現代語訳は、どれか。

　A　法師たちが聞いていた

　B　法師たちが聞くのがよい

　C　法師たちが聞くだろう

　D　法師たちが聞く

2．「今はよくなりぬらむ」の現代語訳は、どれか。

　A　今はよくなるだろう

　B　今はよくなる

　C　今はよくならないだろう

　D　今はよくならなかった

3．「などや苦しき目を見るらむ」の現代語訳は、どれか。

　A　どうして苦しい目を見たのか

B　どうして苦しい目を見なかったのか

C　どうして苦しい目を見ないのか

D　どうして苦しい目を見るのだろうか

4.「鏡に色・かたちあらましかば、うつらざらまし」の下線部現代語訳は、どれか。

A　うつらないだろうか

B　うつらないだろうに

C　うつるだろう

D　うつらないつもりだ

5.「京や住みうかりけむ」の現代語訳は、どれか。

A　都が住みづらかっただろうか

B　都が住みづらいのだろうか

C　都が住みづらかったはずだ

D　都が住みづらくないのだろう

6.「この十五夜にかぐや姫を迎へまうで来なる」の現代語訳は、どれか。

A　迎えに参るのだ

B　迎えに参って鳴る

C　迎えに参って成る

D　迎えに参るらしい

7.「「奥山に猫またといふものありて、人を食らふなる」と人の言ひけるに」の下線部現代語訳は、どれか。

A　人を食べるのであること

B　人を食べるらしいこと

C　人を食べたこと

D　人を食べて騒いでいること

8.「春過ぎて夏来たるらし白妙の衣干したり」の下線部現代語訳は、どれか。

A　夏が来た

B　夏が来たらしい

C　夏が来ただろうか

D　夏が来なかった

【練習問題解答】

１．C　「つらむ」が文末にあり、疑問文ではないのだから「だろう」と訳す

２．A　「ぬらむ」が文末にあり、疑問文ではないのだから「だろう」と訳す

３．D　「らむ」が文末にあり、疑問文で使われている（「<u>などや</u>」）のだから「だろうか」と訳す

４．B　「まし」が疑問文で使われているのだから「だろうに／だろう／かしら」と訳す

５．A　「けむ」が疑問文で使われている（「京<u>や</u>」）のだから「ただろうか」と訳す

６．D　「なり」の上の「来」は、終止形「来」で連体形「来る」だから、ここでは終止形に付いていることがわかる。終止形に付く「なり」だから「らしい」と訳す。

７．B　「なり」の上の「くらふ」は終止形／連体形が同型だが、「…と人の言ふ」とあることから「である（断定）」ではなく「らしい（未来）」と訳すことがわかる

８．B　「らし」は「らしい」と訳す。（上に過去の語句があっても断定の語句があっても変わらない）

【応用問題】〈八級出題例〉

2012 年

48.「天狗を祭りたるにやありけん」の現代語訳は（　　）だ。

　A．おそらく天狗を祭るものであろうか

　B．おそらく天狗を祭るものであった

　C．おそらく天狗を祭ったものであろうか

　D．おそらく天狗を祭ったものではなかった

正答：C

→「祭りたるに<u>や</u>あり<u>けん</u>」と、疑問表現とともに「けむ」が用いられているので「ただろうか」と訳す。「たり」は「ている」とも「た」とも訳せるので、この場合、「たり」で選択肢は決まらない。Dは「け<u>ん</u>」を「ん＝<u>ぬ</u>」と間違えている。

2008 年

48.「父、「空よりやふりけん、土よりやわきけん」といひて笑ふ。」の現代語訳は（　　）だ。

　A．天から降ったのだろうか、地面から湧き出したのだろうか

B．天から降らなかったのだろう、地面から湧きださなかったのだろう

C．天から降ってしまったのだろう、地面から湧き出してしまったのだろう

D．天から降らなっかたのだろうか、地面から湧き出さなかったのだろうか。

正答：A

→「空よりやふりけん」と、疑問表現とともに「けむ」が用いられているので「ただろうか」と訳す。BとDは「けん」を「ん＝ぬ」と間違えている。江戸時代以前は、「ん＝む」である。

2006 年

47．「横座の鬼の前にねり出でて、くどくめり。」の現代語訳は「何か、（　　　　）」だ。

　　A．くどくど言っているそうだ

　　B．くどくど言っているだろう

　　C．くどくど言っているようだ

　　D．くどくど言っているまい

正答：C

→「めり」は「らしい」と訳すから、もっとも意味が近い「ようだ」が正解。A「伝聞」の意味は「めり／らし」にはない（「なり」は文脈によってあり得る）。Bは「らむ／まし」の訳。Dは「まじ」の訳。

2005 年

48．「ひさかたの光のどけき春の日にしづ心なく花の散るらむ」の下線部の「散るらむ」の現代語訳は（　）だ。

　　A．散ってゆくのだろうか

　　B．散るだろう

　　C．散るらしい

　　D．散られるだろう

正答：A

→難問。和歌は省略が多く、当該歌は「光のどけき春の日に（どうして）しづ心なく」と疑問詞が省略されている例なので、［疑問詞＋らむ］の型となるから「だろうか」と訳す。Bはこの省略が見抜けていない。Cは「らし／なり／めり」の訳。Dは「ら」を受け身の「る」と間違えている（「る」は「ら」と活用しない）

疑問・強調表現〜係り結び

　この章では助詞の中でも、現代にない係り助詞について解説する。

　係り助詞は「係り結び」という文法現象を生じさせる。

　現代日本語の文末形式は、終止形または命令形または体言止めの三種類である。しかし古語の場合、現代文の三形式に加えてもう一形式がある。係助詞と呼ばれる「ぞ」「なむ」「や」「か」「こそ」が文中で使われる場合、文末が終止形或いは命令形とならず、連体形・已然形となる。これを係り結びと言う。

　係り結びは、文末の活用形が終止形以外の活用形となるという現象である。係助詞は係り結びという文法現象を起こさせるだけではなく、言葉として意味を持っている。以上のことをまとめると以下の表のようになる。

意味	係助詞		文末の活用形
1. 強意	こそ		已然形
	ぞ	なむ	連体形
2-1疑問	や	か	
2-2反語	やは	かは	

★1.「ぞ」「なむ」「こそ」＝強意（訳す必要はない）

・人はいさ心もしらず、ふるさとは花ぞむかしの香ににほひける〈古今和歌集〉

　　（人は、さあ、心も知れない（が）、故郷は花はむかしの香（のまま）で咲いている）

・博士にて、いひかはしたることどもなむ、いと興_{けふ}ありける。〈源氏物語〉

　　（物知りで、会話していることなどは、とてもおもしろかった。）

・散ればこそいとど桜はめでたけれ。〈伊勢物語〉（散るからたいそう桜はすばらしい）

・人あまたあれど一人に向きて言ふを、おのづから人も聞くにこそあれ。〈徒然草〉

　　（人が多くいても一人に向かって言うのを、自然と他の人も聞くものだ。）

★2-1「や」「か」　　　　　　＝疑問「…か」

・年の内に春は来にけりひととせをこぞとや言はむ今年とや言はむ〈古今和歌集〉

　　（暦ではまだ12月なのに立春を迎えた。この一年を去年と言えばいいのか、今年と言えばいいのか。）

・月やあらぬ春や昔の春ならぬわが身ひとつはもとの身にして〈伊勢物語〉

　　（月は昔とちがうのか、春は昔の春ではないのか、私だけが昔のままであって。）

★2-2「やは」「かは」　　＝反語「…か、いやそうではない。」

・乾（かは）き砂子（いさご）の用意やはなかりける。〈徒然草〉（乾いた砂の用意はなかったのか、いやそうでない。）

・嘆けとて月やはものを思はする。〈千載和歌集〉
（「嘆け」と言って月が私に物思いさせるか、いやそうでない）

・殿はなににかならせたまひける〈枕草子〉（「殿は何（の官職）になられましたか。）

・ここにても、人は見るまじうやは（ある）。などかはさしもうち解けつる〈枕草子〉
（ここでも、人が見るはずがないか、いやそうではない。どうしてそのように油断するか、いやそうでない。）

【練習問題】

１．「風そよぐ奈良の小川の夕暮れは<u>みそぎぞ夏のしるしなりける</u>」の下線箇所の現代語訳は、どれか。

　　A　禊だけが夏のしるしである

　　B　禊が夏のしるしであるだろうか

　　C　禊までもが夏のしるしである

　　D　禊が夏のしるしである

２．「駿河の国にあるなる山なむ、この都に近く、天も近く侍る」の現代語訳は、どれか。

　　A　駿河の国にある山は、この都に近く、天も近くにあります

　　B　駿河の国にある山だけは、この都に近く、天も近くにあります

　　C　駿河の国にある山さえ、この都に近く、天も近くにあります

　　D　駿河の国にある山などは、この都に近く、天も近くにあります

３．「あやしうこそものぐるほしけれ」の現代語訳は、どれか。

　　A　怪しくなく、正気を失ったかのようだ

　　B　怪しいばかりでなく、正気を失ったかのようだ

　　C　怪しく、正気を失ったかのようだ

　　D　怪しいだけで、正気を失ったかのようだ

４．「いかやうにかある」の現代語訳は、どれか。

　　A　どんな様子ばかりがあるか

B　どんな様子であるか

　　C　どんな様子があるか

　　D　どんな様子までもあるか

5.「この君よりほかにまさるべき人やはある」の現代語訳は、どれか。

　　A　この君より他に優れているはずの人がいるか、いやいない

　　B　この君より他に優れているはずの人がいる様子だ

　　C　この君より他に優れているはずの人がいるようだ

　　D　この君より他に優れているはずの人がいた

【練習問題解答】

1．D　「ぞ」は訳す必要はない

2．A　「なむ」は訳す必要はない

3．C　「こそ」は訳す必要はない

4．B　係助詞「か」は原文で文中にあっても、訳文では文末を「…か」（疑問）とする

5．A　「やは」は原文では文中にあっても、訳文では文末を「…か、いやそうではない」

　　（反語）とする

【応用問題】〈八級出題例〉

　2013年

48.「かばりにこそはとぞ覚ゆれ」の現代訳は_____だ。

　　A．これぐらいだろうと思った。　　　B．このぐらいだろうと思われた。

　　C．このぐらいだろうと思う。　　　　D．このぐらいだろうと思われる。

正答：D

→「こそ」があるので「おぼゆ」は「おぼゆれ（已然形）」となっている。「おぼゆ」は「思ふ」

　に自発・可能の意味が加わった（「思われる」／「思える」）単語なのでD。

49.「日や暮れなむ」の現代訳は_____だ。

　　A．日が暮れたか。

　　B．日が暮れてしまうだろうか。

　　C．日が暮れているだろうか。

D．日が暮れないだろうか。

正答：C

→［連体形］＋「なむ」は「だろう」なのでBかCかD。「や」は文の末尾になくても「…か」
　と訳すのでC。

　2012 年

48.「天狗を祭りたるにやありけん」の現代語訳は（　）だ。

　　A．おそらく天狗を祭るものであろうか

　　B．おそらく天狗を祭るものであった

　　C．おそらく天狗を祭ったものであろうか

　　D．おそらく天狗を祭ったものではなかった

正答：C

→「や」は文の末尾になくても「…か」と訳すのでAかC。「けむ」は「…ただろう」と訳
　すのでC。

　2011 年

50．たがためにかを心を悩まし、何によりてか目を喜ばしむる。

　　A．何かのために目を喜ぶ。

　　B．何かのために目を喜ばさせる。

　　C．何のために目を喜ぶのだろうか。

　　D．何のために目を喜ばせるのだろうか。

正答：D

→「か」は文の末尾になくても「…か」と訳すのでCかD。「しむ」は「…せる／させる」
　と訳すのでD。

　2009 年

46.「死なぬ薬も何かはせむ。」の現代語訳は（　　）である。

　　A．死んだ薬も何かなろう。

　　B．死なない薬も何になろうか。

　　C．死んだ薬も何になろうか。

　　D．死なない薬も何かなろう。

正答：B

→「か」は文の末尾になくても「…か」と訳すのでBかC。「死なぬ」の「ぬ（「ず」未然形）」

は「…ない」と訳すのでB。

2008 年

48.「父、「空よりやふりけん、土よりやわきけん」といひて笑ふ。」の現代語訳は（　）である。

　　A．天から降ったのだろうか、地面から湧き出したのだろうか

　　B．天から降らなかったのだろう、地面から湧きださなかったのだろう

　　C．天から降ってしまったのだろう、地面から湧き出してしまったのだろう

　　D．天から降らなっかたのだろうか、地面から湧き出さなかったのだろうか。

正答：A

→「や」は文の末尾になくても「…か」と訳すのでAかD。「けん＝けむ」は「…ただろう」と訳すのでA。中世以前の文では、「ん」は「む」となっても「ぬ」とはならない。

2007 年

49.「『男はこの女をこそ得め』と思ふ」の現代語訳は（　　　）だ。

　　A．男はこの女をこそもらわないと思う

　　B．男はこの女をこそもらいたいと思う

　　C．男はこの女をこそもらいなさいと思う

　　D．男はこの女をこそもらおうと思う

正答：D

→「こそ」があるので、係り結びで「得む」は「得め（已然形）」となる。「む」は「…しよう／だろう」と訳すのでD。

2006 年

48.「かの翁がつらにあるこぶをやとるべき。」の現代語訳は（　）である。

　　A．あの老人のほおにあるこぶをとるべきか

　　B．あの老人のほおにあるこぶをとるべきだ

　　C．あの老人がほおにあるこぶをとるべきか

　　D．あの老人がほおにあるこぶをとるべきだ

正答：A

→「こぶをや」の「や」は文の末尾になくても「…か」と訳すのでAかC。「かの翁がつら」の「が」は｛[名詞]＋が＋[名詞]｝となっているので「の」と訳す。

47.「伝へ承るこそ、心も詞も及ばれね」の下線部の「及ばれね」の現代語訳は（　　）だ。

A．及ばれた

B．及ばれてしまう

C．及ばない

D．及ぶことはない

正答：C

→「こそ」があるので、係り結びで「及ばれず」は「及ばれね（已然形）」となる。「ず」は「…ない」と訳すのでC。

敬語・敬意表現

　古典は知識人によって書かれ、知識人によって受容されてきた。日本の知識人であれば、敬語・敬意表現の用法を身につけている。平安時代の帝は、新生児にすら「幼き人は…給ふ」と敬語を用いる。日本古典理解に、敬語・敬意表現の理解は必須である。

　章末に附録として「主要敬語動詞一覧」を附けた。

> 概要
> 　敬語とは、動詞・補助動詞・助動詞であって、話し手（書き手）が聞き手（読み手）や話題にする人に対して敬意を表す意味を含むものをいう。丁寧語・尊敬語・謙譲語の３種類がある。動詞・補助動詞・助動詞以外であって、話し手が敬意を表す意味を含むものを敬意表現という

★丁寧語

☆敬意方向：　話し手→聞き手（読み手）

　　　　⇒主語が、①話し手／②聞き手以外の人／③モノ・コトの場合に用いる

☆単語：　「はべり」「さぶらふ（さうらふ）」

☆口語訳：「〜です」「〜ます」「〜ございます」「〜い（あり）ます」

　「北山になむ、なにがし寺といふところに、かしこき行なひ人はべる。」〈源氏物語〉

　（北山に、何とか寺というところに、優秀な行者がいます。）　⇒主語は「かしこき行なひ人」

　「物語の多くさぶろふなる、ある限り見せ給へ。」〈更級日記〉

　（物語で多くあります物語を、あるだけ読ませてください）⇒主語は「物語」

★尊敬語

☆敬意方向：　話し手→動作主

　⇒主語が、①聞き手／②貴人の場合に用いる

　　（尊敬語の主語が話し手の場合を、「自敬敬語」といい、例外的な場面にしか用いられない）

☆「おはします」「のたまふ」「たまふ」「る」「らる」など

☆口語訳：「〜なさる」「お〜になる」

＊「みかど／院／宮」「…君／殿／上」「御…」は尊敬表現。

「世になき物なれば、それをまことと疑ひなく思はん、とのたまふ。」〈竹取物語〉

（「世にはないものなので、本物の皮衣だと疑いもなく（あなたは）お思いなさい」とおっしゃいます。）

⇒主語は「あなた」

「むかし、これたかのみこと申す親王**おはしまし**けり。」〈伊勢物語〉

（昔、惟喬親王<ruby>これたかのみこ</ruby>と申す親王が<u>いらっしゃった</u>。）⇒主語は「惟喬親王」＝貴人

★謙譲語

☆敬意方向：　動作する話し手→聞き手（読み手）

⇒主語が、①話し手／②地位が低い人の場合に用いる

⇒主語が、聞き手に用いられることは、聞き手が話し手よりも地位が低い場合。

☆「申す」「はべり」「きこゆ」「つかうまつる」「啓す」「奏す」など

（「奏<ruby>そう</ruby>す」は帝<ruby>みかど</ruby>が聞き手、「啓<ruby>けい</ruby>す」は皇后・皇太子が聞き手に限定される）

☆口語訳：　「〜申し上げる」「〜てさしあげる」「〜いたす」「〜させていただく」

＊「おのれ／それがし」「〜ども」は謙譲表現

「この酒をひとり食うべんが、さうざうしければ、<u>申し</u>つるなり。」〈徒然草〉

（この酒を一人で飲むのがさびしいので、（おいで下さいと）<u>申し上げた</u>のだ。）⇒主語は話し手

「つとめて、御前にまゐりて<u>啓すれ</u>ば、」〈枕草子〉

（翌朝、皇后陛下のところに参り、<u>申し上げる</u>と、）⇒主語は話し手

★敬意の程度

敬語には、「おはします」と「おはす」のように敬意の程度に差があるものもある。口語訳は変わらない。

・「おはします」＞「おはす」

「上も聞こしめして、興ぜさせ**おはしまし**つ」〈枕草子〉

（帝<ruby>みかど</ruby>もお聞きあそばされて、<u>おもしろがっていらっしゃった</u>）

「（光源氏は）世に知らず、聡<ruby>う</ruby>かしこく**おはすれ**ば、（帝は）あまり恐ろしきまで御覧ず。」

（光源氏は）世間に比類なく、聡明で賢く<u>いらっしゃる</u>ので（帝は）何度も恐ろしいほどにお思いになった。）

・「おぼしめす」＞「おぼす」

「このたびはもの心細く**おぼしめされ**て、」〈源氏物語〉（このたびは心細く<u>お思い</u>になられて、）

「竹の名とも知らぬものを。なめしとや**おぼし**つらん。」〈枕草子〉

（竹の名とも知らなかったのに。無礼者と<u>お思いになっ</u>ていることだろう。）

【練習問題】

1．「かの撫子（なでしこ）のらうたくはべりしかば」の現代語訳はどれか。

　　A　あの撫子が、かわいくいらっしゃったので

　　B　あの撫子が、かわいかったので

　　C　あの撫子が、かわいくなかったので

　　D　あの撫子が、かわいくありましたので

2．「わらはべと腹立ちたまへるか」の現代語訳はどれか。

　　A　子どもたちとケンカしましたか

　　B　子どもたちとケンカし申し上げたのか

　　C　子どもたちとケンカなさったのか

　　D　子どもたちとケンカしなかったのか

3．「親ののたまふことを、ひたぶるにいなび申さむことのいとほしさに」の現代語訳は
　　どれか。

　　A　親の申し上げることをただひたすら断りなさることがお気の毒で

　　B　親のおっしゃることをただひたすら断り申し上げることがお気の毒で

　　C　親のおっしゃることをただひたすら断りなさることがお気の毒で

　　D　親の申し上げることをただひたすら断り申し上げることがお気の毒で

4．「御前にも「えさはあらじ」とおぼしめしたり」の現代語訳はどれか。

　　A　皇后陛下も「まさかそうではあるまい」とお思いになった

　　B　皇后陛下も「まさかそうではあるまい」と思った

　　C　皇后陛下も「まさかそうではあるまい」と思い申し上げた

　　D　皇后陛下も「まさかそうではあるまい」と思って着た

5．「かぐや姫を、え闘ひとめずなりぬること、こまごまと奏す」の現代語訳はどれか。

　　A　かぐや姫を闘って引き留めることができなかったことを詳しく帝におっしゃる

　　B　かぐや姫を闘って引き留めることができなかったことを詳しく帝に言う

C　かぐや姫を闘って引き留めることができなかったことを詳しく皇后陛下に申し上げる

D　かぐや姫を闘って引き留めることができなかったことを詳しく帝に申し上げる

【練習問題解答】

1　D　［はべり］は丁寧語なので「です／ます」と訳す。Aは「撫子」に敬意があるので不適切。

2　C　「たまふ」は尊敬語だから、「なさる／お…になる」と訳す。

3　B　「のたまふ」は「言う」の尊敬語だから「おっしゃる」、「申す」は謙譲語なので「申し上げる」と訳す。

4　A　「思ぉぼし召す」は「思う」の尊敬語なので「お思いになる」と訳す

5　D　「奏そうす」は「帝みかどに申し上げる」。Cは「啓す」の訳。

〈八級出題例〉

2014

47.「難きことなりとも仰せ言に従ひて<u>求めに罷らむ</u>。」における下線の部分の現代語訳はどれか。

　A．探しに参りましょう

　B．探しに参りません

　C．探しに参るでしょう

　D．探しに参らないでしょう

正答：A

→「罷まかる」は謙譲語なのでA－D。「む」が「だろう」と訳すからC。

2013

50.「<u>年頃思ひつること、果たし侍りぬ</u>。」の現代訳は_____だ。

　A．長年思っていることを果たさなかった。

　B．長年思っていることを果たしました。

　C．長年思っていたことを果たしました。

　D．長年思っていることを果たした。

正答：C

→「果たし侍りぬ。」の「侍り」は丁寧語なので「です／ます」と訳しているBかD。「年頃思ひつること」の「つる」は「…た」と訳すのでC。

2012
50.「あはれ、助けたてまつらばや」の現代語訳は（　）だ。
　　A．ああ、助けてくれ
　　B．ああ、助けてもらいたい
　　C．ああ、助けてください
　　D．ああ、助けてさしあげたい
正答：D
→「助けたてまつらばや」の「奉る」は謙譲語なのでD。

❀附録　主要敬語動詞一覧

★丁寧語

＊候ふ　①あります（おります・ございます）　②〜です・〜ます［補助動詞］

①世しづまり候ひなば、勅撰の御沙汰候はんずらん。〈平家物語〉

（世が鎮まりましたら、勅撰集を選ぶご命令があり<u>ます</u>でしょう。）

②ただ一身の嘆きと存じ候。〈平家物語〉　（ただ私一身にとっての嘆きと存じます。）

＊さぶらふ　①あります（おります・ございます）　②〜です・〜ます［補助動詞］

①物語の多くさぶろふなる、ある限り見せ給へ。〈更級日記〉　（多くあると聞いています物
語を、あるだけ見せてください。）

②極楽浄土とてめでたき所へ具しまゐらせさぶらふぞ。〈平家物語〉　（極楽浄土いうすばら
しい所へお連れ申し上げます。）

＊はべり　①あります（おります・ございます）　②〜です・〜ます［補助動詞］

①北山になむ、なにがし寺といふところに、かしこき行なひ人はべる。〈源氏物語〉

（北山に、何とか寺というところに、優秀な行者がおります。）

②この歌よみはべらじとなむ思ひはべるを。〈枕草子・九九段〉　（歌は詠みますまいと思っ
ております。）

★尊敬語

＊います …①いらっしゃる　②〜でいらっしゃる［補助動詞］

①事果つるままにこそ、中山へはいませしか。〈大鏡・昔物語〉　（仕事が終わるとすぐに、
中山へいらっしゃいました。）

②主は二十五、六ばかりのをのこにてこそはいませしか。〈大鏡・序〉　（あなたは 25 か 26 歳
ほどの男性でいらっしゃった。）

＊おはします　①いらっしゃる　②〜でいらっしゃる［補助動詞］

①むかし、惟喬［これたか］の親王［みこ］と申す親王おはしましけり。〈伊勢物語〉

（昔、惟喬親王と申す方がいらっしゃいました。）

②くはしく、御有様も奏しはべらましきを、待ちおはしますらむを、〈源氏物語・桐壺〉

（詳しくご様子を申し上げたいのですが、（私の帰りを）お待ちでしょうから、）

＊おはす　①いらっしゃる　②〜でいらっしゃる［補助動詞］

①もし幸に神の救あらば、南の海に吹かれおはしぬべし。〈竹取物語・龍の首の玉〉

（もし幸に神の助けがあるならば、南方の海に風に吹かれていらっしゃることでしょう。）

②物語にある光源氏などのやうにおはせむ人を、年に一度にても通はし奉りて〈更級日記〉

（物語にある光源氏のようでいらっしゃる人に、年に一度でも通っていただいて、）

＊おぼしめす ①お思いになる（思いなさる）

　①このたびはもの心細くおぼしめされて、〈源氏物語・若菜上〉

　（このたびは心細くお思いになられて）

＊おほす ①命令なさる　②おっしゃる

　①司、司に仰せて、勅使少将高野のおほくにといふ人をさして、〈竹取物語〉

　（各役所に命令なされて、勅使に少将高野のおほくにという人を指名して、）

　②ひがひがしからん人のおほせらるる事、聞きいるべきかは。〈徒然草〉

　（無風流な人のおっしゃることを、お聞き入れることができるであろうか。）

＊おぼす ①お思いになる（思いなさる）

　①竹の名とも知らぬものを。なめしとやおぼしつらん。〈枕草子〉

　（竹の名とも知らなかったのに。無礼者とお思いになっていることでしょう。）

＊大殿ごもる ①お休みになる

　①御草子に夾算さして大殿ごもりぬるもまためでたしかし。〈枕草子〉

　（御本に夾算をはさんでお休みになったのも、またすばらしいことでした。）

＊おもほす ①お思いになる（思いなさる）

　①もの心細げに里がちなるを、いよいよ飽かずあはれなるものに思ほして、〈源氏物語〉

　（頼りなげな様子で実家に帰りがちの様子を、ますますいとしいとお思いになり）

＊きこしめす ①お聞きになる　②召し上がる

　①かしこき相人ありけるを聞こしめて、〈源氏物語・桐壺〉

　（すぐれた人相見がいるのをお聞きになって）

　②きたなき所の物きこしめしたれば、御心地悪しからむものぞ。〈竹取物語〉

　（汚い所のものを召し上がったから、御心地が悪くなっているのだろうよ。）

＊ご覧ず ①ご覧なる

　①いといたう思ひわびたるを、いとどあはれと御覧じて、〈源氏物語〉

　（（更衣が）ひどく思い悩んでいるのを、（帝は）とてもかわいそうだと御覧になって、）

＊しろしめす ①お知りになる　②お治めになる

　①礼儀よくしろしめし、くもりなき鏡にてわたらせたまひつるを〈平家物語〉

　（礼儀作法をよくお知りになり、くもりのない鏡のような方でいらっしゃったのに、）

　②親しき家司ども具して、しろしめすべきさまどものたまひ預く。〈源氏物語〉

　（側近の政治担当者たちをつけて、お治めするべきことをおっしゃって預けなさる。）

＊たてまつる ①召し上がる　②お召しになる　③お乗りになる

　①壺なる御薬たてまつれ。〈竹取物語・かぐや姫の昇天〉　（壺の中の御薬を召し上がりなさい）

　②白き綾のなよらかなる、紫苑色など奉りて、〈源氏物語〉

（白い綾織りのやわらかい下着に、紫苑色（の指貫）などをお召しになって、）

③夜の明け果てぬ先に御舟に奉れ。〈源氏物語〉（夜が明けきらぬうちに舟にお乗り下さい）

＊たぶ　①下さる　②お与えになる　③お～になる（なさる）

　①娘をわれにたべ。〈竹取物語・かぐや姫の生い立ち〉（娘を私に（妻として）ください。）

　②家に少し残りたりける物どもは、龍の玉を取らぬ者どもにたびつ。〈竹取物語〉

　　（家にわずかに残った品々は、龍の玉を取らなかった家来たちにお与えになった。）

　③なほうれしとおもひたぶべきものたいまつりたべ。〈土佐日記〉

　　（もっと（神様が）お喜びになるものをお与え下さい。）

＊たまはす　①下さる　②お与えになる

　①給はせたる物、おのおの分けつつ取る。〈竹取物語〉

　　（（大納言が）下さった物は、それぞれ分配して取る。）

　②もとよりさぶらひたまふ更衣の曹司を、ほかに移させたまひて、上局に賜はす。〈源氏物語〉

　　（もともといらっしゃっていた更衣の部屋を、他に移させなさり、（桐壺更衣に）上局とし

　てお与えになった。）

＊たまはる　①下さる（お与えになる）

　①すは、稲荷より賜はる験［しるし］の杉よ。〈更級日記〉

　　（さあ、稲荷から下さった霊験ある杉ですよ）

＊たまふ（四段活用）①お与えになる　②お～になる（なさる）［補助動詞］

　①いみじう感ぜさせ給ひて、大袿［おほうちぎ］賜ひて、〈大鏡〉

　　（とてもおほめになられ、大袿をお与えになられ、）

　②いとかなしく奉りたまふ御子なめれば、〈源氏物語〉

　　（とてもおかわいがりになられるお子様のようなので、）

＊つかはす　①遣わしなさる　②お与えになる　③お帰しになる

　①竹取が家に御使ひつかはせ給ふ。〈竹取物語〉（竹取の家にお使いの者を遣わしになる）

　②ありつる御随身してつかはす。〈源氏物語〉

　　（先ほどの御随身に命じて（返歌を）お与えになる）

　③大御酒［おおみき］たまひ、禄たまはむとて、つかはさざりけり。〈伊勢物語〉

　　（お酒を下さり、ご褒美までも下さろうとして、帰してくれなかった。）

＊のたまはす　①おっしゃる

　①御後見したまふべきことをかへすがへすのたまはす。〈源氏物語〉

　　（お世話をなさることを繰り返し繰り返しにおっしゃる。）

＊のたまふ　①おっしゃる

　①世になき物なれば、それをまことと疑ひなく思はん、とのたまふ。〈竹取物語〉

（「世にはないものなので、本物の皮衣だと疑いもなく思いなさい」とおっしゃいます。）

＊まします　①いらっしゃる（おいでになる）　②～でいらっしゃる［補助動詞］

　①神・仏明らかにましまさば、この憂へやすめたまへ。〈源氏物語〉

　（神や仏が明らかにいらっしゃるならば、この嘆きをとめてください。）

＊めす　①お呼びになる　②召し上がる③取り上げなさる④取り寄せなさる⑤お召しになる⑥
　　　　お乗りになる

　①陪膳仕うまつる人の、をのこどもなど召すほどもなく、渡らせたまひぬ。〈枕草子〉

　（お給仕する人がお膳を下げる蔵人を呼ぶまもなく、（天皇様が）おいでになられた。）

　②さしおかれつる杯取り給ひて、あまたたび召し、〈大鏡〉

　（おいてある杯をお取りになり、何杯も召しあがり、）

　③ただ目鼻をば召すとも、このこぶは許し給ひ候はむ。〈宇治拾遺物語〉

　（ただ、目鼻をお取りになられたとしても、このこぶだけはお許し下さいませ。）

　④すずり召して、あなたに聞こえたまふ。〈源氏物語〉

　（（薫の君は）硯をお取り寄せなさって、（姫君たちに）さしあげる。）

　⑤御前に召しても。〈源氏物語〉　（（娘を）御前にお召し下さってでも（お聞かせ下さい）。）

　⑥なに心もなう召されけり。〈平家物語・主上都落〉　（無心で（乗り物に）お乗りになった。）

★謙譲語

＊うけたまはる　①お受けする　②お聞きする

　①かしこき仰せ言をたびたびうけたまはりながら、〈源氏物語〉

　（（帝の）恐れ多いお言葉を何度もお受けしておきながら、）

　②うけたまはりもはてぬやうにてなむ、まかではべりぬ。〈源氏物語〉

　（（お言葉を）最後までお聞きにならない有様で、退出いたしました。）

＊きこえさす　①申し上げる　②お～申し上げる［補助動詞］

　①また文も、「久しく聞こえさせねば」などばかり言ひおこせたる、いとうれし。〈徒然草〉

　（また手紙も「長く便りを申し上げないので」などとだけ言ってよこすのがとてもうれしい。）

　②祈りをさへして、教へ聞こえさするに、〈大鏡・道兼伝〉（ご祈祷までして、お教え申し上げましたが）

＊きこゆ　①申し上げる　②差し上げる　③お～申し上げる［補助動詞］

　①いで、御消息聞こえむ。〈源氏物語〉　　（さて、ご挨拶を申し上げよう。）

　②御文も聞こえ給はず。〈源氏物語〉　　（お手紙も差し上げなさらない。）

　③かの人は過ぐし聞こえて、〈源氏物語〉

（あの方（明石の君）は（光源氏の）お通りをお待ちして）

*啓す（上皇・皇后・皇太子に対して）①申し上げる［絶対敬語］

　①つとめて、御前にまゐりて啓すれば、〈枕草子〉（翌朝、中宮様のところに参り、申し上げると）

*さぶらふ　①お仕えする　②伺候する

　①女御、更衣あまたさぶらひたまひけるなかに、〈源氏物語〉

　　（女御、更衣が大勢でお仕えなさっていた中に、）

　②帥殿はあけくれ御前にさぶらはせ給ひて、〈大鏡〉

　　（帥殿（伊周公）は毎日のように帝の御前に御伺候なさって、）

*奏す（天皇に対して）①申し上げる［絶対敬語］

　①よその君だちは便なき事をも奏してけるかなと思ふ。〈大鏡〉

　　（他の若君たちは（道長は）くだらないことを（帝に）申し上げてしまったことだと思った。）

*たてまつる　①差し上げる　②お〜申し上げる［補助動詞］

　①これ殿の奉らせ給ふ。御かへりごととく。〈枕草子〉

　　（これを頭の殿が差し上げられます。すぐにお返事を。）

　②見捨てたてまつりてまかる空よりも、落ちぬべき心地する。〈竹取物語〉

　　（あなたをお見捨て申し上げて行く空から、落ちてしまいそうな気持ちがします。）

*たまはる　①いただく

　①うちまきのかはりばかり給はりて、何にかはせむ。〈宇治拾遺物語〉

　　（お供え用の（米の）代わりぐらいをいただいても、何になろうか。）

*たまふ［下二段活用・補助動詞］①〜ます（おります）

　①たえだえ忘れぬものに思ひたまへしを、〈源氏物語〉

　　（とだえがちながら忘れられない人と思っておりましたが、）

*つかうまつる　①お仕えする　②いたす　③お〜申し上げる［補助動詞］

　①これたかの親王、例の狩しにおはします供に馬の頭なる翁つかうまつれり。〈伊勢物語〉

　　（惟喬親王がいつものように鷹狩にいらっしゃる供に、馬頭の翁がお仕えしていた。）

　②貫之召し出でて、歌つかうまつらしめ給へり。〈大鏡〉

　　（貫之をお呼びになられ、歌を詠ませることにいたしました。）

　③はや、この皇子にあひ仕うまつり給へ。〈竹取物語〉

　　（早くこの皇子と結婚してお仕え申し上げなさい）

*はべり（本動詞）①伺候する

　①うしろざまに「誰々かはべる」と問ふこそをかしけれ。〈枕草子〉

　　（後ろに控えている（滝口に）「誰々は伺候していますか」と尋ねるのはおもしろい。）

*申す　①申し上げる　②お〜申し上げる［補助動詞］

①この酒をひとりたうべんがさうさせうしければ、申しつるなり。〈徒然草〉

（この酒を一人で飲むのがさびしいので、（おいで下さいと）申し上げたのです。）

②この事を、有賢、鳥羽の院に訴へ申しければ、〈宇治拾遺物語〉

（この事を有賢が、鳥羽院にお訴え申しあげたところ、）

＊詣づ　①参上する　②お参りする

①御とぶらひにもまうでざりけり。〈源氏物語〉　　（お見舞いにも参上しませんでした。）

②ある時思ひ立ちて、ただひとり、徒歩よりまうでけり。〈徒然草〉

（ある時思い立ち、ただ一人で、徒歩でお参りに行った。）

＊まかづ　①退出する　②出かけます

①恐ろしければ、かしこまりてまかでたまひぬ。〈源氏物語〉

（（光源氏は）恐ろしいので、かしこまって（御所を）退出なさった。）

②室の外にもまかでず。〈源氏物語・若紫〉　　（庵室の外に出かけることができません。）

＊まかる　①退出する　②参上する　③出かける

①この歌主、「まだまからず。」といひて起[た]ちぬ。〈土佐日記〉

（この歌主は「まだ退出するわけではありませんが。」と言って、席を外した。）

②なえたる直垂、うちうちのままにてまかりたりしに、〈徒然草〉

（よれよれな直垂で、普段のままで出かけたところ、）

③筑紫の国にゆあみにまからむ。〈竹取物語〉　　（筑紫の国に湯治に出かけようと思います。）

＊まゐらす　①差し上げる　②お〜申し上げる［補助動詞］

①やすらかにゆひて参らせたりけるが、思ふやうにめぐりて、〈徒然草〉

（かんたんに組み立ててさしあげたが、思うとおりに（水車が）まわり、）

②「なにのかくは夢に見えつるにか」と思ひ参らすに、〈宇治拾遺物語〉

（「どうしてこのように夢に見えたのだろう。」と思い申し上げるにつけ、）

＊まゐる　①参上する　②お参りする　③差し上げる

①中納言殿まゐりたまひて、御扇たてまつらせたまふに、〈枕草子〉

（中納言様が参上なさって、扇を献上なされるので、）

②ある人、清水へ参りけるに、〈徒然草〉　　（ある人が清水寺にお参りしたときに、）

③灯あかくかかげなどして、御果物ばかりまゐれり。〈源氏物語〉

（灯火を明るくかきたてて、お酒の肴だけを差し上げた。）

識別

現代日本語には同じ字句の形をしていながら、前後の語句との関係で、意味が異なる語句がある。それは古典にもある。以下の識別は、その中でも代表的なものである。なお、ここでの解説する識別は、繁雑になることを避け、一般原則のみを記した。具体的な本文に対した時、例外的な用法もあり得るので、辞書を引いて確認してほしい。

$「ぬ」の識別

「ぬ」が、「ぬ」の終止形（＝直後が「。／べし／まじ／らむ／らし／めり／なり」の形）で用いられている場合は「…た」。「ず」の連体形で用いられている場合は「…ない」と訳す。「ず」の連体形で用いられている場合は①直後が名詞、②係り結びとなる場合が多い。

◆「ぬ」の直後が終止形（＝「。／べし／まじ／らむ／らし／めり／なり」）の形は、「ぬ」連体形であるので「た」と訳す

月出でぬ。（月が出<u>た</u>）

◆「ぬ」の直後が終止形でも、その前の文中に「ぞ／なむ／や／か」がある場合、「ず」連体形なので「ない」と訳す。

月ぞ出でぬ。（月が出<u>ない</u>）

月<u>や</u>出でぬ。（月が出<u>ないか</u>）　→「や／か」があれば「…ないか」と訳す

◆文中にあって「ぬ＋［名詞］」であれば「ず」連体形で、「ない」と訳す

月出でぬ日もあり。（月が出<u>ない</u>日もある）

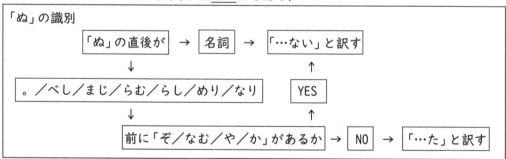

$「ね」の識別

「ね」が、「ぬ」の命令形で用いられている場合は「なさい／しろ」。「ず」の已然形で用いられている場合は「ない」と訳す。「ぬ」の命令形で用いられている場合は直後が「。」、「ず」の已然形で用いられている場合は直後が「ば・ども・ど」、または「ね」の前の文中に「こ

そ」がある場合が多い。

- ◆ …ね。(「ぬ」命令形)　疾_とく逃げ給ひね。(早くお逃げなさい)
- ◆ …こそ…ね。(「ず」已然形)＝「ない」　疾_とくこそ逃げ給ひね。(早くお逃げにならない)
- ◆ …ね＋ば／ども／ど、(「ず」已然形)＝「ない」　疾_とく逃げ給へねば、(早くお逃げにならないので)／疾とく逃げ給へねども、(早くお逃げにならないが)

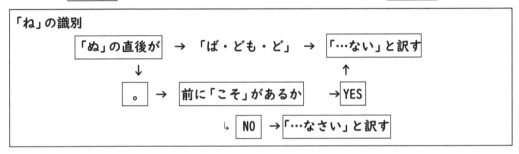

「ね」の識別

「ぬ」の直後が　→　「ば・ども・ど」　→　「…ない」と訳す
　↓　　　　　　　　　　　　　　　↑
。　→　前に「こそ」があるか　→YES
　　　↳　NO　→「…なさい」と訳す

$ 「る」「れ」の識別

「る／れ」の直前の文字が[ɑ音]となっている場合は「る」の活用形なので「…られる／…なさる／…してしまう／…できる」、[e音]となっている場合は「り」の活用形なので「…ている」／「…た」と訳す

- ◆ [ɑ音]＋「る／れ」＝「…られる／…なさる／自然と…してしまう／…できる」
- ◆ [e音]＋「る／れ」＝「…ている」／「…た」
  　中将、歌を詠ま<u>る</u>　→[ɑ音]＋「る／れ」　(中将が歌を<u>お詠みになる。</u>)
  　中将ぞ歌を詠め<u>る</u>　→[e音]＋「る／れ」　(中将が歌を詠ん<u>でいる</u>)

「る」「れ」の識別

[ɑ音]　＋「る／れ」→「…られる／…なさる／自然と…してしまう／…できる」
[e音]　＋「る／れ」　　　→「…ている／…た」

$ 「らむ」の識別

① **「らむ」の直前の文字が[u音]である場合は推量の「らむ」であるので、「らしい／だろうか」と訳す。**
② **直前が[e音]である場合は[断定「り」＋推量「む」]であるので「だろう／よう」と訳す。**
③ **「らむ」の直前がu音でもe音でもなければ[活用語の一部＋推量「む」]であるから、「…だろう／…よう」と訳す。**

- ◆ [u音]＋「らむ」＝「らしい／だろうか」

　　　　　　人の言ふことまねぶらむ（人の言うことをまねるらしい）

　◆［e音］＋「らむ」＝「だろう／よう」　かくと言へらむ（こうだと言うだろう）

　◆［非u/e音］＋「らむ」　　　　＝「…だろう／…よう」　歌を知らむ（歌がわかるだろう）

┌───┐
│「らむ」の識別　　　　　　　　　　　　　　　　　　　　　　　　　　　│
│　**［u音］**　　　　　＋「らむ」　　　　　　→「**…らしい／だろうか**」と訳す│
│　［非u音］　＋「らむ」　　　　　　　→「…だろう／…よう」と訳す│
└───┘

＄文中の「し」の識別

　文中の「し」が、「しぞ」「しも」「し…ば」の形で用いられている場合は強意の副助詞「し」なので**訳す必要はない。**

　直後に名詞があれば、「し」は過去の「き」連体形なので「た」と訳す。

「して／しけり」または「し＋［述語］」等の形であれば、その「し」は動詞「す」連用形なので、「し」のままで良い。

　文末に「し」があり、その前に「ぞ／なむ／や／か」がある場合は、過去の「き」連体形なので「…た」と訳す

　◆「しぞ」「しも」「し…ば」　　＝訳す必要ない　　旅にしあればしみじみと（旅にあ
　　　　　　　　　　　　　　　　　　　　　　　　　　ればしみじみと）

　◆…し＋［名詞］　　　　　　　＝「た」　　　　忠度のありしありさま　（忠度の生
　　　　　　　　　　　　　　　　　　　　　　　　　きていたありさま）

　◆…し＋て／けり／　　　　　　＝「する」　　　殿のし給ふことなり。（殿のしなさ
　　　　　　　　　　　　　　　　　　　　　　　　ることだ。）

┌───┐
│文中の「し」の識別　　　　　　　　　　　　　　　　　　　　　　　　　│
│　［「しぞ」「しも」「し…ば」］　　　　　　　→訳す必要ない│
│　…し＋［名詞］　　　　　　　　　　　　→「…た［名詞］」と訳す│
│　…して／しけり／し＋［述語］　　　　　→「して／した／し［述語］」と訳す│
└───┘

$「なり」の識別

「なり」の直前が、①名詞／述語連体形ならば［断定「なり」終止形／連用形］なので「である」と訳す。

②述語終止形ならば［推量「なり」終止形／連用形］なので「らしい」と訳す。

③「に／と」ならば［動詞「成る」連用形］なので「成る」と訳す。

④また、形容動詞の末尾が「なり」となることにも注意する。

◆名詞／述語連体形＋なり　　　　＝「である」　　　　唐猫なり。（唐猫だ）

◆述語終止形＋なり　　　　　　　＝「らしい」　　　　男のすなる日記（男のするらしい日記）

◆…になり／となり　　　　　　　＝「に成り／と成り」　山も春になり。（山も春に成り）

◆形容動詞の一部　　　　　　　　　　　　　　　　　月を見るはあはれなり。（月を見るのは感動する。）

「なり」の識別		
名詞／述語連体形		→「である」と訳す
述語終止形	＋なり	→「らしい」と訳す
に／と		→「に成り／と成り」と訳す
形容動詞語幹		→形容動詞一語として訳す

$「なむ」の識別

「なむ」の直前が［α音］ならば願望の助詞「なむ」なので「…てほしい」と訳す。［述語連用形］ならば、「ぬ」未然形に推量「む」がついた形なので「だろう／よう／するのが良い」と訳す。「死／去〻／往〻」ならば「死ぬ／去〻ぬ／往〻ぬ」に推量助動詞「む」がついた形なので「死ぬだろう／去るだろう／行くだろう」と訳す

◆［α音］＋「なむ」　　　　　　＝「…てほしい」　雨ふらなむ。（雨が降ってほしい）

◆［述語連用形］＋「なむ」　　　＝「…だろう」　　雨ふりなむ。（雨が降るだろう）

◆死なむ／去なむ／往なむ　　　＝「死ぬだろう／去るだろう／行くだろう」

　　　　　　　　　　　　　　　　　　　今年も去なむ（今年も去るだろう）

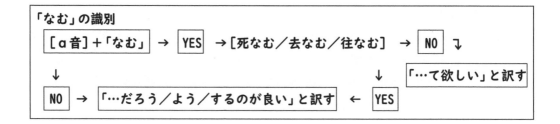

「なむ」の識別

[α音]＋「なむ」 → YES →[死なむ／去なむ／往なむ] → NO ↴

↓   ↓   「…て欲しい」と訳す

NO → 「…だろう／よう／するのが良い」と訳す ← YES

$「に」の識別

[名詞／述語連体形＋「にあり」]ならば、「に」は「なり（断定）」の連用形なので「…だ」と訳す。

[述語連用形＋「にけり／にたり」]なら、「に」は「ぬ」の連用形なので「…た」と訳す。

[「名詞」＋「になり」]ならば、「に」は格助詞なので「～に成る」と訳す。

◆ [にあり]   ＝「…だ」   我は月の人にあれば、（私は月の人なので）

◆ [にけり／にたり]   ＝「…た」   海に来にけり。（海に来た）

◆ [になり]   ＝「～に成り」 虫の蝶になりけるに、（虫が蝶になった時に、）

「に」の識別

   …に ＋ あり   …に ＋ けり／たり   …に ＋ なり

   ↳「…だ」と訳す   ↳「…た」と訳す   ↳「～に成り」と訳す

【練習問題】

1．「渡守、「はや舟に乗れ。日も暮れぬ。」といふに、」の下線箇所の現代語訳はどれか。

   A   はやく船に乗れ。日も暮れた。

   B   はやく船に乗れ。日も暮れない。

   C   はやく船に乗れ。日も暮れるにちがいない。

   D   はやく船に乗れ。日も暮れるらしい。

2．「物は少し覚ゆれど、腰なむ動かれぬ。」の現代語訳はどれか。

   A   意識は少しあるが、腰が動かせるだろう。

   B   意識は少しあるが、腰が動かせない。

   C   意識は少しあるが、腰が動かせた。

   D   意識は少しあるが、腰が動かせないだろう。

3.「たれこめて春のゆくへも知らぬ間に待ちし桜もうつろひにけり」の現代語訳はどれか。

A　部屋に篭っていて春の様子もわかった間に、待っていた桜も散ってしまいました。

B　部屋に篭っていて春の様子もわかる間に、待っていた桜も散ってしまいました。

C　部屋に篭っていて春の様子もわからない間に、待っていた桜も散ってしまった。

D　部屋に篭っていて春の様子もわかろうとする間に、待っていた桜も散ってしまいました。

4.「また、雪の降る夜来たりけるを、ものはいひて、「夜ふけぬ。かへり給ひね」といひければ、かへりけるほどに、」の現代語訳はどれか。

A　また、雪が降る夜に来たけれども、話はして、「夜も更けた。お帰りではない」と言ったので、帰ったころに、

B　また、雪が降る夜に来たけれども、話はして、「夜も更けた。帰るでしょうね」と言ったので、帰ったころに、

C　また、雪が降る夜に来たけれども、話はして、「夜も更けた。お帰りですね」と言ったので、帰ったときに、

D　また、雪が降る夜に来たけれども、話はして、「夜も更けた。帰ってください」と言ったので、帰ったころに、

5.「「風波止まねば、なほ同じ所に泊れり」とのみなん思ふ。」の現代語訳はどれか。

A　風と波とが止んでほしいので、そのまま同じところに停泊している。

B　風と波とが止んだのでね、そのまま同じところに停泊している。

C　風と波とが止まないので、そのまま同じところに停泊している。

D　風と波とが止むだろうから、そのまま同じところに停泊している。

6.「中垣こそあれ、一つ家のやうなれば、望みてあづかれるなり。」の現代語訳はどれか。

A　垣はあるが、一つの家のようであるので、希望して預けることができるのである。

B　垣はあるが、一つの家のようであるので、希望して預かっているのである。

C　垣はあるが、一つの家のようであるので、希望して預けられるのである。

D　垣はあるが、一つの家のようであるので、希望して預かろうとしている。

7.「女の出でて、「いづくよりわたり給ふ道心の御坊にや。あるじはこのあたり何某と
　　いふ者の方に行きぬ。もし用あらば尋ね給へ」といふ。かれが妻なるべしと知らる。」
　　の下線箇所の現代語訳はどれか。
　　A　その人の妻であるにちがいないと自然とわかってしまう。
　　B　その人の妻であるにちがいないとわかっている。
　　C　その人の妻であるにちがいないとわかった。
　　D　その人の妻であるにちがいないとわからない。

8.「夏の夜はまだ宵ながら明けぬるを雲のいづこに月宿るらむ」の現代語訳はどれか。
　　A　夏の夜はまだ宵であるうちに明けてしまったが、月は、雲のどの辺に宿らないの
　　　　か。
　　B　夏の夜はまだ宵であるうちに明けてしまったが、月は、雲のどの辺に宿るのだろ
　　　　うか。
　　C　夏の夜はまだ宵であるうちに明けてしまったが、月は、雲のどの辺に宿ろうとす
　　　　るか。
　　D　夏の夜はまだ宵であるうちに明けてしまったが、月は、雲のどの辺に宿れるのか。

9.「過ぎにしころ、比叡山に候ひける稚児の、夜の間に失せて見えざりければ、」の現
　　代語訳はどれか。
　　A　今では過ぎ去った時代、比叡山にお仕えしていた稚児が、夜の間にいなくなって
　　　　姿が見えなかったので
　　B　これから過ぎていく時代、比叡山にお仕えしていた稚児が、夜の間にいなくなっ
　　　　て姿が見えなかったので
　　C　今過ぎ去ろうとする時代、比叡山にお仕えしていた稚児が、夜の間にいなくなっ
　　　　て姿が見えなかったので
　　D　まだ過ぎていない時代、比叡山にお仕えしていた稚児が、夜の間にいなくなって
　　　　姿が見えなかったので

10.「年ごろ、常のあつしさになりたまへれば、御目馴れて」の現代語訳はどれか。
　　A　ここ数年来、いつもの病状であっていらっしゃるので、お見慣れになって
　　B　ここ数年来、いつもの病状らしくいらっしゃるので、お見慣れになって
　　C　ここ数年来、いつもの病状になっていらっしゃるので、お見慣れになって
　　D　ここ数年来、いつもの病状に慣れていらっしゃるので、お見慣れになって

11.「小倉山峰のもみぢ葉こころあらば今ひとたびの行幸待たなむ」の現代語訳はどれか。

A　小倉山の峰の紅葉よ、もしや心があるならば、帝の次回いらっしゃる時を、散らずに待つまい。

B　小倉山の峰の紅葉よ、もしや心があるならば、帝の次回いらっしゃる時を、散らずに待つだろう。

C　小倉山の峰の紅葉よ、もしや心があるならば、帝の次回いらっしゃる時を、散らずに待てる。

D　小倉山の峰の紅葉よ、もしや心があるならば、帝の次回いらっしゃる時を、散らずに待ってほしい。

12.「「暮れかかりぬれど、おこらせ給はずなりぬるにこそはあんめれ。はや帰らせ給ひなむ」とあるを」の現代語訳はどれか。

A　「日が暮れかかっているが、発作が起こりなさらないようであるらしい。早く帰りなさってほしい」というが、

B　「日が暮れかかっているが、発作が起こりなさらないようであるらしい。早く帰りなさらない」というが、

C　「日が暮れかかっているが、発作が起こりなさらないようであるらしい。早く帰りなさる」というが、

D　「日が暮れかかっているが、発作が起こりなさらないようであるらしい。早く帰りなさるのがよい」というが、

13.「言ひ続くれば、みな源氏物語・枕草子などにこと古りにたれど」の現代語訳はどれか。

A　このように言い続けると、みな『源氏物語』や『枕草子』などに、言いふるされているというが。

B　このように言い続けると、みな『源氏物語』や『枕草子』などに、言いふるされているようだが。

C　このように言い続けると、みな『源氏物語』や『枕草子』などに、言いふるされたが。

D　このように言い続けると、みな『源氏物語』や『枕草子』などに、言いふるされていないが。

【練習問題解答】

1　A　[ぬ]は終止形なので「〜た／てしまった」と訳す。Bはその前の文中に「ぞ／なむ／や／か」がないので不適切。

2　B　「ぬ」は、その前の文中に「なむ」があるので「ない」と訳す。Cは「ぬ」の終止形の訳であって不適切。

3　C　「知らぬ」の「ぬ」は、直後に名詞「間」があるので「ない」と訳す。Aは「ぬ」の終止形の訳であって不適切。

4　D　「帰りたまひね」の「ね」は直後が「。」で、その前の文中に「こそ」もないので「ください」と訳す。

5　C　「風波止まねば」の「ね」の直後に「ば」があるので「〜ない」と訳す。

6　B　「あづかれる」の「る」の直前がe音なので「…ている／…た」と訳す。A・Cは直前がА音の場合の訳で不適切。

7　A　「知らる」の「る」の直前がА音なので「「…られる／…なさる／自然と…してしまう／…できる」」と訳す。B・Cは直前がe音の場合の訳で不適切。

8　B　「月宿るらむ」の「らむ」の直前がu音なので「…らしい／だろうか」と訳す。

9　A　「過ぎにしころ」の「し」は直後が名詞なので「た」と訳す

10　C　「あつしさになりたまへれば」の「なり」は「…になり」の形であるので、「〜に成り…」と訳す

11　D　「待たなむ」の「なむ」は[α音]＋「なむ」　で「死なむ／去なむ／往なむ」でもないから「ほしい」と訳す

12　D　「帰らせ給ひなむ」の「なむ」は[α音]＋「なむ」でないので「…だろう／よう／するのが良い」と訳す

13　C　「古りにたれど」の「たれ」は「たり」で、「にたり」の形であるから「…た」と訳す

重要古語（接続助詞）

　この章では、文と文、句と句との接続に用いられる単語（接続助詞）について習得する。これは、主に活用語（用言・助動詞）に接続することで、その前の句と、後の句とをつなぐ語である。

> **概要**
> 1．[a音／せ／ましか]＋「ば」
> 2．[e音]＋「ば」
> 3．[i音／u音]＋助詞「と／とも」
> 4．[e音]＋助詞「ど／ども」

★1．[a音／せ／ましか／来（こ）]＋「ば」　→　「もし（これから）…ならば～」（前半箇所はまだ現実となっていないこと、事実に反することを述べる）

　・わが身一つならば、安らかならましを、〈更級日記〉（もし自分一人であるならば、不安がないのであろうが）↖「a音＋ば」の例　　　　　　　↖訳は「もし…ならば」↗
　・世の中に絶えて桜のなかりせば〈伊勢物語〉（この世にもしまったく桜がないならば）「せば」の例↗　　　　　　　　　　↖訳は「もし…ならば」↗
　・やがてかけこもらましかば口惜しからまし〈徒然草〉（もしすぐに屋内に引っ込むならば、残念だろうに。）↖「ましかば」の例　　　　↖訳は「もし…ならば」↗
　・「かの国の人来（こ）ば（戸は）皆開きてむとす」〈竹取物語〉（もしあの国の人が来るならば戸はみな開くだろう）↖「こば」の例　　　　　↖訳は「もし…ならば」↗

★2．[e音]＋「ば」　　　　　　　→　「…て／だから／と／すれば～」（前半箇所はもう現実となってしまったこと、または後半部の原因・理由となることを述べる）

　・波のまにまに漂（ただよ）えば、赤い泊り火懐かしみ〈琵琶湖周航の歌〉（波間に漂って、赤い泊火を懐かしみ）↖「e音＋ば」の例　　　　　　　訳は「…て」↗
　・風吹けば、え出で立たず。〈土佐日記〉（風が吹くので、港を出ることができない。）↖「e音＋ば」の例　　　訳は「…ので」↗
　・柿くえば鐘（かね）がなるなり法隆寺〈正岡子規〉（柿を食べると、鐘がなるのだ。法隆寺よ）↖「e音＋ば」の例　　　　　　訳は「…と」↗
　・命長ければ、恥多し。〈徒然草〉（長生きをすれば、恥も多い。）↖「e音＋ば」　訳は「…すれば」↗

★「ば」の見分け方

　　［A音／せ／ましか／来こ］＋「ば」　→　「もし（これから）…ならば〜」

　　［e音］　　　　　　　　　　＋「ば」　→　「…なって／だから／と／すれば〜」

★3．［i音／u音］＋「と／とも」→「たとえ〜しても……、〜としても…」

　・用ありて行きたりとも、その事果はてなば、とく帰るべし。〈徒然草〉

　　（たとえ用があって行ったとしても、その用事が終わったならば、早く帰れ。）

★4．［e音］＋「ど／ども」→「〜が……、〜けれども……、〜のに…」

　・鎌倉や御仏みほとけなれど釈迦牟尼しゃかむには美男におはす夏木立なつこだちかな〈与謝野晶子〉

　　（鎌倉よ。御仏であるけれども釈迦牟尼仏は、美男でおはします。夏木立よ。）

　・足ずりをして泣けども、かひなし。〈平家物語〉　（地団駄を踏んで泣くけれども、どうしようもない）

【練習問題】

１．「春まで命あらば必ず来む」の現代語訳はどれか。

　　A　春まで命があるので、必ず来よう。

　　B　春まで命がないので、必ず来よう。

　　C　もし春まで命があるならば、必ず来よう。

　　D　たとえ春まで命があったとしても、必ず来よう。

２．「走り出づれば、地割れ裂く」の現代語訳はどれか。

　　A　外に走り出すと、地面が割れ裂けている。

　　B　外に走り出さないが、地面が割れ裂けている。

　　C　外に走り出した時、地面が割れ裂けている。

　　D　もし外に走り出すならば、地面が割れ裂けてしまう

３．「散りぬとも香をだに残せ梅の花恋しき時の思ひ出にせむ」の下線部現代語訳はどれか。

　　A　もし散ってしまったならば、香りだけでも残せ

　　B　たとえ散ってしまったとしても、香りだけでも残せ

C　散ってしまったのだけれども、香りだけでも残せ

D　散ってしまわないが、香りだけでも残せ

4.「飼ひける犬の暗けれど主を知りて飛びつきたりけるとぞ」の下線部現代語訳はどれか。

A　飼っていた犬が、もし暗ければ、主人がわかって

B　飼っていた犬が、暗かったので、主人がわかって

C　飼っていた犬が、たとえ暗いとしても、主人がわかって

D　飼っていた犬が、暗いけれども、主人がわかって

【練習問題解答】

1　C　「α音＋ば」だから訳は「もし…ならば～」

2　A　「e音＋ば」だから訳は「…なって／だから／と／すれば～」

3　B　[i音／u音＋「と／とも」]だから訳は、「たとえ～しても……、～としても…」

4　D　[e音]＋「ど／ども」だから訳は、「～が……、～けれども……、～のに…」

【応用問題】〈八級出題例〉

2014 年

48.「散りぬとも香をだに残せ梅の花恋しきときの思い出にせむ」における下線の部分の現代語訳はどれか。

A．散らなくてもせめて香だけでも残せ

B．散らなくても香を出しているから残せ

C．散ってしまうにしても香を出しているから残せ

D．散ってしまうにしても、せめて香だけでも残せ

正答：D

→「ぬ」は「…た／てしまう」なのでCかD。[i音／u音]＋助詞「と／とも」なので「たとえ…しても／ても」だからD。

2013 年

47.「帰らぬ人のあればなりけり」の現代訳は_____だ。

A．帰らない子供があるからなのだ。

Ｂ．帰らない子供があったからなのだ。

Ｃ．帰らない子供があればそうなるのだ。

Ｄ．帰らない子供があってそうなったのだ。

正答：Ｂ

→やや難。[ｅ音]＋「ば」なので訳は「…なって／だから／すれば／と～」だからＢ。Ａ
の「あるから」はＢに比べると、前半が現実となっていることであることを十分表現
していないので、Ｂがまさる。

2012 年

46.「暁になりぬれば、ただ二人出でぬ」の現代語訳は（ ）だ。

　Ａ．明け方になって二人きりで出発しなかった

　Ｂ．明け方になっても二人きりで出発しない

　Ｃ．明け方になっても二人きりで出発した

　Ｄ．明け方になって二人きりで出発した

正答：Ｄ

→[ｅ音]＋「ば」なので訳は「…なって／だから／すれば／と～」だからＡかＤ。「ぬ」は
「…た」なのでＤ。

2011 年

48. われはよめとも言はじ。

　Ａ．私はよめとは言うまい。

　Ｂ．私はよめとは言わない。

　Ｃ．私はよめとは言わせまい。

　Ｄ．私はよめとは言わせない。

正答：Ａ

→「とも」とあっても[ｉ音／ｅ音]＋助詞「と／とも」ではない。「と」＋「も」なので「と
も／とは」と訳す。「じ」の主語が「われ」なのでＡ。

2010 年

47. 衣の用なりければ、衣少しまうけむとて。

　Ａ．衣服が必要になったら

　Ｂ．衣服が必要だったら

　Ｃ．衣服が必要になったので

　Ｄ．衣服が必要だったので

正答：D

→［e音］＋「ば」なので訳は「…なって／だから／すれば／と～」だからCかD。「用」は「必要」、「なり」は「だ／である」なのでD。

49. いと良きことなり、渡さば得む。

A．くれたのでもらった。

B．くれたのでもらおうとした。

C．くれるならもらおう。

D．くれるならもらってもいい。

正答：C

→［A音］＋「ば」なので、「もし（これから）…ならば～」と訳すからCかD。動詞「得ぅ」は以下のように活用する。

基本形	未然形	連用形	終止形	連体形	已然形	命令形
得ぅ	え	え	う	うる	うれ	えよ

つまり「得む」は「得（未然形）」＋「む」なので直訳は「得よう」。従ってC。

2008 年

47. かばかりになりては、飛び降りるとも降りなん。

A．飛び降りても飛び降りるだろう

B．飛び降りても飛び降りてしまう

C．飛び降りるとしても飛び降りられない

D．飛び降りるとしても降りられるだろう

正答：A

→［i音／u音］＋助詞「と／とも」は、「たとえ～しても……、～としても…」だからCかD。（ＡＢは「飛び降るとも」の訳になっているので不可）。［連用形］＋「なむ」は、「だろう」と訳すのでD。ただし「降りられる」と可能となる根拠はこの文だけからは見つからない。少し難。

49. 鼠が着たものを踏まば、むさからうずに。

A．鼠が着たものを踏まなかったら不潔だろうから

B．鼠が着たものを踏んだのに、不潔だろうから

C．鼠が着たものを踏んだから、不潔だろうから

D．鼠が着たものを踏んだら、不潔だろうから

正答：D

→［a音］＋「ば」なので、「もし（これから）…ならば〜」と訳すからD。

2007 年

48.「人にまじるに及ばねば、薪をとりて世を過ぐるほどにやまへ行きぬ」の下線部の「人にまじるに及ばねば」の現代語訳は（　　）だ。

　　A．人との付き合いもできなければ

　　B．人との付き合いもできないので

　　C．人との付き合いもできれば

　　D．人との付き合いもできるので

正答：B

→［e音］＋「ば」なので訳は「…なって／だから／すれば／と〜」だからBかD。（ＡＣは「及ばずば」の訳になっている）。「ね」は「ず（已然形）」だからB。

2006 年

46. 人の恩をかうむりなば、必ず報ゆべき。

　　A．人の恩を受けたならば

　　B．人の恩を受けるから

　　C．人の恩を受けたので

　　D．人の恩を受けるならば

正答：A

→［a音］＋「ば」なので、「もし（これから）…ならば〜」と訳すからAかD。「な」は「ぬ（未然形）」なので「…た」と訳すからA。

2005 年

50.「死なば一所で死なん。」の現代語訳は（　　）だ。

　　A．死にたくても同じ所で死なない。

　　B．死ぬのなら一緒に死にたくない。

　　C．死ぬのなら同じ所で死のう。

　　D．同じところで死ぬために一緒に死ぬ。

正答：C

→［a音］＋「ば」なので、「もし（これから）…ならば〜」と訳すからBかD。「死なん」の「ん」は「む」であって「ぬ」ではないから、「…しよう／するだろう」と訳す。

重要古語（その他助詞）

　前章では接続表現としての助詞を取り上げて解説した。この章では接続表現以外の助詞「が／の」と、現代にない助詞、現代語と意味・用法の異なる助詞について解説する。

★―「が／の」の用法

１．[名詞] が／の [名詞]；[～の] と訳す

「経はにがし春のゆふべを奥の院の二十五菩薩歌うけたまへ」　〈与謝野晶子・みだれ髪〉

（経は苦い。春の夕べを、奥の院の二十五菩薩よ、歌をうけたまえ。）

２．[名詞] が／の [述語]；「～が」と訳す

「大宮のいとゆかしげにおぼしたるもことわりに、〈源氏物語〉

（大宮（帝の長女の姫君）がとても見たいとお思いになるのはもっともで、）

３．[名詞] が／の [助詞]；「～のもの／人／こと／ところ／時」と訳す

「草の花はなでしこ。唐のはさらなり。大和のもいとめでたし。」〈枕草子〉

（草の花は撫子がいい。中国のものは言うまでもない。日本のものもとても素晴らしい。）

４．[名詞Ａ] が／の [述語]…[述語連体形] ～ ；　[ＡであってＢ（である）Ａ～] と訳す

「青き瓶の大きなるを据えて、」〈枕草子〉（青い瓶であって大きい瓶を据えて、）

「白き鳥の嘴と脚と赤き、鴫の大きさなる、水のうへに遊びつつ魚をくふ。」〈伊勢物語〉

（白い鳥であって、くちばしと脚が赤い鳥で、鴫くらいの大きさである鳥が水の上で遊びつつ魚を食べる。）

　　　→[述語連体形] は二箇所ある場合もある。

【練習問題】

１．「心得ぬことの多きなり」の現代語訳はどれか。

　Ａ　理解できないことの時が多いのである。

　Ｂ　理解できないことであって多いことがある。

　Ｃ　理解できないことの多いことがある。

D　理解できないことが多いのである。

2.「鮒よりはじめて川のも、海のも、ことものども」の下線箇所の現代語訳はどれか。

　　A　鮒をはじめ川が、海が

　　B　鮒をはじめ川のものも、海のものも

　　C　鮒をはじめ川であって、海の魚も

　　D　鮒をはじめ川も、海も

3.「いと清げなる僧の黄なる地の袈裟着たるが来て」の現代語訳はどれか。

　　A　　たいそう清らかそうな僧の黄色地の袈裟を着たが来て

　　B　　たいそう清らかそうな僧が黄色地の袈裟を着たが来て

　　C　たいそう清らかそうな僧であって黄色地の袈裟を着た僧が来て

　　D　　たいそう清らかそうな僧のものが、黄色地の袈裟を着たが来て

【練習問題解答】

１　D　　問題文は、［名詞］の［述語］、のカタチであるから「の」は「が」と訳す。

２　B　［名詞］の［助詞］、のカタチであるから「の」は「～のもの／人／こと／ところ／
　　時」と訳す。

３　C　［名詞Ａ］の［述語］…［述語連体形］～、であるから「の」は「Ａであって Ｂ（である）
　　Ａ～」と訳す。

〈八級出題例〉

　2006 年

48. かの翁がつらにあるこぶをやとるべき。

　　A．あの老人のほおにあるこぶをとるべきか

　　B．あの老人のほおにあるこぶをとるべきだ

　　C．あの老人がほおにあるこぶをとるべきか

　　D．あの老人がほおにあるこぶをとるべきだ

正答：A

→「や」は文の末尾になくても「…か」と訳すのでAかC。「が」は｛［名詞］＋が＋［名詞］｝
　と用いられているので「の」と訳す。

★二　現代語と用法の異なる助詞

◈「より」

1. ［〜から］の意味となる例

    ・「今日、からくして、和泉の灘より小津の泊を追ふ。」〈土佐日記〉

    　（今日は、やっとのことで、和泉の灘から小津の港に向かう。）

2. ［〜を通って］の意味となる例

    ・「東面の小門より入らせたまへ。」〈平家物語〉（東面の小門を通ってお入り下さい。）

3. ［〜とすぐに／するやいなや］の意味となる例

    ・「命婦、かしこにまかで着きて、門ひき入るるより、けはひあはれなり。」〈源氏物語〉

    　（命婦がそこに着いて、車を門内に引き入れるとすぐに、邸内の様子は情趣がある。）

◈「まで」　［〜ほど／〜くらい］の意味となる

    ・「世に知らず聡う賢くおはすれば、あまり恐ろしきまで御覧ず」〈源氏物語〉

    　（世に比類なく聡明で賢くいらっしゃるので、あまりに恐ろしいほどとお思いになる。）

★現代語にはない助詞

◈ものの／ものを／ものから　→［が／けれども］の意味となる

    ・「君来むといひし夜ごとに過ぎれば頼まぬものの恋ひつつぞふる」〈伊勢物語〉（あな
    たが来ると言った夜ごとに過ごし（裏切られ続けた）たので、もう頼りにはならな
    いと思うが、やはり恋しく思って日々を送っている）

    ・「君の御心ばへはあはれなりけるものを、あたら御身を。」〈源氏物語〉

    　（あなたの御心情は素晴らしかったのだけれども、（出家されて）惜しい御身を。）

    ・「いたましうするものから、下戸ならぬこそをのこはよけれ。」〈徒然草〉

    　（（お酒を勧めらると）困ったようにはするが、お酒が苦手ではないというのが男と
    してよい。）

◈だに

1. 「AだにB…ましてA'…」　→［AでさえもBだ、ましてA'はBだ］

    ・「よって善人だにこそ往生すれ、まして悪人は。」〈歎異抄〉

    　（従って善人でさえも往生できる、まして悪人は（往生できる）。）

    ・「大空をかよふまぼろし、夢にだに見えこぬ魂の行く方たづねよ」〈源氏物語〉

    　（大空を行き交う幻術士よ、夢にさえ見えない（まして現実には見えない）妻の魂の
    　行方を捜せ）

    　　　　　　　　　　　　　　　　　　　→後文に「まして」が省略されている場合

2．（後文に「まして」がない、或いは省略も考えられない場合）［せめて～だけでも］
・「心にもあらでかくまかるに、昇らむをだに見送り給へ」〈竹取物語〉
（不本意にもこうして退出申し上げる時に、せめて昇天することだけでもお見送り
下さい。）

◈「ばや」「てしか」「てしがな」「にしか」「にしがな」　→［～したい］
・「思ふどち春の山辺にうちむれてそこともいはぬ旅寝してしか」〈古今和歌集〉
（友だち同士が春の山辺に集まって、気ままに旅寝したい）
・「いかでこのかぐや姫を得てしがな、見てしがなと、」〈竹取物語〉
（どうにかしてこのかぐや姫を恋人したい、結婚したいと、）
・「伊勢の海に遊ぶ海人ともなりにしか」〈後撰和歌集〉
（伊勢の海に遊ぶ海人になりたい。）
・「いかでこの人に、思ひ知りけりとも見えにしがな。」〈枕草子〉
（どうにかしてこの人に、（お気持ちが）わかったとも見られたい。）

◈「がな」「もがな」　→「～があったらいいな／いたらいいな」
「あっぱれ、よからうかたきがな。最後のいくさして見せ奉らん」〈平家物語〉
（ああ、立派な敵がいたらいいな。最後の闘いをして見せ申し上げよう）
・「あはれ、人をも見知らざらん山里人の草の庵もがな。今夜ばかり身を隠して、」〈平
治物語〉
（ああ、私たちの素性を知らない山里の人の草庵があったらいいな。今夜だけでも、
身を隠して）

◈「な…そ」　→「…するな」
・「あるじなしとて春な忘れそ」〈大鏡〉（主人がいないからと言って春を忘れるな）

◈「し…ば」「しも」「しぞ」　→（強意＝訳さなくて良い）
「われは湖（うみ）の子　さすらいの旅にしあればしみじみと。」〈琵琶湖周航の歌〉
（私は湖畔の人間、さすらいの旅にあるので、しみじみとしている。）
・「折りしも雨風うちつづきて、心あわただしく散りすぎぬ。」〈徒然草〉
（その時、雨風が続いてしまい、（桜の花が）とてもあわただしく散り去った。）
・「梅の花香をかぐはしみ遠けども心もしのに君をしぞ思ふ」〈万葉集〉
（梅の花よ。香りが良いので、遠いけれども、心はいつもあなたを思う）

◈「かな」「かし」　　→（詠嘆／強意＝訳さなくてよい）

・「こちなくも、聞こえおとしてける<u>かな</u>。」〈源氏物語〉（無作法にもけなしてしまった）

・「恋しくは来ても見よ<u>かし</u>ちはやぶる神のいさむる道ならなくに」〈伊勢物語〉

（恋しいのならば、ここに来て私と逢ってよ。（恋は）神の戒める道ではないのだから。）

◈のみ　［〜だけ　〜ばかり］

・「宮の御前近くさぶらひて、もの啓しなど、ことごとを<u>のみ</u>言ふを、」〈枕草子〉

（中宮の御そば近くに伺候して、あれこれと他のこと<u>ばかり</u>を言うのを、）

【練習問題】

1.「やすらはで<u>寝なましものを</u>さ夜ふけてかたぶくまでの月を見しかな」の下線部現代
　語訳はどれか。

　A　寝るであろうが、

　B　寝たが

　C　寝ないので

　D　寝るであろうから

2.「恨みわび<u>干さぬ袖だにあるものを</u>恋に朽ちなむ名こそ惜しけれ」の下線部現代語訳
　はどれか。

　A　干したい袖もあるから

　B　干そうとする袖もあるから

　C　干さない袖でさえあるというのに、

　D　せめて干さない袖があればいいのに

3.「いかで、心として死にもしに<u>しがな</u>」の現代語訳はどれか。

　A　なんとか、思いどおりに死んでしまったなあ

　B　なんとか、思いどおりに死んでしまいたい

　C　なんとか、思いどおりに死んだ

　D　なんとか、思いどおりに死にもするだろう

4.「<u>心あらん友もがな</u>と、都恋しうおぼゆれ」の下線部現代語訳はどれか。

　A　情趣を解するような友がいたらいいなと、都が恋しく思われる

B　情趣を解するような友もいるからいいなと、都が恋しく思われる

　　C　情趣を解するような友もが死んだと、都が恋しく思われる

　　D　情趣を解するような友もいたことがあったと、都が恋しく思われる

5.「春日野_{かすがの}は<u>今日はな焼きそ</u>若草のつまもこもれり我もこもれり」の下線部現代
　　語訳はどれか。

　　A　今日、花を焼きそうだ

　　B　今日は焼きそうだ

　　C　今日、花を焼くぞ

　　D　今日は焼くな

6.「雪降る夜よはすべもなく寒くしあれば」の現代語訳はどれか。

　　A　雪の降る夜は、どうしようもなく寒くしていたので

　　B　雪の降る夜は、もしどうしようもなく寒くしているとしたら

　　C　雪の降る夜は、いつもどうしようもなく寒くしているから

　　D　雪の降る夜は、どうしようもなく寒かったので

7.「開けむとならば、ただ入りねかし」の現代語訳はどれか。

　　A　開けようとするならば、さっさと入ってしまってほしい

　　B　開けようとするならば、さっさと入ってはいけない

　　C　開けようとするならば、さっさと入ってしまえ。

　　D　開けようとするならば、さっさと入ってしまうのだろう

【練習問題解答】

1　A　「まし」は「だろう／であろう」、「ものを」は「が（逆説）」

2　C　「ぬ」は否定表現、「さえ」は後文に「まして（名が）」が省略されていると考えら
　　　れるので「さえ」、「ものを」は逆

3　B「にしがな」は願望表現。[〜したい]と訳す。

4　A　「もがな」は「〜があったらいいな／いたらいいな」。「〜」は今、いない。

5　D「な…そ」は禁止。「〜するな」

6　D「し…ば」は強意だから、訳さなくて良い。

7　C「かし」は詠嘆／強意だから、訳さなくてよい

【応用問題】〈八級出題例〉

2014 年

48.「散りぬとも香をだに残せ梅の花恋しきときの思い出にせむ」における下線の部分の
　　現代語訳はどれか。

　A．散らなくてもせめて香だけでも残せ

　B．散らなくても香を出しているから残せ

　C．散ってしまうにしても、香を出しているから残せ

　D．散ってしまうにしても、せめて香だけでも残せ

正答：D

→「だに」は「AだにB…ましてA'…」か［Aでさえもだ、ましてA'はBだ］の訳な
　のでAかD。「ぬ」は「…た／てしまう」なのでCかD。［i音／u音］＋助詞「と／とも」
　なので「たとえ…しても／ても」だからCかD。3つのうち2つの法則を知っていれ
　ばDと解ける。

46.「見せばやな雄島のあまの袖だにもぬれにぞぬれし色は変はらず。」における下線の
　　部分の現代語訳はどれか。

　A．見せるからな　　　　　　　　B．お見せしたいよ

　C．見せればこそ　　　　　　　　D．お見せすべきだよ

正答：B

→「ばや」は「〜たい」と訳すのでB。

2012 年

50.「あはれ、助けたてまつらばや」の現代語訳は（　）だ。

　A．ああ、助けてくれ

　B．ああ、助けてもらいたい

　C．ああ、助けてください

　D．ああ、助けてさしあげたい

正答：D

→「ばや」は「〜たい」と訳すのでBかD。「奉る」は敬語動詞の謙譲語だからD。

2011 年

46. かぎりなくとほくも来にけるかなとわびあへるに

　A．はるばる遠くまで来るものだなあ

B．はるばる遠くまで来たものだなあ

C．はるばる遠くまで来ているものだな

D．はるばる遠くまで来ていたものだなあ

正答：B

→「かな」は「詠嘆／強意」なので訳出不要。「にける」＝「にけり」の連体形だから「～た」と訳すのでB。

2010 年

46．ひがごと、な言ひそ。

A．不都合なことをなんでも言う。

B．不都合なことを言うな。

C．不都合なことを言いなさい。

D．不合なことを言った。

正答： B

→「な…そ」は「するな」と訳すのでB。

重要古語（活用語）

古典理解のために必要な活用語について、この章でまとめて解説する。

★一　一字で終止形となる動詞　～表中の太字の活用形に注意！

基本形	未然形	連用形	終止形	連体形	已然形	命令形
得ぅ	え	え	**う**	**うる**	うれ	えよ
寝ぬ	ね	ね	**ぬ**	**ぬる**	ぬれ	ねよ
経ふ	へ	へ	**ふ**	**ふる**	ふれ	へよ
来く	こ	き	**く**	くる	くれ	こよ・こ
す	**せ**	し	**す**	する	すれ	せよ

★二　古文の「ん」は「む」になることはあっても「ぬ」にはならない。

◆「む」を含む活用例＝「ん」となることもある

基本形	未然形	連用形	終止形	連体形	已然形	命令形
む（ん）	○	○	む（ん）	む（ん）	め	○
むず（んず）	○	○	むず（んず）	むずる（んずる）	むずれ（んずれ）	○
てむ（ん）	○	○	てむ（てん）	てむ（てん）	てめ	○
なむ（ん）	○	○	なむ（なん）	なむ（なん）	なめ	○

基本形	未然形	連用形	終止形	連体形	已然形	命令形
けむ（ん）	○	○	けむ（ん）	けむ（ん）	けめ	○
にけむ（ん）	○	○	にけむ（ん）	にけむ（ん）	にけめ	○
てけむ（ん）	○	○	てけむ（ん）	てけむ（ん）	てけめ	○

◆「ぬ」を含む活用例が、「ん…」となることはない

基本形	未然形	連用形	終止形	連体形	已然形	命令形
ず	（ず） ざら	ず ざり	ず	ぬ ざる	ね ざれ	ざれ

→「ん…」はない

基本形	未然形	連用形	終止形	連体形	已然形	命令形
ぬ	な	に	ぬ	ぬる	ぬれ	ね
ぬべし	ぬべから	ぬべく ぬべかり	ぬべし	ぬべき ぬべかる	ぬべけれ	○

→「んべし」はない

★三 「言ふ」関連の頻出表現

・言ふべきならず　　・言ふにもあまる　　・言ふばかりなし　　・言ふよしなし

・言ふべきかたなし　・言ふもおろかなり　・言へばおろかなり

・言へばさらなり

　　→いずれも「言うまでもない」「言葉で言い尽くせない」「言葉で表しきれない」の意
　　　味である

【練習問題】

1．「この事こころみてん、これ罪うべき事にもあらず。」の現代語訳はどれか。

　　A　このことを試してみよう、罪を浮かべたことではあるまい。

　　B　このことを試してみよう、罪するはずのことではあるまい。

　　C　このことを試してみよう、罪人のことではあるまい。

　　D　このことを試してみよう、罪を受けるはずのことではあるまい。

2．「万代に年はきふとも梅の花絶ゆることなく咲きわたるべし」の下線箇所の現代語訳
　　はどれか。

　　A　永遠に、年はやって来るとしても、

　　B　永遠に、年は来ては去るとしても、

　　C　永遠に、年は消えて行くとしても、

　　D　永遠に、年は今日であるとしても、

3．「嘆きつつ一人ぬる夜の明くる間はいかに久しきものとかは知る」の下線箇所の現代
　　語訳はどれか。

　　A　嘆きながら、一人孤独に寝ている夜が明けるまでの時間は

　　B　嘆きながら、一人孤独に衣を縫っている夜が明けるまでの時間は

　　C　嘆きながら、一人孤独に絵を塗っている夜が明けるまでの時間は

　　D　嘆きながら、一人ではない夜が明けるまでの時間は

4．「夏草の思ひしなえてしのぶらん妹が門見んなびけこの山」の下線箇所の現代語訳は
　　どれか。

　　A　夏草のように思い嘆き萎れながら私を慕ばないであろう妻の家の門を見たい

　　B　夏草のように思い嘆き萎れながら私を慕っているであろう妻の家の門を見たい

C　夏草のように思い嘆き萎れながら私を慕ばないであろう妻の家の門を見ない

D　夏草のように思い嘆き萎れながら私を慕っているであろう妻の家の門を見ない

5．「<u>あらざらんこの世の外の思ひ出に</u>今ひとたびの逢ふこともがな」の下線箇所の現代
　　語訳はどれか。

A　もうすぐ私は死んでしまうだろう。あの世へ持っていく思い出に

B　もうすぐ私は死んでしまうわけでない。あの世へ持っていく思い出に

C　もう私は死んでしまった。あの世へ持っていく思い出に

D　まだ私は死んでない。あの世へ持っていく思い出に

6．「潮満ちぬ。風も吹きぬべし」の現代語訳はどれか。

A　潮も満ちた。風もきっと吹かないだろう。

B　潮も満ちていない。風も吹かないだろう。

C　潮も満ちていない。風もきっと吹かないだろう。

D　潮も満ちた。風もきっと吹くだろう。

7．「六月になりぬれば音もせずなりぬる、すべていふもおろかなり」の現代語訳はどれ
　　か。

A　六月になったので声もしなくなったのも、すべてあきれたことだ。

B　六月になったので声もしなくなったのも、すべて言う人はおろかだ。

C　六月になったので声もしなくなったのも、すべて言い尽くせないすばらしさだ。

D　六月になったので声もしなくなったのも、すべて言い尽くせないすばらしさだ。

【練習問題解答】

1．D　［罪うべき事］は［罪得べき事］。動詞「得」終止形に助動詞「べし」が接続している。

2．B　［年はきふとも］は［年は来、経とも］。「き」は「来」の連用形、「ふ」は「経」の終
　　止形。

3．A　［一人ぬる夜］は［一人寝る夜］。「ぬる」は動詞「寝」の連体形。

4．B　「しのぶらん」の「ん」は「む」で推量「だろう」。「妹が門見ん」の「ん」も「む」。

5．A　「あらざらん」の「ん」は「む」で推量「だろう」。

6．D　「満ちぬ／吹きぬべし」の「ぬ」は過去・強意の「ぬ」。「む」と混同しないこと。

7．C　「いふもおろかなり」は「言い尽くせないすばらしさだ」という意味。

2013 年

46. 「『よきことなり』とうけつ。」の現代訳は_____だ。

A.「よろしい」と承知する。

B.「よろしい」と承知した。

C.「よろしい」とほめる。

D.「よろしい」とほめた。

正答：B

→「うけ」の訳は「承知する」。「うけつ」（過去）は「…た」。

48.「かばりにこそはとぞ覚ゆる」の現代訳は_____だ。

A．これぐらいだろうと思った。

B．このぐらいだろうと思われた。

C．このぐらいだろうと思う。

D．このぐらいだろうと思われる。

正答：D

→「おぼゆ」の訳は「思える、思われる」。「…とぞ…」と係り助詞（強意）があるので、文末が「おぼゆる（連体形）」となっているが、訳に影響はない。

2010 年

50. やうやく年老いにけり。

A．ようやく年寄りになってしまう。

B．ようやく年寄りになってしまった。

C．だんだん年を取ってしまう。

D．だんだん年をとってしまった。

正答：D

→「やうやく」の訳は「だんだん」。「にけり」（過去）は「…た」。

2009 年

46.「死なぬ薬も何にかはせむ。」の現代語訳は（　）である。

A．死んだ薬も何かになろう。

B．死なない薬も何になろうか。

C．死んだ薬も何になろうか。

D．死なない薬も何かなろう。

正答：B

→「死なぬ薬」の「ぬ」は、「薬」（名詞）についているから、「ず」連体形。訳は「～ない」
　となるのでBかDが正解。「何にかは（せむ）」／「ものかは」は慣用句的な反語表現で、
　「何になろうか、いや何にもならない／たいしたことはない」という意味になるので、
　ここでの正解はBに限定される。

　2008 年

50．冬はつとめて。雪の降りたるはいふべきにもあらず。

　　A．雪が降ったときはいうまでもない

　　B．雪が降ったときはいうべきではない

　　C．雪が降っているときにいうべきではない

　　D．雪が降っているときはいうまでもない

正答：D

→「いふべきにもあらず」の訳は「いうまでもない」。「雪の降りたる」（過去）は「…た」。

　2007 年

50．「秋つ方、嫗死にぬ」の現代語訳は（　　　）だ。

　　A．秋の時、女の人が死んだ

　　B．秋のころ、女の人が死ぬかも知れない

　　C．秋のころ、老女が死んだ

　　D．秋のころ、老とった人が死んでもいい

正答：C

→「死にぬ」の「ぬ」は「。」の前にあるから終止形、つまり「ぬ」は過去表現なのでAかC。
　「嫗ぉぅな」は「老女」なのでC。

第 3 部

古典知識篇

漢字といろはうた

一　漢字の読み

　日本語では漢字を音読みで読む場合と訓読みで読む場合に大きく分かれる。さらに音読みには呉音・漢音・唐音があり、それぞれが同じ漢字をちがう発音をする。たとえば、「行」という漢字を呉音では「ぎょう」、漢音では「こう」、唐音では「あん」と読む。

　漢字の音読みは原則として漢音である。呉音は仏教用語や律令用語（特に官職）に使われ、唐音は中世以後中国から輸入されてきた器物（蒲団フトン／椅子イスなど）に使われることが多い。

　日本古典は中国古典との関係が深い。そして日本古典の創作者も受容者も、中国古典の素養を文化的背景として持つ。従って、日本古典の理解には、いくつかの中国古典の理解は必須であり、その一環として古代日本知識人がしてきた漢文訓読を学ばなければならない。その基本に、呉音・漢音・唐音の使い分けがある。

　また、訓読は時代によって異なる場合もある。現代語と違う古典での訓読を古訓こくんという。例えば「美」という字の現代語の訓は「うつくしい」だが、古訓は「あまし／うるはし／かほよし／むまし／ほむ／よし／あさやかなり」である。

　古訓を知るには『新撰字鏡しんせんじきょう』・『倭名類聚抄わみょうるいじゅうしょう』・『類聚名義抄るいじゅうみょうぎしょう』などの古辞書を調べなければならないが、藤堂明保編『学研新漢和大辞典』（2005年学習研究社）にはこれらが［古訓］の項目で、字ごとにまとめられて便利である。また同辞典では、音読みの歴史仮名遣いのフリガナもついている。

　では、古代日本知識人が、『和漢朗詠集』「早春」に収録した、白居易「潯陽春」の詩をどう読んでいたかをみてみよう。

　　先遣和風報消息　続教啼鳥説来由

　　→先まづ和風くわふうをして消息せうそくを報ほうぜしめ、

　　　続つづいて啼鳥ていてうをして来由らいゆを説とかしむ

　　（春はまずなごやかな風をふかせて、訪れを伝えさせる。次に鳥の鳴き声で到来を知らせる）

　　＊先　古訓に「さき・さきだつ・すすむ・はじめ・はやく・まづ」（『類聚名義抄』）

　　　和　呉音「わ」、漢音「くわ（か）」、唐音「お」

　　　消　呉音・漢音「せう（しょう）」

　　　鳥　呉音・漢音「てう（ちょう）」

『和漢朗詠集』に、この白居易の詩句に関連する和歌として、以下の源当純みなもとのまさずみの歌がある。

　　　　谷風に溶くる氷のひまごとにうちいづる波や春の初花　源当純

（温かくなった谷風によって溶ける氷と氷の間に、起きてくる波は春の初花か。）

　この歌は白居易の詩を踏まえ、「谷風」は「先づ和風をして消息を報ぜしめ」の「和風」である。谷風は、春の使者として「先まづ」吹いた。もしこの「先」が「さき」「すすむ」と訓じられたら、別の解釈となる。そして「うちいづる波」を「春の初花」に見立てられなくなる。

　古文を解釈する前提として、訓読は必須なのである。

二　いろはうた

　古典でもひらがなとカタカナは使われる。古典では、歴史的仮名づかいが用いられることは別編で説明するとおりである。現代では、すべての仮名は五十音表によって説明されることが多い。これに対し、古典においては、すべての仮名は以下の「いろは」歌で説明される。

　　　　いろはにほへと　　ちりぬるを　　わかよたれそ　　　つねならむ
　　　　うみのおくやま　　けふこえて　　あさきゆめみし　　ゑひもせすん

　これは今様いまよう歌（七五調を繰り返す歌）で、仮名をすべて用いつつ、仏教教義（『涅槃経ねはんきょう』の無常観むじょうかん＝「諸行無常しょぎょうむじょう　是正滅法ぜしょうめっぽう　生滅滅己しょうめつめつい　寂滅為楽じゃくめついらく」）を表している。平安初期の名僧・空海くうかいの作ったという伝説がある（卜部兼方うらべのかねかたの『釈日本紀しゃくにほんぎ』などにそう書かれているが、学術的には否定的な意見が多い）。

　現代では、いろは歌は十世紀末から十一世紀中頃の間に成立したものとする説が多数である。上記のいろは歌に、わかりやすく漢字をあてると；

　　　　色は匂へど　散りぬるを　我が世誰そ　常ならむ　有為の奥山　今日越えて
　　　　浅き夢見じ　酔ひもせず

この意味は以下の通りである。

①色は匂へど散りぬるを（香りよく色美しく咲き誇っている花も、やがては散ってしまう）＝諸行無常

②我が世誰そ　常ならむ（この世に生きる者はすべて、いつまでも生き続けられない）＝是生滅法

③有為の奥山　今日越えて（この無常の姿を変え続ける迷いの奥山を今乗り越えて）＝生滅滅己

④浅き夢見じ　酔ひもせず（悟りを得れば、浅はかな夢を見ることなく、迷いの外見に酔うこともない）＝寂滅為楽

「いろは」の配列は、日本の古い辞書で用いられている。「いろは順」という。日本の仮名配列には、大きく分けて、「あいうえお順」と「いろは順」がある。まれに、国際会議などでは「ABC順」が用いられることもある。「いろは」で有名なのは、栃木県日光の「いろは坂」であろう。いろは坂は、紅葉の名所としても有名である。この坂の48のカーブに、いろは順で文字板が建てられている。また物事の初歩や基本を「いろは」というのも、このいろは歌に由来がある。たとえば、「前方確認は安全運転の<u>いろは</u>である」などと用いる。

このいろは歌以外にすべての仮名を使って作られた歌として、平安時代初期に作られた「あめつち歌」がある。これはいろは歌よりも古い時代に作られたようだが、いろは歌ほど普及しなかった。

あめつちほしそら	やまかはみねたに	くもきりむろこけ
（天地星空）	（山川峰谷）	（雲霧室苔）
ひといぬうへすゑ	ゆわさるおふせよ	えのえをなれゐて
（人犬上末）	（硫黄猿生ふせよ）	（榎の枝を馴れ居て）

【古典における漢字の読み　練習問題】（　　　/14点）

問一　次の語句をすべてひらがなにしなさい。（各１点）

　①音読み　　　　②呉音　　　　③漢音　　　　④唐音　　　　⑤古訓

　⑥古辞書　　　　⑦類聚名義抄

問二　次の文の空欄を、下のa-fで補填しなさい。（各１点）
　日本古典の理解には、いくつかの（　　①　　）の理解は必須であり、その一環として
（　　②　　）がしてきた（　　③　　）を学ばなければならない。

　a 漢文訓読　　　　b 現代日本人　　　　c 中国古典　　　　d 西洋の学問
　e 古代日本知識人　　　　f 道徳

問三　「古訓」とは何ですか。（2点）
　①　漢字の、現代語にも残っている日本古典での訓読
　②　漢字の、現代語と違う日本古典での訓読
　③　漢字の、古代から現代まで使われている中国での訓読
　④　漢字の、現代語と違う古代中国古典での訓読

問四　以下の選択肢の中から正しいものをえらびなさい。（2点）
　①　いろは歌は明治時代に作られた。
　②　現在、日本の仮名順は「あいうえお順」以外はいっさい用いられていない。
　③　「あめつち歌」は「いろは歌」よりもはるかに新しい時代に作られた。
　④　いろは歌は空海が作ったという伝説がある。

解　答

問一　①おんよみ　②ごおん　③かんおん　④とうおん　⑤こくん　⑥こじしょ
　　　⑦るいじゅうみょうぎしょう
問二　①c　　②e　　③a　　　　問三　②　　　　問四　④

日本の漢籍受容

日本は歴史時代が始まって以来、中国文化を受容し続けてきた。

日本の小学校の国語教科書に、「和語・漢語・外来語」という項目があり、「漢語は古くに、中国から日本に入った言葉です。」と明記されている。さらに小学校の国語教科書に「古典」として『論語』と孟浩然「春暁」の本文が載せられている。日本の義務教育では、「外国語（英語が多い）」を教える 2 学年前に〈中国語〉と〈中国〉を教えているのだ。さらに中学 3 年生で、これを詳しく教えている；

　　私たちが普段使う言葉はどこから来たものでしょうか。まず、このような文について考えてみてください。「私は朝起きて、毎日学校に行きます。」ここから日本語の特徴として、二つのことがわかります。一つは、漢字と仮名を交ぜて使っていること、一つは漢語と和語を交ぜて使っていることです。漢語というのは、中国のことばを日本語に取り入れて、音読するものです。ここでは「毎日」と「学校」がそれに当たります。それ以外の「私」「は」「朝」「起き」「て」「に」「行き」「ます」は全て日本古来の言葉で、和語と呼ばれます。ここで、和語は必ずしも仮名だけで書くわけではなく、漢字と仮名を交ぜて書くと言うこともわかるでしょう。

　　このように、日本語のほとんどは、和語と漢語から構成されています。その歴史を考えてみましょう。和語と言っても、その起源ははっきりしません。

　　和語は日本人の生活に根ざした言葉であり、自然に関する繊細な感覚と豊かな語彙を持っていました。それは今の日本語の特徴でもあります。しかし当時の日本には文字がなかったため、言葉を記録することも、歴史書を作ることも不可能でした。その後、二世紀頃から中国と交流を始めた日本は、四世紀後半以降、本格的に中国文化の受容を開始しました。日本人は、中国の漢字を学び、漢字を利用して和語を書くことを発明しました。その過程で万葉仮名が考案され、後にはカタカナ・ひらがなに進化しました。

　　同時に、それ以前に和語になかった、中国の科学・宗教・政治制度に関する語彙が、漢語の形で取り入れられ、日本人の言語生活を豊かなものにしました。前述の「学校」という漢語も、中国古代の学校制度に由来します。そのような漢語は和語に比べて分析的で抽象的な傾向があります。たとえば和語では内臓を『はらわた』と大まかに呼びますが、漢語では『五臓六腑ごぞうろっぷ』と呼んで「五臓」「六腑」ごとに細かく分類します。

　　漢語は幾世紀もの時間をかけて。日本語に浸透した結果、もともとの日本語と区別

がつかないほどになりました。一方、その他の言語も日本語に取り入れられてきました。これを外来語と呼びます。たとえば「瓦_{かわら}」は古代インド語（サンスクリット語）のkapala、「鮭_{しゃけ}」はアイヌ語のshakipeに、それぞれ由来すると言われています。室町時代以降は、来日したキリスト教宣教師とともにポルトガル語が入ってきました。「たばこ」「かっぱ」「じゅばん」「かるた」などです。江戸時代にはオランダの学問・文化が、「蘭学」として、盛んに受容されるようになります。そして「オルゴール」「ガラス」「コップ」などのオランダ語からの外来語が生まれました。明治時代以降は、英語を始め、様々な欧米の言葉が外来語として取り入れられています。ところで、外来語に関して、おもしろい現象があります。本来同じ言葉が、複数の言語を経由して別々に日本に入ってきた結果、一見、まったく別の言葉として日本語に定着したものがあるという現象です。「かるた」と「カード」と「カルテ」は、本来すべて「紙」を意味するヨーロッパの言葉でした。しかしポルトガル語のcartaは、現代のトランプの原型のようなゲーム用具として伝えられ、「かるた」として日本語になりました。ドイツ語のkarteは医学用語として伝えられたため、日本語の「カルテ」となり、病院の診療記録カードを意味するようになりました。英語のcardは一般的な「紙」の意味として、日本語に定着しています。このような現象は、外国から来た言葉が文化を担う道具であったことを示しています。それぞれの時代の日本人が、豊かな文化を、言葉とともに外国から取り入れてきたことは、こうしたことから明らかなのです。（「日本語の由来」学校図書『中学校国語3』より　一部改変）

ユーラシア諸文化と日本の間には繋がりがある。日本の古典理解には、世界の古典を理解することなのである。

【日本の漢籍受容　練習問題】（　　　／13）

問一　次の語句をすべてひらがなにしなさい。（各1点）

①和語　　　　②漢語　　　　③外来語　　　　④卑弥呼
⑤三国志　　　⑥万葉仮名　　⑦魏志倭人伝

問二　次の文の空欄を、下のa-gで補填しなさい。（各1点）
（　①　）頃から中国と交流を始めた日本は、（　②　）後半以降、本格的
に中国文化の受容を開始しました。日本人は、中国の漢字を学び、漢字を利用して
（　③　）を書くことを発明しました。その過程で（　④　）が考案され、後に
はカタカナ・ひらがなに進化しました。

a 二世紀　　　　b 三世紀　　　　c 四世紀　　　　d 和語
e 漢語　　　　　f 万葉仮名　　　g 神代文字

問三　日本語の「漢語」とは何ですか。（2点）
1　中国語
2　古来の日本の言葉を漢字で表記した言葉
3　外来語の一つで、中国語の単語が日本語に取り入れられた言葉
4　中国の詞を日本語に取り入れて、音読する言葉

解　　答

問一　①わご　　②かんご　　③がいらいご　　④ひみこ　　⑤さんごくし
　　　⑥まんようがな　　⑦ぎしわじんでん
問二　①a　　②c　　③e　　④f
問三　4

平安貴族の衣服

女性	種類	男性
唐衣（からぎぬ）＋裳（も） ＝＊女房装束（にようばうしやうぞく）	正装	束帯（そくたい）
小袿（こうちぎ）	略礼装	衣冠（いくわん）
細長（ほそなが）	外出着	直衣（なほし）　狩衣（かりぎぬ）
袿（うちぎ）	普段着	狩衣（かりぎぬ）＋指貫（さしぬき） 直垂（ひたたれ）　袿（うちぎ）
単衣（ひとへぎぬ）／単（ひとへ） （夏着としても用いる）	部屋着	単衣（ひとへぎぬ）／単（ひとへ）
袿（うちぎ）／汗衫（かざみ）	子ども着	童水干（わらはすいかん）

＊女房装束を十二単（じゅうにひとへ）ともいう

　装束と下着の間に衵（あこめ）を着た。衵は本来、防寒着であったが、童女が小袿代わりに用いることもあった。

　細長（ほそなが）は、若い女性の着る外出着であったようで、贈答用にも用いられている。

　大袿（おおうちぎ）は、禄（ろく）・かづけもの（上位者から下位者への特別なほうび）として作られた。小袿の丈や袖を大きく仕立てた服で、そのまま着ることはできない、受けた者は仕立て直したり、市で好きな物と交換したりしたらしい。

束帯（そくたい）

衣冠（いかん）

直衣（のうし）＋指貫袴（さしぬきばかま）

狩衣かりぎぬ＋指貫さしぬき

直垂ひたたれ＋小袴こばかま

小袿こうちぎ

唐衣からぎぬ＋裳も

【平安時代の衣服に見る日本と中国の文化交流】

　以上が平安貴族の衣装の概要であるが、古典で衣装といえば、『源氏物語』「末摘花」巻に「ふるきの皮衣」の話か有名である。

　　からうじて明けぬるけしきなれば、格子手づから上げたまひて、前の前栽の雪を見たまふ。…（末摘花は）ゆるし色の、わりなう上白みたる一かさね、なごりなう黒き袿かさねて、上着には、黒貂ふるきの皮衣、いときよらに、かうばしきを着たまへり。　古代のゆゑづきたる御装束なれど、なほ若いやかなる女の御よそひには似げなうおどろおどろしきこと、いともてはやされたり。されど、げにこの皮なうて、はた、寒からましと見ゆる御顔ざまなるを心苦しと見たまふ。（『源氏物語』「末摘花」～ようやく夜明けの気配がしたので、光源氏ご自身で格子を明けて、末摘花邸の庭の前栽の雪を御覧になる。…末摘花姫は赤色の色あせた服を一枚、元の色が何であったかわからないほど黒ずんだ袿をその上にかさねて、上着としてたいそう美しく香ばしい「ふるきの皮衣」をお召しになっていた。「ふるきの皮衣」は由緒ある着物だが、それでも若い女には似

あわず、おおげさな感じを大いに目立たせている。しかし実際のところ、この皮衣がなければ、きっと寒いに違いないいう御顔つきであることを「気の毒だなあ」と御覧になっていた。）

これは「黒貂〔ふるき〕の皮衣」を女性が着用した、珍しい例である。末摘花は親王家の嫡女であるが、今は両親が亡くなり、後見者もなく貧乏でひっそりと暮らしていた。そこへまだ若年の光源氏が通い始めた、その後朝の場面である。末摘花は「ふるきの皮衣」を「げにこの皮なうて、はた、寒からまし」の記述のとおり、雪の降るほど寒い朝の防寒着として用いていた。また、彼女にとっては、親が貴重なものとして残してくれた遺産であり、夫と最初に過ごした朝に着る「とっておき」の着物であったのであろう。

しかし、それは光源氏から見れば「古代の御装束」であった。新婚の朝としてはもう少し気の利いた服を着るものではないかと、光源氏は少し落胆している。

要するに新婚の朝に末摘花が「ふるきの皮衣」を着用した理由は、一つに寒い朝の防寒着として必要であったこと、二つに末摘花の極端に尚古的な人柄、三つは窮乏して親の遺産しか手元にない事情によるものである。「ふるきの皮衣」は、末摘花姫が親王家に生まれながら、今は両親が亡くなり後見者もなく貧乏なことを読者に伝えるための、小道具になっているのである。皮衣は当時の渤海国から日本にもたらされた。

後漢時代、黒貂の革は中国東北地域の名産として知られていた。この貂皮は、中国皇帝へ献上されていた。

後漢以後、中国皇帝に献上され続けた貂皮は、やがて日本朝廷にも、中国東北に興った渤海〔ぼっかい〕の、公式使節が携えてきた。神亀五（728）年正月に貂皮三百張が献上されたと記録されている。この後も、渤海使は来朝毎に「ふるきの皮衣」＝黒貂皮を献上し続けた。

こうしてもたらされた「かはころも」は平安時代の文化人に、高級舶来品としてもてはやされた。「ふるきの皮衣」は、そもそも、正装でも礼装でもなかった。しかし渤海使が頻繁に来日していた奈良～平安中期には、最高の貢物として大使から公式に献上される場面を、百官たちは見せつけられていた。そこに「ふるきの皮衣」がその時代のステイタスシンボルたりえた理由があった。それは反面、渤海国が滅び、渤海使が日本に姿を見せなくなるとステイタスシンボルとなり続ける原動力を失うことを意味している。

冬には氷点下20度以上気温が下がる渤海地域の諸都市と比べ、平安京は温暖な都市である。平安貴族にとって、皮衣に実用品としての需要はなかった。高価な割には着る機会の少ない。加えて、皮衣は頻繁に風通し、虫干しをしなければ保存が難しい。日本の文献に「ふるきの皮衣」が登場するのは奈良～平安時代だけで、中世には姿を消してしまうのはこうした理由によるものであろう。

【平安貴族の衣服　練習問題】（　　　/11点）

問一　次の語句をすべてひらがなにしなさい。（各1点）

①唐衣　　　　②裳　　　　③小袿　　　　④直衣　　　　⑤指貫

問二　次の文の空欄を、下のa-hで補填しなさい。（各1点）
　　平安貴族男子の正装は（　①　）で、女子の正装は（　②　）＋（　③　）でした。正装は公式儀礼のある場合にはもちろん、上司のいる場で仕事する場合にも着ていました。勤直で知られる関白・藤原頼忠は、関白というナンバー1の地位にありながら、勤務中は束帯に準じた服でいたと、知られています。平安貴族は部屋着として、男女とも、（　④　）を着ていました。

　　a 束帯　　b 直衣　　c 直垂　　d 単　　e 唐衣　　f 小袿　　g 裳　　h 指貫

問三　以下の選択肢のうち、正しいものはどれですか。（2点）
　1　平安時代、「ふるきの皮衣」は実用品として輸入されていた。
　2　現代日本ではもはや、小袿を作れる職人はいない。
　3　女房装束とは、狩衣＋指貫のことである。
　4　女子の正装として大袿も用いられた。

解　答

問一　①からぎぬ　　②も　　③こうちぎ　　④のうし　　⑤さしぬき
問二　①a　②e　③g　④d
問三　2

平安貴族の住居

【総説】

古代から室町中期頃までの日本貴族は、寝殿造り_{しんでんづくり}と呼ばれる住宅に住んでいた。その基本構造は、主殿_{しゅでん}である寝殿を中心に、東西北に廊_{らう}で結ばれた対_{たい}を置き、南に庭を設ける。東西の対の南に釣殿_{つりどの}があり、廊下で結ばれていた。

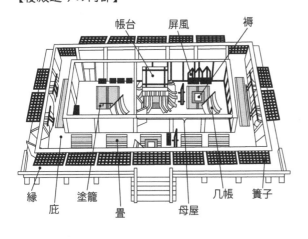

ただし、実際には東西の対のどちらかしかなかったり、北の対がなかったり、寝殿と一つの対しかない邸も多かった。寝殿造りに天井板はなく、屋根を支える骨組みが露出_{ろしゅつ}していた。床は総板敷_{そういたしき}で、人が座るところに移動式の畳を置いた。部屋の区切りはほとんどないため、屏風_{びゃうぶ}や几帳_{きちょう}で区切り、個人空間を作った。ガラスがなかったため、部屋の内部と外とは御簾_{みす}などで仕切った。寝殿・対では、主たる住人の寝所として、中央に帳台_{ちょうだい}が置かれた。

敷地は下級貴族で 3,630 ㎡、上級貴族はその倍ほど、大臣クラスは 14,520 ㎡。『源氏物語』の主人公・光源氏の邸宅は、最高貴族なので 240 ㍍四方＝ 57,600 ㎡にも及んだ。

【寝殿造りの内部】

◆母屋_{もや}：建物の中央の部屋

◆帳台_{ちゃうだい}：主人の寝床、座所

◆塗籠_{ぬりごめ}：建物内の収納室。寒時には寝室とした。周囲を厚い土壁で塗る

◆簀子_{すのこ}：建物の周りに板を並べ、建物の外側を囲った部分。

◆縁_{えん}：現在の縁側。庇よりも一段低く造られる。

◆庇_{ひさし}：母屋の外、簀子の内にある部屋

◆褥_{しとね}：座布団

◆畳_{たたみ}：現代は固定して使うが、古代は移動して用いた

◈几帳(きちゃう)：カーテン。移動可能
◈屏風(びゃうぶ)：部屋を区切る。折りたたみできる。

【寝殿造りと婚姻習俗】

　十一世紀の世界史の舞台、すなわち旧大陸温帯地域にあって、多くの国の婚姻制度が嫁(よめ)取り婚である中、日本古代貴族の婚姻慣習は婿(むこ)が嫁宅(よめたく)に住む、いわゆる通い婚(招婿婚(しょうせいこん))であった。この婚姻習俗が邸宅構造と関連している。

　中国貴族社会も同時代の他地域同様、嫁取り婚であった。その中国貴族の邸宅である四合院(しごうゐん)には高く頑丈な塀と門があり、外部から容易に侵入できなかった。この邸宅構造に対応するかのように、正式な結婚式をあげるまでの婚約者同士の私的な接触は制度的・社会的に固く禁じられていた。

　日本貴族の邸宅・寝殿造は、外部から入るのが容易である。壁は四合院のそれに比べて低く、所々崩れ、外部からも容易に入り込むことができた。そして寝殿造りの家は、入り込んだ男性が、目指す女性の部屋にまでたどり着くのは難しくはない構造だった。平安貴族の婚姻習俗は、最初に恋人同士の実事があって、それから婚家が追認して婚姻成立となる。したがって婿候補の男が通い始められるような住居、つまり人目につかず通いやすい住居が必要であった。

　寝殿造の邸宅は築地(つゐぢ)や門に囲まれてはいるものの、築地は雨や雪によって崩れやすく、完全な状態を保全(ほぜん)するのが難しかった。築地は雨風のような自然現象ばかりでなく、人為的にも壊される。史料を調査すると、外部からの侵入者によるばかりでなく、邸宅内の使用人によっても、便利のために壊されている。邸宅主自身も、何か理由でもない限り、築地が完全に保全されているかを気にしないことが普通であった。

　　むかし、をとこ有りけり。東の五条わたりにいと忍びていきけり。密なる所なれば、門よりもえ入らで、童べの踏みあけたる築地のくづれより通ひけり。人しげくもあらねど、たびかさなりければあるじききつけて、その通ひ路に、夜ごとに人をすゑてまもらせければ、いけどもえ逢はで帰りけり。さてよめる。
　　　人知れぬわが通ひ路の関守はよひよひごとにうちも寝ななん
　　とよめりければ、いといたう心やみけり。あるじゆるしてけり。(『伊勢物語』)

（昔、男がいた。東の五条の辺りに、たいそう忍んで通って行った。人影のない所であるので、門からは入ることができず、使用人たちが踏みあけた築地の崩れたところから通った。人が多いわけではなかったが、たび重なったので、この家の主人が聞きつけて、その通路に夜通し人を置いて見張らせたので、（男は）行っても逢えずに帰った。そこで詠んだ歌、人に知れぬ私の通い道の番人は、毎晩毎晩眠っていてほしい。と詠んだので、（女は）たいそう心を痛めた。主人は（男が通う

ことを）許した。）

　邸宅主は築地（ついち）が完全な状態に保たれていないことに無頓着（むとんじゃく）であるどころ
か、『枕草子』に「築地をきっちりしすぎていることは無風流（ぶふうりゅう）である。」とある。築
地に欠けた箇所がないことは恋人が通って来られないことを意味する。独身女性の邸で
は築地の崩れは、見て見ぬふりをするのが独身女性の心がけというものであった。

　　女ひとりすむ所は、いたくあばれて築地などもまったからず、池などある所も水草
　　ゐ、庭なども蓬にしげりなどこそせねども、ところどころ砂子の中より青き草うち
　　見え、さびしげなるこそあはれなれ。ものかしこげに、なだらかに修理して、門いた
　　くかかため、きはぎはしきは、いとうたてこそおぼゆれ。（『枕草子』）

（女が一人で住む所は、ひどく荒れ果てて、築地（ついじ）なども完全ではなく、池などのある所
でも、水草が生え、庭なども、雑草が茂るほどではなくとも、所々、砂の中から青い草が見えてい
て、淋しげな風情があるのが情趣があるのだ。しっかりしているようにして、見栄えよく邸を手入
れし、門を固く閉め、きっちりとしている様子は、とても興ざめに思える。）

　これに対し、四合院を住居とする中国貴族の恋愛習俗はどうであったか。

　　天授三年、清河張鎰…幼女倩娘、端妍絶倫。鎰外甥太原王宙、幼聡悟、美容範。鎰常
　　器重、毎曰「他時當以倩娘妻之」。後各長成、①宙與倩娘常私感想於寤寐、家人莫知其
　　状。後有賓寮之選者求之、鎰許焉。女聞而欝抑、宙亦深恚恨、託以當調請赴京、止之
　　不可。逐厚遣之。宙陰恨悲慟、決別上船。日暮、至山郭數里。夜方半、宙不寐。②忽聞
　　岸上有一人行聲甚速。須臾至船。問之。乃倩娘徒行跣足而至。宙驚喜發狂、執手問其從
　　来。（「王宙」『太平広記』巻七第358「神魂」出離魂記）

（天授三年、清河の張鎰は、…末の娘の倩娘は、容姿が整って美しいことこの上なかった。張
　　鎰の甥である太原の王宙は、幼い頃から聡明で、容姿や態度も美しかった。張鎰は常に王宙
　　をひとかどの人物と目をかけ、いつも、「いつの日か倩娘を妻にやろう。」と言っていた。その
　　後それぞれ成長し、王宙と倩娘は、①常にひそかに寝ても覚めても思いあっていたが、家の
　　者は二人の心を知ることはなかった。その後、官吏に採用されたある若者が来て、倩娘を妻
　　にしたいと求めた。張鎰はこれを許した。倩娘はこれを聞いてふさぎ込んだ。王宙もまた深
　　く怒り恨み、転任することを口実にして、都に行きたいと願い出た。張鎰は王宙を止めたけ
　　れども、きかなかったので、旅費を十分に与えて王宙を送り出した。王宙はひそかに恨みつ
　　つ嘆き悲しみ、別れを告げて舟に乗った。日暮れ時に出発し、数里ほどで山村に着いた。真夜
　　中になっても、王宙は眠れなかった。②突然、岸上に、誰かいる様子が聞こえた。その足音は
　　とても速かった。すぐにその足音は舟に追いついた。王宙が、声をかけると、それはなんと倩
　　娘であった。裸足で歩いて来たのだった。王宙は驚くやら、喜ぶやらで気も狂わんばかり。倩
　　娘の手を取ってどういうわけでここへやって来たのかを聞いた。）

王宙は倩娘<ruby>倩娘<rt>せんじょう</rt></ruby>と傍線①にあるように相思の間柄である。もし王宙が日本の平安貴族であれば倩娘の寝室に入り込んで逢い引きしたであろうが、四合院の構造はこうした若者に、恋人の寝室への自由な出入を許さない。四合院の塀は寝殿造のそれに比べるとはるかに高く頑丈で、また建屋の一部ともなっているので、仮に塀に穴でもあいたならすぐに家人にわかってしまう。

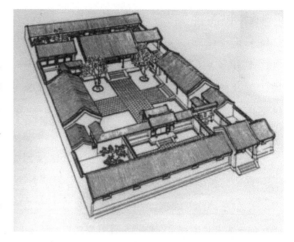

これは先に見た寝殿造の壁の保全状況との大きな違いである。四合院では女性は特に奥まった箇所に居所があった。このため彼女が好意を寄せる男性と逢いたい時には彼女の方から部屋を出て行かねばならない。これに加えて厳格な婚前交渉禁止の婚姻慣習が、制度に保障されて存在していた。恋人たちの逢い引きは、伝統的な習俗と邸宅構造の二重の制約を受けていたために、傍線②のようにヒロイン（実はヒロインの魂）の方から自分の意思で部屋を出て、外にいる恋人と会うしか方法がなかった。

…張亦微喩其旨、是夕、歳二月旬有四日矣、①崔之東有杏花一株、攀援可踰焉。既望之夕張因梯其樹而踰焉。達於西廂、則戸半開矣。紅娘寝於牀。生因驚之。紅娘駭曰「郎何以至」。張因給之曰「崔氏之賤召我也。爾爲我告之」。…②敷夕、張生臨軒濁寝。忽有人覺之。驚駭而起、則紅娘斂衾携枕而至。撫張曰「至矣、至矣。睡何爲哉」。竝枕重衾而去。張生拭目危坐久之、猶疑夢寐。然而修謹以俟。俄而紅娘捧崔氏而至。至則嬌差融冶、力不能運支體。…有頃寺鐘鳴、天将暁。紅娘促去。崔氏嬌啼宛轉。紅娘亦捧之而去。（「鶯鶯傳」『太平広記』巻488「雑伝記五」出異聞集

（…張もまた崔鶯鶯の好意をわかった。この夕暮れ、二月十四日、①崔家の東に杏の木があった。のぼって邸内に入ることができた。夕刻、張はこの木に登り邸内に入った。すると西のひさしの戸が半ば開いていた。紅娘（崔鶯鶯の従者）がベッドに寝ていた。張生は驚いた。紅娘も驚き、「あなたはどうやってここに来ましたか」と聞いた。張はこれに答えて「お父上が私を招待してくれました。あなたは取り次いでいただけますか」と言った。…②夕刻、張生は軒に一人で寝ていた。すると人の気配がした。驚いて起き上がると、紅娘が寝具と枕を持って張を撫で、「来ましたよ、来ましたよ。何を寝ているのですか」といい、枕を並べ、布団を重ねて立ち去った。張生は眼をこすり、しばらく座り直して、これが夢かと疑った。しかし、まもなく紅娘が崔鶯鶯を抱いてやってきた。やってきた崔鶯鶯は色っぽく、なまめかしく、自分の身体も支えられないほど非力なように見えた。…寺の鐘が衝かれるころの暁どき、紅娘が

きた。崔鶯鶯は愛撫に疲れ果てていたので、紅娘が抱いて邸内に戻った。）

　四合院の建屋の中は木の壁や土壁によって仕切られている。仮に外部からの侵入者が門や塀を通過し得ても、邸宅内の壁に遮られて屋内を思うように動けない。下線①のように張生が四合院内で恋人の寝室を目指しても、その手前の召使い部屋に辿り着くのがやっとである。日本の寝殿造のように、忍んできた若者は内部を動き回れないのだ。張生と鶯鶯が逢い引きを果たす場面が下線②である。鶯鶯は先の「王宙」の倩娘と同様、自分の意思で部屋を出て若者と逢っている。このように中国の伝奇艶情類では多くの恋人たちが邸宅の外を逢い引きの舞台としている。四合院では、ヒロインの寝室が逢瀬の舞台となることは稀なのだ。日本と中国の住居の違いが恋愛習俗の違いという結果を生んだのか、恋愛習俗の違いが住居の構造の違いにも反映しているのかは不明ながら、住居構造と恋愛習俗は連動していることがわかる。

　日本貴族の通い婚（招婿婚）習俗は、社会変化に伴い、室町中期には今日のような嫁取り婚に移行していった。これに伴うかのように、貴族や上級武士ら上流階級の邸宅も寝殿造りから書院しょいん造りに移行していったのである。

【寝殿造り　練習問題】（　　　/13点）

問一　次の語句をすべて現代仮名遣いのひらがなにしなさい。（各1点）

①寝殿造り　　　　②西の対　　　　③築地　　　④几帳　　　⑤御簾
⑥帳台　　　⑦四合院

問二　次の文の空欄を、下のa-gで補填しなさい。（各1点）
　日本貴族の邸宅である寝殿造りは、中国貴族の邸宅の（　　①　　）に比べて、壁は低く、所々崩れていて、夜間、外部から容易に進入できる。これは古代日本の恋愛・婚姻習俗である（　　②　　）と対応したあり方である。中国貴族女性が自分の意思で部屋を出て（　　③　　）に行って恋人と会うしか方法がなかったのに対し、日本古代恋愛物語の場面の多くは貴族女性の（　　④　　）であった。

　a 逢い引きの場　　b 書院　　c 四合院　　d 通い婚（招婿婚）　　e 釣殿
　f 寝室　　g 嫁取り婚

問三　次のうち正しいことを述べているのはどれですか。（2点）
①寝殿造りは古代から明治時代まで、一貫して貴族の邸宅様式であった。
②寝殿造りは寝殿を中心として、必ず左右対称に東の対、西の対があった。
③寝殿造りは四合院をまねて造られたものであったため、壁も高く頑丈に造られていた。
④寝殿造りは古代婚姻習俗に対応した様式だったので、婚姻習俗が変化した中世には用いられなくなった。

解　答

問一　①しんでんづくり　　②にしのたい　　③ついじ　　④きちょう　　⑤みす
　　　⑥ちょうだい　　⑦しごういん
問二　①c　　②d　　③a　　④f　　　　　問三　4

古代中世貴族の乗り物〜牛車

　牛車とは平安時代以後の皇族・貴族が乗用とした車である。牛に引かせ、4人乗りであるが、実際は6人ぐらいまで乗れた。屋形の部分を豪華に装飾をしたものが多い。貴族が牛車に乗るのは、もちろん装束を着て移動するのに便利であるからだが、日常生活全般に文化的な洗練が加わった王朝時代、その乗車姿も風雅やステイタスを競うものであった。身分に応じ、牛車を装飾できる程度や、身分に応じて通行できる場所とかは、法令によって規定されていた。

　　凡内親王孫王女御、及内命婦、並参議以上非参議三位嫡妻女子、大臣孫、並聴乗用金銀装車屋形。凡内親王三位已上、内命婦、及更衣已上、並聴乗糸葺有庇之車、…（『延喜式』四十一弾正台）（すべての内親王・孫王・女御・内命婦、参議以上または非参議三位の嫡妻女子、大臣孫にはみな金銀装の屋形の車に乗ることを許可する。すべての内親王、三位以上の女官、内命婦、更衣以上の后妃にはみな、糸葺の庇のある車に乗ることを許可する…）

　　凡乗車出宮城門者。妃已下大臣嫡妻以上、限宮門外。四位以下及内侍者、聴出入土門。但不得至陣下。（『延喜式』五十雑式）（乗車して宮城門を出入りすることにつき、妃以下と大臣の嫡妻以上は宮門まで車で入って良い。四位以下と内侍は、土門まで車で入って良いが、陣のところまでは車で入れない。）

『延喜式』四十一弾正台は乗るべき車の、『延喜式』五十雑式は乗車できる範囲を指定している。女性貴族の乗車のあり方は、国家の管理すべき社会秩序として認識されていたことがわかる。この傾向は後世も続く。

　　寛平六年五月十二日官符云。男女有別、礼敬殊著。而頃年上下総好乗車。非施新制、何改弊風、左大臣宣、奉勅、不論貴賎、一切禁制…（『政治要略』六十七）（寛平6年5月12日の官符の公布内容：　男女は違いがある。儀礼・格式については特にそうである。最近、老若を問わず、誰もが車に乗りたがる。新制が出されたわけでもないのに、どうしてこの傾向を改めないのか。そこで左大臣が勅を奉じて宣告する；　貴賎を問わず、以下の奢侈は一切禁ずる…）

　車が現代と同様、ステイタス・シンボルと見なされ続けた。ひんぱんな乗車はぜいたくの悪習慣と見なされ、たびだび禁令の対象となっている。

　源倫子は時の最高権力者・藤原道長の嫡妻で、当時の天皇・皇太子の祖母でもある。准三后という、皇后・皇太后・太皇太后に準ずる高位にあった。その栄華の様子は、彼女が牛車で都中を回る姿として描かれている。

『大鏡』「道長伝」	現代語訳
…この北の政所（倫子）の御さかえきはめさせ給へり。たゞ人と申せど、みかど・春宮の御祖母にて、准三宮の御位にて年官・年爵たまはらせ給ふ。唐の御くるまにていとたはやすく御ありきなどもなかなか御みやすらかにて、ゆかしくおぼしめしけることは、世の中の物見・なにの法会やなどあるおりは、御くるまにても、桟敷にてもかならず御覧ずめり。内・東宮・宮々とあかれあかれよそをしくておはせど、いづかたにもわたりまいらせ給てはさしならびおはします。	道長公の奥様（倫子）は栄華を極めなさっている。皇族ではないと申しあげつつも、帝・皇太子殿下の御祖母として、准三宮_{じゅ}さんぐうの御位で年官_{ねんくわん}・年爵_{ねんしゃく}を朝廷からいただいている。唐破風の御車で、どこにも気軽に御出回りで、皇族でないことでかえって気楽で、ご覧になりたいとお思いのことは、世間で話題のイベントやらどこかの法会やらなどがある時は、御車でも、桟敷_{さじき}でも必ず御覧になっているようだ。帝・皇太子殿下・宮様の方々とそれぞれものものしくいらっしゃっても、どこに行かれても倫子様は並んでおいでだ。

　倫子の牛車は、天皇・皇太子の御座所_{ござしょ}でも通れる。このように我が物顔で練り回る牛車姿こそ、彼女の圧倒的な栄華を、京中の貴賤僧俗に思い知らしめた。

　『大鏡』には、賀茂_{かも}祭に敦道_{あつみち}親王と和泉式部_{いずみしきぶ}が同じ車に乗っている様子が人目を引いた逸話（「兼家伝」）もある。乗車姿を通じ、和泉式部の敦道親王の愛人というステイタスが、あからさまとなっている。

　平安貴族の乗車姿の、ステイタス顕示_{けんじ}の側面は、二つの牛車が公道で小_こ競_ぜり合いをした時により鮮明に現れる。車_{くるま}争いである。『源氏物語』「葵」巻の六条御息所_{ろくじょうみやすどころ}は某故大臣の娘で前皇太子の未亡人、現在光源氏の「つま」である。光源氏の父・桐壺_{きりっぼ}院が「故宮のいとやむごとなく思し定めかしたまひしものを、軽々しうおしなべたるさまにもてなす…心のすさびにまかせてかくすきわざする」（「葵」　亡くなった前皇太子が大事にしていた后妃を軽々しく、そこらの愛人みたいに扱うなんて…気の向くままに色事をする）と非難するように、光源氏の彼女の扱いは軽すぎると見なされていた。一方、葵上_{あおいのうへ}は左大臣の娘で光源氏の嫡妻と見なされている。賀茂_{かも}斎院_{さいいん}御禊_{みそぎ}の行列に近衛の対象として参加した光源氏の姿を見ようと出かけてきた。その二台の車が偶然、行き会ってしまった。当然ながら、仲が良いわけのないこの二人の女性間で、車争いがおこる。

『源氏物語』「葵」	現代語訳
よき女房車多くて、（葵上の従者は）雑々の人なき隙を思ひ定めてみなさし退けさする中に、網代の…ことさらにやつしたるけはひしるく見ゆる車二つあり。「これは、ことさらにさやうにさし退けなどすべき御車にもあらず」と、口強くて手触れさせず。…斎宮の御母御息所（六条御息所）、もの思し乱るる慰めにもやと、忍びて出でたまへるなりけり。つれなしづくれど、おのづから見知りぬ。（葵上従者）「さばかりにては、さな言はせそ。<u>大将殿（光源氏）をぞ豪家には思ひきこゆらむ</u>」など言ふ…（六条御息所は）副車<small>そへぐるま</small>の奥に押しやられてものも見えず。	身分の高い女房車が多くて葵上の従者は身分の低い人を見定めて、それらをさし退けさせているる中に、網代<small>あじろ</small>の…ことさらに慎ましくしている気配が明らかな車が二台あった。「これは、あなた方がさし退けなどさせるべき御車ではないですよ」ときつく言って、葵上の従者たちに手も触れさせない。…斎宮の御母御息所（六条御息所）が憂鬱を慰めようとして、人目に立たぬようお出になったのであった。素知らぬ様子でいても、周りには自然とそれとわかった。葵上従者き「その程度の奴に、「手も触れるな」などと言わせるな。<u>大将殿（光源氏）を頼もしいと思い申し上げているのだろうが</u>」などと言う…（六条御息所は）葵上の女房たちの車の奥に押しやられて何も見えない。

　この時、葵上は光源氏の嫡妻で、妊娠中でもあった。しかし葵上の従者が六条御息所を見下<small>みくだ</small>している理由はそうした光源氏との関係の粗密<small>そみつ</small>ではなく、下線部のように、六条御息所が光源氏との縁だけでステイタスを保っていることにある。現職左大臣の父も、桐壺院妹宮の母も、共に健在の葵上は、三位格の大将の光源氏の嫡妻である以前にそれに劣らない格を持っていた。平安貴族女性の、出自による格と結婚による格のどちらが優先するか、決まりごとはなく、現時点で最も有利な格で見られればそれで良い。近衛大将の妻であることよりも、左大臣娘、あるいは天皇妹宮の娘である方が上である。

　いっぽう、父も前夫も故人となっていた六条御息所にとって、光源氏の「つま」であることしか現在の格はいない。下線部の葵上従者の発言はそのことを、残酷にまで明らかにしている。六条御息所はそうした現実を思い知らされたのであった。六条御息所は大臣の娘として生まれ育ち、皇太子妃としてかつては時めいていた人であっただけに、下落した現在のステイタスは受け入れ難かった。しかし公然の場での車争いは、六条御息所と葵上との格の差を世間に知らしめてしまった。その分彼女は深く傷つけられた。そして、生き霊になるほど葵上を恨み、とり殺してしまうのであった。

【古代中世貴族の乗り物　確認問題】（　　　／8点）

問一　次の語句をすべて現代仮名遣いのひらがなにしなさい。（各1点）

①牛車　　　②車争い

問二　次の文の空欄を、下のa-gで補填しなさい。（各1点）
　古代貴族の、一般的な乗り物である（　　①　　）は、（　　②　　）の部分に豪華な装飾を凝らしたものが多い。貴族が牛車に乗るのは、もちろん装束を着て移動するのに便利であるからだが、日常生活全般に文化的洗練が加わった王朝時代、その乗車姿も風雅や（　　③　　）を競うものであった。貴族の乗車のあり方は、国家の管理すべき（　　④　　）として認識されていた。

a 馬車　　　　b 社会秩序　　　　c 座席　　　　d 屋形　　　　e ステイタス
f 知識の量　　　g 牛車

問三　次のうち正しいことを述べているのはどれですか。（2点）
①古代、上級貴族は乗馬することはなく、もっぱら牛車を用いた。
②『源氏物語』「葵巻」の車争いは、牛車と馬車の争いであった。
③藤原道長夫人の源倫子の牛車を方々で乗り回している姿は、彼女の栄華の象徴ともいえる。
④古代の牛車は実用のためにだけあり、豪華な装飾はもっぱら良くないものとされていた。

解　答

問一　①ぎっしゃ　　②くるまあらそい
問二　①g　　②d　　③e　　④b
問三　3

日本古代の結婚

　日本古代貴族社会はいわゆる「通ひ婚こん」が行われていた。通い婚とは、男性の方が女性の家に来て、共同生活を始める結婚形態である。

　最初は男が夜ごとに女の家に通い、三日目の夜空けに「三日の餅みかのもちひ」を二人きりで食べることで、結婚は成立する。その朝、女方の家では、露顕ところあらはしという披露宴を用意し、婿は女方の家族・親族と始めて対面する。それ以後、多くの場合、男は女性の家に住む。住むようになって後は、婿の衣食住はもとより、昇進に必要な経費までもすべて女性の家が負担する。

　「通ひ」から「住み」に移行するのは夫婦によって異なる。通常、子どもができてから「住み」に移行する場合が多かったようだ。もっとも、『かげろふ日記』記主の夫・藤原兼家かねいへのように、亡くなるまで親から伝領でんりょうした東三条殿ひがしさんじょうでんに居続け、妻たちの家に通い続けた例もある。

　通い婚は、本質的に母系ぼけい社会の結婚形態である。母系社会では恋愛は男女ともに自由で、恋人同士は女子の部屋で逢う。そして恋人関係が進むと結婚する。女子が妊娠して始めて結婚する場合が多い。通い婚は自由恋愛を前提とする。ゆえに、恋愛に両親等は干渉しないのが原則である。そのため、男女ともに「恋愛する技術」を高めていくことになる。これが日本の和歌集が中国の詩集に比べ、恋歌の占める比重が高い理由の一つなのである。

　『古今和歌集こきんわかしゅう』は全体の三分の一が恋歌である。『文選もんぜん』等の公的・準公的な中国漢詩集には恋詩の部はない。『古今和歌集』は、『文選』等の中国の詩集を手本としつつ、恋歌を数多く収録しているのは、日本と中国で婚姻習俗が大きく異なるからでもある。

　通い婚では、①邸宅ていたくは女子が優先的に相続する、②結婚後の夫の衣服・住居を始め、貴族生活に必要な物資は妻方が提供する、という習慣があった。

　通い婚では夫の初婚年齢は低く、嫡妻ちゃくさいは夫よりも年上である場合か多い。平安時代の歴史を記述した『大鏡』では、「大臣列伝」に項目のある藤原冬嗣ふゆつぐから道長みちながに至る摂政せっしょう・関白かんぱく（執政のこと）たちは全て嫡妻よりも年が下である。

　また夫は妻の家格によって出世が左右された。『栄花物語』に、藤原道長が長男の頼通を諭して「男おのこは妻めがらなり」（男のステイタスは妻によって決まる）と言っている。

　同時代の他文化のほとんどが父系社会であったことに比べ、日本貴族社会には異なる婚姻習俗があった。にもかかわらず、律令（法律）を見ると、中国と変わらないから不思

議である。

諸男子年十五、女年十三以上並聴婚嫁。（日本「戸令」24）

諸男子年十五、女年十三以上並聴婚嫁。（唐「開元二五年令」28）

（すべての男子は十五歳、女子は十三歳以上で、結婚して良い）

　一見して全く同じである。しかし実際は、日本貴族男子が15才になる前に妻を持つことも多かった。『うつほ物語』の藤原兼雅_{かねまさ}は、14才で俊陰女_{としかげむすめ}と結婚して仲忠_{なかただ}を産んでいる。この結婚が違法とみなされていないことは、その後の兼雅・仲忠父子の順調な出世、さらに俊陰女が尚侍_{ないしのかみ}になっていることからも明らかである。

凡嫁女。皆先由祖父母・父母・伯叔父姑・兄弟・外祖父母、次及舅従母・従父兄弟。若舅従母従父兄弟不同居共財、及無此親者、並任女所欲、為婚主。（日本「戸令」25　女子の結婚にさきだち、祖父母・父母・伯叔父母・兄弟・外祖父母、舅、従母・従父兄弟に告知せよ。）

依令、婚先、由伯叔。伯叔若無、始及兄弟。（唐「永徽令」29　結婚にさきだち、伯叔父に告知せよ。伯叔父がいなければ、兄弟に告知せよ）

諸嫁女。皆由祖父母・父母・主婚。祖父母・父母・倶無者、従余親主婚。若夫亡携女適人者、其女従母主婚。（唐「開元二五年令」29　女子の結婚にさきだち、祖父母・父母・主婚に告知せよ。祖父母・父母が誰もいなければ、その他の親族の主婚に告知せよ。もしその女にとって本来主婚たるに相応しい者が亡くなっていた時は、その女の従母を主婚とせよ）

　これで見ると、中国・日本ともに先ず父母始め親戚一同が結婚を認め、「主婚」を選んで結婚しなければならないようである。さらにこれに違反すると、

諸先姦、後娶為妻妾、雖会赦、猶離之。（日本「戸令」27　婚姻に先立って関係を持った者は、離婚させよ）

凡先姦、後娶為妻妾者、離之。（唐「開元二五年令」33　婚姻に先立って関係を持った者は、離婚させよ）

とあるように、結婚は認められないようである。中国ではまさにその通りであった。しかし日本ではこんな法律は誰も守っていなかった。

『栄花物語』巻13「ゆふしで」	現代語訳
さて（寛仁元年）十二月にぞ婿取りたてまつりたまふべき。…その夜になりて院渡らせたまふ。さるべう心ばせある殿上人を選らせたまへり。…御車のしりに、大蔵卿仕うまつり	さて、1017年12月に、道長公は寛子に小一条上皇を婿取り申し上げなさるようだ。…その夜になって小一条上皇がいらっしゃった。道長公はその応対に、しかるべき心得のある殿上人を選びなさっていた。…上皇の御車

たまへり。さておはしましたれば、この御腹の左衛門督、二位中将など、紙燭（しそく）さして入れたてまつりたまふ。①殿おはしますなれど、忍びて内の方にぞおはしますべき。殿の御前どもは、側の方に忍びやかにうち群れてあるに院の御供の人々忍びさせたまへど、いと多くぞさぶらふ。…入らせたまへれば、御殿油あるかなきかにほのめきわたれど、にほひ有様夜目にも著し。…

四・五日ありてぞ御露顕（ところあらはし）ありける。…おはしまして入らせたまへば、左衛門督や例の君達など参りたまへれば、すずろはしう思しめされて入らせたまふ。…入らせたまへば、大殿油昼のやうに明きに、女房三四人、五六人づつうち群れて、えもいはぬ有様どもにて、こぼりふたがりたる扇どもをさし隠して並みさぶらふほど、いみじうおどろおどろしきものから、恥づかしげなり。御しつらひ有様かがやくと見ゆ。…かくて院参らせたまふ。御まかなひは、左衛門督仕まつりたまふ。取次ぎたまふことは二位中将、三位中将などせさせたまふ。②御台参りてのほどに、大殿出でさせたまひて、うるはしき御装ひにて、御かはらけ参らせたまふほどなど、いへばおろかにめでたし。

を降りるところで、大蔵卿が応対申し上げなさった。さて上皇がいらっしゃったので、寛子と同腹兄弟の左衛門督・二位中将など、明かりをともして上皇を部屋へ入れ申し上げなさった。①道長公はいらっしゃったのだが、隠れて邸の奥の方にいらっしゃったようだ。道長公の側近たち、部屋の傍らにこっそりとうち群れている一方で、上皇の御供の人々も静かにしていなさったが、たいそう多くいらっしゃった。…上皇が部屋に入られなさったので、部屋の明かりはかすかにしたものの、初夜の夜ということが暗くてもはっきりわかる。…

四・五日してから披露宴があった。…上皇がいらっしゃって邸宅に入りなさると、左衛門督や例の君達などが上皇のもとに参りなさったので、上皇はそわそわなされて部屋にお入りになった。…お入りになると、部屋の明かりが昼のように明るいところに、女房は三・四人、五・六人づつ並んで、なんとも美しい有様で、衣からはみ出し閉じた扇を隠して並んで伺候している様子は、たいそう厳粛であるが、気後れするほどだ。部屋の御調度の有様はかがやくばかりに見える。…こうして上皇が参りなさる。御食事、左衛門督が担当なさる。上皇のご所望を取次ぎなさることは二位中将、三位中将などが担当なさる。②御食事が並び終えた頃に、道長公がお顔を出されて、きちんとした御装束で、御酒をお勧めなさるご様子等、言葉で言い表せない。

　律令の規定に照らせば「露顕（ところあらはし）」こそが結婚なのである。ところが下線①にあるように、露顕＝結婚前に「主婚」であるはずの道長は、わざと知らないふりをしている。

知らないふりをしながらも、邸では小一条_{こいちじょう}上皇をお迎えする周到な用意をしている。それでも習慣上、知らないふりをしていなければならないのだ。

　下線②のように「御露顕_{おんところあらはし}」も宴たけなわになってようやく、「今初めて、あなたが私の娘に通っていると知りました…」という様子で道長（当時の執政）が現れる。これはどういうことだろう。関係者一同、心を合わせて律令を踏みにじっているというしかない。しかも、それをしているのは上皇・執政という律令体制のトップなのである。

　日本の婚姻習俗の実情は律令条文とは大きくかけ離れている。古代日本では、親族法関係の律令文言など形式にすぎず、実際は古来からの通い婚習俗に従って婚姻は進められていたのだ。

　なお、こうした通い婚は、婿が嫁に通えるような家屋構造があることが前提であるが、これについては別章「平安貴族の住居」で詳しく解説している。

【日本古代の結婚　確認問題】（　　　／9点）

問一　次の語句をすべて現代仮名遣いのひらがなにしなさい。（各1点）
　①通い婚　　　　②露顕

問二　次の文の空欄を、下のa-jで補填しなさい。（各1点）
　日本古代の婚姻制度は同時代の他の文明地域と（　①　）、（　②　）であった。日本古代家族制度では基本的に（　③　）が強く、それは財産相続にも反映していて、親の財産は原則として（　④　）が相続するものだった。またこれを反映して、結婚は夫の方が妻よりも（　⑤　）であることが多く、『大鏡』の「列伝」の主人公となった大臣たちは頼通を除くと、すべて嫡妻よりも（　⑤　）であった。

　　a 同じく　　　　b 異なり　　　　c 嫁取婚　　　　d 通い婚　　　　e 母系
　　f 父系　　　g 男子　　　　h 女子　　　　i 年下　　　　j 年上

問三　次のうち正しいことを述べているのはどれですか。（2点）
　①寝殿造りは通い婚の習俗に不便だったので、中世にはなくなった。
　②古代日本では、通い婚は、庶民から上級貴族に至るまで一般的だった。
　③古代日本では、結婚前に男女が勝手に恋愛することは禁じられていた。
　④古代日本貴族社会では原則として、財産相続権は長男にあった。

解　答

問一　①かよいこん　　②ところあらわし
問二　①b　　②d　　③e　　④h　　⑤i
問三　②

葬送そうそうと呪術じゅじゅつ

一　古代貴族社会の葬送

　今日同様、古代貴族社会でも、人が亡くなると葬儀そうぎを行い、一定期間喪に服した。

　仏教伝来とほぼ同時に歴史時代に入った日本では、古代、葬儀が仏式以外で行われた記録はあまりない。

　近親者が亡くなると服喪ふくもの期間がある。服喪中は、華美かびな服を着ること、華美な生活をすること、神域に入ることは禁止される。皇居は神域であるから、服喪期間中は出仕できない。見方を換えれば、普段、休みなく働いている宮廷人には、服喪とか方塞かたふたがり（陰陽道おんみょうどうによるタブーで、人がある日にある方向に行くことを禁じること。皇居が方塞りになっていると出仕できない）は貴重な臨時休暇であった。

　服喪期間の長さは、亡くなった人との近縁きんえんの度合いによる。親が亡くなった場合は正式には三年であるが、実務では三か月（最初の月から数えて三月なので実際は二ヶ月ほど）の服喪となる。今日でも日本では、亡くなった日から四十九日＝約二ヶ月が服喪期間である。

　服喪期間は男女とも、地味じみな喪服もふくを着る。喪服の地味な程度も故人との近縁の度合いによる。『源氏物語』で、光源氏が喪服でいる場面が多い。それは、服喪期間は貴族が出仕を免除され、やりたいようにできる期間であったからだからである。

『源氏物語』「薄雲」	現代語訳
功徳くどくの方かたとても、勧むるによりたまひて、いかめしうめづらしうしたまふ人なども、昔のさかしき世に皆ありけるを、これは、さやうなることなく、ただもとよりの宝物、得たまふべき年官、年爵、御封の物のさるべき　限りして、まことに心深きことどもの限りをし置かせたまへれば、何とわ　くまじき山伏などまで惜しみきこゆ。 　をさめたてまつるにも、世の中響きて、悲しと思はぬ人なし。①殿上	（薄雲女院は）仏事の方面でも、人のすすめに従いなされて、昔の賢聖の世でも、それを盛大に無類の華美を尽くしてなさる人なども幾人もあったと言うことだが、薄雲女院はそのようなこともなく、ただもとからの財物や、お受けになったしかるべき年官ねんくわん・年爵ねんしゃく・御封みふなどの中からさしつかえないものだけを使って、真実にお心のこもったご寄進だけをなさっていらっしゃったので、物の道理をわきまえられそうにない山伏までもが、お亡くなりになったことを惜しみ申し上げる。 　ご葬送の時にも、世を挙げての大騒ぎ、悲し

人など、なべてひとつ色に黒みわたりて、ものの栄なき春の暮なり。二条院の御前の桜を御覧じても、花の宴の折など思し出づ。「今年ばかりは」と一人ごちたまひて、人の見とがめつべければ、御念誦堂に籠もりゐたまひて、日一日泣き暮らしたまふ。夕日はなやかにさして、山際の梢あらはなるに、雲の薄くわたれるが、鈍色なるを、何ごとも御目とどまらぬころなれど、いとものあはれに思さる。

　　入り日さす峰にたなびく薄雲は
　　もの思ふ袖に色やまがへる

　　人聞かぬ所なれば、かひなし。

　②御わざなども過ぎて、事ども静まりて、帝もの心細く思したり。

いと思わない人はいない。殿上人など、すべて黒一色の喪服で、何の華やかさもない晩春である。（光源氏は）二条院のお庭先の桜を御覧になるにつけても、花の宴の時などをお思い出しになる。「今年ばかりは…」と独り口ずさみなさり、他人が変に思うに違いないので、御念誦堂にお籠もりになり、一日中泣き暮らされる。夕日が明るく射して、山際の梢がくっきりと見えるところに、雲が薄くたなびいているのが、鈍色なのを、何ごともお目に止まらない時ながら、たいそう感動せずにはいらっしゃれない。

「入日が射している峰の上にたなびいている薄雲は悲しんでいるわたしの喪服の袖の色に似せたのだろうか」

　誰も聞いていない所なので、詠むかいがない。

　ご法要なども終わり、諸事も落ち着くと、帝（薄雲女院の子）は心細くお思いになった。

　帝の母后・薄雲女院の葬送記事である。当代の母后の崩御（ほうぎょ）ともなると、下線①のように、貴族社会全体が喪に服するのである。下線②は法事の様子である。法要（ほうよう）が終わって、ようやく「事ども静ま」るほどであるから、都を上げての一大行事であった。

　人が亡くなった後、遺族は毎年、命日（めいにち）（亡くなった日）にも法要を行う。これを年忌（ねんき）法要という。年忌法要をどの程度の規模で行うかは、遺族のステイタス次第である。ゆえに遺族は精一杯、盛大に法要を執り行った。

　埋葬地（まいそうち）は出身の氏によって決まる。日本古代貴族は偕老同穴（かいろうどうけつ）ではない。おおまかに言うと、埋葬地は、源氏ならば白河（しらかわ）で、藤原氏ならば木幡（こばた）である。藤原道長（ふじわらのみちなが）と源倫子（みなもとのりんし）は夫婦であったが、道長は藤原氏なので木幡に葬られ、倫子は源氏なので白河に葬られた。日本の地方には、近年まで、嫁ぎ先に実家で作った棺桶（かんおけ）を持って嫁（とつ）ぐという習慣が残っていた地域もあるという。

　古来日本は土葬（どそう）が行われていたが、仏教の伝来とともに知識人階級を中心に火葬（かそう）が広まっていった。ただし火葬は費用がかかるので、都市の庶民は風葬（ふうそう）ですませていたらしい。京都・嵐山（あらしやま）の北にある化野（あだしの）、東山（ひがしやま）の鳥辺野（とりべの）、船岡山（ふなおかやま）の北西一帯の紫野（むらさきの）が風葬の地として知られていた。しかしこうした

風葬地も、『徒然草』に「鳥辺野の煙立ち去らで…」とあるように、鎌倉時代には火葬地となっていたようだ。

二　古代貴族社会の呪術

　古代社会にあって呪術（じゅじゅつ）の存在は大きい。呪術は、天変地異（てんぺんちい）などの国家規模の怪異（かいい）や、個人の生命・健康・出世・恋愛等に関する障害（しょうがい）に対抗するためにある。

　国家鎮護（ちんご）の呪術として、大元帥（だいげん）の法（ほふ）を紹介する。大元帥の法とは、国家鎮護の為に、毎年正月八日から七日間、宮中で行われた。これを個人が勝手に行うことは重罪となる。

　仏教僧侶によって行われる、個人の延命（えんみょう）長寿（ちょうじゅ）の呪法は、千手観音（せんじゅかんのん）を本尊とする千手観音法、孔雀明王（くじゃくみやうわう）を本尊とする孔雀経法（くじゃくきょうほう）、不動明王（ふどうみやうわう）を本尊とする不動法などが主に行われた。特に10世紀後半以後は不動法が盛んに行われた。現代でも、日本では、不動明王信仰は盛んである。

　延命長寿以外の願いの実現のため、普賢菩薩（ふげんぼさつ）・愛染明王（あいぜんみょうおう）・歓喜天（かんぎてん）・摩利支天（まりしてん）などを本尊とする呪法が行われた。中には呪詛（じゅそ）（＝他人の命を縮める）という不穏な願もあった。皇族・貴人に対する呪詛は、知られれば当然、重罪とされた。

栄花物語「見果てぬ夢」	現代語訳
また太元法（だいげんのほふ）といふことはただ公（おほやけ）のみぞむかしよりをこなはせ給ける。ただ人はいみじきことあれどもこなひ給はぬことなりけり。それを内大臣殿、しのびて、このとしごろ、をこなはせ給といふこと、このごろきこえて、これ、よからぬことのうちに入りたり。又女院（にようゐん）の御（おほん）なやみ、折々（おりおり）いかなることにかと思（おぼ）しめし、御もののけなどいふことどもあれば、この内大臣殿を、なを御心をきて心おさなくては、いかがはあべからんと、かたぶきもてなやみきこゆる人々おほかるべし。	また大元帥法という呪法はただ帝だけが昔からなさっていた。皇族でない貴族は大事なことがあってもおできになれないことであった。それを内大臣殿は、隠れてそのころ、行わせなさっていたということが、そのころ世間に知られて、これは内大臣殿の悪事の一つに入った。いっぽう女院の御病気は時々、なぜおこるのかとお思いになり、病気がまたおこったというと、この内大臣殿を、やはり人間の程度が低いので、どのようなことをしでかしているのだろうと、非難し、困ったものだと申し上げる人々も多かったようだ。

内大臣_{ないだいじん}・伊周_{これちか}が、執政の地位を望んで大元帥_{だいげん}の法をひそかに行い、政敵の女院＝東三条院_{とうさんじょういん}（一条帝の母后）を呪詛していた。下線箇所にあるように、病気になることを「物の怪」というのも、古代人らしい考え方による。病気は物の怪が人に取り憑いておこると考えたのである。そして物の怪を呪術であやつれば、他人を病気にすることができたというのである。こうしたことが世に知られて、伊周は検非違使_{けびゐし}（平安時代の警察官）に逮捕される。以下は検非違使が、伊周の罪を数えたてる場面である。

栄花物語「浦々の分かれ」	現代語訳
…太上天皇を殺したてまつらんとしたる罪、一つ。帝の御母后を呪はせたてまつりたる罪、一つ。おほやけよりほかの人いまだをこなはざる太元法をわたくしにかくしをこなはせたる罪により、内大臣を筑紫の帥になして流しつかはす…といふことをよみののしるに…	…上皇を殺し申し上げようとした罪が一つ。帝の御母后を呪い申し上げた罪が一つ。帝以外の人が行ってはならない大元帥法をひそかに隠れて行わせた罪により、内大臣を太宰権帥に左遷し、流罪とする…という宣命を大声で読む時に…

　上皇暗殺未遂が罪になることは当然としても、女院を呪詛したことと、大元帥法を行ったこととは今日では犯罪とはならない。これを犯罪とみなし、法的に正式の罪刑を課す、というあり方は古代的である。

【古代の神秘主義　確認問題】（　　　　／15点）

問一　次の語句をすべて現代仮名遣いのひらがなにしなさい。（各１点）
　　①偕老同穴　　　　②火葬　　　　③風葬　　　　④土葬　　　　⑤服喪
　　⑥大元帥法　　　　⑦不動法

問二　次の文の空欄を、下のa-lで補填しなさい。（各１点）
　　記録では、日本古代貴族が亡くなるとおおむね仏式に（　①　）された。既婚の女
　性貴族が亡くなると、（　②　）に埋葬される。遺族や縁者は亡くなった人との近縁
　の度合いによって（　③　）や（　④　）が決まった。

　　a 土葬　　　　b 火葬　　　　c 風葬　　　　d 自分の出身の氏の墓所　　　　e 夫の家の墓所
　　f 仕えている主人の墓所　　　　g 共同墓地　　　　h 山奥　　　　i 服喪期間
　　j 葬儀日数　　　　k 喪服の地味な程度　　　　l 香典の金額

問三　次のうち正しいことを述べているのはどれですか。（2点）
　　①平安貴族夫婦は、生前仲が良かった場合にのみ、同一墓所に葬られた。
　　②『源氏物語』主人公・光源氏は喪服姿の場面が多い。
　　③日本では古代から今日まで、すべての家が仏式で葬儀を行ってきた。
　　④貴族が亡くなると、亡くなった人の身分が高さで、服喪期間は決まっていた。

問四　次のうち誤ったことを述べているのはどれですか。（2点）
　　①大元帥の法は、毎年正月八日から七日間、宮中で行われた。
　　②個人の延命長寿の呪法の一つである不動法は、現代でも行われている。
　　③大元帥の法を個人が勝手に行うことは重罪となる。
　　④千手観音法を個人が勝手に行うことは重罪となる。

解　答

問一　①かいろうどうけつ　　②かそう　　③ふうそう　　④どそう　　⑤ふくも
　　　⑥だいげんのほう　⑦ふどうほう
問二　①b　②d　③i　④k
問三　②
問四　④

年中行事

〈主な年中行事一覧〉

正月	元日	四方拝 しほうはい	宮中で帝が四方を拝し、年災消滅、五穀豊穣を祈る祭祀。
		朝賀 ちょうが（朝拝 ちょうはい）	帝が大極殿で皇太子以下文武百官の拝賀を受ける行事
	2日	朝覲行幸 ちょうきんぎょうこう	帝が父母に拝礼する為に出向く行事
	7日	白馬節会 あおうまのせちえ	帝が紫宸殿で馬寮の白馬を見て、群臣に宴を賜わる儀式
	初子の日	子日宴 ねのびのえん	小松を抜き、根の長さを競い、若菜を摘み、長寿を祝う宴会。
	8-14日	御斎会 ごさいえ	大極殿または清涼殿で行われた国家鎮護・五穀豊作祈願の法会。
	14/15日	男踏歌 おとこどうか	男性貴族たちが帝の前で祝詞を歌い、足拍子を踏んで舞う
	16日	女踏歌 おんなどうか	女性40人が帝の前で祝詞を歌い、足拍子を踏んで舞う
二	上旬	春日祭 かすがまつり	奈良の春日大社の祭。
		釈奠 せきてん	孔子および儒教の先哲を、先師・先聖として祀る儀式
	15日	涅槃会 ねはんえ	釈迦の入滅の日におこなわれる法要
三	3日	曲水宴 きょくすいのえん	庭園の小川のふちに出席者が座り、流れてくる盃が自分の前を通り過ぎるまでに詩歌を読み、盃の酒を飲んで次席者へ流す
	中旬	岩清水臨時祭 いわしみずりんじまつり	石清水八幡宮の祭り。賀茂祭の北祭に対し、南祭という
四	一日	更衣 ころもがえ	季節に応じて、衣服をかえること。
	中旬	賀茂祭 かものまつり	賀茂御祖神社と賀茂別雷神社の祭。北祭。通称「葵祭」。
七	七日	乞巧奠 きっこうてん	七夕 たなばた。女子が織女に手芸・裁縫の上達を願う祭
	十五日	盂蘭盆会 うらぼんえ	祖先供養の法会
	十六日	相撲節会 すまひのせちえ	相撲人を全国から招集し、帝以下貴族が取り組みを観覧した
八	15日	岩清水放生会 いわしみずほうじょうえ	石清水八幡宮の山裾を流れる放生川に魚鳥を放つ祭儀
	16日	駒牽 こまびき	諸国の牧 まきから貢進された馬を、帝が御覧になる儀式。
九	九日	重陽宴 ちょうようのえん	菊の花の鑑賞や長命の効能があるとされた菊酒を飲む宴会
	上旬	釈奠 せきてん	孔子および儒教の先哲を、先師・先聖として祀る儀式
十	一日	更衣 ころもがえ	季節に応じて、衣服をかえること。
十一	中旬	新嘗祭 にいなめさい	帝が五穀の新穀を天に供え、自らも食べる収穫祭。
		豊明節会 とよのあかりのせちえ	新嘗祭の後で行われる宴会。群臣に賜禄や叙位も行われた。
		五節舞姫 ごせちのまいひめ	豊明節会で大歌所の歌う大歌に合わせ、4〜5人の舞姫が舞う。
	下旬	賀茂臨時祭 かもりんじまつり	賀茂神社の祭り。1870年（明治3）廃止。
十二	19-21日	仏名会 ぶつみょうえ	清涼殿や有力貴族邸、寺院で、『仏名経』を読誦する法会。
	末日	追儺 ついな	大晦日に、宮中で疫病などをもたらす悪鬼を駆逐する儀式

　年中行事の理解は古典資料を解読する際に役立つ。『枕草子 まくらのそうし』は紀元千年頃、定子 ていし皇后に仕えた清少納言 せいしょうなごんによって書かれた随筆である。その中には、当時の貴族社会の世相を伝える記事が多く見られる。

『枕草子』「正月一日は」	現代語訳
正月一日はまいて空のけしきもうらうらとめづらしう、霞みこめたる	正月一日はいつもより空の様子もうららかでよく、一面に霞むころ、世間の人がみな、服

に、よにありとある人はみな、姿かたち心ことにつくろひ、君をも祝ひなどしたる、様ことにをかし。

七日、雪まの若菜つみ。青やかに、例はさしも、さるもの目近からぬ所に、もて騒ぎたるこそをかしけれ。白馬（あをうま）見にとて、里人（さとびと）は車きよげにしたてて見に行く。中御門のとじきみ引き過ぐるほど、頭一所にゆるぎあひて、刺櫛（さしぐし）も落ち、用意せねば折れなどして笑ふもまたをかし。左衛門の陣のもとに、殿上人（てんじょうびと）などあまた立ちて、舎人（とねり）の弓ども取りて馬ども驚かし笑ふを、はつかに見入れたれば、立蔀（たてじとみ）などの見ゆるに、主殿司（とのもりづかさ）女官（にょくわん）などの行きちがひたるこそ、をかしけれ。いかばかりなる人、九重（ここのへ）をならすらむ、など思ひやらるるに。　内裏（うち）にて、見るは、いとせばきほどにて、舎人の顔のきぬもあらはれ、まことに黒きに、白き物いきつかぬ所は、雪のむらむら消え残りたるここちしていと見苦しく、馬の上がり騒ぐなどもいと恐ろしう見ゆれば、引き入られてよくも見えず。

装・化粧を念入りにととのえ、主君をもわが身をも祝うなどするのは、ふだんとは様がわりしてよい。

七日は、雪間の若菜つみ。若菜は青々としていて、ふだんは若菜など見かけない高貴の所でも珍重し話題とするのがおもしろい。白馬の節会を見に行こうと、ふだん家に居る人たちも牛車を飾り立てて見に行く。待賢門（たいけんもん）の戸を過ぎるあたりで、乗っている人の頭がゆれてぶつかり、挿していた櫛が落ち、注意していないので折れたりして笑うのもまたおもしろい。左衛門の陣のところに、殿上人（内裏昇殿を許された貴族）などが多く立ち、舎人（ガードマン）の持っている弓を取って鳴らし、馬を驚かして笑うのを、ちらと見ると立蔀（衝立（ついたて））などが見える。そのあたりを、主殿司（宮中の清掃、湯・薪・油のサービス等の担当）や女官などが行き来しているのがおもしろい。どんな人たちが宮中を仕切るのだろうかとつい思ってしまう。私の今見ている宮中はごく狭い範囲で、舎人の顔の地肌も丸見え、地が黒い顔におしろいがよくついてないところは、雪がまだらに消え残った感じでたいそう見苦しい。また、馬がはねて暴れるのもとても恐ろしく見え、思わず車の中に身を引いてしまうから、じゅうぶん見られない。

　正月一日と白馬の節会の記事である。下線箇所にあるように、一日の祝いと、白馬節会は都中の貴族たちの関心事であった。白馬節会の肝心なところは、帝が白馬を見ることなのであるが、それは密室で限られた人たちのあいだで行われたのではなく、ふだんは邸宅にいるような女性貴族（里人（さとびと））までもが、この日ばかりはと車に乗って出向いて見物する、一大イベントであったことがわかる。『枕草子』「正月一日は」引用箇所からは、多くの車が集中して混雑した中で、「車からはちょっとしか見られない」という、

現場に行った女性ならではの感想が読み取れる。女性としては、本当は若くて美麗な貴族男性のさっそうとした騎乗姿を見たかったのだろうが、現実は舎人とねり（ガードマン）の安っぽい化粧顔しか見られなくてがっかり…という記事がおもしろい。

　もう一つ、年末の行事である仏名会に関する記事を見てみよう。『更級日記さらしなにっき』は『枕草子』よりも一世代後に書かれた菅原孝標女すがわらのたかすえむすめによって書かれた日記である。紀元 1050 年頃の貴族社会の様子が描かれている。

『更級日記』 長暦3(1039)年「前世の夢御仏名」	現代語訳
十二月廿五日、宮の御仏名おんぶつみゃうに、①めしあれば、「その夜ばかり」とおもひてまいりぬ。②しろききぬどもに、こきかいねりをみなきて、四十余人ばかりいでゐたり。しるべしいでし人のかげにかくれて、あるが中にうちほのめいて、あか月にはまかづ。ゆきうちちりつゝ、いみじくはげしくさえこほるあかつきがたの月の、ほのかにこきかいねりのそでにうつれるも、げにぬるゝかほなり。みちすがら、 　年はくれ夜はあけがたの月かげの 　　そでにうつれるほどぞはかなき	12月25日、祐子ゆうし内親王様御主催の御仏名会にお呼びがかかったので、「その夜だけは行かないわけにいかない」と思って参上した。白衣の上に、濃い赤の上着を皆が着て、四十数名ほどの女官が出仕してきた。私は顔見知りの同僚のかげにかくれ、女官一同の中にひっそりと居て、明け方には退出した。雪が服にかかって、たいそう寒く凍るような明け方の月がかすかに、濃い赤色の上着の袖に映るようすも、ほんとうに「あひにあひて物思ふころのわが袖にやどる月さへぬるる顔なる（古今集 756　伊勢）」といった風情である。帰途に詠んだ歌； 　年末の夜明けの月かげが袖に映っている 　様子ははかない

　仏名会は仏名経にある千〜三千の仏の名号を唱え、その年の罪を懺悔して無病息災を祈願した法会である。簡単に言えば、その年に犯した罪を懺悔することで、年の終わりのケジメをつけるのである。『枕草子』に、「御仏名のまたの日、地獄絵の御屏風とりわたして」とあるように、地獄絵の屏風を広げることで、仏名会での罪の懺悔を促したようである。

　外国の知識人がよく、「日本人は年末になると、その年のいいことも悪いこともリセットしてしまう」ことを日本人、あるいは日本社会の特徴にあげている。仏名会があったから、このような日本的なあり方が定着したのか、日本社会にもともと「年末リセット」の根強い伝統があったから仏名会が受け容れられたのかは定かでないが、仏名会は平安社会に定着した。『枕草子』にも仏名絵の後、音楽演奏をして、「なほ罪は恐しけれど、も

ののめでたさは、やむまじ（たしかに犯した罪の責任を問われるのは怖いけれども、その後の音楽演奏をステキと思ってしまうのは、やめられないものね）」という記事がある。これも「年末リセット」の一例と言えよう。

　仏名会は、内裏ばかりでなく、祐子ゆうし内親王（後朱雀天皇皇女）のような皇族の邸宅でも行われていた。記主（日記作者）はまじめに精勤していた女官ではなかったようだが、下線箇所①にあるように、仏名会は特別なイベントであるゆえ、こればかりは行かなければならないという意識を持っていた。仏名会はそれほどに重要な年中行事であったことがわかる。②は仏名における女官の衣装の記事である。それは白地に紅の練り絹の袿であった。雪もふり、女官の着る赤い上着は映える。仏名は白と紅のコントラストの世界であったことがわかる。

　仏名会には「栢梨かへなしの杯」という印象的な慣習があった。栢梨とは摂津の地名で、その地で産する梨で造る甘酒である。仏名会の主催者は栢梨を、仏名会に参加してくれた貴族や僧に手ずからついだのである。

『源氏物語』「幻」	現代語訳
「御仏名も、今年ばかりにこそは」と思せばにや、常よりもことに、錫杖さくじょうの声々などあはれに思さる。行く末ながきことを請ひ願ふも、仏の聞きたまはむこと、かたはらいたし。　雪いたう降りて、まめやかに積もりにけり。導師のまかづるを、御前に召して、盃など、常の作法よりもさし分かせたまひて、ことに禄ろくなど賜はす。年ごろ久しく参り、朝廷にも仕うまつりて、御覧じ馴れたる御導師の、頭はやうやう色変はりてさぶらふも、あはれに思さる。例の、宮たち、上達部かんだちめなど、あまた参りたまへり。 梅の花の、わづかにけしきばみはじめて雪にもてはやされたるほど、をかしきを、御遊びなどもありぬべけれど、なほ今年までは、ものの音	光源氏は「仏名会も今年で終わり」とお思いなのか、いつもよりも格別に、錫杖をならす音などに感動なさる。今さら長寿を願うのも、仏がどうお聞きになるかと、気がひける。その日、雪が大層降り、本格的に積もった。光源氏は退出する導師を御前にお呼びになって、栢梨かへなしの盃など、ふだんよりも念入りになさって、特にほうびなどを賜わった。長い年月、光源氏のもとに参上し続け、朝廷にもお仕えし、顔なじみの導師で、頭が白髪に変わって伺候する導師を、感慨深くお思いになる。常連の親王たち、上級貴族などもおおぜい、六条院に参上なさった。 梅の花がかすかに咲き始め、雪に映えて美しく見えるころ、情緒があっても、喪中なので、管弦の遊びなどがあるはずもないけれど、やはり今年までは、音楽を聞いてもむせび泣きする心地がなさるので、時節のことを詠んだ和歌を作る程度になさった。導師に栢

	梨（かへなし）の御盃を賜る時、
もむせびぬべき心地したまへば、時	（光源氏）春までの命とも知らずに雪の
によりたるもの、うち誦じなどばか	中に
りぞせさせたまふ。まことや、導師	色付いた梅を今日のかざしにしよう
の盃のついでに、	その返歌、
春までの命も知らず雪のうちに	（導師）千代の春を見るようにと、長寿を
色づく梅を今日かざしてむ	お祈りしましたが、
御返し、	わが身は降る雪とともにとしをとりま
千世の春見るべき花と祈りおきて	した。
わが身ぞ雪とともにふりぬる	人々も多く和歌を詠んだが、記録しそ
人びと多く詠みおきたれど、もら	びれた。
しつ。	

　下線で、栢梨の杯を、準上皇の光源氏が自らしているのは、世俗の秩序を超越したやり方である。こうしたいわば無礼講（世俗の秩序を不問とする宴会）を、仏名会では例外的に許されたというところが、この年中行事の目玉でもあったようだ。なお「ことに禄」とは、この席で僧侶に渡されるべき絹綿に加えて、何か別のほうびもしたということだろう。

　仏名会は、「年末リセット」という一面に加え、無礼講の酒宴という一面もあり、現代日本の「忘年会」に通ずるような行事であったとも言えよう。

【年中行事　確認問題】（　　　／15点）

問一　次の語句をすべて現代仮名遣いのひらがなにしなさい。（各 1 点）

①白馬節会　　　②曲水宴　　　③賀茂祭　　　④盂蘭盆会
⑤重陽宴　　　⑥新嘗祭　　　⑦仏名会

問二　次の文の空欄を、下の a-k で補填しなさい。（各 1 点）
　正月の年中行事は多い。正月七日に行われる（　①　）は帝が馬を見る行事ながら、都中の貴族たちも見物に押し寄せた。正月中旬には歌自慢の男女貴族が選ばれ、宮中で歌い踊る（　②　）・（　③　）が行われた。祭りも、二月に（　④　）、三月に（　⑤　）、四月に（　⑥　）があり、この中には今でも続いている祭りもある。

　　a 白馬節会　　　b 駒牽　　　c 五節　　　d 男踏歌　　　e 女踏歌　　　f 新嘗祭
　　g 春日祭　　　h 重陽宴　　　i 岩清水臨時祭　　　j 仏名会　　　k 賀茂祭

問三　次のうち正しいことを述べているのはどれですか。（2 点）
　①仏名会では主催者から参加者に甘酒を勧める慣習があった。
　②帝が父母に拝礼する為に出向く行事を四方拝という
　③曲水宴の参加者は小川のふちで、音楽演奏をすることが求められた。
　④菊の花の鑑賞や長命の効能があるとされた菊酒を飲む宴会を豊明節会という。

解　答

問一　①しんこきんしゅう　　②えんご　　③かけことば　　④じょことば
　　　⑤まくらことば　　⑥ほんかどり　　⑦ほんぜつ
問二　①a　　②d　　③e　　④g　　⑤i　　⑥k
問三　①

平安貴族の芸と遊戯

平安貴族の芸は①漢詩　②和歌　③音楽の順で尊重されていた。

『大鏡』「頼忠伝」 （大井川三船の誉れ）	現代語訳
一年、入道殿の大井川（おおいがは）に逍遥（せうやう）せさせ給ひしに、作文（さくもん）の舟・管絃（くわんげん）の舟・和歌（やまとうた）の舟と分たせ給ひて、その道にたへたる人々を乗せさせ給ひしに、この大納言（だいなごん）の参り給へるを、入道殿、「かの大納言、いづれの舟にか乗らるべき。」とのたまはすれば、「和歌の舟に乗り侍らむ。」とのたまひて、詠み給へるぞかし、 　　小倉山嵐の風の寒ければ紅葉の錦着ぬ人ぞなき 　申し受け給へるかひありてあそばしたりな。御自らものたまふなるは、「作文のにぞ乗るべかりける。さてかばかりの詩をつくりたらましかば、名の上がらむこともまさりなまし。口惜しかりけるわざかな。さても、殿の、『いづれにかと思ふ』とのたまはせしになむ、我ながら心おごりせられし。」とのたまふなる。一事の優るるだにあるに、かくいづれの道も抜け出で給ひけむは、いにしへも侍らぬことなり。	ある年、入道殿（藤原道長）が大井川で舟遊びをなさった時、殿は、舟を漢詩の舟、音楽の舟、和歌の舟とお分けになり、その道の達人をそれぞれの舟にお乗せになった頃、大納言（藤原公任）がいらっしゃったので、入道殿は、「あの大納言殿は、どの舟に乗るのだろうか。」とおっしゃったところ、「和歌の舟に乗りましょう。」とおっしゃった。さてそこで、歌をお詠みになられた。 　小倉山の山風が寒いので、紅葉の錦の着物を着ていない人はいない。（おびただしい紅葉が散りかかり、誰もが皆、紅葉の錦の着物を着ているように見える） 　自らすすんで和歌の舟に乗っただけのかいがあって、見事なできばえだった。もっとも、大納言ご自身の後日談では 「漢詩の舟に乗るべきだった。これぐらいの漢詩を作ったならば、もっと名声が上がったろうに。残念なことよ。それにしても、道長殿が『どの舟にお乗りかな。』と仰られたことは、我ながら得意気になったね。」と仰られたという。漢詩・音楽・和歌のうちの一つの事に優れることでさえすばらしいのに、このように三つの分野で達人とは、空前の才でいらっしゃる。

　藤原公任（ふじわらのきんとう）が、漢詩・音楽・和歌の、いずれの道の達人でもあったことの逸話である。下線箇所のように、この三つのどれか一つでも抜きんでている人は、ほめたたえられるとある。これが平安時代の芸道観なのである。

日本が手本とした古代中国では、君子の会得すべき芸は琴棋書画きんきしょが（音楽・囲碁・書道・絵）であるとされる。日本にもこの考え方は伝わってはいるが、それを日本貴族自身の価値観として受け容れることはしなかった。むしろ琴棋書画は「中国独自のダンディズム＝エキゾチズム」として、室町以後の日本絵画の題材として取り上げられた。日本古来の芸道の主流はやはり、漢詩・音楽・和歌なのである。

　貴族ばかりでなく、少し教養のある庶民であっても、漢詩を学ぶことが良いとされた。

『大鏡』「時平伝」	現代語訳
都府楼纔看瓦色 観音寺只聴鐘声 　これは文集の白居易はくきょいの遺愛寺いあいじの鐘は枕をそばだてて聴き、香炉峰かうろほうの雪は簾すを撥かかげて看るといふ詩からうたにまさざまに作らしめたまへりとこそ昔の博士ども申しけれ… 　去年今夜侍清涼　秋思詩篇独断腸 　恩賜御衣今在此　捧持毎日拝余香 　…世継よつぎ若うはべりしとき、このことのせめてあはれにかなしうはべりしかば、大学の衆どものなま不合ふがうにいましかりしを訪ひたづね語らひとりて、さるべき餌袋・破子のやうなもの調じて、うち具してまかりつつ、習い取りてはべりし…といへば聞く人々、「げにげにいみじき好き者にも、ものしたまひけるかな。今の人はさる心ありなむや」など感じあへり。	都府とふの楼は纔わづかに瓦の色を看る 観音寺くわんのんじは只ただ鐘の声を聴く 　これは白氏文集はくしぶんしゅうの白居易の「遺愛寺の鐘は枕をそばだてて聴き、香炉峰の雪は簾を撥て看る」という漢詩よりも上手にお作りだと、昔の博士たちは申した。 　去年の今夜清涼に侍り　秋思の詩篇独り腸を断つ 　恩賜の御衣は今此に在り　捧げ持ちて毎日余香を拝す 　…世継は若くておりましたとき、昌泰の変で道真公が左遷されたことがとても気の毒で悲しくございましたので、大学の学生たちの貧乏な連中を訪問し仲良くなって、適当な弁当のようなものを料理し、持って行き、習い取りました…といえば聞く人々は「ほんとにたいそうな風流人でいらっしゃる。今の人にそんな心があろうか、いやない」と感動し合った。

　世継よつぎという名の庶民の老人が、若い頃、菅原道真すがわらのみちざねの左遷させんの報を聞きいた。彼はそのことに心を痛め、当時の大学生に弁当（餌袋ゑぶくろ・破子わりご）と引き換えに、道真の漢詩を教わったという。

　また和歌の勉強も、貴賤きせんを問わず、良いこととされた。

『大鏡』「師尹伝」	現代語訳
御むすめ村上の御時の宣耀殿女御せんやうでんのにようご。容貌かたちおかしげにうつくしうおはしけり。…いとどらうたくおはするをみかどいとかしこくときめかさせ給ひて、かくおほせられける 　生きての世死にての後の後の世も 　羽を交はせる鳥となりなん 御返し女御 　秋になる言の葉だにもかはらずは 　われも交はせる枝となりなむ 古今こきんうかべさせ給へりときかせ給ひて、みかどこころみに本をかくして女御には見せたてまつり給はで「やまとうたは…」とあるを始めにて、末の句のことばをおほせられつつ、問はせ給ひけるに、言ひたがへ給ふことばにても、歌にても、なかりけり。かかる事など父大臣は聞き給ひて、御装束し御手洗ひなどして、所々に読経などし、念じ入りてぞおはしける。	左大臣さだいじん師尹もろまさ公の御娘・芳子はうし様は村上天皇の御時の宣耀殿女御せんやうでんのにようごです。美人でかわいらしくいらっしゃった。…たいそうかわいげでいらっしゃるのを帝はたいそう愛され、このようにおっしゃった； 　現世も来世もその後の世も二人で比翼ひよく鳥となろう 　御返し、女御； 　秋になっても飽きずにお言葉が変わらないならば私たちも連理の枝となりましょう 女御が古今和歌集を暗記なさっていると帝はお聞きになり、帝は試して、本をかくして女御にはお見せにならずに「和歌は…」とある記述を始めとして。下句をおっしゃって上句をご質問なさると、間違えた詞書きも歌もなかった。こうした事など父大臣は聞きなさり、正装し手を浄めなどされ、諸仏に読経し、一心にお祈りになっていた。

　左大臣さだいじん藤原師尹ふじわらのもろまさ（藤原道長の叔父）の娘の宣耀殿女御せんやうでんのにようご芳子はうしが、『古今和歌集』を全巻暗記していると聞いて、村上天皇がテストしてみたら全問正解であった。父の師尹はテストの間、方々の寺院で、芳子がテストを無事にパスできるよう、祈祷していたという。最高貴族の教養の一つが和歌であったこと、それを天皇におためしになる時、左大臣の要職にある貴族が真剣に祈祷までするほどであった。

　平安貴族の間で流行していた遊戯ゆうぎは双六（双陸）すごろくであった。これは二人でするボードゲームで、交互に賽子を振り、出た目の数によって盤上の駒を進め、早く相手の陣に全部入れることを競う遊戯だ。古代エジプトのSenet（セネト）を起源とし、シルクロードを経て、奈良時代に中国から日本に伝来した。

『大鏡』「道隆伝」	現代語訳
入道殿_{にゅうどうどの}の、御嶽_{みたけ}にまいらせ給へりし道にて…（伊周_{これちか}）参り給へり。…「ひさしく双六_{すごろく}つかうまつらで、いとさうざうしきに今日あそばせ」とて双六の盤をしのこはせ給ふに、御気色_{みけしき}なをりて見え給へば、殿をはじめ奉りて、まいり給へる人びと、あはれになん見たてまつりける。…この御博奕_{はくやう}は打ちたたせ給ひぬれば、二所ながら裸に腰からませ給ひて、夜半暁まであそばす。『心をさなくおはする人にて便なき事もこそいてくれ』と人は承け申さざりけり。いみしき御かけ物共こそ侍りけれ。帥_{そち}殿はふるき物どもえもいはぬ、入道殿はあたらしきか興ある、をかしきさまにしなしつつぞ、互かたみに取り交はさせ給ひけれど、かやうの事さへ帥殿は常に負け申させ給ひてぞまかでさせ給ひける。	入道殿（道長）が吉野の金峯山にお参りになった道にて…伊周殿が参りなさった。…（道長）「しばらく双六をやり申し上げず、とても寂しかったので、今日やっていってくださいよ」と言って、双六の盤を拭きなさると、伊周殿も御機嫌が直ったように見えなさったので、道長殿をはじめ、供として一向に加わっていた人々も良かったとお見うけ申し上げた。…この勝負を始めると、お二人とも上は裸になり、上着は腰にまきなさって、深夜から明け方でなさった。『伊周殿はすぐムキになる人なので不都合な事もおこる』と周りは賛成しかねていた。高価な御賭け物がおありだった。伊周殿は古い物で良い物を、道長殿は新趣向の風情ある物を賭けた。互いに取りつ取られつを繰り返したが、こういう事までも伊周殿は常に道長殿に負け申されたあげく、お帰りになった。

　道長のところへ、政敵の伊周_{これちか}が来て双六をした話である。二人は、共に上級貴族であるにかかわらず、夢中になって、上半身の着物を全部脱いで徹夜で勝負を楽しんだという。

螺鈿紫檀五絃琵琶

　前述の双六はエジプト起源であった。エジプトの位置とか文化のくわしい内容とかは、古代日本知識人は正確には把握できなかったにせよ、少なくとも中国よりも西に、中国よりもはるかに優れた文化があることを知っていた。

　その一つが仏教である。それまで中国の道教も儒教も、頑として受け容れなかった日本文化が、仏教は受け容れたの

は、それが中国文化を超えた、インドの知の体系だったからである。

　音楽もそうであった。正倉院蔵の「螺鈿紫檀五絃琵琶」の胴体部には、熱帯樹と飛鳥が螺鈿で描かれ、中央には駱駝（らくだ）に乗り琵琶（四絃琵琶）を弾く胡人（こじん）（ペルシャ人）の姿がある。これは、聖武天皇（しょうむてんのう）（701-756）の遺品で、遣唐使によって中国から輸入されたものである。日本人には、「胡人」はどのような人たちというイメージがあったのだろうか。

『うつほ物語』「俊陰」	現代語訳
山野揺すり、大空響きて、雲の色、風の声変はりて、春の花、秋の紅葉時分かずに咲き交じるままに、遊び人らいとど遊びまさるほどに、仏、渡り給ひて、すなはち、孔雀に乗りて、花の上に遊び給ふ時に、遊び人ら、阿弥陀三昧（さんまい）を、琴に合はせて、七日七夜念じ奉る時に、仏、現われて、のたまはく、「日本の衆生…この山の族、七人に当たる人を、三代の孫に得べし。この孫、人の腹に宿るまじき者なれど、この日の本の国に契り結べる因縁あるによりて。その果報豊かなるべし」…かくて、俊陰（としかげ）、「日本へ帰らむ」とて、波斯（はし）国へ渡りぬ。その国の帝、后、儲けの君に、この琴を一つづつ奉る。…俊陰申す、「日本に、歳八十歳なる父母侍りしを、見捨てて罷り渡りにき。今は、塵、灰にもなり侍りにけむ。『白き屍（かばね）をだに見給へむ』とてなむ急ぎ罷るべき」と申す。帝、あはれがり給ひて、暇（いとま）を許しつかはす。	山も、野も揺れ、振動は大空に響き渡り、雲の色、風の音も変わり、春の花と秋の紅葉が同時に咲き交じる。そして、俊陰と山の七人（古都の名手）はますます琴を弾き歌う。すると仏が来て、孔雀に乗り、花の上で遊ぶ。すると遊び人たち（七人の山の主）は阿弥陀三昧を、琴に合わせて、七日七夜、誦経していると、仏が姿をお現わしになり、「…日本の人（俊陰）よ、この山の民たち七人の生まれ変わりを、三代の孫に得るであろう。この孫は本来、人の腹に宿るような身分の者ではないが、この日本と結んだ縁があるので。日本に生まれ、存分に幸せとなろう」。…こうして、俊陰は、「日本に帰ろう」と、波斯国（ペルシャ）へ戻った。その国の帝、后、皇太子に、この琴を一つずつ贈った。…俊陰は、「日本に八十歳になります父母がおりますが、ふり捨ててやって来ました。今は、塵、灰になっているかもしれません。しかし『白い屍であってもお会いしたい』との思いで急ぎ帰りたいと存じます」と申し上げた。帝は、かわいそうに思い、日本に帰ることを許した。

　日本の遣唐使・清原俊陰は暴風雨に遭い、中国よりも西に漂流する。漂流地より、さらに西に旅して、波斯国（ペルシャ）に到る。古代ペルシャの領土は広く、東はインドに接していた。古代日本人の知る限りの、もっとも西の国である。その西には仏の国があ

ると、『うつほ物語』作者は考えていたようだ。つまり波斯国は仏の国と接する神聖な地域と考えられていたのである。この波斯国のさらに西の山に、七人の琴の名手がいた。俊蔭はその七人から琴を学び、その七人と一緒に仏と出会う。この七人も当然、「胡人」であったろう。胡人は神業を持つ、音楽の名手であった。

さらにこの七人の胡人のうちの一人が、俊蔭の孫として日本に転生することが、仏に予言される。これこそが『うつほ物語』の主人公・仲忠である。つまり、『うつほ物語』は転生した胡人の物語なのである。仲忠は天才的な琴の名手で美男子、順調に出世し、天皇の愛娘を妻とする。その娘も天才的な琴の名手に育つ、というところで物語は終わる。

平安貴族の重んじた三つの芸の一つが漢詩＝中国文化、一つが音楽＝中東文化、一つが和歌＝日本古来の文化であった。ここに日本文化の本質的な多様的性格をみることができよう。

〈その他の貴族の遊戯〉

◈碁ご；琴棋書画の一つ。『源氏物語』でも数カ所で、聖俗・男女が碁を打つ場面がある。たいていは目上の方が負けていて、勝負を争うよりも、棋具を手にすることを文化人としての営為として重んじていたようである。

◈絵；文化人のたしなみとされた琴棋書画きんきしょがの一つ。『源氏物語』の主人公・光源氏は絵が得意であった。

◈蹴鞠けまり；世界最古の完全球形の遊戯具を足で蹴ける遊戯。鹿皮製の鞠まりを蹴り上げ続け、その回数を競う。

◈偏継へんつぎ；漢字の旁つくりを示して偏へんを当てさせる遊戯。

◈相撲観戦（相撲節すまひのせち）；旧暦七月に諸国から相撲人すまひとを宮中に召し集め、相撲を取らせた、天皇以下貴族たちが観覧した行事。盛大に賭けが行われた。貴族たちには年に一度の関心事であった記録が残っている。

◈五節ごせち観舞かんぶ；旧暦十一月の大嘗祭だいじょうさいに行われた舞を中心とする儀礼。公卿・国司の未婚女子の中から五節舞姫を選ぶことは、いわば美人コンテストであった。毎年、誰が今年の五節舞姫に選ばれるかは、平安貴族社会の話題となっていた。

◈将棋；　平安末期から公家日記などの記録に現れ始める。もともとは遊戯具としてではなく、天上界の神兵たちのはてしない闘争場面を象徴化した州浜すはま（置物飾り）として登場し、後に周辺文明のチェスゲームを参考に遊戯方法が案出されたものとも考えられている。

【芸と遊戯　確認問題】（　　　／13点）

問一　次の語句をすべて現代仮名遣いのひらがなにしなさい。ただし①②は古代のよみ
　　　かた（各１点）

　　①詩　　　②和歌　　　③琴棋書画　　　④双六　　　⑤蹴鞠　　　⑥五節

問二　次の文の空欄を、下のa-kで補填しなさい。（各１点）
　　　古代中国では君子の会得すべき芸は（　①　）とされた。しかし日本貴族社会は
　　この考え方を受け容れず、（　②　）（　③　）（　④　）の順に芸を重んじ
　　た。日本人は中国よりも西に、中国文化を超える文化を持つ地域があると知っていた。
　　この地域を（　⑤　）とよんでいた。

　　a 花鳥風月　　b 琴棋書画　　c 枯山水　　d 蹴鞠　　e 碁　　f 音楽　　g 和歌
　　h 漢詩　　i 月氏国　　j 波斯国　　k 黒猫国

問三　次のうち正しいことを述べているのはどれですか。（2点）
　　①平安時代、漢詩は一部の上級貴族のみが理解できた。
　　②平安時代の知識人は、琴や琵琶は中国よりも西の世界から伝わったことを知って
　　　いた。
　　③和歌は平安時代の貴族が詠んでいたが、今は作る人はいない。
　　④世界最古の完全球形の遊戯具を足で蹴る遊戯は、イギリスで発明された。

　　　　　　　　　　　　　　　　解　　答

問一　①からうた　　②やまとうた　　③きんきしょが　　④すごろく　　⑤けまり
　　　⑥ごせち
問二　①b　　②h　　③f　　④g　　⑤j
問三　②

和歌わか／やまとうた

一　日本韻いん文史～勅撰ちょくせん三集　八代集　二十一代集～

　日本最初の国家編纂書である『日本書記』が編纂され（720年）て約百年後、勅撰三集（凌雲りょううん集・文華秀麗ぶんかしゅうれい集・経国けいこく集）と呼ばれる漢詩集が、国家事業として編纂された。905年、最初の勅撰和歌集である古今集が編纂され、以後八代集（古今集こきん～新古今しんこきん集）、あるいは二十一代集（古今集～新続古今集しんしょくこきん）として続いていく。このように、韻文は日本古典文学／文化の正統である。

集	成立	天皇	編者
凌雲りょううん集	814	嵯峨天皇	小野岑守・菅原清公
文華秀麗ぶんかしゅうれい集	818	嵯峨天皇	藤原冬嗣・菅原清公・勇山文継・滋野貞主
経国けいこく集	827	淳和天皇	良岑安世
古今こきん集	905	醍醐天皇	紀貫之きのつらゆき・紀友則・凡河内躬恒・壬生忠岑
後撰ごせん集	958	村上天皇	梨壺の五人（清原元輔，紀時文，大中臣能宣，源順，坂上望城）
拾遺しゅうい集	1007	花山法皇	藤原公任『拾遺抄』を基に花山法皇自選。藤原長能・源道済が補佐
後拾遺ごしゅうい集	1075	白河天皇	藤原通俊ふじわらのみちとし
金葉きんよう集	1126	白河法皇	源俊頼みなもとのとしより
詞花しか集	1151	崇徳上皇	藤原顕輔ふじわらのあきすけ
千載せんざい集	1188	後白河法皇	藤原俊成ふじわらのしゅんぜい
新古今しんこきん集	1205	後鳥羽上皇	藤原定家ふじわらのていか・藤原家隆ふじわらのかりゅう
新続古今しんしょくこきん集	1439	後花園天皇	飛鳥井雅世あすかいまさよ

二　和歌の技法

【縁語えんご】

・和歌中、関連（類義・対義も可）がある言葉を複数用いることで、言葉つながりがなめらかに聞こえる技法。

　１．めぐりあひてみしやそれともわかぬまに　雲がくれにし夜半の月かな

　　　　　　　　　　　　　　　　　　　　　　　　　　　　　紫式部『新古今集』

　（めぐり逢ったか、それとも分からないわずかな間に雲間に隠れてしまった夜の月よ）。

　　→「夜半」「めぐる」「雲」が「月」の縁語。

　２．難波潟塩路はるかにみわたせば　霞に浮かぶおきの釣り舟　　　円玄法師『千載集』

284

（難波潟よ。海路を遥かに見渡せば霞に浮かぶ沖の釣り舟）→「難波潟」「塩路」「浮く」「沖」
「釣り舟」が縁語。

【掛詞 かけことば】

・一つの言葉に二つの意味を持たせる技法。

1．たち別れいなばの山の峰に生ふる　まつとし聞かば今帰り来む

在原行平『古今集』

（お別れだ。稲羽山の峰に生える松の「まつ」ではないが、私の帰りを「待つ」と聞いたならす
ぐに帰ろう。）

稲羽山の峰に生える松→｜

たち別れいなばの山の峰に生ふる　まつ　とし聞かば今帰り来む

｜→待つと聞いたならすぐに帰ろう

♥「まつ」が「松」と「待つ」の掛詞

2．とふ人も今はあらしの山風にひとまつ 虫の声ぞかなしき　　詠人不知『拾遺集』

（訪れる人も今は「あらじ」つまりいない、その「あらし」ではないが嵐の山風に、人を待つの
「まつ」ではないが「まつ（松）虫」の声が悲しい）

訪う人も今はあらじ→｜　　　　　人待つ→｜

とふ人も今は　あらし　の山風にひと　まつ　虫の声ぞかなしき

｜→嵐の山風に　｜→松虫の声はかなしい

♥「あらし」が「あらじ」と「嵐」の掛詞

【序詞 じょことば】

・作者の一番伝えたいメッセージを導き出すために、連接された句。

1．掛詞で連接する例

有馬山猪名の笹原に風吹けばねえ「そうよ」と音する→｜

有馬山猪名の笹原風吹けば　いで　そよ 人を忘れやはする　　大弐三位『後拾遺集』

｜→ねえ、そうよ、あなたを忘れますか、いやしません

♥「有馬山猪名の笹原風吹けば」が「いでそよ」を導く序詞

⇒作者のもっとも伝えたいメッセージは「ねえ、そうよ、あなたを忘れはしますか、いやしません」

2．同音語をくり返すことで連接する例

みかの原わきて流るるいづみ川いつ見きとてか恋しかるらむ　藤原兼輔『新古今集』

（みかの原から湧きその「わき」ではないが原を「分け」て流れる泉川の「いづみ」ではないが、
「いつ見」たというので、あの人が恋しいのだろうか。）

みかの原湧き→｜　　　〈序詞〉→｜

みかの原 わき て流るるいつみ川 いつ見 きとてか恋しかるらむ

　　　　｜→分きて流るる　　　｜→〈伝えたいメッセージ〉

♥「みかの原わきて流るるいつみ川」が「いつ見き」を導く序詞

⇒作者のもっとも伝えたいメッセージは「いつ見たというので、あの人が恋しいのだろうか。」

3．掛詞も同音語の繰り返しもなく、連接する例

あしひきの山鳥の尾のしだり尾の長々し夜を一人かも寝む　　　柿本人麻呂『拾遺集』

（山鳥の長く垂れた尾のような、とても長い夜を一人で寝るのか）

　　〈枕詞〉→｜　　　　〈序詞〉→｜

あしひきの山 鳥の尾のしだり尾の 長々し夜を一人かも寝む

　　　　　　　　｜→〈伝えたいメッセージ〉

♥「あしひきの山鳥の尾のしだり尾の」が「長々し」を導く序詞

⇒作者のもっとも伝えたいメッセージは「とても長い夜を一人で寝るのか」

【枕詞まくらことば】

・特定の語の前に置かれる言葉で、語調を整えるだけの、訳する必要のない言葉。5音から成り、固定化されている。

〈主な枕詞〉

枕詞	特定の語	枕詞	特定の語
あしひきの	山	あらたまの	年
あをによし	奈良	うつせみの	世
うばたまの	黒　闇　夜	からころも	着る　裁つ
くさまくら	旅	さざなみや／さざなみの	志賀
しろたへの	衣　　袖	たまきはる	命
たらちねの	母	ちはやぶる	神
ひさかたの	光 天 空 雲	ももしきの	宮　大宮

ひさかたの光のどけき春の日に静づ心なく花の散るらむ　　　（紀友則『古今集』）

（日の光がのんびりとさす春の日に、どうして落ち着きなく桜は散るのだろうか）＝｛ひさかたの｝は訳さない

　　〈枕詞〉→｜

ひさかたの　光　のどけき春の日に静づ心なく花の散るらむ

　　　｜→〈訳はここから始める〉

さざなみや志賀の都はあれにしを昔ながらの山桜かな　　（詠人不知『千載集』）

（志賀の都（大津）は荒れたが、昔ながらに咲く山桜よ）＝｛さざなみや｝は訳さない

〈枕詞〉→｜

　　さざなみや　志賀　の都はあれにしを昔ながらの山桜かな
　　　　　　｜→〈訳はここから始まる〉

【本歌_{ほんか}取り】

　和歌に、以前詠まれた和歌の一部をそのまま用いている場合、以前詠まれた和歌を本歌または証歌_{しょうか}という。本歌の表現を用いる技法を本歌取りという。

　　面影のかすめる月ぞやどりける春やむかしの袖の涙に　　俊成卿女『新古今集』

　　　（面影がかすむ月が宿っている、春はもう昔のことかという袖の涙に）

⇒この歌を直訳しても「春やむかしの袖＝春はもう昔のことかという袖」という語句の具体的な意味がわからない。このように、直訳しても意味が通じない時に、直訳を補うものが本歌取りである。この歌は；

　　月やあらぬ春や昔の春ならぬわが身一つはもとの身にして

　　　（月は昔の月ではないのか、春は昔の春でないのか、我が身一つは元のままであって。）

　　　　──伊勢物語

という失恋歌を本歌としている。本歌であるということによって、「春やむかしの袖＝春はもう昔のことかという袖」とは、「周囲も皆変わり（昔の恋人も別の人の妻となってしまった）、自分一人が取り残されて独りでいる嘆きの涙で濡れている袖」の意味であると解釈を限定できる。これが本歌取りの意義である。

　　橘の香をなつかしみほととぎす花散里をたづねてぞ訪ふ

　　　　　　　　　　　　　　　　　　　　　　　　　『源氏物語』「花散里」（光源氏）

　⇒直訳すると「橘の香をなつかしんで、ほととぎすが花の散った里を訪問した」という、初夏の叙景歌となるが、実はこれは恋歌である。

「橘の香をなつかしみほととぎす花散里をたづねてぞ訪ふ」は；

　　五月待つ花橘の香をかげば昔の人の袖の香ぞする　　　詠人不知『古今集』

を本歌とする。これによって「ほととぎす＝自分」がなつかしむのは「昔の人の袖の香＝昔の恋人との逢瀬_{おうせ}（古代日本貴族が共寝する時、お互いの服を交換し合った）」であるという、和歌の上での共通認識があった。そこで「橘の…」の歌から、「昔の逢瀬が忘れられなくて、私は貴方のところへまた来ましたよ」というメッセージが読み取れる。

【本説ほんぜつ】

　古典的な漢籍かんせき・故事こじを和歌の一部として引用し、取り込んでいる場合、引用された漢籍や故事を本説という。

　人はいさ心も知らずふるさとは花ぞ昔の香ににほひける　　紀貫之『古今集』

（人は、さあね、心をわからない。昔、来たことのある所は桜ばかりが昔のように咲いている）

⇒「人は変わっても、花は変わらない」ことはあたりまえである。誰も人と花は同じであるなどと思っていない。なぜこんなあたりまえのことが和歌＝芸術と認められるのか。それは以下の漢詩の名句を踏まえているからである；

　　洛陽城東桃李花　飛來飛去落誰家　　洛陽女兒惜顏色　行逢落花長歎息
　　今年花落顏色改　明年花開復誰在　　已見松柏摧爲薪　更聞桑田變成海
　　古人無復洛城東　今人還對落花風　　年年歲歲花相似　歲歲年年人不同
　　寄言全盛紅顏子　應憐半死白頭翁　…　（劉希夷「代悲白頭翁」）

（洛陽の町の東では桃や李の花が舞い散り、飛び来たり飛び来たって、誰の家に落ちるのだろう。洛陽の娘たちはその容貌の衰えていくのを嘆き、花びらがひらひらと落ちるのに出会うと長い溜息をつくのだ。今年も花が散って娘たちの美しさは衰える。来年花が開くころには誰が元気でいるだろう。私はかつて見たのだ。松やコノテガシワの木が砕かれて薪とされるのを。また聞いたのだ。桑畑の地が変わって海となったのを。昔、洛陽の東の郊外で梅を見ていた人々の姿は今はもう無く、それに代わって今の人たちが花を吹き散らす風に吹かれている。来る年も来る年も、花は変わらぬ姿で咲くが、年ごとに、それを見ている人間は、移り変わる。お聞きなさい、今を盛りのお若い方々。よぼよぼの白髪の老人の姿、実に憐れむべきものだ。この老人の白髪頭、まったく憐れむべきものだ。…）

　この本説の取り込みにより、この歌は思いつきで人と花とを比べたのでなく、東アジアの詩の伝統を正しく伝承していたことがわかる。

　本説の詩興しきょうである嘆老たんろう（老いることをなげく）の思いを背景としつつ、和歌では人の心の変わりやすさを嘆いている。本説があることで、花には時の過ぎゆくことでの嘆きがないことと、人は時の過ぎゆくことで嘆きのある存在であることを単純に対比しているのではなく、人というものの宿命をみつめた、深い人生哲学を背景とする和歌となっている。

【芸と遊戯　確認問題】（　　　／14点）

問一　次の語句をすべて現代仮名遣いのひらがなにしなさい。（各1点）

①新古今集　　　　②縁語　　　③掛詞　　　④序詞　　　⑤枕詞
⑥本歌取り　　　　⑦本説

問二　次の文の空欄を、下のa-kで補填しなさい。（各1点）
　勅撰三集と呼ばれる日本最初の国家編纂詩文集は（　①　）集であった。この
ころ、日本には独自のかなはまだ公式とはされていなかった。その80年後に最初の
勅撰和歌集である（　②　）が醍醐天皇の代に編纂され、続いて村上天皇の代に
（　③　）が編纂された。いわゆる八代集の最後は（　④　）で、この編者の一人
は（　⑤　）であった。

a 歌謡　　　b 漢詩　　　c 和歌　　　d 万葉集　　　e 後撰集　　　f 千載集
g 古今集　　h 新古今集　　　i 紀貫之　　　j 藤原定家　　　k 源俊頼

問三　次のうち正しいことを述べているのはどれですか。（2点）
①日本最初の勅撰和歌集は万葉集である。
②特定の語の前に置かれる言葉で、語調を整えるだけの、訳する必要のない言葉を掛
　詞という。
③勅撰和歌集は室町時代まで編纂され続けた。
④作者の一番伝えたいメッセージを導き出すために、連接された句を縁語という。

解　答

問一　①しんこきんしゅう　　②えんご　　③かけことば　　④じょことば
　　　⑤まくらことば　　⑥ほんかどり　　⑦ほんぜつ
問二　①c　　②g　　③e　　④h　　⑤j
問三　③

平安知識人の記録

　日本に現在伝わる最古の歴史書・『日本書記』が、国家事業として編纂されたのは奈良時代初期であった。以後、平安中期まで六国史りっこくしが編纂され続けた。六国史が『三代実録』を最後に編纂事業が途絶えたことに呼応するかのように、平安時代の知識人たちは私的にも日記をつけるようになり、これが今日、古代文化を調査する際の基本資料となっている。

　初期の日記は旅を記録した紀行文きこうぶんであった。古くは遣唐使の随行日誌に始まり、九世紀前半には、円仁えんにんの『入唐求法巡礼行記にっとうぐほうじゅんれいこうき』のような著名作品も書かれた。紀行文でない、いわゆる公家日記では、宇多うだ天皇（867-931年）の『寛平御記かんぴょうぎょき』、藤原忠平ふじわらのさねより（880-949年）の『貞信公記ていしんこうき』がある。

日記	記主（生年－没年）
『清慎公記せいしんこうき（水心記すいしんき）』	藤原実頼ふじわらのさねより（900-970年）
『九暦きゆうれき』	藤原師輔ふじわらのもろすけ（909-960年）
『小右記しょうゆうき』	藤原実資ふじわらのさねすけ（957-1046年）
『御堂関白記みどうかんぱくき』	藤原道長ふじわらのみちなが（966-1028年）
『権記ごんき』	藤原行成ふじわらのこうぜい（972-1027年）
『水左記すいさき』	源俊房みなもとのとしふさ（1035-1121年）
『中右記』	藤原宗忠ふじわらのむねただ（1062-1141年）
『殿暦てんりゃく』	藤原忠実ふじわらのただざね（1078-1162年）
『台記たいき』	藤原頼長ふじわらのよりなが（1120-1141年）
『玉葉ぎょくよう』	九条兼実くじょうかねざね（1149-1207年）
『明月記めいげつき』	藤原定家ふじわらのていか（1161-1241年）

　公家日記はいずれも漢文で書かれている。この公家日記のかたわら、仮名で書かれた仮名日記がある。これも紀行文の性格を色濃く持った、紀貫之きのつらゆき『土佐日記とさにっき』（10世紀中ごろ）を祖とする。これ以後、仮名日記は女性知識人によって書かれる。

　これを二つに分類し、記録的性格の強いものと私生活の印象的なできごとの記録としての性格の強いものに分けられる。前者には、『紫式部むらさきしきぶ日記』（紫式部＝源氏物語作者　11世紀始め）、『更級さらしな日記』（菅原孝標女すがわらのたかすえむすめ　11世紀中頃）、『讃岐典侍さぬきのすけ日記』（讃岐典侍＝堀河天皇に仕えた典侍　12世紀始め）がある。

後者には『かげろふ日記』(道綱母みちつなのはは 10 世紀末)、『和泉式部いずみしきぶ日記』(和泉式部 11 世紀始め)、『とはずがたり』(後深草院二条ごふかくさゐんにじょう＝後深草上皇に仕えた女官 13 世紀中頃)がある。

　また私家集に分類されているものの、『建礼門院右京大夫集けんれいもんいんうきょうのだいぶしゅう』は仮名日記の性格の強い作品と言われている。

　日記は古典時代の文学・歴史・習俗等の文化を調査する基礎資料であるが、それにとどまらず、理科系分野の研究にも役立っている；

　かに星雲は、おうし座ゼータ星の近くにある、熱いガスの塊が多数群れている星雲です。望遠鏡で見ると、星雲の形が、かにの甲羅の形に似ているので、かに星雲と呼ばれています。大きな望遠鏡で詳しく観測すると、強い光が筋状に走っており、その光は激しいエネルギー放出が起こっているために発生していると考えられています。

　年を隔てて撮った写真を詳しく調べると、かに星雲は高速度で膨張していることがわかります。これは、かに星雲が超新星爆発の残骸であるためだと推定されています。爆発で誕生したガスやちりのようなものが膨張し続けているのです。では、この超新星爆発はいつ起こったのでしょうか。星雲の膨張速度をもとにして計算してみますと約 900 年前だろうという結果が出しました。しかし、現代天文学の最新の技術と知識を導入しても、爆発が起きた年を正確に割り出すことは不可能でした。

　この問いに示唆を与えてくれる文書が、ある日本人のアマチュア天文家によって指摘されました。「小倉百人一首」の編者として有名な藤原定家の日記『明月記』です。定家がそれを書き始めたのは 1180 年で、19 歳のときでした。以来定家は 56 年間書き続けた日記のいたるところで、さまざまな天文現象を書き留めています。そして、自分が見たこととともに、それと同じような天文現象が過去になかったかどうかを丁寧に調べて、書きつけているのです。定家は著名な歌人ですが、朝廷の役人が本職であり、前例を調べるのが習慣となっていたようです。1230 年 10 月 28 日、客星(かくせい＝一時的に輝く星や彗星のこと)の出現を目撃した定家は、その様子を毎日のように詳しく日記に書きつけるとともに、過去の文献を読んで前例がないかどうかを調べました。『明月記』の 11 月 8 日の項には、過去の客星の出現が八例載っています。次の文章は、その出現例の一つです。

　　後冷泉院これいぜいゐん天喜てんぎ二年四月中旬以後、丑うしの時客星かくせい觜参しさんの度に出づ。東方に見あらはれ、天関星てんくわんせいに孛はいす。大なること歳星さいせいの如し。(後冷泉帝在位の1054 年 4 月中旬以来、深夜二時頃、客星(それまで観測されなかった場所に急に現れ、一定期間後に再び見えなくなる星)がオリオン座の方向に出た。東に現れて、おうし座ゼータ星近くで明るく輝いている。大きさは木星くらいだ。)

この記録に表された星の位置は、かに星雲の位置とぴたりと一致しました。さらに、1054年は、かに星雲の超新星爆発が起きたと推定される時間とも一致します。定家の記録と最新の技術とを合わせることによって、超新星の爆発が起こった年が1054年というように決定できたのです。ならばと、世界中の天文学者によって、定家が記録したほかの例も調べられました。その結果、1006年のおおかみ座の超新星爆発と1181年のカシオペヤ座の超新星爆発も、定家の記録と一致することがわかりました。さらに、現代では、定家によってもたらされた明るさやその時間変化の克明な記録から、爆発した星のタイプや重さも割り出せるようになりました。

　以来、天文学者は、中国や日本の古典を調べて、天文現象の記録を調べるようになりました。例えば、有名なハリー彗星は、イギリスのエドモンド＝ハリーが発見し、さらにその周期を計算して有名になったものです。しかし、過去の記録を調べていくと、紀元前240年、中国の歴史書である『史記』に彗星が目撃された記録があります。また、日本では紀元684年『日本書記』に彗星を目撃した記録があります。いずれも、ハリー彗星の周期をあてはめることによって、確かに、これらの記録はハリー彗星についてのものであると断言できるのです。現代では、これら数多くの記録から、ハリー彗星の、より詳しい周期や軌道の変化が計算で得られるようになってきています。（池内了「「新しい博物学」の時代」『中学国語3』）

　池内氏はこのような例をあげ、文科系・理科系を超えた「博物学」を提唱している。このような「博物学」の基本としても古典は重視されている。まして文科系諸学において、古典を資料として操作できないような研究は、学問とは言えないのである。

【記録　確認問題】（　　　／12点）

問一　次の語句をすべて現代仮名遣いのひらがなにしなさい。（各1点）

①寛平御記　　　②小右記　　　③台記　　　④土佐日記
⑤更級日記　　　⑥和泉式部日記

問二　次の文の空欄を、下のa-iで補填しなさい。（各1点）
　公家日記は紀行文から始まったといわれている。公家日記は（　①　）で書かれている。平安時代の有名な政治家たちも日記を書いているが、藤原道長によって書かれた（　②　）は、今日でも自筆本が残っている大変貴重な資料である。女性によって書かれた日記は（　③　）で書かれている。源氏物語作者によって書かれた（　④　）は、これによって源氏物語作者が誰であるかがわかる資料でもある。

a 漢文　　　b 漢字カタカナまじり文　　　c 仮名文　　　d 水心記
e 御堂関白記　　　f 殿暦　　　g 和泉式部日記　　　h 紫式部日記
i かげろふ日記

問三　次のうち正しいことを述べているのはどれですか。（2点）
①公家日記は六国史編纂のための資料として、朝廷の命令で作られた。
②公家日記の起源は漢詩集であった。
③仮名日記は『日本書紀』と並行し、奈良時代からあった。
④仮名日記には記録的性格の強いものと私生活の印象的なできごとの記録としての性格の強いものに分けられる。

解　答

問一　①かんぴょうぎょき　　②しょうゆうき　　③たいき　　④とさにっき
　　　⑤さらしなにっき　　⑥いずみしきぶにっき
問二　①c　　②g　　③e　　④h　　⑤j　　　　問三　④

人名呼称

　古代貴族社会での人名呼称は、現代と違う。貴族は一般に実名では呼ばれない。稀に男性貴族が実名で呼ばれることもあるが、それはむしろ例外である。

　男性貴族であれば、家族でさえ、「侍従ʲ じじゅう」とか「少将しょうしょう」などと官職名で呼ぶ。時には「四条左大臣しじょうさだいじん」とか「桃園大納言ももぞのだいなごん」のように［地名＋官職］でも呼ぶ。

　女性貴族の場合、実名で呼ばれることはない。［大弐三位だいにのさんみ］のように［夫の官職＋自身の官位］、「藤式部とうのしきぶ」のように［氏姓＋弟の官職］、「馬命婦うまのみょうぶ」のように［近親者の官職＋自身の官職］、［肥後ひご］のように［近親者の官職］など、自身の氏姓・官職位と夫など近親の男性の官職が組み合わせられた呼称が多い。

　官職名ではないが、地位で人を呼ぶ場合がある；

１．天皇；　　　　　　　　　　　　　「帝みかど、内裏うち、上うへ、当代たうだい」
　　　上皇／法皇／女院；　「院ゐん」
　→上皇・法皇が複数いる場合、「［邸宅／寺院名］＋院」、
　　　女院は「［皇居の門］＋院」と呼ぶ。
　　　　　例）朱雀上皇すざくじょうこう；　「朱雀院すざくゐん」（「朱雀」は邸宅（朱雀院）名）
　　　　　　　花山法皇かざんほうおう；「花山院かざんゐん」　（「花山」は寺院（花山寺）名）
　　　　　　　女院徳子とくこ　　　；　「建礼門院けんれいもんいん」（「建礼門」は皇居の門の名）

２．皇后／中宮；「宮みや、后きさき」　　　皇太后；「大宮おほみや」
　　女院になっていない皇太后は、大御息所おほみやすどころ、母后ははきさきとも呼ばれる。

３．親王；宮みや、皇子みこ　　　内親王；宮みや、皇子みこ、姫宮ひめみや、姫皇子ひめみこと呼ぶ場
　　合もある
　　親王は生まれた順に「一の宮いちのみや／一の皇子いちのみこ」「二の宮／二の皇子」「三の宮／
　三の皇子」…と呼ばれ、　内親王は、「女一の宮おんないちのみや」「女二の宮」「女三の宮」…と
　呼ばれる

４．貴族の邸宅の主婦；上うへ、北の方かた、北の政所まんどころ　　　貴族邸宅の主人；殿との
　　対外的には、主婦は「［邸宅名］＋の上」、主人は「［邸宅名］＋殿」と呼ばれる。ただし女
　性でも「［邸宅名］＋殿」と呼ばれることが多い。

貴族の邸宅相続は原則として女性である。妻たちは、時には夫が所有する邸宅の呼称で呼ばれることはあっても、通常は親から伝領した邸宅名で呼ばれることが多い。摂政太政大臣・藤原道長の二人の妻はそれぞれ、鷹司_{たかつかさ}殿（源倫子）・高松_{たかまつ}殿（明子女王）と呼ばれた。

５．貴族の子；君_{きみ}、姫君_{ひめぎみ}

家族名称として、男子は生まれた順に、「太郎君_{たろうぎみ}／一の男君」、「二郎君_{じろうぎみ}／二の男君」「三郎君／三の男君」…と呼ばれ、女子は「大_{おほい}君／一の女君」、「中の君／二の女君」「三の君／三の女君」…と呼ばれた。

　〜いずれも対外的には「［父の名称］＋［家族名称］」で呼ばれる。

　　例）三条殿の太郎君、小一条殿の中の君

　　　様々な事情で、その邸宅に引き取られ、家族待遇でいる親類などは「［邸宅内の建物名］＋君］」 の名称で呼ばれる。特に対の屋に住む「対の君」は物語文学に頻出で、主婦の姪とか妹などが多い。

６．貴族の邸宅の使用人

　女性；　乳母_{めのと}　女房_{にようばう}　　女童_{めのわらは}（成人儀礼を済ませていない使用人）
　男性；　家司_{けいし}　侍_{さぶらひ}　　童_{わらは}（成人儀礼を済ませていない使用人）

　　→古代貴族の乳母の地位は使用人の中で最も高く、また主人への忠誠度も高かった。主人と乳きょうだいは乳母子_{めのとご}と呼ばれ、使用人中別格で、多くが主人の側近として活躍する。

　　→家司は上級貴族邸の使用人のとりまとめ役で、院政期以後、目立って活躍するようになる。

　　→古代の「侍」は武士の別名ではなく、男子使用人の中でも比較的責任の重い地位にある者をいう。近世以後、武士の口語名称となっていった。

　　→女房は、宮中女官でも、貴族の家の使用人でも、比較的責任の重い地位にあった。

　　→童・女童が成人儀式をすませて侍・女房になるのだが、責任の重い仕事を任されていない間は、今日でいう「成人」の年齢になっていても、成人儀式をせずに童・女童のままでいる事が多い。例えば昭和天皇の大喪の礼で亡き帝の棺を担いだ「八瀬童子_{やせどうじ}」とは「京都八瀬の村人」のことであって、年齢的には成人である。（八瀬童子は伝統的に皇室の輿や棺を担ぐ仕事を請け負ってきた）

＊貴族の邸宅にはこれ以外にも下人_{しもうど}と呼ばれた身分の低い召使いが多数居た。例えばトイレの清掃などをする「樋清_{ひすまし}（御厠人_{みかわやうど}）」と呼ばれた下女などである。

【人名呼称　練習問題】（　　　／13点）

問一　次の語句をすべて現代仮名遣いのひらがなにしなさい。（各1点）

①帝　　　　②朱雀上皇　　　　③中宮　　　　④内親王　　　　⑤北の方
⑥乳母　　　⑦女童

問二　次の文の空欄を、下のa-gで補填しなさい。（各1点）
　貴族の長男は（　①　　）、皇族の長男は（　②　　）と呼ばれる。貴族の二女は
（　③　　）、皇族の二女は（　④　　）と呼ばれる。

　a 女二の宮　　　b 中の君　　　c 大君　　　d 太郎君　　　e 一の宮　　　f 太郎宮　　　g 女中の宮

問三　次のうち正しいのはどれですか。（2点）
　①天皇は在位中から必ず、[{年号} ＋天皇]、と呼ばれてきた。
　②平清盛娘、女院徳子は、中国漢籍を出典として、建礼門院と呼ばれた。
　③朱雀上皇は、「朱雀邸」にお住まいの上皇だったので、朱雀院ともいう
　④女房名は必ず「藤式部」のように、[氏姓＋近親の官職]の組み合わせで付けられる。

解　答

問一　①みかど　　②すざくじょうこう　　③ちゅうぐう　　④ないしんのう
　　　⑤きたのかた　　⑥めのと　　⑦めのわらわ
問二　①f　　②e　　③b　　④a
問三　③

前近代社会の身分（前）

　古典の世界は身分社会である。古典資料を読み解くにあたり、前近代日本の身分に関する最低限の知識は必須である。前に人名呼称の章でも説明したように、前近代の知識人同士が会話する際、相手を呼ぶ時は本名ではなく、身分（官職）で呼び合った。「帝みかど」「宮みや」「四条左大臣しじょうさだいじん」「藤命婦とうのみょうぶ」など、すべて身分（官職）である。これらのうち、皇族に関する身分については、すでに人名呼称の章で解説済みである。

　この章では位階、公卿（上級貴族）について説明する。

序　位階いかい

　日本前近代は律令りつりょう制度の時代であった。これは位階・官職の序列が法律で規定され、それによって身分が定まるという社会システムであった。実は律令制度に基づく位階・官職は、古代から明治維新まで続いていた。今日でも日本の家の格を論ずる時、これが意識されるほど、日本文化の中に定着している。

〈位階いかい一覧〉

（上級）							
1	2	3	4	5	6		
正一位しょういちい	従じゅ一位	正二位	従二位	正三位さんみ	従三位じゅさんみ		
（中級）							
7	8	9	10	11	12	13	14
正四し位上じょう	正四位下げ	従四位上	従四位下	正五位上	正五位下しょうごいげ	従五位上	従五位下
（下級）							
15	16	17	18	19	20	21	22
正六位上	正六位下	従六位上	従六位下	正七しち位上	正七位下しょうしちいげ	従七位上	従七位下
23	24	25	26	27	28	29	30
正八位上	正八位下	従八位上	従八位下	大初そ位上	大初位下だいそいげ	少初位上	少初位下

　位階のよみかたは「正しょう…」「従じゅ…」「…上じょう」「…下げ」は共通である。「位い」は三位だけ「さんい」とよまず、「正三位しょうさんみ／従三位じゅさんみ」とよむ。なお、四位しい・七位しちいは「よんい／なない」とよまない。

　原則として、従三位じゅさんみより上を公卿くぎょう（上級貴族）、正四位上しょういいじょう〜従五位下じゅごいげを殿上人てんじょうびと（中級貴族）、正六位上より下を地下じげ（下級貴族）と呼ぶ。なお、公卿と殿上人をあわせて、堂上どうじょうとも呼ぶ。

この位階の制度は、明治維新まで続いていた。江戸時代の武士も、将軍・大名を始め、上級武士は位階を持っていた。大名行列の際、先頭の人払いが「下に、下に」と二度言えるか「下に」と一度しか言えないとか、「下に」と言えず「のけ、のけ」と言わなければならない、などの規則があるのも、上級武士が基本的に位階を持っていたからだ。

一　上流貴族　～公卿（くぎょう）

　古代貴族たちの一番の関心事は官職なのである。そのことは平安貴族女性自身の口によって語られている。

　　位（くらゐ）こそなほめでたきものはあれ。おなじ人ながら大夫（たいふ）のきみ・侍従（じじゅう）の君など聞こゆるおりはあなづりやすきものを、中納言（ちうなごん）・大納言（だいなごん）・大臣などになり給ては、むげにせくかたもなく、やむごとなうおぼえ給ふことの、こよなさよ。ほどほどにつけては、受領（ずりゃう）なども、みなさこそはあめれ。あまた国にいき、大弐（だいに）や四位・三位などになりぬれば、上達部（かんだちめ）なども、やむごとながりたまふめり。…男はなほ、わかき身のなりいづるぞ、いとめでたきかし。

　　　　　　　　　　　　　　　　　　　　　　　　　　　　　　　（『枕草子』）

　（位こそ、何といってもすばらしいものである。同じ人なのに、「大夫の君」「侍従の君」などと申し上げている頃は、気楽につき合えても、中納言・大納言・大臣などにおなりになってしまうと、何事も意のままで、ご立派にお見えになること、この上もない。私の身分相応のことをいえば、受領なども、みなそうしたものだろう。数々の国を歴任し、大宰府次官や四位、三位などになると、公卿（上級貴族）でさえ、一目おかれるようである。…男はやはり、若くして出世昇進するのが、実にすばらしい。）

　官位が三位以上の上級貴族を公卿（くぎょう）という。公卿は上達部（かんだちめ）ともいう。貴族たちは公卿になることにあこがれた。平安時代の中でも摂関政治の全盛期であった藤原道長の執政時代（996－1027年）の公卿初任平均年齢は36才であった。このころになると家格も固定し始め、中流以下の家の出身者が公卿にまで昇進することはむずかしくなってきていた。公卿初任年齢は家格の固定化とともに下がっていく。

〈上級貴族の主な官職一覧〉

位	文官	武官		地方官
	太政官	近衛府（このゑふ）	衛門府（ゑもんふ）/ 兵衛府（ひゃうゑふ）	大宰府（だざいふ）
一位	太政大臣（だじやうだいじん）			
二位	左大臣（さだいじん） 右大臣（うだいじん） 内大臣（ないだいじん）			

三位	大納言だいなごん 中納言ちうなごん	大将だいしやう			帥そち
四位	参議さんぎ（大弁だいべん）	（中将）ちうじやう	督かみ		大弐だいに

＊参議は四位でも公卿

＊大弁・中将は三位以上の官位を持つか、参議を兼ねる場合は公卿となる

＊近衛大将このゑのだいしやうは平安中期以後、大納言・大臣の兼務が通例となり、公卿の顕職
となった。

＊衛門督ゑもんのかみ・兵衛督ひやうゑのかみは平安中期以後、中納言か参議の兼務が通例となる。

＊大宰帥だざいのそちは平安中期以後、中納言の兼務が通例となり、大宰大弐だざいのだいには参
議の兼務が通例となった。（大宰帥の居る場合は大宰大弐を置かず、大宰大弐の居る
場合、大宰帥は置かれない）

しかしその公卿の中にも、顕職とみなされる職とそうでないものがあった。

上達部は左大将さだいしょう、右大将うだいしょう。春宮大夫とうぐうだいぶ。権大納言ごんだいなごん、
権中納言ごんちゅうなごん。宰相中将さいしょうちゅうじょう、三位中将さんみちゅうじょう。（『枕草子』）

これを分析すると、武官は大将、中将。秘書官は春宮大夫（皇太子の官房長）、文官は
大納言・中納言・参議（＝宰相）である。武官4、秘書官1、文官3、（宰相中将は武官と
太政官の兼務）で、やはり武官の比率が高い。なぜか。それは武官の方が、出世が早いか
らである。

公卿に至るコースは；

①（最恵待遇）　四位中将－三位中将－権中納言　（摂関家子息・皇族）

②（優遇）　　　頭中将　－宰相中将－権中納言　（摂関一族）

③（一般近衛）　頭中将　－参議　　－権中納言　（上級貴族）

④（一般弁官）　頭弁　　－参議大弁－権中納言　（准上級貴族）

公卿に至るには職務知識・経験を必要とする実務職（弁官・参議）に就かない方が早い。
つまり武官（大将・中将・衛門督・兵衛督・按察使）を歴任して上がるのが一番有利で
ある。武官といっても、平安時代は薬子の変（810年）以来、保元の乱（1156年）まで、畿
内で兵乱はなく、死刑すら執行されなかったのだから、戦場で勲功を立てるわけでない。
いわば儀仗官であり、職務知識なしで昇進できる有利な官なのである。

また文官を本官とする者も武官兼官は名誉とされていた。　従って物語の主要人物の
昇進を調べてみると、主人公や主人公の親友は、多くが武官を経験して昇進している。

物語	人物	昇進
落窪物語	道頼 蔵人少将	少将－三位中将－中納言・衛門督 蔵人少将－宰相中将－中納言

源氏物語	光源氏	中将－三位中将－宰相中将－宰相大将
	頭中将	頭中将－三位中将－宰相中将－権中納言
	柏木	少将－中将－頭中将－参議衛門督－中納言
	夕霧	文章生－侍従－中将－宰相中将－権中納言
狭衣物語	狭衣	二位中将－中納言

　こうした官職制度は江戸時代まで続いていた。武士階級でも上級貴族の身分を持つ者もいた。たとえば将軍であれば内大臣、大名の最上位格である紀伊・尾張藩主であれば大納言、水戸藩主は中納言であった。

【身分（前）　確認問題】（　　　／12点）

問一　次の語句をすべて現代仮名遣いのひらがなにしなさい。（各１点）

　　①公卿　　　②上達部　　　③従三位　　　④大納言　　　⑤参議

問二　次の文の空欄を、下のa-kで補填しなさい。（各１点）
　　原則として（　①　）以上が上級貴族で、（　②　）とか（　③　）と呼ばれた。ただし（　④　）は四位でも上級貴族とみなされた。官職の最上位は（　⑤　）で、従一位の格である。

　　a 正四位　　　b 従三位　　　c 正三位　　　d 公卿　　　e 殿上人　　　f 上達部
　　g 中将　　　h 大弁　　　i 参議　　　j 大将　　　k 太政大臣

問三　次のうち正しいことを述べているのはどれですか。（2点）
　　①律令制度は、武家政権の始まった鎌倉時代に廃止された。
　　②位階が五位以上の貴族を公卿という。
　　③上級貴族の官職は、上位から大納言－参議－中納言の順である
　　④律令制度は古代から明治時代まで続いた。

解　答

問一　①くぎょう　　②かんだちめ　　③じゅさんみ　　④だいなごん　　⑤さんぎ
問二　①b　　②／③d/f　　④i　　⑤k
問三　④

前近代社会の身分（後）

前章では、位階全般と上級貴族（公卿）について解説した。この章では臣下の、殿上人（中級貴族）、公卿（上級貴族）、女官、僧侶について説明する。

二　中級貴族　〜殿上人てんじょうびと

貴族の中でも、宮中に昇殿をゆるされた者を殿上人てんじょうびと（中級貴族）とか堂上どうじょうという。昇殿は五位以上の位を持つことが原則である。三位以上となると中級を越え、公卿（上級貴族）とみなされる。つまり、原則として五位以上三位以下の位にある男子貴族を殿上人（堂上）という。

〈中級貴族の主な官職一覧〉

| 位 | 京官（中央官） | | | | | | 地方官 | |
| | 文官 | | | 武官 | | | | |
	太政官だじょうかん	中務省なかつかさしょう	蔵人所くろうどどころ	八省*	近衛府このゑふ	衛門府ゑもんふ／兵衛府ひゃうゑふ	大宰府だざいふ	国司こくし
四位	（大弁だいべん）中弁ちゅうべん		蔵人頭くろうどのとう	卿きょう	（中将ちゅうじょう）			
五位	少納言しょうなごん少弁しょうべん	侍従じじゅう	五位蔵人ごいくろうど	大輔たいふ少輔しゃうふ	少将しょうしょう	佐すけ	（大弐だいに）少弐しょうに	国守かみ（大・上国*）
六位			六位蔵人*ろくいくろうど					

＊大弁・中将は三位以上の位を持つか、参議を兼ねる場合は公卿（上級貴族）となる

＊八省とは、中務省・式部しきぶ省・治部ぢぶ省・民部みんぶ省・兵部ひゃうぶ省・刑部ぎょうぶ省・大蔵おおくら省・宮内くない省

＊地方各国は、領国面積・租税高などを基準に、大国たいこく・上国じょうこく・中国ちゅうごく・下国げこくの4等級に分けられた。

大国；　陸奥（青森＋岩手＋宮城＋福島）、上野（群馬）、常陸（茨城）、上総（千葉）、下総（千葉）、武蔵（東京＋埼玉＋神奈川）、伊勢（三重）、越前（福井）、近江（滋賀）、大和（奈良）、河内（大阪）、播磨（兵庫）、肥後（熊本）。

＊六位蔵人は六位であっても昇殿できるので殿上人。

・太政官：中央行政府機関。弁べんは枢要な行政の実務を担当するので学識にすぐれ経験も豊富な人材が担当した。

・蔵人所：天皇秘書官。

・中務省も八省の一つだが、侍従は天皇近侍官なので人気があった。定員八名。

・武官とは近衛府・兵衛府・衛門府の六衛府の官吏をいう。また馬寮の官吏も武官である。

中級貴族（殿上人）への、同時代の目線を確認しよう。

　　君_{きみ}たちは頭中将_{とうのちゅうじょう}、頭弁_{とうのべん}。権中将_{ごんちゅうじょう}、四位少将_{しいしょうしょ}う。蔵人弁_{くろうどのべん}、四位侍従_{しいじじゅう}、蔵人少納言_{くろうどのしょうなごん}、蔵人兵衛佐_{くろうどのひょうえのすけ}。（『枕草子』）

「君達_{きんだち}」とは若手貴族のことである。上級貴族の子弟も若いころは殿上人から仕事を始める。ここに職名があがっているのは殿上人の中でも顕職_{けんしょく}で、これらの職に就くのは大変な競争であった。

　四位以下の官はそれぞれ、正_{しょう}と従_{じゅう}、それぞれ上_{じょう}下_げがある。たとえば四位_{しい}ならば、❶正四位上_{しょうしいじょう}❷正四位下_{しょうしいげ}❸従四位上_{じゅしいじょう}❹従四位下_{じゅしいげ}、と４階級に分かれている。

　『枕草子』にあげられた職を概説すると、天皇秘書官が侍従_{じじゅう}と蔵人_{くろうど}、（「頭_{とう}」は「蔵人頭_{くろうどのとう}」の略称で、秘書長）、文官は弁_{べん}と少納言_{しょうなごん}、武官は中将_{ちゅうじょう}と少将_{しょうしょう}と兵衛佐_{ひょうえのすけ}である。宮中全体の職では文官が圧倒的に多いにかかわらず、顕職とみなされている職は秘書官と武官の方が多い。

　平安貴族は、皇族や上流の家の出身者は五位～四位から、中流の家の出身者は六位以下からスタートする。上流の家の出身者は以下のように昇進するケースが多い；

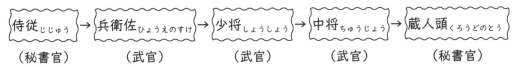

つまり秘書官として天皇と親密になったら、武官のコースで上がり、再び天皇秘書官たる蔵人頭を兼務し、公卿（上級貴族）をめざすのである。文官の弁_{べん}も顕職だが、仕事が忙しく（繁忙期には半月泊まり込みで働くという記録がある）、権門子弟_{けんもんしてい}（上流出身の若手貴族）からは敬遠された。

　『土佐日記』「十二月廿五日」には、「新任の国守が旧国守の私を呼びつけた」と悔しそうに書かれている。紀貫之が新国守に呼びつけられたのは、新国守の方が官が上（例えば紀貫之が従五位下で新国守が正五位下など）であるか、官職が同格でも、新国守の生まれが上とか、権門に優遇されていたなどの事情があったに違いない。

　平安後期以後、地方官も人気が出てくる。地方官は京官よりも収入が良かったためで、京官でありながら、食べたい料理も満足も食べられない貴族が、同格の地方官の任地に招待され、その富強ぶりに驚嘆したという説話（『今昔物語集』巻26第17話）もあるほどだ。特に大宰少弐や、大国（陸奥など）の国司は人気があった。

　表にないが、大学寮に所属する「大学頭_{だいがくのかみ}」は大学の学長で、五位格。また「文章博士_{もんじゃうはかせ}」は五位格で、大学寮の教官で唯一の殿上人身分とされた。

三 下級貴族 〜地下人<ruby>ぢげびと</ruby>

奈良・平安・鎌倉時代、下級貴族を意味する「地下人<ruby>ぢげびと</ruby>」とは、内裏にあがること（昇殿<ruby>しょうでん</ruby>）が許されない身分の人を意味していた。彼らも位階をもっているのだから、官人であることには間違いなく、位階を持たない庶民とは別の、下級ながら貴族であった。つまり「地下」（＝昇殿できない貴族）とは「堂上」（＝昇殿できる貴族）に対する用語であった。従って政治的・個人的理由で、五位以上（時には三位以上）の位階にありながら昇殿できないということもあって、そういう貴族を「地下の公卿」「地下の諸大夫」と呼んだ。

ところが14世紀以後になると、位階や官職を持たない庶民のことを「地下人<ruby>ぢげびと</ruby>」と呼ぶようになった。彼らは、「しもびと」とも呼ばれ、特に地方では、支配者側の地頭<ruby>ぢたう</ruby>に対する立場として、名主<ruby>なぬし</ruby>や百姓<ruby>ひやくせう</ruby>などの一般農民を地下人と呼んだ。

〈下級貴族の主な官職一覧〉

位	京官（中央官）						地方官	
	文官			武官			大宰府<ruby>だざいふ</ruby>	国司<ruby>こくし</ruby>
	太政官<ruby>だじょうかん</ruby>	中務省<ruby>なかつかさしょう</ruby>	八省	近衛府<ruby>このゑふ</ruby>	衛門府<ruby>ゑもんふ</ruby>	兵衛府<ruby>ひやうゑふ</ruby>		
六位	大外記<ruby>だいげき</ruby>	大内記<ruby>だいないき</ruby>	大丞<ruby>だいじやう</ruby> 小丞<ruby>しょうじょう</ruby>	将監<ruby>しょうげん</ruby>	尉<ruby>じょう</ruby>		監<ruby>げん</ruby>	国守<ruby>かみ</ruby>（中・下国） 国介<ruby>すけ</ruby>（大・上国）
七位		大録<ruby>だいろく</ruby>				尉<ruby>じょう</ruby>		掾<ruby>じょう</ruby>（大・上国）

中流貴族出身者の、最初に与えられる六位の職でも、近衛<ruby>このゑ</ruby>将監<ruby>しょうげん</ruby>や衛門尉<ruby>ゑもんのじょう</ruby>等の武官や侍従<ruby>じじゅう</ruby>と蔵人<ruby>くろうど</ruby>等の秘書官は人気があり、競争を勝ち抜いた者がその職についた。中流の家の出身者は苦労して大学を卒業しても、最初は六位以下の文官である式部丞<ruby>しきぶのじょう</ruby>・大内記<ruby>だいないき</ruby>・等からスタートし、さらに競争を勝ち抜いて六位蔵人<ruby>ろくいくろうど</ruby>とか地方の国守<ruby>くにのかみ</ruby>・国介<ruby>くにのすけ</ruby>に任官されることをめざす。

下級貴族は、人数としては多いのだが、文学作品の登場人物になることはまれなため、古典読解のための知識としては上記の職を知っておく程度で十分であろう。

表にはないが、大学寮の教官（博士<ruby>はかせ</ruby>・助教<ruby>じょきょう</ruby>）は文章博士以外すべて六位以下、学生<ruby>がくしやう</ruby>・得業生<ruby>とくごうのしやう</ruby>（大学院生）はさらに下の身分である。下級貴族の身分でも、彼らは文学作品に登場する機会が多い。

四 女官・僧綱<ruby>そうごう</ruby>

平安貴族であれば女性にも官職はある。平安時代、朝廷全体として、女性官人の方が男性官人よりも多かったと言われている。日本の女性は、古代から事務能力が高かった。

日本史において、宦官かんがん（去勢男子）が一度も登場しないのは、日本女子の事務能力の高さが原因であるとも言われている。

　女官全般を取り仕切っているのは内侍所ないしどころである。内侍所は、長官＝尚侍ないしのかみ2人、次官＝典侍ないしのすけ4人、担当＝内侍ないし8人からなる。内侍は天皇秘書官であるとともに、宮中女官の人事を総括する要職で、貴族女性はみな内侍にあこがれた。尚侍の一人は天皇の后妃の一人となり、もう一人が女官の総まとめである場合が多かった。

　当時内侍として選ばれる為の、必須の教養は漢籍である。内侍は実力がなければつとまらない要職で、その職にある女性は当然のことながら有能であった。尚侍ないしのかみは、男性官人の中納言・大納言並の格で、藤原長良の娘・藤原淑子のような従一位の尚侍や、尚侍で従二位に至った藤原忠平娘・藤原貴子もいた。彼女らの発言力は大臣をもしのぐほどであった。藤原淑子は陽成天皇が退位させられた後に光孝天皇を、光孝天皇崩御ほうぎょ時、臣籍降下しんせきこうかしていた源定省みなもとのさだみを宇多天皇として即位させるのに、多大の影響力があったといわれる。

　女性の活躍する場として、後宮もある。帝の配偶者にも、皇籍に属する配偶者、「帝の妻という官職」を持つ配偶者、さらには召人めしうどという、「帝の妻という官職」のない配偶者もいる。皇籍に属する配偶者は「皇后／中宮」と呼ばれ、原則として一人の天皇に一人である。「帝の妻という官職」は、女御にょうご・更衣かういで後宮に属する。

　また、朝廷で役職についていない女性でも、公卿・殿上人の妻であれば「外命婦げみょうぶ」として位を持っている。外命婦の位は、朝廷に出仕している父親・夫・兄弟・子女に準ずる。例えば藤原道長の嫡妻・源倫子みなもとのりんしは、夫が従一位になる二年前に、帝の行幸を接待した功で、従一位になっている（年齢も倫子の方が道長よりも二歳上であるが）。また、娘が女御（三位さんみ格）になると、その母は、「孝」の意味で、娘の叙位に先立って三位さんみになっている記録をよく見かける。

〈中上級女性貴族及び僧侶の主な官職一覧〉

位	内侍所	後宮	僧綱
三位	尚侍ないしのかみ	女御にょうご	僧正そうじやう
四位	典侍ないしのすけ		僧都そうづ
五位	内侍ないし	更衣かうい	律師りつし

　古代、出家者も皇族・貴族出身と、そうでない出自の者がいた。『源氏物語』「若紫」で、光源氏が北山の僧都に、立ち入った相談をできるのも、光源氏が四位格の中将で、北山の僧都がやはり四位格の僧都であるからである。官職に関する知識があれば、こうした文学作品にある細かい配慮にも気づけるのである。

【身分（後）　確認問題】

問一　次の語句をすべて現代仮名遣いのひらがなにしなさい。（各 1 点）

　　①侍従　　②蔵人　　③弁　　④衛門佐　　⑤内侍　　⑥女御　　⑦僧都

問二　次の文の空欄を、下の a–k で補填しなさい。（各 1 点）
　　宮中の官職は文官が圧倒的に種類も人数も多かったが、人気があったのは秘書官である（　　①　　）とか、武官である（　　②　　）であった。中流の出身者には地方官も人気があり、特に九州の（　　③　　）は任官希望者が多かった。女性も女官全般の人事をしきる（　　④　　）が、人気があった。僧侶にも位があり、四位格の（　　⑤　　）であれば同格の中将と対等に面会できた。

　　a 弁　　　　b 蔵人　　　　c 主水　　　　d 少将　　　　e 陸奥守　　　　f 右京大夫
　　g 大宰少弐　　　h 内侍　　　i 太政官　　　j 僧都　　　k 坊主

問三　次のうち正しいことを述べているのはどれですか。（2 点）
　　①若手貴族には、侍従は魅力のない閑職であった。
　　②武官に任官されると出世が遅くなるので敬遠された。
　　③平安時代の宮中官人は圧倒的に男性が多く、女性の活躍はごく一部に限られていた。
　　④日本の女性の事務能力は高かったことが、日本史に宦官の現れない理由の一つである。

解　　答

問一　①じじゅう　　②くろうど　　③べん　　④えもんのすけ　　⑤ないし（ないじ）
　　　⑥にょうご　　⑦そうず
問二　①b　　②d　　③g　　④h　　⑤j
問三　④

古典世界の動物（前）

　人と家畜の関係は有史以前にさかのぼるという。人間とは、他の動物を飼い慣らす動物なのであり、動物をどう飼い慣らしていたかにそれぞれの文化・社会の特徴もあらわれる。平安貴族社会でもそのことに変わりない。この章で解説する動物たちは、いずれも人間社会をささえる仕事をしていたことだ。以下、それら動物たちの姿を見てみよう；

★牛

　牛は田園_{でんゑん}にあっては農耕_{のうこう}を手伝う動物であり、牧場にあっては牛乳の提供者であった。古代、牧場の牛乳は高価で、貴族が病気になると朝廷に申請_{しんせい}して牛乳をもらい受けていた。

　そうした役割に加えて、都にあって、牛は牛車_{ぎっしゃ}の動力源_{どうりょくげん}として活躍していた。牛車は皇族・貴族の必需品_{ひつじゅひん}で、それを牽_ひく牛の姿形、歩き方の優れた牛は、貴族社会で珍重_{ちんちょう}された。貴族たちが優秀な牛を入手すると、そのことを記録し、「駿牛図_{しゅんぎゅうず}」を描かせた。特に鎌倉時代末期頃、このような風潮が盛り上がった。平安時代後期からの名牛を描いた『駿牛絵詞_{しゅんぎゅうゑず}』がある。東京国立博物館_{とうきょうこくりつはくぶつかん}には重要文化財「駿牛図巻断簡_{しゅんぎゅうずかんだんかん}」がある。

★馬

　馬は古代の重要な交通手段であり、また軍事の兵力でもあった。平安時代は薬子_{くすこ}の変（810年）以来、保元_{ほうげん}の乱（1156年）まで、平安京（京都）で軍事力が行使されることはなかった。（ただし対外戦争としては刀伊_{とい}の入寇_{にゅうこう}（1019年）があり、地方では承平天慶_{しょうへいてんぎゃう}の乱（931〜947）などの内乱が起こっていた）都の貴族にとって馬はもっぱら交通手段として使われていたように思えるが、以下の文章を見ると近世初期の「馬術」の先がけともいうべき技術が、当時の貴族にもあったようである。

大鏡　伊尹伝	現代語訳
その帝をば、「内劣りの外めでた」とぞ、世の人、申しし。…帝、馬をいみじう興ぜさせ給ひければ、舞人の馬を後涼殿の北の馬道より通はさせ給ひて、朝餉の壺にひきおろさせ給ひて、殿上人どもを乗せて御覧	その帝（花山天皇）をば、「内劣りで、外はすばらしい」とぞ、世の人が申した。…帝は馬をたいそうお好みに成られていたので、舞人の馬を後涼殿_{こうらうでん}の北の馬道_{めだう}から通させなさって、朝餉_{あさがれひ}の壺_{つぼ}（庭）にひきおろさせなさって、殿上人_{てんじゃうびと}たちを乗せて御覧

ずるをだに、あさましう人々思ふに、はては乗らむとさへせさせ給ふに、すべき方もなくて候ひ会ひ給へるほどに、さるべきにや侍りけむ、入道中納言さし出で給へりけるに、帝、御おもていと赤くならせ給ひて、術なげに思し召したり。中納言もいとあさましう見奉り給へど、人々の見るに、制しまうさむも、なかなか見ぐるしければ、もてはやし興じまうし給ふにもてなしつつ、みづから下襲のしりはさみて乗り給ひぬ。さばかりせばき壺に折りまはし、おもしろくあげ給へば、御けしきなほりて、あしきことにはなかりけり、と思し召して、いみじう興ぜさせ給ひけるを、中納言あさましうもあはれにも思さるる御けしきは、同じ御心によからぬことをはやし申し給ふとは見えず、誰もさぞかしとは見知りきこえさする人もありければこそは、かくも申し伝へたれな。

になることでも、呆れたことと人々は思うのに、はては帝自身が乗ろうとさえさせなさったので、どうしようもなく控えて顔を見合わせていらした頃に、これも宿縁だったのだろうか、入道中納言（藤原義懐＝帝の叔父）が顔をお出しになったので、帝は御顔がまっ赤になられて、どうしようもなくお思いになられた。中納言もたいそう呆れて見申し上げていらしたが、人々が見ているところで、やめさせ申し上げるのも、かえって見ぐるしかったので、ほめたてておもしろがっているように応対しつつ、自分でも下襲（したがさね）（束帯姿の時に舌に着る服。裾が長い）の先端をはさんで馬に乗りなさった。あんなにも狭い壺（庭）に、身体を折り曲げたり伸ばしたりして乗りまわし、おもしろく乗り納めなさったので、帝のご機嫌も直って、「悪いことではなかった」とお思になられて、たいそうおもしろがりなさったが、中納言は呆れつつもおいたわしくもお思いになさっている御様子は、帝と同じ御心でつまらないことをほめそやしなさるとは見えず、誰も「この場を無難におさめるためになさったこと」とは見定め申し上げる人もいたから、このように申し伝えたのだな。

　藤原義懐（よしちか）は当時29歳の権中納言（ごんちゅうなごん）ながら、花山（かざん）天皇の叔父として実質上の執政の地位にあった。そんな最高貴族が、下線のような「馬術」を披露（ひろう）して見せているのである。義懐は近衛中将（このゑのちうじゃう）も歴任していることから、乗馬が上手であって当然ともいえるが、それにしても下線のような乗りこなしぶりは普段から馬に乗り慣れ、乗馬というものを良く把握していなければできるものではない。

　平安時代の執政（＝摂政（せっしょう）・関白（かんぱく））は近衛大将を歴任することが条件となっている。平安貴族は、現代人が想像するような漢籍や和歌ばかり勉強している柔弱な「お坊ちゃん」ではなく、弓道も馬術も得意なスポーツマンであった。馬はそうした彼らのよき伴侶であったのだ。

★鶏

　日本では、鶏は朝を告げる時計代わりとして飼われていた。もちろん肉を食べたり、卵を食べることもあったのだろうが、文学に登場する鶏はほとんどが朝を告げる目覚まし時計として社会に貢献している。

　夜をこめて鳥のそら音ははかるとも世に逢坂の関はゆるさじ　（清少納言）

　この和歌は以下の孟嘗君の故事を踏まえている；

　　靖郭君田嬰者、…有子曰文。食客数千人。名声聞於諸侯。号為孟嘗君。秦昭王聞其賢、乃先納質於斉、以求見。至則止、囚欲殺之。孟嘗君使人抵昭王幸姫求解。姫曰「願得君狐白裘」。蓋孟嘗君、嘗以献昭王、無他裘矣。客有能為狗盗者。入秦蔵中、取裘以献姫。姫為言得釈。即馳去、変姓名、夜半至函谷関。関法、鶏鳴方出客。恐秦王後悔追之。客有能為鶏鳴者。鶏尽鳴。遂発伝。出食頃、追者果至、而不及。　（『史記』「孟嘗君」伝

　　靖郭君田嬰せいかくくんでんえいは、…子がおり文ぶんと言った。った。　文の食客は数千人いて、文の名声は諸侯に届いていた。文は孟嘗君もうしょうくんと呼ばれていた。秦しんの昭王しょうおうは孟嘗君が優れていると聞き、そこでまずは人質を斉に送り、孟嘗君に面会を希望した。孟嘗君が秦に到着すると昭王は孟嘗君を引き止め、獄に入れて殺そうとした。孟嘗君は、人を照王のお気に入りの女性のところに遣わし、解放してもらえるように頼ませた。その女性が言うことには、「いいですが、代償としてあなたの狐皮のコートを頂きたい。」と。実のところ孟嘗君は、すでに狐のコートを照王に献上しており、他に狐のコートを持っていなかった。そこで孟嘗君の食客に盗みの達人がいた。彼は照王に献上した狐コートがある蔵に忍び込み、コートを盗み出し、女性に献上した。女性はコートをもらえたので王に進言し、孟嘗君たちは釈放された。孟嘗君はすぐに馬で逃げ出し、名前を変え、夜に関所に到着した。関所の決まりでは、朝に一番鶏が鳴いて初めて旅人を通すようになっていた。孟嘗君は王が自分たちを釈放したことを後悔し、追ってくることを恐れた。食客に鶏の鳴きまね上手がいた。彼が鶏の鳴きまねをすると関所の鶏がそれに応じてみな鳴いた。これによって関所が開いた。孟嘗君らが関所を出発してまもなく、軍勢が追いかけてきたが、孟嘗君に追いつけなかった。）

★鷹

　鷹は男性貴族にとって狩の友でもあり、大切に飼育されていた。帝でもそうだった。帝が鷹をかわいがっていたエピソードが以下のように伝わっている。

大和物語 152段	現代語訳
同じ帝、狩いとかしこく好みたまひけり。陸奥国（むつのくに）、磐手（いはて）の郡よりたてまつれる御鷹、よになくかしこかりければ、二なうおぼして、御手鷹（みてだか）にしたまひけり。名を磐手（いはて）となむつけたまへりける。	同じ帝が、狩りを大変お好きだった。陸奥国の磐手の郡（岩手県）より献上した鷹がとても賢かったので、二つとないものとお思いになって、ご寵愛の鷹になさった。名を磐手とつけなさった。
それをかの道に心ありて、預（あづか）り仕（つかまつ）り給ひける大納言（だいなごん）にあづけたまへりける。夜昼これをあづかりて、とりかひ給ほどに、いかゞしたまひけむ、そらしたまひてけり。心肝（こころぎも）をまどはしてもとむれども、さらにえ見出ず。山々に人をやりつつももとめさすれど、さらになし。自らもふかき山にいりて、まどひありきたまへどかひもなし。このことを奏（そう）せでしばしもあるべけれど、二三日（ふつかみか）にあげず御覧ぜぬ日なし。いかゞせむとて、内裏（うち）にまゐりて、御鷹の失（う）せたるよしを奏したまふ時に、帝ものものたまはせず。きこしめしつけぬにやあらむとて、また奏したまふに、面（をもて）をのみまもらせ給うてものものたまはず。「「たいだいし」とおぼしたるなりけり」とわれにもあらぬ心ちしてかしこまりていますかりて「この御鷹の求むるに侍らぬことを、いかさまにかし侍らむ。などか仰せ言もたまはぬ」と奏したまふに帝、	それを、鷹狩りの道に精通していて、鷹のお世話を担当申し上げなさっていた大納言にお預けになった。夜も昼もこれを預かって、飼育なさっているうちに、どうしたのであろうか、あやまって逃がしてしまった。慌てて探したが、一向に見つけ出すことができない。山々に部下たちを行かせては探させたが、まったくみつからない。自身も深い山に入って、あれこれと探し歩きなさったが、その甲斐もなかった。このことを帝に申し上げないままで、少しの間は済んでいたものの、帝は三日に上げず鷹を御覧にならないことはない。大納言はやむをえないと思って、宮中に参上して、鷹が逃げた旨を報告申し上げなさったときに、帝は何もおっしゃらなかった。お聞こえにならなかったのだろうと、もう一度申し上げたところ、大納言の顔ばかりをじっと御覧になって、何もおっしゃらない。
いはでおもふぞいふにまされる 　とのたまひけり。かくのみ宣はせ	「「けしからん」とお思いになのだ」と、大納言は気を動転させ、畏まりなさりながら、「この鷹が、探しても、どこにもおりませぬことを、いかがいたしましょう。どうしてお言葉をくださらないのですか。」と申し上げた時、帝は「言わずに思うことは言うよりも気持ちがまさっている」とおっしゃった。これだけ

て、こと事ものたまはざりけり。御心にいとふかひなく惜しくおぼさるゝになむありける。	おっしゃって、ほかのことは何もおっしゃらなかった。ご心中ではたいそうやるせなく残念にお思いになっていたのだ。

　下線にあるように、帝は鷹と対面なされることで心を癒されていた。単なる狩の道具という以上の存在であったのだ。帝のご発言の「いはでおもふ」は「言はで思ふ」と「磐手思ふ」の掛詞（かけことば）である。これほどまで鷹はかわいがられていた。

　このように大切に思われていた鷹であるから、それを手放す場合はよほどのケースということになる。次の文章はその「よほどのケース」である。

蜻蛉日記　天禄元年〔九七〇〕六月	現代語訳
つくづくと思ひつづくることは、なほいかで心として死にもしにしがなと思ふよりほかのこともなきを、ただこの一人ある人を思ふにぞ、いと悲しき。…「いかがはせむ。かたちを変へて、世を思ひ離（が）るやと試みむ。」と語らへば、まだ深くもあらぬなれど、いみじうさくりもよよと泣きて、「さなりたまはば、まろも法師になりてこそあらめ。何せむにかは、世にもまじらはむ。」とて、いみじくよよと泣けば、われもえせきあへねど、いみじさに、戯（たはむ）れに言ひなさむとて、「さて鷹飼はではいかがしたまはむずる。」と言ひたれば、やをら立ち走りてし据ゑたる鷹を握り放ちつ。	つくづくと思い続けることは、やはりなんとかして思い通りに死にたいと思うほかのこともないが、ただこの一人の息子（道綱）を思うと、たいそう悲しい。…「どうしようか。出家して、お父さん（藤原兼家〜当時中納言）との縁を思い切れるか試してみようか」と話すと、（道綱は）まだ深くも考えられない年頃でも、ひどくしゃっくりあげておいおいと泣いて、「そのようにおなりになるならば、私も法師になってしまおう。何のために、この世の中に交わって（生きて）いこうか。」と言って、ひどくおいおい泣くので、私も涙をこらえられないけれども、あまりに真剣なので、冗談に言い紛らわそうと思って、「ところで（出家すると鷹を飼えなくなるが）鷹を飼わないでどうなさるのか。」と言うと、（道綱は）静かに立って走り、（止まり木に）止まらせていた鷹をつかんで放した。

　夫婦喧嘩が高じて、お母さんが出家すると言い出した。それを聞いた一人息子が泣き出して「お母さんが出家するなら僕も…」と言って、その覚悟の程を示すために、飼育していた鷹を放ってみせたのである。「鷹はとても大切な存在」という共通認識があればこそ、この場面の切実さが伝わる。

【動物（前）　練習問題】（　　　／12点）

問一　次の文のうち、正しい選択肢はどれか。(3点)
　①古代、牛は戦車や牛車の動力源として使われた。
　②古代、牛は食用として、また、牛乳の提供源として飼育されていた
　③古代、牛は牛乳の提供源として、また牛車の動力源としても活躍していた。
　④古代、牛は祭りでの闘牛としても活躍していた。

問二　次の文のうち、正しい選択肢はどれか。(3点)
　①古代、馬術は最高貴族でも身につけているものであった。
　②古代、馬術は山野に住む庶民のすることであった。
　③古代、馬術の専門家がいて、人前で技を披露することを仕事としていた。
　④古代、馬術は女性貴族のほとんどがたしなんでいた。

問三　次の文のうち、正しい選択肢はどれか。(3点)
　①古代日本では、鶏はペットとして飼われていた。
　②古代日本では、鶏は肉と卵の提供源としてのみ飼育されていた
　③古代日本では、鶏は時計代わりとして飼われていた。
　④古代日本では、鶏は羽毛をとるために飼われていた。

問四　次の文のうち、正しい選択肢はどれか。(3点)
　①古代日本では、鷹は男性貴族にとって、狩りの友として大切に飼われていた。
　②古代日本では、鷹を飼うのは下級貴族のすることであった。
　③古代日本では、鷹は狩りの道具にすぎず、狩りが下手な鷹は捨てられた。
　④古代日本では、鷹はペットとして女性貴族にかわいがられていた。

解　答

問一　③　　　　問二　①　　　　問三　③　　　　問四　①

古典世界の動物（後）

　ペットが人の心を癒いゃす大切な存在であることは、いつの時代もどの社会でも基本的に変わりはない。日本社会は古来、動物の虐待ぎゃくたいを悪と考えていたが、1973 年「動物愛護管理法どうぶつあいごかんりほう」が制定され、動物の虐待は、はっきりと違法行為とされることになった。この法律はなんどか改正され、最近の 2012 年の改正では、飼っていた犬や猫を捨てることにもペナルティを課せられることになった。

　平安貴族社会でもそのことに変わりない。ただ、おもしろいのは、古典文献に現れる動物たちは、単に貴族たちの心をいやすばかりでなく、いずれも人間社会をささえる仕事をしていたことだ。以下、それら動物たちの姿を見てみよう；

★犬

　犬は人間に忠実な動物で、古来、防犯や狩の友でもあった。犬と人間が友だちになったのは 32000 年前とも 15000 年前とも言われ、要するに世界最古の歴史文献記録よりもはるかに古い時代からの仲間である。以下の文章では犬の宮中での活躍と、人間の愚かさの犠牲になる悲劇が描かれている。

枕草子　原文	現代語訳
上に侍さぶらふ御猫は、かうぶり得て命婦みゃうぶのおとどとて、いみじうをかしければ、かしづかせ給ふが、端に出でて臥ふしたるに、乳母めのとの馬の命婦、『あな、まさなや、入り給へ』と呼ぶに、日のさし入りたるに、眠りてゐたるを、おどすとて、『翁丸をきなまろ、いづら。命婦のおとど食へ』と言ふに、まことかとて、しれものは走りかかりたれば、おびえまどひて御簾みすの内に入りぬ。　　朝餉あさがれひの御間おんまに上うへおはしますに、御覧じていみじう驚かせ給ふ。猫を御懐ふところに入れさせ給ひて、男ども召せば、蔵人くらうど忠隆ただたか、なりなか、参りた	帝のお側にいる猫は、五位に叙せられている。命婦のおとどといってとてもかわいい。だから、帝はとても大切になさっている。　その命婦のおとどが縁の端の方に寝転がっていた。それを見たの馬の命婦が「まあ、お行儀の悪いこと。中にお入りなさい」と呼んだけど、うらうらかな春の陽射しが差し込んでいるので、猫は眠ってしまっている。それを怖がらせようとして馬の命婦は犬の翁丸を呼んだ。「翁丸おきなまろ、どこ。命婦のおとどを食べちゃいなさい」と言うと、翁丸に分別なんてないから、本当だと思って走りかかったので、猫はひどく怯えて、御簾の中に入っていった。 　朝餉あさがれひの間にいらっしゃった帝は、この事をご覧になってとても驚かれた。　猫を懐にお

入れになって、殿上人をお呼びになると、蔵人の忠隆・なりなかがやって来た。「この翁丸を打って懲らしめて、犬島へやってしまえ。今すぐに」と帝は仰られた。すると人が集まってきて、大騒ぎで翁丸をつかまえようとする。　帝は馬の命婦もお叱りになった。「乳母を代えよう。とても安心できない」そう仰られたので、馬の命婦は御前に出てこなかった。犬は捕まえられて、滝口の武士などを使って追いやられてしまった。

「かわいそうに。この前は体を揺すって得意そうに歩いていたのに。三月三日の節供の日には、頭弁（藤原行成）が、柳かづらや桃の花を頭に付けさせて、桜を腰に差して歩かせたのよ。その時には、まさかこのような目に遭うとは思わなかったでしょうに」「中宮様のお食事の時には、必ずこちらにいたから、いなくなるととても寂しいわ」と私達みなで寂しがった。

そうして、三四日過ぎたお昼頃、たいそう犬の鳴く声がする。どこの犬がこんなにひどく鳴いているのだろうかと聞くと、下人がみんなで犬を確かめに行った。御厨人（みかわやうど）が走ってやって来て、「まあ、大変。犬を蔵人二人して殴っているんです。犬は死にそうですよ。蔵人達は犬を追いやったのだけど、戻ってきてしまったと言って、懲らしめてるんです」と言う。辛いことだけど、翁丸のこと。忠隆や実房が殴っているというので、止めに人をやると、やっとの事で鳴きやんだ。犬は死んだので門の外に捨てた、と言うので、みんなでかわいそうなこと、と話していた。その日の夕方、無惨に腫れて、痛ましい、とってもみすぼらしい

れば、『この翁丸、打ち調てうじて、犬島へつかはせ、ただ今』と仰せらるれば、集まり狩り騒ぐ。馬の命婦をもさいなみて、『乳母かへてむ、いとうしろめたし』と仰せらるれば、御前にも出でず。犬は狩り出でて、瀧口たきぐちなどして、追ひつかはしつ。

『あはれ、いみじうゆるぎ歩きつるものを。三月三日、頭の弁べんの柳かづらせさせ、桃の花をかざしにささせ、桜、腰にさしなどして、ありかせ給ひしをり、かかる目見むとは思はざりけむ』など、あはれがる。『御膳ぜんのをりは、かならず向ひさぶらふに、さうざうしくこそあれ』など言ひて、三四日みっかよかになりぬる昼つ方、犬いみじう鳴く声のすれば、なぞの犬のかく久しう鳴くにかあらむと聞くに、よろづの犬、とぶらひ見に行く。御厨人みかわやうどなるもの走り来て、『あないみじ。犬を蔵人くらうど二人して打ちたまふ。死ぬべし。犬を流させ給ひけるが、帰りまゐりたるとて、調てうじ給ふ』と言ふ。心憂のことや、翁丸なり。『忠隆ただたか実房さねふさなんど打つ』と言へば、制しに遣るほどに、からうして鳴きやみ、『死にければ陣ぢんの外に引き捨てつ』と言へば、あはれがりなどする夕つかた、いみじげに腫はれ、あさましげなる犬のわびしげなるが、わななきありければ、『翁丸か。このころ、かかる犬やはあ

犬が震えて歩いて来た。「翁丸かしら。最近こんな犬が歩いていたか」と、みんなで「翁丸」と呼ぶけれども、犬は聞きも入れていない。「翁丸よ」「いや違うわ」と口々に言っていると、中宮様が「右近なら良く知っているでしょう。お呼びなさい」とおっしゃって、右近内侍をお呼びになった。右近がこちらに参上し、中宮様はこの犬を見せて翁丸かどうかお尋ねになる。「似ていますが、この犬はちょっと気味悪いですわ。それに、翁丸か、とさえ言えば、いつもなら喜んでやって来るのに、呼んでも来ませんし。違うと思います。翁丸は打ち殺して捨ててきた、と蔵人が申しておりました。二人して打ったのなら、そうなのでございましょう」右近がそう申し上げたので、中宮様はお辛そうだ。

暗くなって、犬に食べ物をやったけれども食べなかったので、その犬は翁丸でないと結論づけた。次の日の朝、中宮様のお髪を梳いて、お口をすすぐ水などをさし上げる。宮は御鏡を私に持たせてご覧になっていた。私はお仕えしながら、柱の下に犬がいるのを見て、「ああ、昨日は翁丸をひどく殴ったのね。死んでしまったなんてかわいそうなこと。今度は、何に生まれ変わったのかしら。どんなに辛い思いをしたのかしら」とぽつり呟くと、その犬が震えて涙をほろほろ流す。それにはものすごく驚いた。それではやはり、この犬は翁丸で、昨晩は正体を隠していたのだ、と感動した上に感心したことこの上ない。

「それではあなたは翁丸なの。」と御鏡を置いて言うと、犬はひれ伏してひどく鳴く。中宮様もお笑いになる。右近内侍を呼んで「こうなの」と

りく』と言ふに、『翁丸』と言へど、聞きも入れず。『それ』とも言ひ、『あらず』とも口々申せば、(宮)『右近(うこん)ぞ見知りたる。呼べ』とて、召せば、参りたり。『これは翁丸か』と見せさせ給ふ。(右近)『似ては侍れど、これはゆゆしげにこそ侍るめれ。また「翁丸か」とだに言へば、喜びてまうで来るものを、呼べど寄り来ず。あらぬなめり。それは、「打ち殺して捨て侍りぬ」とこそ申しつれ。二人して打たむには、侍りなむや』など申せば、心憂がらせ給ふ。

暗うなりて、もの食はせたれど食はねば、あらぬものに言ひなしてやみぬる。つとめて、御梳櫛(みくしけずり)、御手水(みてうづ)などまゐりて、御鏡もたせさせ給ひて御覧ずれば、侍ふに、犬の柱のもとに居たるを見やりて、(清少納言)『あはれ昨日、翁丸をいみじうも打ちしかな。死にけむこそあはれなれ。何の身にこのたびはなりぬらん。いかにわびしき心地しけむ』と、うち言ふに、この居たる犬のふるひわななきて、涙をただ落しに落すに、いとあさまし。さは、翁丸にこそはありけれ。昨夜は隠れ忍びてあるなりけりと、あはれに添へて、をかしきこと限りなし。御鏡うち置きて、『さは翁丸か』と言ふに、ひれ伏して、いみじう鳴く。御前にも、いみじうおち笑はせ給ふ。　右近内侍(うこんのないし)

召して、(宮)『かくなむ』と仰せらるれば、笑ひののしるを、上にも聞し召して、渡りおはしましたり。(帝)『あさましう。犬などもかかる心あるものなりけり』と笑はせ給ふ。上の女房なども聞きて参り集りて呼ぶにも、今ぞ立ち動く。(清少納言)『なほこの顔などの腫れたるものの手をせさせばや』と言へば、(女房)『終にこれを言ひあらはしつること』など笑ふに、忠隆聞きて、台盤所の方より、『まことにや侍らむ。かれ見侍らむ』と言ひたれば、『あなゆゆし、さる者なし』と言はすれば、『さりとも見つくる折もはべらむ。さのみも、え隠させ給はじ』と言ふ。さて畏り許されて、もとのやうになりにき。犬あはれがられて、ふるひ鳴き出でたりしこそ、世に知らずをかしくあはれなりしか。人などこそ、人に言はれて泣きなどはすれ。

説明なさったので、彼女もとても笑って騒いだ。それを帝もお聞きになられて、中宮様の所にお出ましになられる。「驚いたな。犬などもこのような心があるものなのだね」と、帝もお笑いになられた。帝付きの女房達もこれを聞いて集まってきて、翁丸を呼ぶと、翁丸はすぐに立って動こうとする。「やはりこの顔などの腫れているのを手当てさせましょうよ」と言うと、「ついにこの犬が翁丸だってうち明けたね」と、みんなで笑う。忠隆がこの事を聞きつけて、台盤所から「その犬は本当に翁丸なのですか？　確かめに行きます」と言ってきたので、「まあ、不吉な。決してそんな犬いないわ」と答えさせると、「そうであったとしても、見つけるときもありましょう。そうお隠しにはなれないでしょう」と言う。さて翁丸は許され、以前のように戻った。それにしても、かわいそうがられて犬が震えて泣き出したのなんて、世の中で聞いたことない。それで感動した。人などが人に声をかけられて泣いても、犬がそうするとはね。

　犬は宮中の警備を手伝っていることが見て取れる。翁丸は馬命婦の「翁丸いづら。命婦のおとど食へ」という無責任かつ愚かな指示にも忠実に従ったために悲劇に巻き込まれた。しかし清少納言の言葉を的確に理解できたので、めでたく宮中に復帰を果たせた。犬は人と親しくコミュニケーションのとれる仲間なのである。

★猫
　犬に比べると、人間と友だちになった歴史は浅いが、今日、ペットとして犬と勢力を二分するのが猫である。猫は北アフリカから長い時間をかけて東アジアにやってきた。十二支が生み出された商（殷）代の中国では、まだ猫は到達していなかったと言われている。猫が日本列島に到達したのはさらに後年のことで、日本最古の飼い猫記録は九世紀後半にようやく現れる。まずそれを紹介しよう。

寛平御記云寛平元年十二月六日　朕閑時述猫消息曰、「驪猫一隻。大宰少弐源精、秩
満来朝、所献於先帝。愛其毛色之不類余猫。余猫皆浅黒色也。此独深黒如黒烏。其形
容悪似韓盧。　長尺有五寸、高六七許寸。其屈也、小如秬粒。其伸也、長如攘弓。眼
精晶焚、如針芒之乱眩。耳鋒直竪、如匙上之不揺。

其伏臥時、団円不見足尾、宛如堀中之玄壁。其行歩時、寂寞不聞音声、恰如雲上黒竜。
性好道引、暗合五禽。常低頭、尾着地。而曲聳背脊、高二尺許。毛色悦沢蓋由是乎。
亦能捕夜鼠、捷於他猫。

先帝愛翫数日之後、賜之于朕。朕撫養于五年。今、毎旦、給之以乳粥。豈啻取材能之
翻捷。誠因先帝所賜。雖微物殊有情。於懐育耳。仍而曰『汝猫食陰陽之気、備支竅之
形。必有心。寧知我乎』。猫乃嘆息、挙首仰睨吾顔。似咽心盈臆口不能言」。(『河海抄』
巻十三「若菜下」所載『寛平御記』寛平元(889)年十二月六日

黒猫が一匹いる。太宰少弐 <ruby>だざいのしょうに</ruby> であった源精 <ruby>みなもとのくはし</ruby> が少弐の任期を終えて、帰京し
て朝廷に報告した際、先帝に献上した猫であった。僕はその毛色が他の猫とは違うことが好
きだ。他の猫は皆、黒と言っても浅黒である。この猫だけは深い黒色の毛並みで、カラスのよ
うに黒い。この猫の見た目はかの韓盧 <ruby>かんろ</ruby> そっくりだ。

背は1.5尺(約45センチ)、高さは6・7寸(18〜21センチ)ほどである。屈まるとクロキビの
実ほど小さい。伸びると張られた弓ほどに長くなる。眼はキラキラして針先を散らしたよう
にまばゆく光る。耳はサジのようにピンと立って、垂れてブラブラしていない。うずくまる
とまん丸になって、足と尾が見えない。まるで堀の中の黒い玉のようだ。歩いても足音をた
てない。それは雲の上の黒竜もかくやというさまである。伸びするのが好きなことは、自ず
から他の動物たちと同じである。いつも頭を低くして尾は地面につけんばかりにしている。
しかし背中を曲げて持ち上げると六十センチほどにもなる。この猫は毛色がつやつや見える
のはこのためであろうか。それに他の猫よりも敏捷に鼠をよく捕るのだ。

先帝はこの猫を数日寵愛してから僕にくださった。僕はこの猫を大切に飼うこと、今日まで
五年である。今では、毎朝牛乳粥を与えている。それというのも、この猫が美しくてすばしこ
いからというだけではない。この猫は先帝からの賜り物だからだ。小さな生き物ながらも心
がある。私はこれを可愛がっていつも側においている。私は何度もこんなふうに猫に話しか
けたものだ。「おまえは人間と同じように『陰陽の気』(「呼吸する」と大意は同じ)を吸ってい
るし、五体があるね。きっと人と同じ心もあるの違いない。僕の考えていることがわからな
いはずないよね」。すると猫は溜息をついて、首を上げて僕の顔を睨んだ。そのさまは、心に
言いたいことがたくさんあって、言葉にならなくてもどかしがっているようであった。)

　この本文を一見すると、猫は単にかわいがられているだけのように見える。他の動物
たちが人間社会に貢献しているのに、これはどういうことだろう。しかしここに紹介し

た日記の行間に重大な事実が潜んでいるのだ。

日記を吟味しよう。「私は大宰少弐から父帝に献上された猫をもらい受け、五年間飼っている」とある。この記事の書かれた889年の五年前・884年は日本史が激動した年だ。

元慶(がんぎょう)七(883)年十一月　陽成天皇乳母子・源益が殿上で殺される。天皇自ら手を下したとも言われている

　　　　八(884)年　二月　天皇退位。後継の天皇に群臣は時康親王を推挙

　　　　　　　　　　四月　光孝天皇の皇子・皇女全員を臣籍降下させ、源氏とする

この時、後年の宇多天皇は定省(さだみ)王と言った。親王家に生まれ、幼児より聡明(そうめい)であった。元慶(がんぎょう)八年、定省は18歳の侍従(じじゅう)であった。「侍従」は天皇秘書官として出世の可能性が高く、希望者の多い職であった。出自・官職・将来性の全てに不満はなかった。定省王は何ひとつ不自由ない境遇だった。

そんな時、父親王が五十歳を越えて即位をした。定省王自身が「自分が皇太子に」と思っても不思議はなかった。それ以上に彼の取り巻きが期待して、大騒ぎであったろう。ところがその二ヶ月後、定省王は他の兄弟姉妹と共に臣籍降下(しんせきこうか)(臣下になること)させられ、帝王位への夢は消えた。臣籍降下した人の即位できた例はないのだ。本人は「それでももともと…」と自分を納得させても、周囲がそう簡単に収まるものではあるまい。そんな回りからの雑音が、感じやすい青年をどれぐらい傷つけたことか。

傷心のわが子に、光孝天皇は、前太宰少弐が献上した猫を譲った。当時猫は「から猫」と呼ばれ、中国からの高級輸入動物であった。高官から帝へ献上されるほど貴重であった。臣籍降下させられ、父から突き放されたように感じていた青年にとり、その猫は父子の絆そのものであった。「…今、毎旦、給之以乳粥。豈啻取材能之翻捷。誠因先帝所賜。」ここで猫が父帝から贈られたことが繰り返されていることには、そんな背景があった。

「小さな動物だが心はある。そこで私はよく話しかけた」この日記は即位後に書かれたものではあるが、猫に話しかけたのは源定省の頃からだ。臣籍降下された源定省にはいつしか取り巻きも消えていったのか。それとも猫しか本音を語れる相手がいなかったのか。いずれにしても昨日までの皇太子候補にしては、いささか寂しい姿ではないか。

「おまえ、猫よ、人と同じように呼吸し、五体がある。きっと私の気持ちもわかるよね…」とある。日記にははっきりと書かれていない源定省時代のグチは何であったか。今では史実背景を知ってしまった我々にはよくわかる。「あいつにまであんなことを言われて…」「いくらなんでもあいつらインチキすぎる…」「ひどい時代にめぐり合わせたものだな…」「いっそ出家しようか…」等々であろうと。

グチを聞いてくれる友はありがたい。それが人でなくとも。猫は何もいわずじっと源定省の顔を見つめて応じたという。それは心にもなく慰められるよりも百倍ありがた

い。黒猫が何を言いたかったのか。それは源定省の、その後のあり方でわかる。定省は耐えた、ひたすら耐えた。出家したり暴発したりすることなく耐えた。それとも、そうしそうになるたびに猫に相談しては、例の黒い目で諭されたのであろうか。とにかく三年間、不本意の日々を耐え抜いた。やがて運命の時がやってきた。時は仁和_{にんな}三年八月下旬、秋風が快く感じられる頃だった。

　　　仁和三（887）年八月二十五日　群臣、源定省を親王に推挙する
　　　　　　　　　　二十六日　定省親王を皇太子とする
　　　　　　　　　　同日　　　光孝天皇崩御_{ほうぎょ}。定省親王践祚_{せんそ}（天皇位に即くこと）

　日本史上、臣籍降下した人が即位した唯一の例である。「先例がなければあなたが初例になれ！そのために今は耐えよう」。源定省が一度ならず確認したであろう、猫の無言のメッセージはこれであろう。黒猫は王位を招き寄せた。

　ここに今日の招き猫の姿もカタチもない。しかし宇多天皇の猫こそ招き猫の起源であった。そして猫は人間に、いやしと希望と幸運を与えることで、古代から今日まで、日本の人間社会に貢献し続けている。

食べて寝てただ居るだけのようでいて　財福愛を招く猫たち

【動物（後）　練習問題】（　　　／12点）

問一　次の文のうち、正しい選択肢はどれか。（3点）
　①古代日本では、犬は中国から輸入されていた。
　②古代日本では、犬をいじめる者には刑罰が課された。
　③古代日本では、犬を飼うことは禁じられていた。
　④古代日本では、犬は宮中でも飼われていた。

問二　次の文のうち、正しい選択肢はどれか。（3点）
　①古代日本では、犬は男性貴族にとって、狩りの友として利用されていた。
　②古代日本では、犬を飼うのは庶民のすることであった。
　③古代日本では、犬は女性貴族も話題としていた。
　④古代日本では、犬はペットとして室内で女性貴族にかわいがられていた。

問三　次の文のうち、正しい選択肢はどれか。（3点）
　①古代から日本では、猫は単に寝て食べているだけの怠け者と考えられていた。
　②古代から日本原産の猫がいて、ネズミを捕らせるために飼われていた。
　③古代日本では、皇族が猫を飼うことは禁じられていた。
　④古代日本で、猫が人に幸運をもたらした記録が残っている。

問四　次の文のうち、正しい選択肢はどれか。（3点）
　①古代日本では、黒猫が好まれた。
　②古代日本では、足の短い猫が好まれた。
　③古代日本では、毛の長い猫が好まれた。
　④古代日本では、しっぽの長い猫が好まれた。

解　答

問一　④

問二　③

問三　④

問四　①

著者紹介

菊地 真（きくち まこと）

1959年東京都に生まれる。2002年、文学博士（早稲田大学）。
平安文学専攻。（株）東芝勤務、早稲田大学講師、北京理工大学
外国専家を経て、カイロ大学教授。

日本語学習者のための日本古典入門

2020年 9 月18日　初版第 1 刷発行
2021年10月20日　初版第 2 刷発行

著　者　菊地 真
発行所　学術研究出版
〒670-0933　兵庫県姫路市平野町62
［販売］Tel.079（280）2727　Fax.079（244）1482
［制作］Tel.079（222）5372
https://arpub.jp
印刷所　小野高速印刷株式会社
©Makoto Kikuchi 2020, Printed in Japan
ISBN978-4-9104-1500-0